历史是人类最好的老师

——对话当代历史学家

邹兆辰　著

首都师范大学出版社
CAPITAL NORMAL UNIVERSITY PRESS

图书在版编目(CIP)数据

历史是人类最好的老师：对话当代历史学家 / 邹兆辰著．—北京：首都师范大学出版社，2021.5（2024.9 重印）

ISBN 978-7-5656-6162-4

Ⅰ.①历… Ⅱ.①邹… Ⅲ.①史学—研究 Ⅳ.①K0

中国版本图书馆 CIP 数据核字(2021)第 060541 号

LISHI SHI RENLEI ZUIHAO DE LAOSHI

历史是人类最好的老师

——对话当代历史学家

邹兆辰 著

责任编辑 王 静

首都师范大学出版社出版

地 址 北京西三环北路 105 号

邮 编 100048

电 话 68418523(总编室) 68982468(发行部)

网 址 http://cnupn.cnu.edu.cn

印 刷 北京印刷集团有限责任公司

经 销 全国新华书店

版 次 2021 年 5 月第 1 版

印 次 2024 年 9 月第 4 次印刷

开 本 710mm×1000mm 1/16

印 张 25

字 数 398 千

定 价 56.00 元

序：习近平论史的启示

“人事有代谢，往来成古今。历史研究是一切社会科学的基础，承担着‘究天人之际，通古今之变’的使命。世界的今天是从世界的昨天发展而来的。今天世界遇到的很多事情可以在历史上找到影子，历史上发生的很多事情也可以作为今天的镜鉴。重视历史、研究历史、借鉴历史，可以给人类带来很多了解昨天、把握今天、开创明天的智慧。所以说，历史是人类最好的老师。”①

这是习近平同志于2015年8月23日，给在中国济南举行的第22届国际历史科学大会的贺信中的一段话。这封贺信是他与世界各国历史学家的一次对话，体现了他对人类历史和历史科学的深刻思考。细读他的贺信，可以感受到他长期以来读史、讲史、论史所形成的基本历史观，这是他的新时期中国特色社会主义思想的理论来源之一，值得我们深入地思考、研究。

习近平从1969年到陕西延川县插队时起就酷爱读书，阅读了不少历史著作；1982年以后，他先后在河北正定县、福建厦门市、福建宁德市、福建福州市、浙江杭州市及上海市工作，直到2007年进入中央工作，读书都是他日常生活中的重要内容。他读马克思主义理论类、政法类、哲学类、文学类、经济类图书，也读历史书。他在读史的过程中，不断利用从史书中获得的启发与智慧给干部和群众讲述历史，在各种重要时间节点对历史事件和人物进行评论，在发表的各种文章中引用史籍中的典故。他不断地思考历史，包括几千年来中华民族的发展史，特别是1840年以来的中国近代史和中国革命史、1921年以来的中国共产党的历史和1949年以来的中华人民共和国的历史、1978年以来的改革开放的历史。在主持中央工作以后，他在更高的认识层次上、不同的历史节点上，不断阐述历史、思考历史，并且上升到理论层次，形成了他那具有鲜明特点的历史

---

① 习近平：《致第22届国际历史科学大会的贺信》，《人民日报》，2015年8月24日。

思想。

我们分两部分论述习近平的历史思想，第一部分，是他对历史本身的理论阐述，其中体现了他的基本历史观；第二部分，是他对历史学的论述，体现他对历史学的性质和社会功能的认识以及对于历史学发展的期待。

第一部分　习近平论历史

一、尊重自己民族的文明史

一提起中华民族的悠久历史和灿烂文化，习近平总是自豪地说："站立在960万平方公里的广袤土地上，吸吮着中华民族漫长奋斗积累的文化养分，拥有13亿中国人民聚合的磅礴之力，我们走自己的路，具有无比广阔的舞台，具有无比深厚的历史底蕴，具有无比强大的前进定力，中国人民应该有这个信心，每一个中国人都应该有这个信心。"①

习近平热爱自己民族的历史，热爱自己祖国960万平方公里领土的每一寸土地，他走到哪一个地方，都要了解那个地方的历史和风土民情，用当地的历史和文化传统教育当地的人民热爱自己的家乡。

1982年，习近平来到河北正定县担任县委书记。他多次撰文谈正定县的历史文化，流露出对这片土地的热爱之情。他说：

> 正定有着源远流长的历史，早在原始社会的新石器时代，便有人在这里劳动生息，距今7000多年前的西洋仰韶文化遗址，距今6000多年前的小客龙山文化遗址，距今2500年前的新城铺故都遗址，都是有力的佐证。自北齐郡、县治所移至正定镇以来，历经1430余年，一直是府、郡、州、县治所在地，辽金时期，曾两次建为国都。悠久的历史，给正定留下了瑰伟灿烂的文化古迹和风格独特的名胜古刹，历有"三山不见""九桥不流""九楼四塔八大寺，二十四座金牌坊"之说。气势雄伟、规模宏大的隆兴寺，是中外闻

---

① 习近平：《习近平谈治国理政》(第二卷)，外文出版社，2017年版，第339页。

名的古建筑群，寺内大悲阁中千手千眼菩萨，有42臂，举高22米，是我国现存最高大、最古老的立式铜铸佛像，与沧州狮子、定州塔、赵州大石桥并称“河北四宝”。……

正定素称“藏龙卧虎之地”，人杰地灵，人才辈出。三国名将赵子龙，久经沙场，一身是胆；宋代英雄杨粹中、褚承亮宁死不屈，至死不降，世人为之高歌，为之赞叹。在正定这块土地上，不仅产生了一代又一代的英雄豪杰，而且哺育了一批又一批的文学大家、科学巨匠。诗人蔡松年，文学家蔡珪，书画家李著，戏剧家白朴、尚仲贤、李文蔚，散文家刘郁、苏天爵，医学家李东垣、罗天益，均为举国公认的名人、学者。他们如熠熠群星，在正定上空闪烁；似颗颗明珠，在常山境内发光。①

1988—1990年，习近平任福建宁德地委书记。宁德位于闽东地区，是一个经济贫困地区。他曾这样表述道：“毫无疑问，在发展商品经济的海阔天空里，目前很贫困的闽东确是一只‘弱鸟’。”“闽东，交通闭塞，信息短缺，是小农经济的一统天下。商品经济的发展较其他贫困地区，显得更为步履艰难。人们说起闽东，便是五个字：‘老、少、边、岛、贫’。”②习近平说，有的人由于不熟悉、不了解、不知家乡可爱之历史，或者知其然，不知其所以然，从而只知道艳羡人家，失去自信心。从这个角度说，文化建设本身也是精神文明建设。习近平结合闽东的文化建设，阐述了弘扬地方传统文化对于增强自信心的重要性。他说：

一个地区的文化建设内容很多，有一个重要的着眼点就是要弘扬地方的传统文化。从整个国家来说，中华民族的传统文化在民族的延续和发展中起到了积极作用。在几千年的文明发展史中，我们已经树立了强烈的民族自信心，无论是在民族危亡，还是在民族昌盛时期，这种自信心都是我们民族精神中最稳定的成分。正是这种自信心，使中华民族渡过了近代史上许多内忧外患的危机，使中华民族在世界上有了令人敬佩的今天。闽东的文化建设也

---

① 习近平：《知之深　爱之切》，河北人民出版社，2015年版，第216—217页。

② 习近平：《摆脱贫困》，福建人民出版社，1992年版，第1—2页。

具有同样的意义。我们有一个明确的目标：通过文化建设，弘扬民族文化传统，不仅增强我们的自信心，而且提高外界对闽东的信心。①

习近平主持中央工作以后，非常重视弘扬中华民族的传统文化，并将其看作增强文化自信的重要途径。他指出："优秀传统文化是一个国家、一个民族传承和发展的根本，如果丢掉了，就割断了精神命脉。我们要善于把弘扬优秀传统文化和发展现实文化有机统一起来，紧密结合起来，在继承中发展，在发展中继承。"②

在2016年5月17日的哲学社会科学工作座谈会上，习近平对中华民族的优秀传统文化作了如下的概括："中华文明历史悠久，从先秦子学、两汉经学、魏晋玄学，到隋唐佛学、儒释道合流、宋明理学，经历了数个学术思想繁荣时期。在漫漫历史长河中，中华民族产生了儒、释、道、墨、名、法、阴阳、农、杂、兵等各家学说，涌现了老子、孔子、庄子、孟子、荀子、韩非子、董仲舒、王充、何晏、王弼、韩愈、周敦颐、程颢、程颐、朱熹、陆九渊、王守仁、李贽、黄宗羲、顾炎武、王夫之、康有为、梁启超、孙中山、鲁迅等一大批思想大家，留下了浩如烟海的文化遗产。中国古代大量鸿篇巨制中包含着丰富的哲学社会科学内容、治国理政智慧，为古人认识世界、改造世界提供了重要依据，也为中华文明提供了重要内容，为人类文明作出了重大贡献。"③

习近平强调，马克思主义者不是历史虚无主义者，不是文化虚无主义者，从孔夫子到孙中山，我们都要注意从中汲取积极的成分。他说：

中国共产党人是马克思主义者，坚持马克思主义的科学学说，坚持和发展中国特色社会主义，但中国共产党人不是历史虚无主义者，也不是文化虚无主义者。我们从来认为，马克思主义基本原理必须同中国具体实际紧密结

① 习近平：《摆脱贫困》，福建人民出版社，1992年版，第23页。

② 习近平：《习近平谈治国理政》（第二卷），外文出版社，2017年版，第313页。

③ 习近平：《在哲学社会科学工作座谈会上的讲话》，《论党的宣传思想工作》，中央文献出版社，2020年版，第215—216页。

合起来，应该科学对待民族传统文化，科学对待世界各国文化，用人类创造的一切优秀思想文化成果武装自己。在带领中国人民进行革命、建设、改革的长期历史实践中，中国共产党人始终是中国优秀传统文化的忠实继承者和弘扬者，从孔夫子到孙中山，我们都注意汲取其中积极的养分。中国人民正在为实现“两个一百年”奋斗目标而努力，其中全面建成小康社会中的“小康”这个概念，就出自《礼记·礼运》，是中华民族自古以来追求的理想社会状态。使用“小康”这个概念来确立中国的发展目标，既符合中国发展实际，也容易得到最广大人民的理解和支持。①

文以载道，文以化人。当代中国是历史中国的延续和发展，当代中国思想文化也是中国传统思想文化的传承和升华。要认识今天的中国、今天的中国人，就要尊重中华民族的历史发展，深入了解中国的文化血脉，准确把握滋养中国人的文化土壤。这就是习近平对中国传统思想文化价值的认识。

二、历史是人民创造的

人民群众是推动历史前进的基本动力，这是马克思主义唯物史观的一个基本原理。恩格斯指出：“如果要去探究那些隐藏在——自觉地或不自觉地，而且往往是不自觉地——历史人物的动机背后并且构成历史的真正的最后动力的动力，那么问题涉及的，与其说是个别人物，即使是非常杰出的人物的动机，不如说是使广大群众、使整个整个的民族，并且在每一民族中间又是使整个整个阶级行动起来的动机；而且也不是短暂的爆发和转瞬即逝的火光，而是持久的、引起重大历史变迁的行动。”②

近百年来，中国共产党领导中国人民进行了伟大的革命斗争，进行了民主革命和社会主义革命及建设的伟大事业，近 40 年来又进行了改革开放的伟大事业，这都是中国共产党领导广大人民群众取得的伟大胜利。中国共产党的领导人对于人民群众对历史的创造作用这一点是有深刻体会的。1973 年习近平在陕西延川

① 习近平：《在纪念孔子诞辰 2565 周年国际学术研讨会暨国际儒学联合会第五届会员大会开幕会上的讲话》，《人民日报》，2014 年 9 月 25 日。

② 中共中央编译局：《马克思恩格斯文集》第 4 卷，人民出版社，2009 年版，第 304 页。

县赵家河村当社教干部，后回到梁家河大队担任党支部书记，这期间就一直同广大人民群众战斗在一起，带领群众进行生产劳动，并且致力于改变当地的落后面貌。此后，从陕北到河北，从福建到浙江，他每到一个地方，都和那里的群众在一起，他了解人民群众的疾苦，知道人民群众的心愿，他深深懂得人民群众在进行改天换地的伟大斗争中的重要作用。几十年来，他无论在哪里写文章，都要强调人民群众的伟大作用。他说："人民既是历史的创造者，也是历史的见证者，既是历史的'剧中人'，也是历史的'剧作者'。"①

习近平指出，中国共产党领导的每一个伟大事业都是与人民群众的努力奋斗分不开的。回忆起红军长征的胜利，他指出：历史是人民创造的，英雄的人民创造英雄的历史。今天中国的进步和发展，就是从长征中走出来的。历史是不断向前的，要达到理想的彼岸，就要沿着我们确定的道路不断前进。每一代人有每一代人的长征路，每一代人都要走好自己的长征路。今天，我们这一代人的长征，就是要实现"两个一百年"奋斗目标、实现中华民族伟大复兴的中国梦。

习近平经常告诫干部"水能载舟，亦能覆舟"的道理。他说："这个道理我们必须牢记，任何时候都不能忘却。老百姓是天，老百姓是地。忘记了人民，脱离了人民，我们就会成为无源之水、无本之木，就会一事无成。我们要坚持党的群众路线，始终保持党同人民群众的血肉联系，始终接受人民群众批评和监督，心中常思百姓疾苦，脑中常谋富民之策，使我们党永远赢得人民群众信任和拥护，使我们的事业始终拥有不竭的力量源泉。"②

人民是历史的创造者，是决定党和国家前途命运的根本力量。我们党来自人民、植根人民、服务人民，一旦脱离群众，就会失去生命力。习近平高度赞扬周恩来同志把自己看成人民的"总服务员"的精神。他说：

> 周恩来同志是热爱人民、勤政为民的杰出楷模。周恩来同志说过一句很形象的话："下山不忘山，进城不忘乡"，"如果忘了，就是忘本"。周恩来同志说的这个本就是人民群众。他说："我们是从人民中来的，我们过去的胜

① 习近平：《习近平谈治国理政》（第二卷），外文出版社，2017年版，第314页。

② 习近平：《在纪念红军长征胜利80周年大会上的讲话》，《人民日报》，2016年10月22日。

利都是在人民的支援下取得的，不能忘本。”“脱离我们的基本阶级群众，就会丧失党的基础。”周恩来同志把自己看成是人民的“总服务员”，坚持人民利益高于一切，心系人民，对人民群众保持高度热爱，急群众之所急，忧群众之所忧。只要是关系群众安危冷暖之事，他总是关怀备至、体贴入微，做到了同人民群众同甘苦、共命运、共忧乐、共奋进。周恩来同志高度重视调查研究，经常深入群众、深入一线调查研究，他说：“调查研究要实事求是，不能乱搞。”“要了解真实情况，就要与老百姓平等相待。”周恩来同志用自己的实际行动，为全党树立了全心全意为人民服务的光辉榜样。“人民总理爱人民，人民总理人民爱”，人民群众用朴素的语言表达了对周恩来同志最真挚的感情。①

2018年3月20日，第十三届全国人代表大会选举习近平担任新一届中华人民共和国主席，他在会上发表了激情洋溢的讲话，高度赞扬人民群众的历史作用。他说：

人民是历史的创造者，人民是真正的英雄。波澜壮阔的中华民族发展史是中国人民书写的！博大精深的中华文明是中国人民创造的！历久弥新的中华民族精神是中国人民培育的！中华民族迎来了从站起来、富起来到强起来的伟大飞跃是中国人民奋斗出来的。

中国人民的特质、禀赋不仅铸就了绵延几千年发展至今的中华文明，而且深刻影响着当代中国发展进步，深刻影响着当代中国人的精神世界。中国人民在长期奋斗中培育、继承、发展起来的伟大的民族精神，为中国发展和人类文明进步提供了强大精神动力。②

---

① 习近平：《在纪念周恩来同志诞辰120周年座谈会上的讲话》，《人民日报》，2018年3月2日。

② 习近平：《在第十三届全国人民代表大会第一次会议闭幕会上的讲话》，《人民日报》，2018年3月21日。

习近平接着赞扬中国人民是具有伟大创造精神的人民，中国人民是具有伟大奋斗精神的人民，中国人民是具有伟大团结精神的人民，中国人民是具有伟大梦想精神的人民。他说："有这样伟大的人民，有这样伟大的民族，有这样的伟大民族精神，是我们的骄傲，是我们坚定中国特色社会主义道路自信、理论自信、制度自信、文化自信的底气，也是我们风雨无阻、高歌行进的根本力量！"①习近平的整篇讲话充满了对人民群众创造历史这一历史观的高度自信，是一篇人民史观的宏伟颂歌。

三、历史不容抹杀和改变

历史是过去已经发生的事实，不管人们喜不喜欢它，它总是客观上已经发生的事实，它不是人们任意编造出来的，也不是任何人可以改变的。近代以来，无数仁人志士，进行了近 180 年的反帝反封建的革命斗争；中国共产党成立近百年来，更是领导中国人民进行了艰苦卓绝的斗争，无数革命先烈的鲜血换来了共和国的成立和新中国的伟大成就。但是，国内外总有一些势力、一些人，妄图否认历史、歪曲历史，给近代中国人民的革命斗争史抹黑。面对这一情况，习近平同志在各个重要历史节点上，总是会给予坚决的、明确的回击。

2013 年 12 月 26 日，在纪念毛泽东同志诞辰 120 周年座谈会上，习近平明确指出："历史就是历史，历史不能任意选择，一个民族的历史是一个民族安身立命的基础。不论发生过什么波折和曲折，不论出现过什么苦难和困难，中华民族 5000 多年的文明史，中国人民近代以来 170 多年的斗争史，中国共产党 90 多年的奋斗史，中华人民共和国 60 多年的发展史，都是人民书写的历史。历史总是向前发展的，我们总结和吸取历史教训，目的是以史为鉴、更好前进。"②

如何看待日本侵略者侵略中国的事实以及如何看待中国人民抗日战争的胜利，是一个非常关键的问题，日本的右翼势力常常在这个问题上大做文章，企图为历史翻案。习近平多次在纪念 1937 年抗日战争爆发和 1945 年抗日战争胜利的关键时刻，严正表明中国人民的正义立场。

2014 年 7 月 7 日，习近平出席全民族抗战爆发 77 周年纪念活动并在讲话中

① 习近平：《在纪念红军长征胜利 80 周年大会上的讲话》，《人民日报》，2016 年 10 月 22 日。

② 习近平：《十八大以来重要文献选编》(上)，中央文献出版社，2014 年版，第 694 页。

指出：

历史是最好的教科书，也是最好的清醒剂。中国人民对战争带来的苦难有着刻骨铭心的记忆，对和平有着孜孜不倦的追求。纵观世界历史，依靠武力对外侵略扩张最终都是要失败的。这是历史规律。中国将坚定不移走和平发展道路，并且希望世界各国共同走和平发展道路，让和平的阳光永远普照人类生活的星球。

令人遗憾的是，在中国人民抗日战争和世界反法西斯战争胜利近70年的今天，仍然有少数人无视铁的历史事实，无视在战争中牺牲的数以千万计的无辜生命，逆历史潮流而动，一再否认甚至美化侵略历史，破坏国际互信，制造地区紧张，引起了包括中国人民在内的全世界爱好和平人民的强烈谴责。

历史就是历史，事实就是事实，任何人都不可能改变历史和事实。付出了巨大牺牲的中国人民，将坚定不移捍卫用鲜血和生命写下的历史。任何人想要否定、歪曲甚至美化侵略历史，中国人民和各国人民绝不答应！[①]

2015年9月3日，中国政府在北京天安门广场举行了盛大的阅兵仪式，当天晚上，又在人民大会堂举行了纪念抗日战争和世界反法西斯战争胜利70周年招待会，习近平发表了重要讲话。他指出：

人类历史必然会有曲折，也必然会不断前进。中国人民抗日战争和世界反法西斯战争的胜利再一次雄辩证明，正义战胜邪恶的历史潮流不可阻挡，逆历史潮流而动必然失败。

只有正确认识历史，才能更好开创未来。历史是写在人民心中的，历史不容抹杀，也是抹杀不了的。那些惨无人道的侵略行径，那些血雨腥风的战争场面，那些令人发指的屠杀罪行，那些在战争中不幸死亡的几千万无辜生

① 习近平：《习近平出席全民族抗战爆发77周年纪念活动上的讲话》，《人民日报》，2014年7月8日。

灵，都铭记在人类的史册上，都铭记在人类的心中。

血的教训不能忘却。昨天的历史不是今天的人们书写的，但今天的人们不能脱离昨天的历史来把握今天、开创明天。

我们纪念中国人民抗日战争和世界反法西斯战争的胜利，我们谴责侵略者的残暴，是要唤起善良的人们对和平的向往和坚守，而不是要延续仇恨。历史会逐渐久远，但历史的启迪和教训，不管承认不承认，永远就在那儿。无论是当年勇敢抗击侵略战争的国家的人民还是当年发动侵略战争的国家的人民，无论是经历了那个年代的人们还是在那个年代以后出生的人们，都要坚持正确历史观，牢记历史的启迪和教训。

历史的启迪和教训是人类的共同精神财富。忘记历史就意味着背叛。中国人民抗日战争和世界反法西斯战争的胜利成果不容置疑，几千万人为独立、自由、和平付出的牺牲不容否定。一切否认侵略战争性质的言行，一切歪曲甚至美化侵略战争的言行，一切逃避侵略战争历史责任的言行，不论以什么形式出现，不论讲得如何冠冕堂皇，都是自欺欺人的。“得道者多助，失道者寡助。”否认侵略历史，是对历史的嘲弄，是对人类良知的侮辱，必然失信于世界人民。①

四、历史永远要前进

李大钊说过：“宇宙的运命，人间的历史，都可以看作无始无终的大实在的瀑流，不断的奔驶，不断的流转，过去的一往不还，未来的万劫不已……无限的古代，都以现今为归宿；无限的将来，都以现今为胚胎。”②

习近平的历史思想就是这样一种充满乐天奋进精神的历史观。他主张尊重中华民族的历史，是为了增强文化自信，而不是颂古非今。他认为，历史、现实、未来是一个不能割断的发展过程。他主张了解历史，是为了认识今天；认识今天，是为了推动未来的发展。不论历史上发生过多少曲折，不论在我们前进的道

---

① 习近平：《在纪念中国人民抗日战争暨世界反法西斯战争胜利70周年大会上的讲话》，《人民日报》，2015年9月4日。

② 李大钊：《李大钊全集》(第四卷)，人民出版社，2006年版，第257页。

路上还有多少艰难险阻，历史总是要前进的。

习近平认为：“历史、现实、未来是相通的。历史是过去的现实，现实是未来的历史。要把党的十八大确立的改革开放重大部署落实好，就要认真回顾和深入总结改革开放的历程，更加深刻地认识改革开放的历史必然性，更加自觉地把握改革开放的规律性，更加坚定地肩负起深化改革开放的重大责任。”①

2014 年 8 月 20 日，习近平在纪念邓小平同志诞辰 110 周年座谈会上的讲话中指出：“中华民族创造了具有 5000 多年悠久历史的辉煌文明，中国人民在中国共产党领导下创造了建设社会主义的辉煌成就，我们应该在这个基础上继续创造。我们自己不足、不好的东西，要努力改革。外国有益、好的东西，我们要虚心学习。但是，不能全盘照搬外国，更不能接受外国不好的东西；不能妄自菲薄，不能数典忘祖。”②

2016 年 7 月 1 日，在庆祝中国共产党成立 95 周年的大会上，习近平宣布：“历史总是要前进的，历史从不等待一切犹豫者、观望者、懈怠者、软弱者。只有与历史同步伐、与时代共命运的人，才能赢得光明的未来。”③

2016 年 8 月，在纪念红军长征胜利 80 周年的讲话中，习近平回顾了红军长征胜利的伟大意义，再次明确强调：“历史是不断向前的，要达到理想的彼岸，就要沿着我们确定的道路不断前进。每一代人有每一代人的长征路，每一代人都要走好自己的长征路。今天，我们这一代人的长征，就是要实现‘两个一百年’奋斗目标、实现中华民族伟大复兴的中国梦。”④

是的，历史是要不断前进的。中国人民在中国共产党的领导下，进行了长期的伟大斗争，经过了无数艰难险阻，取得了一系列的伟大胜利，但是今天不能停止前进的脚步，为了实现“两个一百年”奋斗目标、为了实现中华民族伟大复兴的中国梦，仍然要继续前进。

习近平一再强调，必须树立宏大的历史视野，把握世界发展大势，奋力书写

---

① 习近平：《习近平谈治国理政》(第一卷)，外文出版社，2014 年版，第 67 页。

② 习近平：《在纪念邓小平同志诞辰 110 周年座谈会上的讲话》，《人民日报》，2014 年 8 月 21 日。

③ 习近平：《在庆祝中国共产党成立 95 周年大会上的讲话》，《人民日报》，2016 年 7 月 2 日。

④ 习近平：《在纪念红军长征胜利 80 周年大会上的讲话》，《人民日报》，2016 年 10 月 22 日。

中华民族新的历史篇章。他说：

> 历史的车轮滚滚向前，跟不上的人必将成为落伍者，必将被历史所淘汰。历史只会眷顾坚定者、奋进者、搏击者，而不会等待犹豫者、懈怠者、畏难者。今天，我们要开创中华民族伟大复兴新局面，就必须树立宏大历史视野，把握世界发展大势，聆听时代声音，勇于坚持真理、修正错误，不断推进理论创新、实践创新、制度创新、文化创新以及其他各方面创新，在时代前进的洪流中书写中华民族发展新篇章。①

2017 年 10 月 18 日，习近平在党的十九大上向广大青年指出："中国梦是历史的、现实的，也是未来的；是我们这一代的，更是青年一代的。中华民族伟大复兴的中国梦将在一代代青年的接力奋斗中变为现实。"②习近平的话，再一次表明他的历史观，即历史是一个连续发展的过程，是不能割断的，我们党所开创的事业，要由青年一代来接续、来完成。

第二部分　习近平论历史学

一、以史为镜，可以知兴替

"以史为鉴"是历代治国者都必须明白的道理。它的意思是治国者必须把历史当作一面镜子，从历史中吸取经验教训。宋代史学家司马光把自己的著作称为《资治通鉴》就是因为这个道理。"以史为鉴"里的"史"，自然是指过去发生的历史；但是后人如何能知道过去的历史呢？这就必须通过历史著作，所以后人实际上是从史书中得到经验教训的。正如唐代史学家刘知幾所说："苟史官不绝，竹帛长存，则其人已亡，杳成空寂，而其事如在，皎同星汉。用使后之学者，坐披囊箧，而神交万古，不出户庭，而穷览千载，见贤而思齐，见不贤而内自省。若乃《春秋》成而逆子惧，南史至而贼臣书，其记事载言也则如彼，其劝善惩恶也又

---

① 习近平：《在纪念孙中山诞辰 150 周年大会上的讲话》，《人民日报》，2016 年 11 月 11 日。

② 习近平：《在中国共产党第十九次全国代表大会上的报告》，《人民日报》，2017 年 10 月 19 日。

如此。由斯而言，则史之为用，其利甚博，乃生人之急务，为国家之要道。有国有家者，其可缺之哉!”[①]这就说明，要让后人了解历史，从而“见贤而思齐，见不贤而内自省”，就必须有史官、史家来写成历史著作，就是“史官不绝，竹帛长存”。因此，“以史为鉴”必须有史著来作为中介。

习近平自从政以来，非常重视读史，重视从历史中汲取智慧和借鉴经验。

1985 年，他在河北正定县任县委书记，县档案馆编辑了一本《正定县大事记(1949—1983)》，请习近平作序，他坦然允诺，在序中阐述了“以史为镜，可以知兴替”的思想。他说：

> “以史为镜，可以知兴替。”辑录和写记正定建国以来的历史，可使我们从中吸取正反两方面的经验，探索建设有中国特色的社会主义的客观规律，自觉地为国家繁荣昌盛、人民富裕幸福而奋斗。我们应该严肃认真地完成这一项历史责任。[②]

在日常工作中，他也经常向干部群众讲述历史典故，以吸取正反两方面的经验。

1983 年 4 月，他在正定县“放宽政策，振兴经济”三级干部会议上讲人才对发展经济不可估量的作用时，讲述了唐太宗李世民重用人才的事。他说：唐太宗当皇帝后，要大臣封德彝负责推荐贤才，可是他一个人也推荐不出来。还说“于今未有奇才耳”。唐太宗驳斥他说：“君子用人如器，各取所长。古之致治者，岂借才于异代乎！正患己不能知，安可诬一世之人。”唐太宗排除阻力，广开才路，不拘一格，提拔新人。比如他发现和重用了马周。马周出身低微，家境贫寒，寄居在中郎将常何家中做门客。有一次，唐太宗要求大臣“极言得失”，马周替常何写了一个有 20 多条意见的条陈。唐太宗看后大为欣赏，当他从常何嘴里知道是马周所写时，立即派人去请马周。唐太宗亲自同当时仅有 29 岁的马周谈话，认为他很有才能，就安排他在门下省当官，并在后来不断提拔他。马周帮助唐太宗

---

① 浦起龙：《史通通释》，上海古籍出版社，1978 年版，第 303—304 页。

② 习近平：《知之深　爱之切》，河北人民出版社，2015 年版，第 184 页。

处理了许多复杂事件，成为一时的名臣。唐太宗不拘一格，广开才路，重用贤才，使得他统治的时期成为中国封建社会少有的升平时期，出现了“贞观”盛世。

2004年12月，习近平在浙江任省委书记时，在瑞安市基层干部座谈会上给干部们讲了《史记》中西门豹治邺的故事。他说：“《史记》中的西门豹治邺是大家熟悉的故事。这个故事里面讲道，‘子产治郑，民不能欺；子贱治单父，民不忍欺；西门豹治邺，民不敢欺。’子产是春秋时人，他治理郑国，明察秋毫，百姓不可能欺负他。子贱是孔子的学生，他做官重在教化，身不下堂，鸣琴而治，百姓受到感化，不忍心欺负他。西门豹是战国时魏人，他以大智若愚、大巧若拙的面貌出现，不站在百姓的对立面，顺利革除‘为河伯娶妇’的陋习，带领百姓兴修水利，用重典治乱世，百姓不敢欺骗他。这些道理对于我们加深理解干群关系，不断改进工作方法不无裨益，应该好好体味。”

2012年，习近平担任中共中央总书记之后，在对干部的教育中同样重视吸取历史的经验教训。2013年1月22日，习近平在第十八届中央纪律检查委员会第二次全体会议上的讲话中，说了几桩历史教训。其一，秦始皇是第一个统一中国的封建帝王，开始是代表了历史发展要求的，但他好大喜功，横征暴敛，弄得民怨沸腾，传到二世秦王朝就灭亡了。其二，唐王朝建立后，唐太宗励精图治、纳谏任贤，成就了贞观之治。但是，唐王朝后来的统治者们渐渐忘乎所以，沉醉于声色犬马，唐玄宗“春宵苦短日高起，从此君王不早朝”，各级官吏贪污贿赂成风，结果“渔阳鼙鼓动地来，惊破霓裳羽衣曲”，发生了安史之乱，唐王朝也就从兴盛走向衰落，最后王仙之、黄巢起义攻下长安，不久唐王朝也就寿终正寝了。其三，南北朝时期南朝陈国皇帝陈叔宝在位时生活奢侈，不理朝政，后来隋军南下，其军队不堪一击，陈叔宝被俘病死，他所作的诗《玉树后庭花》被后人称为“亡国之音”。唐代诗人刘禹锡在《金陵五题・台城》中写道：“台城六代竞豪华，结绮临春事最奢。万户千门成野草，只缘一曲后庭花。”

在中国共产党成立95周年的纪念大会上，习近平总结道：“明镜所以照形，古事所以知今。”今天，我们回顾历史，不是为了从成功中寻求慰藉，更不是为了躺在功劳簿上、为回避今天面临的困难和问题寻找借口，而是为了总结历史经验、把握历史规律，增强开拓前进的勇气和力量。这是对“以史为鉴”精神的最好的总结。

二、历史是最好的老师

“以史为镜，可以知兴替”是历代执政者都必须懂得的道理。只不过有的执政者能够接受历史的经验教训，有的执政者却置历史的教训于不顾，恣意妄为，最后导致政息人亡。今天的各级领导干部，是为人民执掌政权，政权的性质虽然不同，但以史为鉴的道理却是相通的。习近平不断用这个道理来教育广大干部，这对于国家政权的稳定和干部个人都是非常重要的。

习近平同志进一步认为，重视历史、研究历史、借鉴历史，不仅对执政者十分重要，对当今世界所有的人都是非常重要的，这就是他的“历史是人类最好的老师”思想的体现。2015 年 8 月 23 日，他在致第 22 届国际历史科学大会的贺信中指出：“世界的今天是从世界的昨天发展而来的。今天世界遇到的很多事情可以在历史上找到影子，历史上发生的很多事情也可以作为今天的镜鉴。重视历史、研究历史、借鉴历史，可以给人类带来很多了解昨天、把握今天、开创明天的智慧。所以说，历史是人类最好的老师。”①

“历史是最好的老师”“历史是人类最好的老师”“历史是最好的教科书”的思想，是习近平一贯的思想。2013 年 6 月 25 日，他在主持中共中央政治局就中国特色社会主义理论和实践进行的第七次集体学习的时候就说：历史是最好的教科书。学习党史、国史，是坚持和发展中国特色社会主义、把党和国家各项事业继续推向前进的必修课……要继续加强对党史、国史的学习，在对历史的深入思考中做好现实工作、更好走向未来，不断交出坚持和发展中国特色社会主义的合格答卷。”②2014 年 3 月 28 日，习近平在德国科尔伯基金会的演讲中又说：“历史是最好的老师，它忠实记录下每一个国家走过的足迹，也给每一个国家未来的发展提供启示……中国人历来讲求‘己所不欲，勿施于人’。中国需要和平，就像人需要空气一样，就像万物生长需要阳光一样。”③

---

① 习近平：《致第 22 届国际历史科学大会的贺信》，《人民日报》，2015 年 8 月 24 日。

② 习近平：《在对历史的深入思考中更好走向未来　交出发展中国特色社会主义合格答卷》，《人民日报》，2013 年 6 月 27 日。

③ 习近平：《在德国科尔伯基金会的演讲》，《人民日报》，2014 年 3 月 30 日。

2014 年 9 月 24 日，习近平在纪念孔子诞辰 2565 周年国际学术研讨会暨国际儒学联合会第五届会员大会开幕会上的讲话中，对于如何从传统文化中汲取有益的营养，为当代社会服务的问题作了十分深入的阐述。他说：

当今世界，人类文明无论在物质还是精神方面都取得了巨大进步，特别是物质的极大丰富是古代世界完全不能想象的。同时，当代人类也面临着许多突出的难题，比如，贫富差距持续扩大，物欲追求奢华无度，个人主义恶性膨胀，社会诚信不断消减，伦理道德每况愈下，人与自然关系日趋紧张，等等。要解决这些难题，不仅需要运用人类今天发现和发展的智慧和力量，而且需要运用人类历史上积累和储存的智慧和力量。①

三、正确进行历史评价

习近平从政以来，在发表的很多文章和在各种会议上的讲话中，都会涉及对各种历史事件、各种历史人物的评价问题。他主张，对待历史问题要以科学的态度进行实事求是的评价，要用辩证的观点、历史的观点看待问题，这是马克思主义历史观的一个基本原则。

2016 年 8 月，在纪念红军长征胜利 80 周年大会上，习近平高度评价了红军长征这一伟大事件，并认为其是 20 世纪最能影响世界前途的重要事件之一。他说：

80 年来，世界范围内关于红军长征的报道和研究层出不穷，慕名前来寻访长征路的人络绎不绝。国际社会越来越多的人认为，红军长征是 20 世纪最能影响世界前途的重要事件之一，是充满理想和献身精神、用意志和勇气谱写的人类史诗。长征迸发出的激荡人心的强大力量，跨越时空，跨越民族，是人类为追求真理和光明而不懈努力的伟大史诗。

……

① 习近平：《在纪念孔子诞辰 2565 周年国际学术研讨会暨国际儒学联合会第五届会员大会开幕会上的讲话》，《人民日报》，2014 年 9 月 25 日。

长征这一人类历史上的伟大壮举，留给我们最可宝贵的精神财富，就是中国共产党人和红军将士用生命和热血铸就的伟大长征精神。[①]

习近平主张要用联系的观点、发展的观点看待历史问题，不能用孤立的、绝对的观点看待历史问题。比如，如何看待改革开放前和改革开放后这两个历史时期，他在2013年1月5日新进中央委员会的委员、候补委员学习贯彻党的十八大精神研讨班开班式上说："我们党领导人民进行社会主义建设，有改革开放前和改革开放后两个历史时期，这是两个相互联系又有重大区别的时期，但本质上都是我们党领导人民进行社会主义建设的实践探索。""两者决不是彼此割裂的，更不是根本对立的。不能用改革开放后的历史时期否定改革开放前的历史时期，也不能用改革开放前的历史时期否定改革开放后的历史时期。"[②]他的讲话，体现了用马克思主义的辩证观点看待历史的基本要求。

如何分析历史人物，习近平也提出了认识论和方法论上的要求。他说：

对历史人物的评价，应该放在其所处时代和社会的历史条件下去分析，不能离开对历史条件、历史过程的全面认识和对历史规律的科学把握，不能忽略历史必然性和历史偶然性的关系。不能把历史顺境中的成功简单归功于个人，也不能把历史逆境中的挫折简单归咎于个人。不能用今天的时代条件、发展水平、认识水平去衡量和要求前人，不能苛求前人干出只有后人才能干出的业绩来。[③]

习近平在论述历史人物时说道："伟大的事业之所以伟大，不仅因为这种事业是正义的、宏大的，而且因为这种事业不是一帆风顺的。伟大的人物之所以伟大，不仅因为这样的人物为人民、为民族、为人类建立了丰功伟绩，而且因为这

---

① 习近平：《在纪念红军长征胜利80周年大会上的讲话》，《人民日报》，2016年10月22日。
② 习近平：《习近平谈治国理政》，外文出版社，2014年版，第22—23页。
③ 习近平：《纪念孙中山诞辰150周年大会上的讲话》，《人民日报》，2016年11月12日。

样的人物在艰苦磨砺中铸就了坚强意志和高尚人格。”①他深刻指出了毛泽东同志的伟大历史功绩，指出：

> 毛泽东同志是伟大的马克思主义者，伟大的无产阶级革命家、战略家、理论家，是马克思主义中国化的伟大开拓者，是近代以来中国伟大的爱国者和民族英雄，是党的第一代中央领导集体的核心，是领导中国人民彻底改变自己命运和国家面貌的一代伟人。②

同时，习近平也指出：“革命领袖是人不是神。尽管他们拥有很高的理论水平、丰富的斗争经验、卓越的领导才能，但这并不意味着他们的认识和行动可以不受时代条件限制。不能因为他们伟大就把他们像神那样顶礼膜拜，不容许提出并纠正他们的失误和错误；也不能因为他们有失误和错误就全盘否定，抹杀他们的历史功绩，陷入虚无主义的泥潭。前事不忘，后事之师。一个马克思主义政党对自己的错误所抱的态度，是衡量这个党是否真正履行对人民群众所负责任的一个最重要、最可靠的尺度。我们党对自己、包括领袖人物的失误和错误历来采取郑重的态度，一是敢于承认，二是正确分析，三是坚决纠正，从而使失误和错误连同党的成功经验一起成为宝贵的历史教材。”③

四、中国需要博采各国文明之长

习近平在致第22届国际历史科学大会的贺信中说：

> 中国人自古重视历史研究，历来强调以史为鉴，我们的前人留下了浩繁的历史典籍。每个国家、每个民族都有自己的发展历程，应该尊重彼此的选择，加深彼此的了解，以利于共同创造人类更加美好的未来。历史学家在这方面可以并且应该发挥积极作用。这次大会是一个很好的交流学问、加深理

---

① 习近平：《纪念孙中山诞辰150周年大会上的讲话》，《人民日报》，2016年11月12日。

② 习近平：《在纪念毛泽东同志诞辰120周年座谈会上的讲话》，《人民日报》，2013年12月27日。

③ 同上。

解的机会。希望这次大会能够推动各国的历史研究，帮助人们从历史的启迪中更好探寻前进方向。①

这句话明确表明，习近平同志认为，每个国家、每个民族都有自己的发展历程，应该尊重彼此的选择，加深彼此的了解，以利于共同创造人类更加美好的未来。而且他特别强调"历史学家在这方面可以并且应该发挥积极作用"。这就意味着历史学者不仅要了解、研究中国的历史，还要了解和研究世界各个国家、各个民族的历史，在中外的交流中推动中国历史学科的发展，建设一个完整的历史科学体系。这次国际历史科学大会在中国召开，为中外的史学交流提供了一个很好的机会。中国的历史学家们应该清醒地意识到自己的责任。

在 2016 年 5 月 17 日举行的哲学社会科学座谈会上，习近平强调，哲学社会科学工作者既要立足本国实际，又要开门搞研究。这其中自然也包括历史科学工作者。

习近平强调民族性并不是要排斥其他国家的学术研究成果，而是要在比较、对照、批判、吸收、升华的基础上，使民族性更加符合当代中国和当今世界的发展要求，越是民族的越是世界的。解决好民族性问题，就有更强能力去解决世界性问题；把中国实践总结好，就有更强能力为解决世界性问题提供思路和办法。这是由特殊性到普遍性的发展规律。

他说："我们既要立足本国实际，又要开门搞研究。对人类创造的有益的理论观点和学术成果，我们应该吸收借鉴，但不能把一种理论观点和学术成果当成'唯一准则'，不能企图用一种模式来改造整个世界，否则就容易滑入机械论的泥坑。一些理论观点和学术成果可以用来说明一些国家和民族的发展历程，在一定地域和历史文化中具有合理性，但如果硬要把它们套在各国各民族头上、用它们来对人类生活进行格式化，并以此为裁判，那就是荒谬的了。对国外的理论、概念、话语、方法，要有分析、有鉴别，适用的就拿来用，不适用的就不要生搬硬套。哲学社会科学要有批判精神，这是马克思主义最可贵的精神品质。"②

---

① 习近平：《致第 22 届国际历史科学大会的贺信》，《人民日报》，2015 年 8 月 24 日。

② 习近平：《习近平谈治国理政》（第二卷），外文出版社，2017 年版，第 340 页。

习近平强调，哲学社会科学要有理论上的创新，而理论创新只能从问题开始。在发现问题、筛选问题、研究问题、解决问题的过程中，学者们必须思考和研究不同时代的学者们是怎样提出问题和研究问题的。他自己就翻阅过许多著作，如柏拉图的《理想国》、亚里士多德的《政治学》、托马斯·莫尔的《乌托邦》、康帕内拉的《太阳城》、洛克的《政府论》、孟德斯鸠的《论法的精神》、卢梭的《社会契约论》、汉密尔顿等人著的《联邦党人文集》、黑格尔的《法哲学原理》、克劳塞维茨的《战争论》、亚当·斯密的《国民财富的性质和原因的研究》、马尔萨斯的《人口原理》、凯恩斯的《就业利息和货币通论》、约瑟夫·熊彼特的《经济发展理论》、萨缪尔森的《经济学》、弗里德曼的《资本主义与自由》、西蒙·库兹涅茨的《各国的经济增长》等。他的一个重要感受就是这些著作都是时代的产物，都是思考和研究当时当地社会突出矛盾和问题的结果。他的读书感悟，对于历史学家来说，无疑也是很有启发的。

五、历史学有着“究天人之际，通古今之变”的使命

习近平在他的论著中，曾不止一次引用司马迁在论述《史记》的撰写宗旨时说过的“究天人之际，通古今之变”。早在1985年年初，习近平在为正定县档案馆编辑的《正定县大事记(1949—1983)》撰写序言时就曾说过：“司马迁在治学著史时曾说‘究天人之际，通古今之变’。从政治和自然两方面究通历史，自然是很不容易的事。但是，我们有马列主义哲学的武器，完全可以从研究历史中获得可能获得的真理。”①

2015年8月，在致第22届国际历史科学大会的贺信中，习近平说道：“人事有代谢，往来成古今。历史研究是一切社会科学的基础，承担着‘究天人之际，通古今之变’的使命。”②

“究天人之际，通古今之变，成一家之言”，这是司马迁认识历史、撰写《史记》的宗旨，也成为两千多年来众多有成就的历史学家的治史宗旨，成为今天历史研究的重要使命。虽然司马迁这里所说的“天”，没有完全摆脱“天意”的影响，但是他在这里表达的天人关系主要是指历史形势、社会环境与人的活动及其命运

① 习近平：《知之深　爱之切》，河北人民出版社，2015年版，第184页。
② 习近平：《致第22届国际历史科学大会的贺信》，《人民日报》，2015年8月24日。

的关系。他所表达的古今关系，表明社会历史是在不断进步的，同时也表明“古”对于“今”来说，具有借鉴的价值和意义。

习近平1985年第一次引用了司马迁的这句话，表明他认为历史应该从政治和自然两方面来研究，尽管做到这点很不容易，但是只要掌握马克思主义哲学这一思想武器，就可以从历史中获得有益的真理。2015年的第二次引用，可以说寓意更深刻。一方面表明他对这位伟大历史学家撰述宗旨的尊重和继承，同时他也赋予这一宗旨以现代的涵义与生命力，并且把它看成历史科学的神圣使命。今天，我们对“天”和“人”的理解已经与司马迁的时代不同了，“古”与“今”的内容也大不相同，但是，探讨人类历史的发展及其与自然环境、社会环境的关系，探讨人类社会发展变化的原因与规律，仍然是历史科学的神圣使命。

在借鉴司马迁“究天人之际，通古今之变，成一家之言”的治史思想的时候，习近平同时也鼓励学者能够成就“一家之言”，能够出大师、出学派。早在2004年12月23日在浙江省社科联第五次代表大会上的讲话中他就说过：“浙江历史上出大师、出传世之作，将来也完全有可能出大师、出传世之作，出现以大师为统帅的学科学派，提高浙江哲学社会科学在全国乃至世界的影响力，提高浙江的文化软实力。以大师为统帅的学科学派是推动哲学社会科学发展的重要力量。在历史上如此，今天依然如此。”①习近平很看重学派的作用，他讲到宋代浙江就有“永康学派”，代表人物是陈亮；还有“永嘉学派”，代表人物是叶适。他把他们看作浙江的“文化基因”。

历史科学除了它自身的特殊使命之外，还与哲学社会科学其他学科有着共同的使命。习近平在2016年5月17日召开的哲学社会科学工作座谈会上说：“我国哲学社会科学应该以我们正在做的事情为中心，从我国改革发展的实践中挖掘新材料、发现新问题、提出新观点、构建新理论，加强对改革开放和社会主义现代化建设实践经验的系统总结，加强对发展社会主义市场经济、民主政治、先进文化、和谐社会、生态文明以及党的执政能力建设等领域的分析研究，加强对党中央治国理政新理念新思想新战略的研究阐释，提炼出有学理性的新理论，概括

---

① 习近平：《干在实处，走在前列》，中共中央党校出版社，2006年版，第315页。

出有规律性的新实践。这是构建中国特色哲学社会科学的着力点、着重点。”①历史科学工作者对此也应该做出自己的贡献。

在十九大报告中，习近平提出了推动社会主义文化繁荣兴盛的方针：“要坚持为人民服务、为社会主义服务，坚持百花齐放、百家争鸣，坚持创造性转化、创新性发展，不断铸就中华文化新辉煌。”②这一方针，同样也适用于历史科学。

六、干部应该学习历史

1941 年 5 月，毛泽东主席在领导中国民主革命夺取全国胜利的重要时刻，在延安的干部会议上提出了“改造我们的学习”的要求，他批评一些党员、干部：“不论是近百年的和古代的中国史，在许多党员的心目中还是漆黑一团”；“对于自己的历史一点不懂，或懂得甚少，不以为耻，反以为荣。特别重要的中国共产党的历史和鸦片战争以来的中国近百年史，真正懂得的很少”。他要求党员、干部，“不要割断历史。不单是懂得希腊就行了，还要懂得中国；不但要懂得外国革命史，还要懂得中国革命史；不但要懂得中国的今天，还要懂得中国的昨天和前天。”③

70 年以后，中国的政治形势和干部队伍的情况有了很大的变化，但毛泽东同志所讲的问题仍然有对干部强调的必要。2011 年 9 月，习近平在中央党校 2011 年秋季学期开学典礼上的讲话中指出：我们党在领导革命、建设、改革的进程中，一贯重视历史经验的借鉴和运用，一贯倡导领导干部要读点历史，要善于运用历史知识。重视对历史的学习和对历史经验的总结与运用，善于从不断认识和把握历史规律中找到前进的正确方向和正确道路，这是我们党 90 多年来之所以能够领导中国革命、建设、改革不断取得胜利的一个重要原因。

领导干部学习历史，要学习中国历史，了解和懂得自古以来中国人民创造的灿烂历史文化，从中汲取有益于加强修养、做好工作的智慧和营养。

---

① 习近平：《在哲学社会科学工作座谈会上的讲话》，《论党的宣传思想工作》，中央文献出版社，2020 年版，第 232—233 页。

② 习近平：《决战全面建成小康社会夺取新时代中国特色社会主义伟大胜利》，人民出版社，2017 年版，第 41 页。

③ 毛泽东：《毛泽东选集》第三卷，人民出版社，1991 年版，第 797、798、801 页。

领导干部学习历史，要注重学习鸦片战争以来我国近现代历史和中共党史，加深对近现代中国国情和中国社会发展规律的认识。中国共产党的历史是中国近现代以来历史最为可歌可泣的篇章，学习中国近现代史要特别注意学习中国共产党的历史。

习近平还指出：领导干部读点历史，有助于提高文化素养和思想政治修养，有助于提高工作能力和领导水平。领导干部学习历史，要落实在提高历史文化素养上，落实在提高领导工作水平上。而具有历史文化素养，最重要的是要具有历史意识和文化自觉，即想问题、作决策要有历史眼光，能够从以往的历史中汲取经验和智慧，自觉按照历史规律和历史发展的辩证法办事。①

以上，我们对习近平关于历史和史学方面的论述进行了一个梳理，其实他关于这方面的论述内容是非常丰富的，需要作为一个课题进行专门的研究。习近平有关历史和史学方面的论述，是习近平新时期中国特色社会主义思想的来源之一，也是其内容的一个重要方面。研究这方面的内容，对于我们深入理解习近平新时期中国特色社会主义思想的产生背景、思想体系、基本内容、思想特点等都是非常有启发作用的。

对于党的各级干部来说，能够像习近平那样学习历史、理解历史、讲述历史，运用历史的经验教训指导自己的工作，必将受益匪浅。当然，习近平在这方面的成就与水平是长期积累的结果，不是一蹴而就的。但是，他给广大干部做了一个很好的榜样，只要能够像他那样重视历史给我们的启示，不断地从历史中寻求智慧，像他那样从历史到现实、从现实到未来发展地看问题，像他那样以辩证唯物主义和历史唯物主义的观点来分析、认识、评价历史问题，就可以大大地提高广大干部的素质和水平，有利于把今天的历史伟业完成得更好。

对于史学工作者来说，习近平的有关论述也有很大的启发性。史学工作者应该学习习近平对马克思主义的坚定信念，运用马克思主义的历史观和方法论去认识历史、研究历史、解释历史；学习习近平对于“以史为镜，可知兴替”的深刻理解，用自己的专业特长为当代人提供高质量的学术成果，为他们学习古今、了解

---

① 习近平：《在中央党校2011年秋季学期开学典礼上的讲话》，《人民日报》，2011年9月2日。

中外提供帮助，让“历史是人类最好的老师”的崇高作用得到落实；“究天人之际，通古今之变”是史学工作者的重要使命，史学家有责任探讨人类历史发展的共同规律和各民族历史发展的特殊规律，对于各种尚未得到合理解释的“历史之谜”做出新的解释；史学工作者不能把自己的眼界局限在自己所熟悉的专业范围之内，要和其他社会科学学者一起，用历史科学的理论和方法参与对建设中国特色社会主义的一切现实问题的研讨，并做出自己的特殊贡献。

本书围绕“历史是人类最好的老师”这一主题收集了近年来作者对十几位史学工作者的访谈。刘家和教授认为，以史为鉴的精神为中国历代执政者所遵循，只是有的能够从历史中接受教训，有的则不能；但是中国几千年来所形成的这一传统是不容质疑和挑战的。瞿林东教授论述了历史学是一切社会科学的基础的道理，说明了历史学著作对于执政者治国理政方面的重要功能以及它对广大干部、群众所起到的教育作用。吴怀祺教授从自己从事中国史学思想史研究的角度，阐述了史学思想史的当代价值。陈其泰教授论述了中国优秀的传统思想文化所具有的巨大创造力。汪受宽教授以自己从事文献学、历史学的亲身经历，阐明了史学在当今的社会功能。乔治忠教授则阐述了中国史学史研究在整个历史学研究中的特殊重要地位。张广智教授从西方史学的发展历程中阐述了文明交流互鉴的价值。宋学勤教授论述了中共党史学所具有的特殊社会功能。总之，这几位学者都从史学理论和史学史的角度阐释了“历史是人类最好的教师”这一理念的科学根据。林甘泉研究员则针对当前史学发展的状况，提出了让史学发展繁荣的新的建议。

历史是人类最好的老师。我们不能忘记历史，特别是不能忘记 20 世纪以来的历史。廖学盛研究员阐述了如何看待 20 世纪历史巨变的问题，对这一百年的历史变化做了总的梳理。陆庭恩教授以非洲 20 世纪的历史发展为例，阐述了非洲历史的变化并分析了其发展缓慢的原因。徐兰教授结合自己的治学经历，阐述了 20 世纪国际关系发展中的一些重大问题。

中国古代的历史为我们留下了许多可以借鉴的东西，中国近百年的革命斗争历史是我们必须牢记的。李华瑞教授谈到的宋代救荒史的启示值得借鉴。魏光奇教授对清代地方行政制度的研究十分深入，很见功力。张海鹏研究员回顾了从事中国近现代史研究的历程，说明历史是不容抹杀、不容篡改的。朱成甲教授则回顾了40年来从事李大钊研究的历程，表明了当代学人对先驱者初心的追寻。

此外，阎守诚教授讲述了他的父亲阎宗临在新中国成立前不远万里赴欧洲求学和他在新中国的大学里从事学校管理的经历，以及他对于学术研究的贡献。叶小兵教授从理论上阐明了历史教育学所具有的社会功能，结合实际说明历史教育既具有科学性，又具有艺术性。

历史是人类最好的老师。要让历史所昭示的人类历史发展的历程、让历史的经验教训真正为广大干部群众，特别是青年一代所了解，史学工作者是可以大有作为的。我们所访谈的历史学家不是一般地、泛泛地在讲道理，而是结合自己的求学过程、治学经历来阐述他们自己的体验。这里既有他们从前辈学者那里继承下来的学术脉络、思想遗产，也有他们自己在实践中所做的创新。这样会使广大读者有一种亲切的感觉。

但愿本书对于广大读者认识历史学的巨大功能和使命有所帮助。

邹兆辰

2020年10月

目录 c o n t e n t s

上　编

下　编

附　录

上　　编

刘家和：1928 年生，江苏省南京市人。1952 年 7 月毕业于北京辅仁大学历史系，同年起在北京师范大学任教。现为北京师范大学历史学院资深教授。长期从事世界古代史与中国先秦史、秦汉史研究，对中外古史比较研究做了长期的艰苦努力。主编《世界上古史》、《世界史》(吴于廑、齐世荣总主编)上册古代部分、《古代世界文明史研究导论》等。著有《古代中国与世界——一个古史研究者的思考》《史学、经学与思想——在世界史背景下对于中国古代历史文化的思考》《中西古代历史、史学与理论比较研究》等。

从黑格尔关于“以史为鉴”的一段话说起

——访刘家和教授

问：刘先生，您好！时隔几年，再次来与您探讨学术问题，这是非常难得的学习机会。在上次访谈中，谈了您求学和治学的经历，谈到1995年出版的您的第一部著作《古代中国与世界——一个古史研究者的思考》，谈到2005年您推出的第二部著作《史学、经学与思想——在世界史背景下对于中国古代历史文化的思考》。由于两本书都体现了中外历史比较的思想，我们还讨论了很多关于历史比较的问题。那次的访谈文章发表以后，受到了青年学者们的关注，有的学者还专门写了评论文章。

刘：多谢您多年以前为对我的访谈做了充分的准备工作，至今我还未能忘记。现在您又做了充分的准备来进行这次访谈。说实话，我真有点于心不忍。不过，为了学术，也只能辛苦您了！

问：这次访谈我想换一个主题，此前看到并仔细研读了您发表在《北京师范大学学报》2010年第1期上的文章《关于“以史为鉴”的对话》和《北京师范大学学报》2015年第2期发表的蒋重跃教授对您的访谈文章《在挑战与回应中前进——刘家和先生谈学术工作的基础》，我今天想和您再次探讨一下中国学者如何应对挑战的问题。我还特别想了解一下，您为什么会对黑格尔在《历史哲学》中关于“以史为鉴”的一段话反应那么强烈，而且对其有着长久而深刻的思考。

刘：好的。您所说的这两个问题，都是我思考很久的问题。让我们来谈一谈，也许对其他读者也会有所启发。

一、应对挑战是学术创新的关键所在

问：从这两篇文章中可以看出，您认为回应挑战是与学术创新有关的。

刘：确实是这样。学术创新实在太重要了，它实际是学术能否真正传承和发扬光大的关键所在。但首先要能真正发现才能回应挑战，也可以说这是学术能否创新的关键所在。人类历史就是在不断回应各种各样的挑战而逐渐创新中发展起来的。学术研究是人类生活的一个重要部分，也需要积极发现并回应挑战，在克服困难中前进。

问：您为什么把回应挑战看得那么重要呢？

刘：我把回应挑战当作学术能否创新的关键问题。蒋重跃教授在上次对我的访谈中曾经问我：“这样说是否太被动了？我们的学术工作难道就是为了回应别人对我们提出的挑战吗？我们就不能向人家发起挑战吗？”我回答他说：“这里我所说的挑战，是就其深层意义而言的，不仅是指人家向我们发起的挑战，而且更为重要或者说更深层次的，是我们必须能够自己向自己提出挑战。”

问：您这个提法很新奇，为什么我们要向自己提出挑战呢？

刘：您这个问题提得很好。我们之所以要向自己提出挑战，是因为当他人提出挑战的时候，我们自己是被挑战的对象；需要我们回应时，我们自己就转变为挑战的主体了。作为主体时，你自己是否有能力发现或意识到这是一种挑战，这很重要。发现了或者意识到了，自己又是否有能力来面对并且回应这种挑战呢？如果一时没有能力，那么是否能积极准备以求今后能加以回应呢？这些就属于自己对于自己的挑战了。概括地说，这包括对自我能力极限的挑战和自我选择的挑战。

应该说，每一位学者都有他自身能力的极限。如专业的选择往往就限定了我们的能力范围。当然，这也不是绝对的。我们选择的学科是史学的研究领域，这就包括人类生活的历程以及它所能给予我们的经验教训。这里选择的挑战是明显存在的，在具体进行选择的时候，又不可避免地有着两种相互区分而又联系着的问题，即学术使命的理想目的与学者个人的功利目的。就像孔子所说：“古之学者为己，今之学者为人。”在孔子所说的“为人”与“为己”两种可能的面前，怎么办？这就是自我选择的挑战。如果不能认真挑战自己，严格要求自己，从而学风不振甚至不正，怎么能严肃面对并切实回应他人的挑战呢？所以严格地说，能够切实挑战自己，这才是回应外来挑战的必要条件。其实，这样的严肃挑战自己的历程，往往是与回应外来挑战的历程相一致的，这样才有可能一步一步切实回应他人的挑战。

问：您这里所说的自我挑战的问题确实对我们很有启发。要想在学术上有所进步，就必须不断地对自己提出挑战。那么我们怎样才能实现这种自我挑战呢？

刘：我觉得最简单的办法，就是要不断地、严格地质疑、追问自己。比如，每引一条材料，就要考问自己：材料的出处是否可靠？材料的内容是否可信？自己真弄懂它的意义了吗？再如，每提出一个见解，就要质问自己：思维的逻辑是什么？自己真正弄清楚了吗？这样一步一个脚印地对自己追问下去，在不断地自我否定、自我超越中前进。这就是自我挑战。

问：您说得很有道理。那么您这种自我挑战的意识是从哪里来的呢？

刘：这种自我挑战的理性自觉，我是从前贤那里学来的。老子曾说过：“知人者智，自知者明。胜人者有力，自胜者强。”这几句话不难读懂，好像是在给“智”“明”“有力”和“强”下定义似的。其实，老子告诉我们的是：知人的“智”和胜人的“力”，对于每一个人来说都是有限度的，因为到底是否能知、能胜，那要看对象的条件。而自知的“明”和自胜的“强”，对于每一个人都是无限度的，只要我有自知、自胜的志愿和理想，那就是谁也阻挡不住的。所以，人必先自知，然后才可能知人；人必先自胜，然后才可能胜人。这种自知与自胜，实际上是人的一种高度自觉、高度专注的精神状态。我对于自我挑战的理性自觉，应该说是从前贤这里学来的。

问：您说的自我挑战的意思我明白了，您能把如何应对挑战的问题再说具体一点吗？

刘：“挑战”一般用来指较为严肃的问题，有时会指生死攸关的问题。既然有挑战，那就不能不具有清醒、积极的回应意识与意志。人一旦意识到自己面临挑战，而且要回应这种挑战，那就不应该昏昏欲睡了，而应该全神贯注地、全力以赴地去回应。就是说，必须要有一种清醒的状态。有了这种状态，才会想方设法回应挑战。学术研究当然也需要有这样的清醒状态。我们的问题，要在挑战和应战中去发现；我们的方法，要在挑战和应战中来锻炼；我们学术工作的基础，也要在挑战和应战中不断加以调整。对于学术研究来说，最重要的是要能发现问题，然后是能找到解决问题的办法。但是要做到这两点，离不开知识结构的调整，也离不开学术工作基础的改善。

问：您能不能结合您自身回应挑战的事例给我们一些更具体的认识呢？

刘：好！那就请您关注一下我在《北京师范大学学报》2010 年第 1 期发表的那篇《关于“以史为鉴”的对话》吧！

二、从黑格尔关于“以史为鉴”的一段话说起

问：我已经看过了这篇文章。我看您所说的回应挑战的问题，主要是由黑格尔在《历史哲学》中关于“以史为鉴”的一段话引起的。这句话为什么会引起您这样特别的注意？

刘：确实是这样。我曾经说过，我自己对“以史为鉴”的问题总有一种“放心不下”的情结。这是由于我不只是读中国史学、经学方面的著作，如果那样就不会发现这个问题。西方的历史文化使我的思考常常面临一种挑战。因此我很难忘记黑格尔所说的那一段对“以史为鉴”最具有直接挑战意义的话。

问：您说的是哪一段话呢？

刘：您看，这是我 1959 年读过的黑格尔的《历史哲学》。我画红线的这句话说：“人们习惯于以历史上的经验和教训，特别介绍给各君主、各政治家、各民族国家。但是经验和历史所昭示我们的，却是各民族和各政府没有从历史方面学到什么，也没有依据历史上演绎出来的法则行事。”这段话不知您看了有何想法。这是不是对“以史为鉴”的直接挑战呢？我想他的话并非不值一驳，让人不理不行。问题在于如何回应。以上所引黑格尔的那一段话给了我很深的刺激，使我难忘，不过，使我不能不深思的是他那一套思想体系与深远的哲学史的背景。我觉得黑格尔那一段话有合理之处，同时也有其自身的问题。

问：我确实看不出这段话有什么问题，您认为他的那段话就是一种挑战吗？

刘：他的那段话虽然说得机警锋利，但是仔细分析是有问题的。黑格尔说，历史的经验可以给予人们教训，但又说从来没有人从中得到过任何教训。这句话看起来好像谈得很深刻，但实际上它本身就是一个悖论。如果肯定前半句，那就是说历史经验是给了我们教训的，而且他也承认学到了教训；这样，断言从来就没有人从中学到任何教训的后半句就不能成立了。反过来说，如果后半句的判断成立，那么前半句就又不能成立了。这是一种自我矛盾。另外，他在后面接着说，即使历史经验真的给人们留下了教训，那也是没有人会接受这种教训的。为什么呢？他在那段引文之后接着解释说："每个时代都有它特殊的环境，都具有一种个别的情况，使它的举动行事，不得不全由自己来考虑、自己来决定。当重大事件纷呈交迫的时候，一般的笼统的法则，毫无裨益。回忆过去的同样情形，也是徒劳无功的。一个灰色的回忆不能抗衡'现在'的生动和自由。"我这里想就黑格尔这一段话的内容说明两点：一是历史经验教训与人们的自由选择的关系问题，二是在古今变易中究竟有没有相同或相通的经验教训。

首先看历史的经验教训与人们的自由选择是什么关系。我觉得，黑格尔如果是在依据经验说话，那他的话大体就不会太离谱。他说，对于历史教训人们有自己的选择自由，这话的确不错；有人面对历史教训采取不接受的态度，这样的事例在历史上确实太多了。所以，他的话里有正确的地方。中国人从很早就坚信：以民为本从而得民心者得天下，残民以逞从而失民心者失天下。这就是一条很重要的历史教训。可是在殷商的末世、秦朝的末世、隋朝的末世执政者都拒不接受这个教训。所以，历史经验教训的确是值得重视的问题。不过，黑格尔这里只说了有不肯接受历史经验教训的人，那么还有没有肯接受历史经验教训的人呢？既然他承认，人们对于历史经验教训是有接受与否的自由的，那么人们选择接受历史经验教训在逻辑上就是不能被排除的。因为，如果没有两种以上的选择出路的话，那就谈不上有选择的自由。逻辑上既然不能排除，那么在历史事实上是否曾经存在过呢？

黑格尔的回答是否定的，至少也是十分存疑的。这样的结论就不符合历史事实了。大家知道，在殷、秦、隋等王朝因拒不接受历史教训而灭亡的同时，还有周、汉、唐等王朝因乐于接受历史教训而兴起。怎么能说没有人接受了历史的经验教训呢？所以，黑格尔在这里犯了以偏概全的错误。因为讨论还在经验的层面，所以黑格尔是在经验分析论证中犯了片面性的错误。

问：这是您要谈的第一个问题。现在您是否能谈谈第二个问题，在古今的变易中有没有相同或相通的经验教训？

刘：我对这个问题的答案十分明确，那就是没有。为什么呢？因为历史的经验教训既然是在历史中产生的，那么它就必然离不开它由以产生的历史条件，换句话说，就是它的产生具有历史性。它是依据具体的历史条件而产生的，也必然随历史条件的变化而变化。以中国历史为例，在三代时期，王朝必须分封诸侯才能维持统治，不论是名义上的或事实上的分封，所以诸侯之国往往能长期存在；而汉初分封的功臣侯者到汉武帝时就没有什么了。那么汉朝为什么不接受三代的历史经验教训呢？司马迁在《史记·高祖功臣侯者年表·序》中有一句话说得很好：“居今之世，志古之道，所以自镜也，未必尽同。帝王者各殊礼而异务，要以成功为统纪，岂可绲乎？”这说明他已经清楚地认识到有些历史经验教训是会随着历史条件的变化而变化的。

问：我们从中国的历史事实中可以看到，人们对于历史的经验教训采取什么态度，是有选择的自由的。

刘：确实是这样。以上我们所举殷商、秦、隋之所以亡而周、汉、唐之所以兴的事例，恰好证明了这样的道理：人们对于历史经验教训的取舍是有选择的自由的；可是，人们对这一自由选择的结果就不再有选择的自由，也就不能随心所欲了。所以，我们看到殷商、秦朝、隋朝先后都因拒不接受历史的教训而“无可奈何花落去”；而周、汉、唐等王朝，却因为能够虚心地接受历史教训而勃然兴起，并在中国历史长河中熠熠生辉。因此，我们承认黑格尔所说的人们对历史经验教训有取舍选择的自由，但是不能因此就看轻历史经验教训的存在与意义。同时，这样的事例还告诉我们：殷商、秦、隋等王朝的末世拒之而亡，以及周、汉、唐等王朝受之而兴的历史经验教训，在选择自由的背后却有着结果的必然性；这种结果的必然性正好说明，上述历史经验教训的本身是有着颠扑不破的性质的。

问：我想追问一下：为什么不同朝代的统治者会有不同的选择呢？

刘：我想不论我们怎么说结果的必然性，人们在历史面前的选择自由总是有的。对于同一个历史经验教训，殷商、秦、隋与周、汉、唐采取了截然对立的选择，是什么原因呢？我想对于这样的国家大计，一个统治者恐怕不会完全掉以轻心的。但在考虑是否接受历史经验教训时，他们总会给自己的决策找出理由，他们的根本依据恐怕只能是自身或阶级的最大利益。在同一个历史时代并且面对同一个历史经验教训，殷、秦、隋等王朝采取拒不接受历史教训的态度，而周、汉、唐等王朝却采取乐于接受历史教训的态度。为什么会有这样对立的选择呢？这是因为他们的现实利益本身是对立的。如果要问他们的现实利益为什么是对立的？这就不是他们自己能够自由选择的了。因为他们各自处于不同的历史前提条件，而历史前提条件对于他们来说就不是可以自由选择的了，因为这些条件是既定的。也就是说，他们各自的自由选择中存在着历史前提的不自由，因此他们各自的选择自由只不过是不自由中的自由而已。

问：您在《关于"以史为鉴"的对话》中有很大一部分是谈怎样理解"以史为鉴"的。那么我们应该怎样理解呢？

刘：我想，既然谈到"以史为鉴"，这里首先要涉及历史经验教训的有无及其是否有用；然而这只是"以史为鉴"所包含内容的一部分，并非其全体。所以，我们要搞清楚什么是"以史为鉴"，这要从确切把握它的真实含义着手。

"鉴"是什么？是镜子。所以"以史为鉴"就应该是用历史来作为镜子反照自己。不过要注意一点，当我们拿镜子来照自己的时候，在镜子里出现的是我们自己；而当我们"以史为鉴"的时候，那么从作为镜子的史书里看到的却没有自己，而是前人或前人的事。这就会让人怀疑"以史为鉴"这个比喻性说法的确切性与可能性。再一点，"以史为鉴"的"鉴"字原来是写作"监"字。在《十三经注疏》本里，《诗经》说周人以殷为鉴的时候是写作"鉴"，而在《尚书》里却一般都作"监"。孔子也说："周监于二代，郁郁乎文哉。"这里的"监"字还是作"鉴"来用的。"监"的繁体字"監"，其左上角的"臣"字本是眼睛的象形，右上角是"人"，下面是"皿"字上面加"一"，这个"一"表示皿中的水。这样整个字形就表示人用眼睛看器皿中的水，也就意味着是对照盆里的水来照见自己。因为止水的表面是光滑平静的，可以代替镜子。至于流水，它就没有止水的上述特点，所以大概也就没有人会站在江河边临水照自己。而历史恰恰是一条后浪推前浪的不断奔腾前进着的长江大河，这样看来，历史又怎么可以为“鉴”呢？

问：是啊，您这里说的意思是流水不可以为鉴，那么怎样才能从历史中吸取经验教训呢？

刘：我的意思是说，如果您的意向是要知道自己的历史处境，那就不能用本质是静态的镜子来作为中介，而只能用本质是动态的历史来作为中介。我想举一个历史上的例子：当周公协助武王伐纣的时候，他们从作为中介的历史中所得的映象是革夏命时的商汤，到了他们推翻殷商并取而代之的时候，情况已经发生了翻天覆地的变化，原来的“小邦周”变成了“赫赫宗周”，原来的“天邑商”“大邦殷”变成了“殷小腆”。这一种历史的变位，使周登上了殷商当初的天子地位。这时周公从自己的新处境出发，再把意向投向历史时，他得出了两种映象。一种是尚未被推翻前的纣，他处于“天子”之位却残民以逞，结果就是灭亡的下场；另一种是所谓的“殷哲王”，他们因勤政爱民而能享国长久。也就是说，周公看到当时已经成为天子的周王能够从殷人典册里看到了正负两类映象：哲王或暴君。这两种相对立的映象有着两种相对立的结果。这样，周公面临着作为镜子的史书提供的两种可能选择，而他选择了以殷哲王作为典范。我们可以从多篇《尚书》里看到，他反复申述必须以民为本、保民而王。从这个例子里可以看出，主体总处在变化中，其意向也就会处在变化之中；而变化了的意向投向历史的时候，其映象也就必然发生变化。这就是说，止水或镜子在这时已经不能充当中介了，只有流动着的历史才能起到反映动态情形的作用。这里，我们是否可以对“以史为鉴”做这样的理解：临流水不能照面部；而形同流水的历史却能作为历史人物的中介，能反映出一种动态的历史趋向。

三、回应挑战应该具备什么条件

问：您这里对“以史为鉴”的解释使我们有茅塞顿开之感。这两层意思让我们弄明白究竟什么是“以史为鉴”。从您上面谈的情况来看，您对黑格尔的有关问题已经思考了很长时间了，您一直在思考着回应挑战的问题。问题是您为什么能够回应这种挑战？换句话说，回应挑战需要具备什么样的条件呢？

刘：我觉得回应这种挑战需要有一个长期的思考过程，并且把问题本身弄清楚。今天，我把我看到过的《历史哲学》的各种版本都找了出来。我要跟您面对面地把我对这个问题的思考过程讲一讲。我是 1959 年看到的黑格尔的《历史哲学》，是 1956 年三联书店出版的王造时译本。我看到了这段话，就是我画了红线的这段。他说："人们习惯于以历史上的经验和教训，特别介绍给各君主、各政治家、各民族国家。但是经验和历史所昭示我们的，却是各民族和各政府没有从历史方面学到什么，也没有依据历史上演绎出来的法则行事。"这里他强调各君主、各政治家们没有"学到什么"，也就是没有学到"历史上的经验和教训"。我觉得这个观点与《资治通鉴》的思想是对立的。这里有两个问题：一是历史有没有教训？黑格尔说"没有从历史方面学到什么"。那么历史有没有教训呢？历史告诉我们，历史是有教训的。而他的意思是说谁也没有得到教训，谁也没有按照历史的法则办事。

1959 年我读到这里时就有所怀疑。我想是不是翻译的问题造成的，于是就找英文版的《历史哲学》来对照，同时又看了黑格尔的《小逻辑》。因为只有读懂《小逻辑》才能读懂《历史哲学》。这是在 1960 年读的。后来我又读了黑格尔的《哲学史讲演录》。读了这些，还是有些问题不懂。我当时为什么要自我挑战呢？首先，是要挑战我自己的极限。以后，就是"四清""文革"了，这种书就不能再读了，于是就读马克思的书。再之后，还是重新读了黑格尔的《历史哲学》《小逻辑》，但只能看中文版的了。

20 世纪 80 年代中期以后，我开始重新考虑史学理论问题。于是，我就复印了《历史哲学》的英文版，发现英文版中我所怀疑的那句话和王造时的中文译本是一致的。对此我还是放心不下，觉得这里还是有问题。到 90 年代时我就下决心找来德文版来看一看。当时，找不到德文版的《历史哲学》，于是我就到北京图书馆(国家图书馆的前身)去找德文版的《黑格尔全集》，从第八卷中找到了这部分，也找到了这句话。我根据德文版的文字来校对英文版的这句话，发现英文版有的地方译错了。为什么说译错了呢？英文版说"也没有依据历史上演绎出来的法则行事”，从这里看，黑格尔是承认从历史中是能够演绎出法则或规律的。但在德文版中，黑格尔是用虚拟的语气说：“就算是有演绎出来的规律，也没有按照其行事。”我反复地对照了几遍。我还结合整章以及《小逻辑》提供的思想背景来看这句话。原来黑格尔认为，历史的规律没有逻辑规律那么严格，比如A大于B，B大于C，则A大于C，这是永远正确的。但历史有没有这种规律？原始社会的规律只能说明原始社会，但人心的向背决定政权的得失存亡这种规律却是永远正确的。所以，要以人为本，否则迟早会垮台。我们承认历史规律和逻辑规律是不一样的。人本身就是历史的。

问：这就是说，您是在读了黑格尔的《历史哲学》的德文版以后，对于他的这句话的问题才有了进一步的认识，才坚定了您应对挑战的信心。这样看来，您的德文水平也是比较高的。

刘：我没有那么高的德文水平，我就对这句话的翻译中发现的问题请教了德文专家，他认为我的思考是对的。经过这一番研究，我才把我的意见拿出来。我是从1959年开始读黑格尔的著作的，并且开始思考这个问题，到2010年才正式发表出来。这中间经过了50年。如果我不确信我的观点是正确的，我就不会发表出来。花了这么长的时间代价，所以说这个结果的性价比不高。

黑格尔认为历史是有规律的，但这个规律是精神的规律，是历史的理性。他是按照自由的发展来讲规律的。黑格尔讲这些话大约是在1821—1830年，大约在鸦片战争前10年，这期间他谈过五次，到今天快200年了。但这种挑战我们不知道，不知道就无法去回应。我们只能对自己进行挑战，这样才能发现别人的挑战。

问：从以上您所谈的情况来看，原来您对黑格尔关于“以史为鉴”问题的观点早就有自己的看法，就是还没有找到回应的机会。您一直对此耿耿于怀，于是才有了2010年的这篇《关于“以史为鉴”的对话》。我看蒋重跃教授对您的这篇文章评价说：“您的论证实在是给‘以史为鉴’这个千年命题做了充分的理论说明。您在这篇文章里的论证让我由衷地感到自豪：中国人完全可以站在理论思维的高度上与西方学术大师进行对话。这种对话是平等的、理论性的、富有启发意义和建设意义的。我觉得您的这篇文章真正在理论上回应了黑格尔对于‘以史为鉴’的挑战。”蒋教授的话恐怕是代表了晚辈们对您这种回应挑战的精神的评价。

刘：首先我绝对不敢以为自己已经很好地完成了对这一挑战的回应。我相信自己的论证肯定还会有不足之处，希望自己，也更属望来者在将来能够进一步克服我的缺陷，能够对“以史为鉴”的问题做出更好的论证。

回应黑格尔的这个挑战究竟有多大意义呢？可以说，如果不回应，那么“以史为鉴”的理论就会彻底被颠覆，我们中华民族五千年的文明史也就这样被颠覆了。回应这个挑战应该是我们中国史学工作者担负的神圣使命！当然了，黑格尔本人早已去世，他不可能自己来回应。现在我提出来可以让大家来评评理，如果我说错了，你也可以代表黑格尔来反驳我。我要说的是：即使是充分表现了鲜明的逻辑理性特征的黑格尔哲学，难道不是以康德的哲学为鉴才产生的吗？难道康德的哲学不是以莱布尼茨和休谟的哲学为鉴才产生的吗？如果再往上推，难道亚里士多德的哲学不是以柏拉图和希腊哲学史为鉴才产生的吗？黑格尔的哲学也应该是产生于历史之中，它的价值也在历史中。如果不是“以史为鉴”，哪有他的哲学啊！

我想我今天思考这个问题，也是为了在黑格尔面前讨一个公道，给“以史为鉴”一个生存的权利，给史学一个存在的理由！我们应公正地肯定黑格尔哲学在人类文化史上的崇高地位。比如他的精神现象学、逻辑学、小逻辑等，都是充满了发展的历史意识的。他努力地把人类意识的发生发展以及逻辑的发生发展解说成为历史的，提出了逻辑与历史统一的观念，这真是了不起！可是，他把现实的历史又套进了他所设定的“世界精神”的牢笼里，因此就把问题弄颠倒了。今天我们挑战他、批评他，也正是以他为鉴啊！看来迎接挑战是永无止境的，我毕竟已经是耄耋之年，人一老，锐气就差了，所以我还要向中青年学者朋友们学习！

问：您虽然已经是88岁的老人了，但是您应对挑战的精神，绝对是值得年轻人学习的。

刘：我还要补充一点，今天我们谈了很久“挑战与回应”，这对概念早年常被译为“应战”。把这对概念广泛地运用于解释人类文明历史的应该是英国著名史学家汤因比。大家知道，在他所著的《历史研究》一书中，他曾把人类历史分为若干“文明”。他以文明为单位，认为每一种文明都有起源、生长、衰落、解体的过程。他认为，在文明发展的全部进程中，回应挑战的成败是一个文明成败兴衰的关键所在。不可否认，他的“历史形态”学说具有鲜明的意识形态色彩，同时对历史结构的解说也有些牵强附会之处。不过，他对于挑战与应战的见解对今天的人们却很有启发作用。比如他曾说过：“历史证明，对于一次挑战胜利地进行了应战的集团，很难在第二次挑战中再取得胜利；凡是在第一次取得胜利的人们，很容易在第二次时‘坐下来休息’。”他引用了大量古今历史实例来证明他的观点。我们中华文明曾经在古代历史上成功地回应了挑战，从而取得过辉煌成就，可是后来逐渐“困倦”了，到近代也曾面临无力回应西方挑战的悲惨局面。所以，现在中华文明要复兴，我们实在不能再“坐下来休息”了。对于学者个人来说，也是如此啊！任何一点成绩都有可能立即转化为一种安慰剂，使人昏昏欲睡。只有不断真切地自我反思，从而不断地自我超越，才能使自己的精神处于清醒状态。尤其是人到中年以后，由于已经做过一些事情，有了不同程度的成绩，就很容易吃老本，很容易在不断简单地复制自己的过去的过程中衰老下去。这是一种没有前途的“前途”，我的内心深处充满了惶恐，生怕自己逐渐昏昏欲睡。怎么办？那就坚持每天温故而研新，这样就能不断发现自己的不足与无知，就像天天都用凉水洗脸，从而保持一定的清醒状态。

问：您说的这些话不仅仅是对自己的鞭策，对每一个史学工作者也都有警示作用。我个人觉得能不能应对挑战，特别是自觉地、理性地应对挑战，虽然与年龄、学历有关，但更重要的还是知识结构、思维习惯以及对于史学工作者的使命感的认识。您的这种深入探研、富于思考的精神是值得我们学习的。谢谢您的谈话！祝您健康长寿，学术之树长青！

刘：谢谢您！谈的有不合适的地方请您和读者朋友们指正。

林甘泉：1931 年 11 月生，福建省石狮市人。1949 年厦门大学历史系肄业。1954 年后历任中国社会科学院历史研究所助理研究员、研究员、副所长、分党组书记、所长、党委书记、学术委员会主任。此外，他还是中国史学会副会长，中国秦汉史研究会会长、顾问，中国郭沫若研究会会长，中国社会科学院学部主席团成员、文史哲学部委员，中国社会科学院研究生院教授、博士生导师。从事秦汉史、土地制度史、经济史、史学理论的研究。著有《中国古代政治文化论稿》《林甘泉文集》，主编《中国经济通史・秦汉经济卷》《郭沫若与中国史学》《中国历史大辞典・秦汉史》《中国大百科全书・中国历史・秦汉史》《中国历史 25 讲》《孔子与 20 世纪中国》《中国封建土地制度史》(第一卷)；是郭沫若主编的《中国史稿》第二、三册主要执笔人；合著有《中国古代史分期讨论五十年》。2017 年 10 月因病逝世。

如何让史学研究热络起来

——访林甘泉研究员

问：林先生您好！这是我们第三次访谈了。第一次在20世纪90年代末，当时主要是请您谈一谈对当代中国史学思潮的看法；第二次在2006年，那是请您就您的整个学术经历做一次系统的回顾。这次我主要还是想请您就当前史学的状况谈谈您的看法。多年没有和您交流了，不知您现在的身体状况怎样啊？

林：我是1931年出生的，今年已经85岁了。以前身体还不错，一年半前摔了一下，脊椎受了伤，痛得很厉害，躺了几个月。现在情况好一些，但是精力不行了，比以前差得多了。

问：既然这样，那我们的谈话就尽量简短一些。

林：现在我看经济学、社会学的讨论都比较活跃，哲学界也有不同意见的讨论。文史哲经四大学科中，史学是比较沉寂的，不知您有没有这个感觉。

一个时期以来，史学界没有大家都很关心的问题，显得有些沉寂。历史研究中存在一些分歧不是没有意义的，多少年统一不了其实也没什么，没必要大家在这些问题上都有一致的意见。历史的发展本来就有统一性与多样性的问题。无论研究中国史或世界史，都要重视统一性和多样性。这也是马克思主义史学进步的地方。

问：现在史学界是不是有这样一种现象，某些问题事实上是有不同意见的，但许多人觉得意见不可能统一，也就不愿意讨论了，甚至对一些有争议的问题自己也不愿意研究了。

林：是啊！关于史学方面深入一点的问题，不应该出现一点争论就不去研究了。有些问题要想讲清楚一些，是需要深入展开讨论的。比如关于“五朵金花”的问题，有人提出这个问题是“假命题”，于是就没有人再谈了。一个时期以来，一些人都把注意力集中在考古发掘的简帛和文献史、制度史的一些具体问题的考证上，结果又有人说历史研究现在存在着“碎片化”的毛病。究竟要研究和讨论什么问题才不算是发空论和“碎片化”，有些史学工作者可能觉得无所适从，也就不愿意多讨论了。

关于社会经济形态问题，即中国历史上有没有奴隶社会、封建社会的问题，以及中国历史为什么没有进入资本主义社会的问题，我觉得是可以讨论，也应该讨论的，但是不要停留在字面上、概念上，要深入一些、实际一些。前些年，有的学者认为中国没有奴隶社会，最近几年又有学者认为说中国存在封建社会也不妥，应该说是宗族社会、专制社会等。也有人沿用中外学者原先的说法，称上古社会、中古社会、近世社会等，认为这就不需要争论什么了。其实有分歧也是好事，存在分歧，正显示中国历史的特点。马克思主义的社会经济形态理论，按照生产方式的发展变化、基础和上层建筑的发展变化来划分历史阶段，这的确比中国封建社会和西方资产阶级学者的分期标准要科学。

问：关于封建社会的问题确实是一个大问题。几十年来，大家都沿用这个概念来研究中国历史，也涉及现实的很多问题。我看到前几年您曾经发表文章，对这个问题提出了自己的看法。

林：关于封建社会的形成，史学界有一种观点，认为“封建”的“本义”是西周初年的“封邦建国”“封爵建藩”，离开这个“本义”而讨论封建社会的形成是一种“泛封建观”，乃是受政治干预的结果。我对主张“西周封建论”的学者是很尊重的，因为他们也是在马克思主义社会经济形态理论指导下得出的一种认识。但我对上述“封建”的“本义说”却不敢苟同。传统文献中的“封建”，其词义诚然是“封邦建国”，但是我们讨论的“封建社会”并非只是指一种“政制”，而是社会经济形态。何况就传统文献中关于周初“封建”所涉及的历史内容而言，也远不是“封邦建国”的“政制”所能概括的。

有学者论证我们今天讲的封建与马克思说的封建的本义不相符，认为中国的泛化封建社会由陈独秀始其端，经过共产国际的影响至中共的“六大”做出了决议，才提出了反帝反封建的任务，此后毛泽东把“封建”内涵又加以固定化了。我觉得这种推论方法也是不恰当的。在某些学者看来，无论什么理论观点，只要跟一定的政治力量联系在一起，就是不可接受的。这种倾向不可取。不能把五种生产方式的发明权归在斯大林的名下。关于“亚细亚生产方式”，过去苏联肃反的时候把一些讲亚细亚生产方式的人当成“托派”，甚至在肉体上加以消灭，成了苏联史学界的一个禁区。但在中国并非如此，20 世纪 20 年代社会史论战以后，史学界照样有人在研究亚细亚生产方式。中共“六大”提出的反帝反封建任务与历史学界对秦至清的社会性质的研究要有适当的区分。说中国是封建社会，在中共“六大”以前就有人提出来了，怎么能说是由于中共“六大”决议并经毛泽东著作加以肯定，遂使其成为历史学界的主流呢？现在有这样一种风气，把中国共产党人接受和采用的一些理论观点说成是政治强权的产物，我觉得这不符合实际，也不是一种“百家争鸣”的态度。一部史学史说明，有些问题的意见分歧纯粹是学术性的，与政治无关；但也有些理论问题确实与当时的政治形势有关。从周秦至明清的社会性质和阶级关系，作为学术问题和理论问题是可以有不同意见的，不能把人家的观点都往政治上靠，戴上“左”或“右”的帽子，这是不利于我们学术研究中的“百家争鸣”和学术发展的。

问：您谈到“五朵金花”的问题是可以讨论的，关于中国古代历史分期的问题是一个，资本主义萌芽的问题也是一个。

林：是的。近代以来，中国有没有资本主义萌芽的问题，也是一个统一性与多样性的问题。对于中国有没有资本主义萌芽的问题看法不一。有的人说，中国自春秋战国时候起就已经有了资本主义萌芽，有的则认为中国不存在资本主义萌芽。傅筑夫曾说战国以后中国就出现了资本主义萌芽，这个观点很多人反对，我也不同意。中国与世界的接触在明清时期进入了一个新的阶段。比较多的学者认为明清之际中国已有资本主义的萌芽。我也是这个观点。明清时期社会经济的发展究竟到了什么程度，是否已经冲击了封建社会的发展道路，是值得讨论的问题。但是，现在资本主义萌芽和发展的问题好像也没人研究了。

问：您认为当代中国的史坛比较沉寂，是所有学科都这样吗？有没有比较活跃的学科？

林：改革开放以来，中国的世界史研究有一个可喜的新发展，过去中国可以说基本上没有独立的世界史研究，搞世界史研究的人也很少。现在中国的世界史研究队伍不小，成果也不错。中国史前考古的成果也很值得重视。相比之下，中国史的研究相对有些萎缩，这是什么原因呢？

问：是啊！在您看来史学界出现这种情况是什么原因呢？

林：我觉得中国的历史学应该很好地总结一下。从李大钊开始运用马克思主义研究历史，到今天已经九十多年了，从新中国成立以后算也近七十年了。史学的成绩在哪里？大家共同的认识都有哪些？不要一会儿这样，一会儿又那样。过去有些搞实证史学的学者在新中国成立后一直是追随马克思主义的，如张政烺、杨向奎、唐长孺、童书业等。研究和讲授中国现当代史学，对这些老先生的历史观的转变及其研究成果，是应该给一席之地的。现在一谈到马克思主义史学，就只提郭、范、吕、翦、侯五老，这是不全面的。“文化大革命”对历史学的确是个大灾难，要消除“文革”影响，历史学应该很好地清理一下。中国历史学在世界历史学中应该有它一定的地位。不能一切都肯定，也不能一切都否定。实际上，用某一种意见、观点来一统天下是不可能的。毛泽东主张历史学要“百家争鸣”，所以我们要认真地讨论。有人认为，理论性的东西不是学问，所以把学术研究弄得越来越窄。有的材料成了宝贝，如简牍、明清文书、地契等，谁掌握了这些似乎就有了安身立命之地。实际上，历史学如果没有马克思主义的指引，要么全都肯定，要么全都否定，历史就没有什么东西可研究了。历史有许多内容是值得我们长期进行研究的，不要总是变来变去。拿对孔子的评价来说，“尊孔”的观点得势的时候，“批孔”的声音就听不到了；“批孔”的潮流高涨时，“尊孔”的声音也就听不到了。其实，孔子就是孔子，折腾来折腾去，孔子还是孔子。现在有人高调尊孔，还有人对孔子搞朝圣、跪拜那一套，这不是马克思主义对待历史遗产的正确态度。

问：您所说的对孔子的评价变来变去是就整个 20 世纪来说的吧？我看到您主编了一本《孔子与 20 世纪中国》，2008 年您在《哲学研究》上还发表了一篇《孔子与 20 世纪中国》的论文，对 20 世纪以来对孔子的评价有一个梳理。

林：20 世纪对于中国来说是一个翻天覆地的世纪，无论是政治、经济或思想文化领域都经历了巨大而深刻的变化。随着政治风云的变幻和不同社会思潮的碰撞，对孔子及其思想的历史定位和价值判断也是毁誉交错、起伏不定，甚至出现了很富戏剧性的极大落差。“尊孔”与“批孔”的思想斗争不仅演化成牵动全国上下的政治斗争，而且几乎贯穿了20世纪大半个世纪的历史行程。回顾这段历史，从中吸取一些经验教训，不但是重要的学术课题，也有利于我们正在进行的有中国特色社会主义精神文明的建设。

问：您在文章中从辛亥革命前后“尊孔”与“反尊孔”的政治论争开始谈，涉及五四新文化运动对孔子和封建礼教的批判、南京国民政府的尊孔复古和“新生活运动”、“文化大革命”对孔子及其思想的歪曲与丑化，一直谈到孔子思想的当代价值与21世纪的世界文明。

林：确实是谈到了现在。我们编撰《孔子与20世纪中国》一书的目的，就是希望通过对孔子及其思想在近现代中国历史命运的回顾，帮助我们对这个问题有清醒的认识。通过对一百多年来历次“尊孔”和“批孔”高潮的考察，我认为把孔子偶像化、神圣化和把孔子妖魔化、糟粕化，都是对孔子形象的歪曲，是一种借助孔子亡灵而制造的政治闹剧。孔子和儒家思想是中华文明有代表性的历史遗产，我们应该珍惜和继承。但一定要持理性的态度，不能对精华和糟粕不加区别地盲目颂扬或去除。鼓吹用儒家思想主导我国的社会主义精神文明建设，甚至侈谈儒家文明可以拯救西方文明衰落的危机，这是一种非历史主义的错误论调。

现在有个别以“新儒家”自命的学者，打着弘扬传统文化和复兴儒学的旗号，公然提出要改变马克思主义在我们国家的指导地位和中国人民对社会主义道路的选择。他们要求“用儒学取代马列主义”“立儒教为国教”“儒化共产党”“儒化社会”“儒化中国”。这些“新儒家”所提出的“儒化中国”的主张，其实并不是什么新鲜的思想货色。民国初年孔教会要求定孔教为国教的闹剧，声势不可谓不大；20世纪30年代蒋介石提倡“新生活运动”，更是借助政治权势力图把儒家的伦理道德规定为全体国民生活的准则。但历史是向前发展的，一切逆历史潮流而动的主张和行为都只能以失败告终。如果这些自命的“新儒家”能够多熟悉一下近代中国尊孔复古思潮和反尊孔复古思潮的斗争史，也许头脑就会清醒一些。

问：您说的中国的历史学应该很好地总结一下，这一点确实很重要。我觉得现在好像很多人都在“总结”，但总结的结果很不一样。

林：现在，我们应该考虑中国的历史学应该如何发展的问题。像现在这样冷清，不正常。我觉得老问题还是可以讨论的，比如资本主义萌芽和商品经济的关系问题、封建专制主义如何评价的问题。有人认为，封建专制主义完全是压迫、专制，没有一点积极作用；也有人认为封建专制主义对于社会的稳定、社会的发展还是有一定积极作用的。这些问题应该回过头来进行讨论。再比如传统史学有哪些是值得肯定的？不足又在哪里？马克思主义史学哪些是值得肯定的？都可以讨论。有的研究不一定能得出大家都同意的结论，但是大家共同来建设，共同来研讨，是有好处的。国外学术界也注意中国的学术发展，注意中国的学术成果中有哪些是有见解的东西，如果没有这些，都是一些碎片化的史迹，中国历史学在国际史学界的地位不可能提高。国际历史科学大会到中国来开，说明中国的政治影响力确实很大，但是中国学术本身的成果究竟怎样？日本的京都学派思考中国的历史，研究中国的历史，他们在研究中应用了很多中国学者的研究成果。他们的研究有相当的深度，他们的成果在中国、在国际上也有一定影响。当今，日本的汉学也在逐渐走下坡路，这就要看中国的学术本身有没有吸引人家的东西。现在各行各业都在想办法创新，学术界也要发展，历史学研究也要考虑如何热起来。历史学在整个社会科学中的地位很重要，党和国家的领导人，特别是毛泽东对历史是十分重视的，也很有兴趣，但是真正做出成绩还要靠学术界自己。

问：您所谈的代表一部分学者的观点，特别是老一辈学者的观点。他们经历过 20 世纪五六十年代史学的“百家争鸣”时代，觉得那时史学受到社会的关注，讨论的热点问题比较多。那个时期是值得老一辈学者怀念的时期。

林：我的意思是现在史学界的状况比较冷，和其他同志谈起来，他们也有这种看法。这有深层次的原因。现在基本上 70 岁以上的人曾经历过史学比较“热”的时期。这些同志中去世的有几位，有的病了，有的岁数大了。前些年的情况是学界有些人对现状有意见，但没有深入研究问题之所在，认为理论探讨说不清楚，也可能没有结论。这些观点一度占了上风，影响了一些人，于是就去研究具体问题，只关心有没有新的出土资料。也有的人掌握了资料不及时公布，有的是占有资料的单位不肯公开。总之，指导思想上就认为规律性的问题、理论性的问题没意思，研究不出结果。

历史研究中有些问题不可能得出大家一致认同的结论，比如说王莽的变法吧，肯定的意见、否定的意见都有，但主流的意见是否定。王莽把民间私有土地都收为“王有”，造成社会秩序的混乱。他的“改革”不但没有解决社会矛盾，反而导致新莽政权的垮台。王莽改制不能视为社会改革，但是他的改革确实反映了一定的社会矛盾，后来爆发了农民起义，改朝换代。对他的历史评价就要具体分析，不能说哪一种意见完全错误。

问：现在社会上有一种观点，好像学术研究就一定要得出一个大家都认同的结论，如果没有这种结论，就好像是白研究了，甚至怀疑这个问题本身是不是“真问题 ”。

林：现在的历史研究，多少还有点沿袭传统的思维方式，一定要对研究对象定个是非，明确一个好坏。其实，历史现象是非常复杂的，应该展开“百家争鸣”。毛泽东提出这一方针是很有眼光的。他提出“百家争鸣”，不等于说他对问题没有主见。只有这样，学科也好，学术也好，才能发展。现在，什么问题都要求有一个结果，没有结果就没有意思，这不好。有些问题或有些历史过程可以有一个结果，但它往往不是历史的全部，更不是历史的主流。许多历史过程、历史事实都可以研究，但不能要求所有问题都有结论，学术界的取向不能太绝对化。比如，“五朵金花”的问题是可以讨论的，但讨论要有价值，有的讨论就没什么意义。比如农民战争的问题，肯定的意见、否定的意见都有，但是你光谈它的局限性，光谈农民战争中的消极的东西，结果是无疾而终，大家谁也不再谈了。这种绝对化的做法影响很大。具体的人、事、过程是必须要研究的，但是也要辩证地看，只讲应该怎样、不应该怎样，那是不行的。

问：您说史学界这种沉寂的现象是有深层次原因的。那么在您看来，这种原因在哪里呢？

林：沉寂是一种现象。这种现象实际是针对马克思主义史学的，认为马克思主义史学的问题都没什么意义。研究具体问题吧，看到材料那么多，有人就认为这是搞专业性的问题，也没什么意思，不过是拼材料。其实具体问题，例如制度方面的问题也不是没有可研究的。西方学者的著作，如《大分流》《白银资本》等，人家确实有真见解，虽然我们不一定同意他们的观点，但不能否认他们有自己的见解。经济史是历史研究很重要的组成部分，许多地方的经济学院在经济学的教学和研究中对经济史也是有所借鉴的。有的经济学教学单位承认，因为没有经济史的知识，他们搞不好经济学的教学。为什么经济学专业会出现这种情况呢？历史学是基础学科，不能急功近利，不能实用主义、简单化。比如阶级的问题，20世纪70年代以前大家对这个问题没有疑义，都是用阶级分析的方法研究历史问题。后来有人用搞调查的方法来研究社会问题，发现有的村地主很少，或者根本没有地主，都是农民，于是形成了“农民社会”的概念，还有的在前面加了一系列定性的词。马克思讲欧洲中世纪的情况，也不否定农民占绝大多数，不否定封建社会的定性。但对于马克思主义的这个基本原理究竟应该怎么看？

过去一个时期，一提到封建专制主义就骂得不行，现在强调继承传统思想文化，有的人又只强调其积极作用。我认为不能说过去的传统思想文化中没有民主思想，但传统文化中的民主思想绝对不是主流。民本思想是应该肯定的，在马克思主义看来民主是与专制对立的。古代的民本思想与爱民是不矛盾的。民本思想是现代民主思想的一个源头，但不能与现代民主思想混为一谈。

马克思主义的阶级分析很重要，但是不能用今天的观点要求古人，不能用狭隘的观点来看问题。有的人觉得理论性问题和全局性问题自己说不清楚，于是就保持沉默了，认为不如踏踏实实地做一些具体问题的研究。但具体问题也有重要与不重要之分。现在有些人认为史学界的主要倾向是“碎片化”。我觉得笼统地反对“碎片”不好，要看这些“碎片”有没有意义。史料辨伪、史实疏证也是非常重要的。要全面考虑问题，包容乃大，根本的问题是历史学家要用宽广的心胸看待历史。脱离历史实际而侈谈历史规律固然不足法，把历史理解为一堆没有规律可循的“碎片”，也不可能揭示历史发展的真相。

问：您的意思是说马克思主义的基本理论、基本立场是必须要坚持的。

林：我们看到人类社会的发展是有规律性的，但这不能要求各国、各民族历史发展的道路完全一样。现在强调中国特色社会主义，不能按照西方的模式看待中国的社会主义。历史研究也是如此，不能按照西方的模式来解释中国的历史；但是，这不等于说中国可以脱离世界历史的普遍规律，同时中国的模式也会对世界历史的发展产生影响。

马克思主义史学应该很好地回顾一下。这些年，“历史主义”一词很火，可以说一路通行。但有的人讲历史主义，一点阶级分析都不要了。20世纪60年代，我写过历史主义与阶级观点的文章，对此我有自己的看法。我的文章有的论点可能不准确，但我的基本认识没有改变。我认为，如何正确看待历史主义与阶级观点的关系，现在仍然是史学界有待深入研究的问题。对“历史主义”有不同的理解，有黑格尔的历史主义，也有马克思的历史主义，现在各色各样的西方学者都宣称自己是历史主义者，但大都拒绝阶级观点和阶级分析的方法。我们研究历史应该尊重历史事实，但是无论历史记载或历史研究的立场、观点，都不可能是纯客观的。

现在有的学者把阶级观点、阶级分析的方法全不要了。比如，社会调查可以用作研究历史的辅助方法，但不能用它来代替历史研究。比如，调查一个村子，结果这个村子没有地主，但这能够代表封建社会的一般情况吗？有的人说中国社会自古以来就是“农民社会”，但从社会经济形态的观点来看，“农民社会”能够成立吗？在资本主义社会中，资本家也是少数，但仍然称为资本主义社会。中国近百年史学的关键问题是马克思主义的社会经济形态理论究竟是不是历史研究的指导理论。不能用阶级人数的多少决定社会性质，或者什么都不要了，干脆用上古、中古、近世来划分历史阶段。这样的分期方法不是不可用，但它能反映中国历史深层次的社会变动的实际吗？为什么一定要反对社会经济形态的历史分期呢？

问：上边您所谈的是史学界的状况总的来说比较沉寂、比较冷，这主要是对马克思主义的基本理论、基本方法的运用淡化的结果。忽视了理论问题的研究和探讨，就很难产生热点问题，很难让历史研究热络起来。这个问题要让大家认识清楚也不容易，需要很多学者来关注这个问题。

林：所以我的意思是说只一个人谈没多大影响力，可以多找几位学者来谈，综合大家的意见。空谈不好，“碎片化”也不好。马克思主义史学近百年的发展，有哪些是应该肯定的？又有哪些经验教训？不要只是一两个人谈，可以多找一些人来谈，有老的，也有年轻人，有各方面的代表人物，共同来谈。

问：您谈的意见很好！中国马克思主义史学几十年的发展是应该很好地总结

一下了。现在也有学者在做这方面的工作，也有一些成果，但是还没有引起整个史学界的充分关注。我们应该让更多的学者来关注、讨论这个问题。谢谢您的谈话！

瞿林东：安徽省肥东县人，1937 年生。1964 年毕业于北京师范大学历史系本科，师从白寿彝先生攻读研究生，1967 年以中国史学史专业研究生毕业。现为北京师范大学历史学院资深教授、博士生导师。主要从事史学理论与史学史专业的研究。主要著作有：《唐代史学论稿》《中国古代史学批评纵横》《中国史学史纲》《中国史学的理论遗产》《瞿林东文集》(10 卷)等。撰有《关于当代中国史学话语体系建构的几个问题》《中国史学上的五次反思》等论文、评论三百余篇，主编《中国古代历史理论》(三卷本)、《历史文化认同与统一多民族国家》、《中国古代史学批评史》(七卷本)等著作。

历史学具有的崇高使命

——访瞿林东教授

（2017 年 9 月 30 日，我应瞿先生之邀来到北京师范大学参加他的博士生朱露川的博士学位论文开题报告会。会后，我跟瞿先生谈起了准备以“历史是人类最好的老师”为主题搞一个系列访谈文集，并请他围绕这个问题接受我的访谈。瞿先生对我的这个想法非常支持，并且谈了他的基本思路，提示了我需要阅读、参考的有关论著。访谈初稿撰成后，又经过了他的修改、补充、审定。）

问：瞿先生您好！这是我第二次对您进行访谈了。第一次是在 2005 年，访谈后我撰写了一篇题为《把中国史学史研究提升到新的高度》的文章，发表在《首都师范大学学报》2006 年第 1 期。此文后来被收入我的访谈文集《为了史学的繁荣》（2011 年首都师范大学出版社出版）。那次访谈中，您回顾了从事中国史学史专业学习与研究的历程，以及您对深化史学史研究的一系列见解。十几年过去了，现在您在史学史研究上又有诸多新的成果、新的突破。但我们这次访谈准备换一个角度，主要是谈谈您对习近平同志关于“历史是人类最好的老师”这个论述的理解，当然也会涉及历史学的社会功能方面的问题。

瞿：好的，这个题目很好，我想谈谈自己的看法。有些看法是过去我谈过的，有的是最近对于这个问题的一些新思考。

一、历史研究是一切社会科学的基础

问：习近平同志 2015 年 8 月在致第二十二届国际历史科学大会的贺信中指出：“人事有代谢，往来成古今。历史研究是一切社会科学的基础，承担着‘究天

人之际，通古今之变'的使命。"这个论断，可以说概括了历史学的崇高使命和重大责任。您从事历史学的研究几十年，对于这一论述想必有深刻的体会，是不是可以概括地说一说？

瞿：好的。我读到习近平同志这封信的时候，也特别注意到他的这段论述。习近平在贺信中指出："人事有代谢，往来成古今。历史研究是一切社会科学的基础，承担着'究天人之际，通古今之变'的使命。"我觉得这句话一方面反映了历史学的崇高地位，另一方面也反映了历史学应承担的重要责任。

我先说前一个方面，就是关于历史学的地位问题。习近平同志这句话是与马克思主义经典作家的相关论述相一致的。马克思、恩格斯曾经说过："我们仅仅知道一门唯一的科学，即历史科学。"这句话的含义是什么呢？我理解他们的意思即人类的一切活动都在历史范围之内，面对人类活动的种种研究都不能超出历史研究的范围。虽然自然界也有历史，但那是人类为它记载和撰写的，从根本上说也是历史科学的一部分。正像恩格斯说的那样："我们不仅生活在自然界中，而且生活在人类社会中，人类社会同自然界一样也有自己的发展史和自己的科学。因此，问题在于使关于社会的科学，即所谓历史科学和哲学科学的总和，同唯物主义的基础协调起来，并在这个基础上加以改造。"从这里可以体会到恩格斯所说的"关于社会的科学"，就是历史科学和哲学科学的总和，这就表明历史科学在"关于社会的科学"领域中是占有非常重要的地位的。所以，习近平这里关于"历史研究是一切社会科学的基础"的命题，明确地反映了马克思主义经典作家的思想，同时也明确地揭示了历史科学的重要地位。这一点，我以后还要谈。我先谈习近平这句话中的另一个意思，就是关于历史学的使命问题。

问：习近平同志说，历史学承担着"究天人之际，通古今之变"的使命，这不是司马迁两千年前在《报任安书》中说的关于撰写《史记》的话吗？用来说明今天历史科学的使命合适吗？

瞿：确实，"究天人之际，通古今之变，成一家之言"是司马迁提出来的，这是他认识历史、撰写《史记》的宗旨。我们也可以说司马迁这里所说的"天"，没有完全摆脱"天意"的影响，但是他在这里表达的天人关系主要是指历史形势、社会环境与人的活动及命运的关系。他所表达的古今关系，一是表明社会历史是在不断进步的，这从他在《史记》诸表的序言中可以看得比较清楚，从有关的本纪、书和列传中也可以看得很清楚；二是这里说的“古”对于“今”来说，具有借鉴的价值和意义，就像他说的“居今之世，志古之道，所以自镜也”。从一部《史记》中就可以看到司马迁是如何总结前人留下来的丰富的经验和智慧，尤其是秦汉之际的历史经验，给了后人很多的启迪。

习近平同志在信中引用了司马迁的这句话，可以说寓意深刻。一方面表明他对这位伟大历史学家撰史宗旨的尊重和继承，同时他也赋予这一宗旨以现代的含义与生命力。今天，我们对“天”的理解已经与司马迁有所不同。因为今天人类历史已经进入关注生态并致力于生态文明建设的时代，对“天”自然有了前所未有的深刻理解，人类的活动与自然的发展应在和谐的关系中前行。而这里的“人”，按照马克思主义的观点，随着社会的进步，会得到越来越自由的发展。在改革开放的历史形势下的中国，以人为本、以人民为主体成为时代的主题，人的平等成为社会建设的目标之一。所以说，在 21 世纪的新理念下的“究天人之际”仍旧是历史研究的重大课题。

问：您的意思是不是说，时代不同了，“天”和“人”的含义都有了变化，但“究天人之际”仍然是我们这一时代历史学家的重要责任？

瞿：是这个意思，虽然时代不同了，“天”与“人”的含义也发生了变化，但历史学家的责任没有变。这是“究天人之际”的意思。再说“通古今之变”。司马迁在“古”与“今”前后用了一个“通”和一个“变”字，就是说历史学家不仅要考察古今关系，而且要在“通”与“变”方面做出解释，这是司马迁深刻历史思想的表现之一。他给后来的史学家、思想家和政治家提供了极恢宏的思考空间，促进人们在古今关系和通变思想方面提出许多真知灼见。比如，宋朝的史学家对唐初令狐德棻关于撰写前朝历史的建议就给予了极高的评价，认为：“夫典章图史，有国者尤急，所以考存亡成败，陈诸前而为之戒。方天下初定，德棻首发其议，而后唐之文物粲然，诚知治之本欤！”这是历史学者对史学功能的清醒的认识。

我们看到，习近平在贺信中赋予“通古今之变”现代的、世界眼光的诠释，指出：“世界的今天是从世界的昨天发展而来的。今天世界遇到的很多事情可以在历史上找到影子，历史上发生的很多事情也可以作为今天的镜鉴。重视历史、研究历史、借鉴历史，可以给人类带来许多了解昨天、把握今天、开创明天的智慧。所以说历史是人类最好的老师。”这就体现了当今历史研究的历史使命。从人类各种正当活动的共同目标来看，当“历史是人类最好的老师”成为人类的共识并受到真正的尊重时，那不只是历史科学价值的实现，而且还是人类文明的极大提升。从这个意义上说，习近平的这封贺信是对历史科学之真谛的揭示，也是对中外历史科学工作者的鼓舞。

问：您的这些论述是对习近平这封贺信意义的极好的评价。习近平这封信中的观点，的确是对历史科学重要作用和崇高地位的最好的说明。在信中，习近平提到历史研究是“一切社会科学的基础”，那么对于史学工作者来说，怎样做才能达到这个要求呢？

瞿：这个问题很重要，史学工作者可能也会有不同的理解。过去，老一辈马克思主义史学家对这个问题谈得比较多，我这里只想谈一下自己的认识。

我认为，历史研究必须具备并大致遵循已经形成的、完整的理论方法论体系。这个理论方法论体系可以用教科书的方式表述出来，例如各种版本的“史学概论”的表述方式；也可以结合具体的研究对象做比较简明的说明。这后一种方式继承了中国史学史上“未尝离事而言理”的传统。

问：您说的这两种形式的理论表达形式我很理解。改革开放以来，史学界编写了诸多的“史学概论”性质的著作，这多是为历史专业的大学生学习史学理论方法论而准备的。对于史学工作者来说，后一种形式，即“未尝离事而言理”恐怕运用得更多。我看您主编的三卷本的《中国古代历史理论》，这里面的大部分理论论述都是“未尝离事而言理”的。

瞿：是这样的。老一辈马克思主义史家们的一些理论方法论的文章也是结合着历史研究的具体情况而提出来的。比如，翦伯赞 1963 年在《光明日报》上发表的《对处理若干历史问题的初步意见》，就是一篇讲理论方法论的大文章。他在文章中讲了八个问题：如何处理历史上的阶级关系，如何处理历史上的民族关系，如何处理历史上的国际关系，怎样对待发展观点，怎样对待全面观点，人民群众与个别历史人物，政治、经济与文化，理论、史料与文章。这八个问题中，除最后一个涉及史学工作者的基本修养，其他七个都是与理论方法论有关的，就是说都是结合具体研究领域来阐述理论方法论的原则及其运用的。翦伯赞谈的这些问题都是有关研究中国历史的理论和方法的。

问：范文澜 1955 年在他的《中国通史简编(修订本)》的绪言《关于中国历史上的一些问题》中，也谈了一些理论方法论问题，他也是针对中国历史研究而谈的，其中包括他的“初期封建社会开始于西周”的观点。

瞿：是的。老一辈马克思主义史学家都是十分重视理论和方法论的。侯外庐先生在讲到他关于中国社会史、思想史的研究原则和方法时讲道：“总的说来，依据马克思主义的理论和方法，特别是它的政治经济学理论和方法，说明历史上不同社会经济形态发生、发展和衰落的过程；物质生活的生产方式制约着整个社会生活、政治生活和精神生活的过程；以及经济基础与上层建筑、意识形态之间的辩证关系，是我五十年来研究中国社会史、思想史的基本原则和基本方法。”他从九个方面论述了这个“基本原则和基本方法”。

问：翦伯赞、范文澜、侯外庐这几位老一辈马克思主义史学家所谈的理论和方法，都是在几十年前谈的，其中有些理论、原则、方法现在看来都已经“过时”了，我们应该如何看待这些观点呢?

瞿：确实，几十年过去了，社会在发展，学术也在不断发展，他们所谈到的理论和方法论的原则主要是针对当时的学术研究状况提出来的，因此一些内容需要补充、修订，但是就整体来说，他们的理论阐述是一笔值得我们继承和发展的理论遗产，对于今天的历史研究来说仍然是有指导意义的。这就是我所谈到的历史研究必须具备并大致遵循已经形成的完整的理论方法论体系，抛弃了这些，我们的历史研究就失去了理论的基础。

问：刚才您讲到历史研究如何才能真正成为“一切社会科学的基础”时，强调了历史研究必须具备并大致遵循已经形成的完整的理论方法论体系这一点，那么您觉得还有什么是非常重要的问题呢?

瞿：我觉得还需要注意的是：历史科学的发展需要继承和创新，也需要批评和商榷。近些年来，社会提倡创新，学术界更是大力倡导创新，在这样一个鼓励创新的社会环境中，也出现了许多的创新事物和创新产品，很令人鼓舞。我举一个例子：为了推动学术上的原创精神，自 2011 年起，华东师范大学连续举办了几届“思勉原创奖”的评选活动，受到社会的广泛关注，也得到上级主管部门的支持。评选的主旨是通过公开、公平、公正的评选，选出那些真正具有原创价值的学术成果，从而起到表彰先进和推动学风改善的目的。有的参与活动的学者指出：创新和原创需要发现问题、积累问题；没有对新问题的阐释，没有对老问题的新阐释，很难做到创新和原创。同时，创新和原创一般都离不开继承，或受到前人学术的启发而提出新问题并做出合理的阐述，或对前人提出的问题做出新的解说，都是在继承中的创新。为了历史科学的更大发展，需要大力提倡积累问题、提出问题的意识；同时也需要进一步提升对于继承的认识，真正认识到继承是创新的基础。

问：您这里所谈的继承与创新的问题很重要。我想起 2012 年齐世荣先生在我的两本访谈集出版座谈会上说：“希望在今后访问时能抓住两个重点：一是访问对象的师承关系，二是访问对象的新成就。”这两点其实就是继承与创新的问题。做学问，必须创新。如果陈陈相因、原地踏步，那就无法前进。但创新的前提和基础是继承，因此要先从继承谈起。他强调：“没有继承的创新，其结果必然是虚妄而不可靠的；全盘照搬的继承，其结果必然是平庸而无足取的。”我觉得齐先生这里谈的是很深刻的。

瞿：是这样的。我觉得历史科学的发展也需要批评与商榷。在中国马克思主义史学的发展过程中，始终伴随着学术上的批评与商榷。新中国成立以后的 17 年中，关于“五朵金花”的讨论以及对其他一些重大历史问题的讨论，也都伴随着批评与商榷。有学者认为，20 世纪 80 年代时，学术界还有一些关于重大问题的讨论，而近年来人们更多的是关注自身的研究，很少见到有关学术批评和商榷的文章。显然，这对学术发展是不利的。为了更加有力地推进历史科学的健康发展，需要改变这种情况。

为了改变上面说的情况，我曾提出三点建议：一是要营造批评与商榷的良好学风。20 世纪 80 年代初，白寿彝先生曾经谈到要关注当代人的著作和开展书评。他讲道：“我们的文学界就够脆弱的了，而史学界比文学界还要脆弱。缺少书评，缺少批评和反批评。有很多书是费了很大力气才得以出版的，但出版以后，没人过问，久而久之，湮没无闻。这种现象，是有碍于学术繁荣的。”他还讲到书评的写法：说一本书的好处，要确切指出它的优点，而不是一般地捧场；说它的缺点，要确切指出它的不足之处，最好能提出补充和修改意见，而不是挑眼。

问：白先生在几十年前提出的这种情况，我看现在也改变不大。学术界还是重视著述，轻视评论。

瞿：这种情况是需要改变的。我要谈的第二点是要关注历史研究和历史撰述中的重大问题。史学工作者一般都有自己的研究领域和学术专长，这对史学发展来说是必要的。但是对于历史研究和历史撰述中存在的带有全局性或整体性的重大问题，史学界同行也应有更多的关注。比如，前不久我在一次学术会议上听到有学者说中国历史上不存在奴隶社会，且基本形成定论。我个人认为，问题可能不是那么简单。此说虽然久已存在，不仅一些大学的教材是这样说的，就连2012年出版的由中国社会科学院历史研究所编写的《简明中国历史读本》也是这样说的。如果说中国历史上不存在奴隶社会，那么怎样看待原始社会解体以后的中国社会，或者说原始社会怎样过渡到下一个社会形态，应该有比较明确的说明。还有一个现象，据参加中国历史教学大纲编写的同志说，在中国古代史部分中没有提到"封建社会"的概念，可是在中国近代史部分中却出现了"半封建半殖民地"的说法，这于历史、于逻辑都讲不通。像这样一些关系全局的问题，都是应该充分地进行讨论的。

当然，为了开展学术批评，也需要有进行批评、商榷、讨论的平台。像《学术界》这样的杂志，每期都有"学术批评"栏目，文章涉及文、史、哲、经、法、教育等许多领域。虽然这家杂志的影响力还不是很大，但是它在学术批评方面的用心坚持是值得称赞的。如果有更多的学术刊物也能稳定地开设类似"学术批评"的栏目，倡导学术上的批评和商榷，并优先发表有一定分量的此类文章，对于学术界的"百家争鸣"应该是大有裨益的。

尽管存在一些问题，但是如果史学工作者都能自觉地意识到自己的责任，只要具备严谨的科学精神、高度的社会责任感，历史研究就一定能够承担起作为"一切社会科学的基础"这样崇高的历史使命。

二、史学与治国理政

问：2015 年 8 月，习近平同志在致第二十二届国际历史科学大会的贺信中说，历史研究是一切社会科学的基础，承担着“究天人之际，通古今之变”的使命。这一论述的意义您上面已经谈了。习近平同志在谈治国理政时也常常谈到历史的启示，如他在 2014 年 9 月 24 日纪念孔子诞辰 2565 周年国际学术研讨会上曾经说：“世界上有一些有识之士认为，包括儒家思想在内的中国优秀传统文化中蕴藏着解决当代人类面临的难题的重要启示。”这些启示，是习近平治国理政的重要思想源泉。您往常也经常讲史学的社会功能问题，历代的统治者都要从历史中吸取治国的经验教训，汲取智慧，史学家和史学著作往往会发挥重要作用。请您谈谈这方面的一些思考。

瞿：确实，习近平同志关于中国优秀传统文化对于解决当代人类面临的难题有重要启示的观点在他的很多文章、谈话中都提到过。史学确实是有这样的社会功能。一部优秀的史学著作，它不仅记载了一些过去的事情，更重要的是它反映了当时的社会，即它具有很深的社会性。司马光的《资治通鉴》反映了什么样的社会性？王夫之曾经做过很好的评论。他说：“其曰‘通’者，何也？君道在焉，国是在焉，民情在焉，边防在焉，臣谊在焉，臣节在焉，士之行己以无辱者在焉，学之守正而不陂者在焉。虽扼穷独处，而可以自淑，可以诲人，可以知道而乐，故曰‘通’也。”一部《资治通鉴》可作如是观，更何况全部传统史学呢！

问：您从事史学史研究几十年，阅读过大量的优秀史学著作，对史学的这种功能感受很深刻。您以前曾经多次谈到过史学具有这种“经世作用”，但问题是史家的这些史学著作，如何能够起到经世的作用呢？

瞿：我觉得史学可以从很多方面起到这种经世作用。比如，以伦理的或道德的准则警醒人们，教育人们，协调或维护一定的社会秩序。按照孟子的说法，“孔子成《春秋》而乱臣贼子惧”，就体现了这种方式。后来，司马迁进一步阐述了《春秋》的这种社会作用，他说：“《春秋》辨是非，故长于治人。”“拨乱世，反之正，莫近于《春秋》。”刘知幾说的“史之为务，申以劝戒，树之风声”，也是这个意思。

史学还可以用历史经验启迪人们的心智，丰富人们的智慧，使人们更好地利用自然、管理国家和社会。《春秋》之后，《左传》《国语》在这方面有丰富的记载，诸子论史也多以此为宗旨。在陆贾的说服之下，汉高祖刘邦命陆贾“试为我著秦所以失天下，吾所以得之者何，及古成败之国”。这是历史上政论家、史论家和政治家自觉地总结历史经验的一个范例，对中国史学的发展有深远的影响。司马迁的《史记》，以其“究天人之际，通古今之变”的恢宏视野和深邃的历史眼光、鲜明的时代精神，为中国史学在这方面的成就奠定了广阔而深厚的基础。历代正史、《资治通鉴》以及其他各种体例的史书，在总结历史经验为社会所用方面，都受到了《史记》的影响。

史学还可以以历史上的种种制度模式与思想模式为人们提供现实选择的参考。这种方式，以典制体史书最为突出。唐代大史学家杜佑在他著的《通典》的序言中说：“所纂《通典》，实采群言，征诸人事，将施有政。”杜佑同时代的人评价《通典》的旨趣和价值说：“今《通典》之作，昭昭乎其警学者之群迷欤！以为君子致用在乎经邦，经邦在乎立事，立事在乎师古，师古在乎随时；必参古今之宜，穷终始之要，始可以度其古，终可以行于今，问而辩之，端如贯珠，举而行之，审如中鹄。”“诞章闳议，错综古今，经代（世）立言之旨备焉。”清乾隆帝评论《通典》说：“此书……本末次第，具有条理，亦恢恢乎经国之良模矣！”我这里一再列举人们对《通典》的评论，意在借此说明中国典制体史书在史学经世方面的作用。《通典》，不过是它们当中的杰作和代表罢了。

此外，史学著作以众多的历史人物的事迹、言论向人们提供做人的标准，“见贤而思齐，见不贤而内自省”，使史学起到一种特殊的人生教科书的作用。

这里，仅仅就史学经世的方式和途径谈了几个方面，供大家参考。

问：我注意到以前您在文章中还谈到中国古代史家有一种忧患意识，这种忧患意识使他们对社会、对国家的命运十分关注，读他们的史著会令后世的人们有一种对社会的警醒。这是否也是史学具有经世作用的一个重要原因呢？

瞿：确实，中国古代史家历来有一种忧患意识。这种意识主要表现为对于朝代、国家、天下的兴亡盛衰的关注，以及对社会治乱、人民休戚的关注。简言之，就是对于人和人生活于其中的社会之命运的关怀。这是同史学的本质与功能密切相关的，也是史学中人文精神最集中的表现。这是因为，史学家对于历史的认识往往是和对于现实的认识联系起来的，故而史学家对于历史和现实的认识常常反映出他们对于社会的前途、命运的忧患意识，这在很大程度上成为他们决心致力于历史撰述的一个思想基础。孟子说："世衰道微，邪说暴行有作，臣弑其君者有之，子弑其父者有之。孔子惧，作《春秋》。"这就反映了孔子作《春秋》时的一种忧患意识。司马迁撰述《史记》的时候，他对汉武帝统治下的社会前途表现出种种忧虑。人们读《史记·平准书》可以看到极盛时期的汉武帝统治面临着许多新问题，体会到作者的忧患意识是多么的深沉，也会感受到司马迁对于"宗室有土，公卿大夫以下争于奢侈，室庐车服僭上，亡限"现象的深深忧虑。

司马迁处在西汉由鼎盛开始走向衰落的时期，他深邃的历史眼光使他看到了这一变化，故而发出了"物盛而衰，固其变也"的感叹。唐代史学家吴兢也有大致相仿的经历。吴兢生活在唐代武则天至唐玄宗时期，他目睹了"开元盛世"的局面，同时也敏感地觉察到唐玄宗开元后期滋生起来的政治上的颓势。于是，他写出了著名的《贞观政要》一书。此书以《君道》开篇，以《慎终》结束，反映出这位被当时人誉为董狐式的史学家的忧患意识。《贞观政要》这部书对晚唐以后的历代政治生活都产生了一定影响。唐宣宗曾经"书《贞观政要》于屏风，每正色拱手而读之"。辽、金、元、清四朝的最高统治者都曾命人把《贞观政要》译成本民族文字，认真披览。

这里，我们要特别提到两宋史家的忧患意识。两宋史家的忧患意识，既有史家忧患意识传统的影响，又有时代情势的激发，因而显得十分突出。

北宋立国，积贫积弱，士大夫阶层的忧患意识显得格外凝重。范仲淹在《岳阳楼记》中写出了这种忧患意识的深沉的境界，他写道："嗟夫！予尝求古仁人之心，或异二者之为，何哉？不以物喜，不以己悲，居庙堂之高，则忧其民；处江湖之远，则忧其君。是进亦忧，退亦忧。然则何时而乐耶？其必曰：先天下之忧而忧，后天下之乐而乐！"这种"进亦忧，退亦忧""先天下之忧而忧，后天下之乐而乐"的意识与境界，对当时和后世都有很大的影响，《岳阳楼记》因此而成为千古不朽的名篇。

王安石是继范仲淹之后的一位改革家，他在推行变法之前的一份《上皇帝万言书》中，分析了当时种种社会矛盾，表达了他的重重忧虑。《上皇帝万言书》提出的社会问题是："顾内则不能无以社稷为忧，外则不能无惧于夷狄，天下之财力日以困穷，而风俗日以衰坏，四方有志之士，諰諰然常恐天下之久不安。"值得注意的是，王安石在这里道出了"四方有志之士，諰諰然常恐天下之久不安"的忧患。

北宋史家的忧患意识正是在这样的条件下生成和发展的。同政治家相比，史学家的忧患意识具有更加突出的历史感。司马光的《历年图・序》深刻地反映了这种历史感，他写道："今采战国以来至周之显德，凡小大之国所以治乱兴衰之迹，举其大要，集以为图……凡一千三百六十有二年，离为五卷，命曰《历年图》，敢再拜稽首上陈于黼扆之前。庶几观听不劳而闻见甚博，善可为法，恶可为戒，知自古以来，治世至寡，乱世至多，得之甚难，失之甚易也。"这是司马光在撰写《资治通鉴》之前所撰写的一段文字，从中可以看出，史学家同政治家对世事的忧患是相通的。司马光同王安石政见不合，但在忧患意识方面却并无二致。宋神宗一方面任用王安石变法，一方面又慨然为司马光所主编的史书作序，并赐名为《资治通鉴》，正可表明其间的相通之处。

南宋时期，朝代更迭、政治形势骤变更加激发了史学家的忧患意识，他们受"伤时感事，忠愤所激"的政治、文化氛围的影响，矢志著书，以存信史，以寄忧思，以警后人。如李焘撰《续资治通鉴长编》980卷（今存520卷），徐梦莘撰《三朝北盟会编》250卷，李心传撰《建炎以来系年要录》200卷，都是属于两宋之际的本朝史，都是"忧世""泣血"之作。这个时期的另一位史学家袁枢，把编年体的《资治通鉴》创造性地改撰成纪事本末体的《通鉴纪事本末》，也寄寓了他的"爱君忧国之心，愤世疾邪之志"。故当时的诗人杨万里说："今读子袁子此书，如生乎其时，亲见乎其事，使人喜，使人悲，使人鼓舞。未既，而继之以叹且泣也!"这些话反映出史书所能产生的社会影响，也折射出史学家忧患意识的感染力。如果说历史变动是两宋史家历史撰述的客观动因的话，那么，史家的忧患意识可以看作两宋史家历史撰述的主观动因；当然，史家的主观动因，归根结底，还是受时代的刺激和历史传统的影响。

通过以上的例子，我们可以做以下两点概括：第一，史家之忧，充分说明史家都是关注现实社会的前途命运的；第二，史家之忧，说到底是以社会之忧为忧，以天下之忧为忧。中国史学的这一特点，在两宋时期甚为突出。清人龚自珍所言“智者受三千年史氏之书，则能以良史之忧忧天下 ”是很深刻的。时下人们谈论人文精神，常常提到“人文关怀”“终极关怀”。这种“良史之忧”是否就是一种“人文关怀”“终极关怀”的表现呢？

问：您这里对史家的这种忧患意识的论述说得很透彻了，从先秦到两宋，史学家都是具有深刻的忧患意识的。有了这种意识，史学就可以对治国理政发挥作用了，这也就是它的社会功能吧！

瞿：这种功能在中国史学史的各个阶段都可以显示出来。比如，司马迁就曾说过：“居今之世，志古之道，所以自镜也，未必尽同。帝王者各殊礼而异务，要以成功为统纪，岂可绲乎？”这句话是什么意思呢？司马贞《史记索引》解释此话的核心思想是：“言居今之代，志识古之道，得以自镜当代之存亡也。”这种以历史为“鉴”的思想，在西周的政治家那里已经十分明确和深刻了。司马迁所说的“自镜”是以“居今之世，志古之道”为前提，可见他是就史学的社会作用来说明“自镜”的价值的。人们从历史与现实的关系中认识到史学与社会的关系，表明了人们史学意识的深化。

当然，人们的这种史学意识是随着史学的发展而发展，随着史学与社会关系的更加密切而不断深化的。隋及盛唐时代，这种发展和深化又达到一个新的阶段。在魏晋南北朝史学多途发展的基础上，唐初史家把史书分为 13 类，即正史、古史、杂史、霸史、起居注、旧事、职官、仪注、刑法、杂传、地理、谱系、簿录，并对每类史书都说明其性质、源流、著述成就。从各类目录名称来看，史学在社会中的涵盖范围更加扩大了：政治仍占有主要的分量，而民族、家族、人物、文献积累等，也从不同的方面显示出史学内涵的丰富以及它对于社会面貌的影响。唐初史学家们编著的《隋书·经籍志》史部大序说：“夫史官者，必求博闻强识、疏通知远之士，使居其位，百官众职，咸所贰焉。是故前言往行，无不识也；天文地理，无不察也；人事之纪，无不达也。内掌八柄，以诏王治；外执六典，以逆官政。书美以彰善，记恶以垂戒，范围神化，昭明令德，穷圣人之至赜，详一代之亹亹。”这里，一是反映了史官的职责和人们对史官的要求，二是反映了史学极其广泛的社会作用：历史、天文、地理、人事，都在史学的视野之内；彰善，垂戒，揭示圣人治国安邦的智慧，描述朝代兴盛的风貌，都是史学社会功能的表现。

如果说，司马迁把史学在社会中的地位从反映伦理（法度）的层面进一步发展到总结历史经验（自镜）的层面；那么，盛唐时期的人们便是在这些层面上的自觉行动者，同时又进而开辟新的层面，即史学在“树之风声”方面的社会教育层面。如果说，在司马迁那里，表现出了许多天才的发现的话；那么，盛唐时期的人们，就显示出了他们是站在天才的肩膀上高瞻远瞩的群体，把史学在社会中的地位审视得更加清晰，看待得更加重要。

问：您曾经谈到过唐太宗对史学功能的重视，这是很典型的。

瞿：是的。唐太宗命房玄龄、魏徵等大臣撰写梁、陈、齐、周、隋五代史，于贞观十年（636 年）成书，他很高兴，并深刻地指出：“朕睹前代史书，彰善瘅恶，足为将来之戒。秦始皇奢淫无度，志存隐恶，焚书坑儒，用缄谈者之口。隋炀帝虽好文儒，尤疾学者，前世史籍竟无所成。数代之事，殆将泯绝。朕意则不然，将欲览前王之得失，为在身之龟镜。公辈数年之间，勒成五代之史，深副朕怀，极可嘉尚。”

从这里可以看出唐太宗对秦始皇、隋炀帝的批评是正确的，他所持的“览前王之得失，为在身之龟镜”的态度是诚恳的，这从“贞观之治”的政治作风和社会面貌可以得到充分的证明。我们甚至可以说，唐太宗在对待历史经验和对待史学的重视程度上，在中国封建社会的众多皇帝中，是前无古人后无来者的。这还可以从他与大臣的关系中得到进一步证明。贞观初年，边臣李大亮“论今引古，远献直言”，婉拒唐太宗“使遣献鹰”的要求。唐太宗很是感动，送李大亮荀悦著《汉纪》一部，并下书李大亮说：“卿立志方直，竭节至公，处职当官，每副所委，方大任使，以申重寄。公事之闲，宜观典籍。兼赐卿荀悦《汉纪》一部，此书叙致简要，论议深博，极为政之体，尽君臣之义，今以赐卿，宜加寻阅。”唐太宗不仅重视史书的思想、功用，还重视史书的叙述和论议，可见他对于史学的关注和评价是真诚的，绝非随意说说而已。

再举一个例子：唐太宗同大臣虞世南的交往更是反映出史学与政治的密切关系。史载：太宗重其博识，每机务之隙，引之谈论，共观经史。世南虽容貌懦愞，若不胜衣，而志性抗烈，每论及古先帝王为政得失，必存规讽，多所补益。太宗尝谓侍臣曰："朕因暇日与虞世南商略古今，有一言之失，未尝不怅恨，其恳诚若此，朕用嘉焉。群臣皆若世南，天下何忧不理!"由此可以看出，虞世南渊博的历史知识对唐太宗的治国安邦之举产生了重要的影响。贞观十二年(638 年)虞世南辞世，唐太宗感叹地说："石渠、东观之中，无复人矣，痛惜岂可言耶!"唐太宗时有一个优秀的史家群体，他的这番话。表明了虞世南在他的政治生活中的重要地位。唐太宗还破例向史官们提出阅读本朝史的要求，为的是"将却观所为得失以自警戒""若有不善，亦欲以为鉴诫，使得自修改"。他说的"以自警戒""得自修改"并非粉饰之词。显然，唐太宗的目的是要在统治集团中树立起一种重视历史经验教训的风气。公正地评价，在 20 多年的贞观政治中，这种风气是树立起来了。贞观末年，唐太宗又撰《帝范》12 篇以赐太子李治："自轩昊已降，迄至周隋，从经天纬地之君，纂业承基之主，兴亡治乱，其道焕焉。所以披镜前踪，博览史籍，聚其要言，以为近诫云尔。"他还反省自己："在位以来，所制多矣……斯事者，吾之深过，勿以兹为是而后法焉。"从这里我们可以看出：史学始终伴随着唐太宗的政治生涯，并成为他政治思想的源泉之一和政治决策的参照之一。唐太宗曾在《修晋书诏》中以赞叹的口吻说道："大矣哉，盖史籍之为用也。"这句话凝聚了他对史学在社会中的地位的全部认识。

问：您还曾经谈到刘知幾对于史学功能的论述，他讲得是很深刻的。

瞿：是的。刘知幾是史学批评家，他对于史学在社会中的地位的认识，有鲜明的职责感和突出的理性色彩。刘知幾指出："苟史官不绝，竹帛长存，则其人已亡，杳成空寂，而其事如在，皎同星汉。用使后之学者，坐披囊箧，而神交万古，不出户庭，而穷览千载，见贤而思齐，见不贤而内自省。若乃《春秋》成而逆子惧，南史至而贼臣书，其记事载言也则如彼，其劝善惩恶也如此。由斯而言，则史之为用，其利甚博，乃生人之急务，为国家之要道。有国有家者，其可缺之哉!"

在这里，刘知幾合乎逻辑地阐明了一个道理：因有"史官不绝"，才有"竹帛长存”；因有“竹帛长存”，后人才得以“神交万古”“穷览千载”，了解历史上的人和事；由此进而辨别“贤”与“不贤”，或“思齐”或“自省”，都可以从中受到教育。史学于是发挥出广泛和重要的作用。“生人”(生民)和“国家”都应当重视史学的这种作用。这个道理是从人的认识途径上说明史学为什么会对社会产生作用、产生什么样的作用、这种作用的重要性何在。值得注意的是，刘知幾讲史学的社会作用，已经把“生人”(生民)放到和“国家”同等重要的位置上看待。从今天的眼光来看，史学在总结历史经验方面无疑是极其重要的，而史学在“劝善惩恶”方面则更具有广泛的社会性。刘知幾还从人性的角度指出人性“邪正有别”，有“小人之道”，有“君子之德”，而“史之为务，申以劝诫，树之风声”。史学能够起到“申以劝诫，树之风声”的作用，足见它在社会中的地位之重要了。

史学在社会中的地位，还可以从史学与培养人才的关系中得到进一步说明。这里说的培养人才，在中国古代都是同政治统治密切联系的。因此关于这个问题的认识和实践最先都是在统治集团中受到重视的。春秋时期，楚国大夫申叔时论及教导太子，认为应该教之“春秋”，教之“世”，教之“令”，教之“语”，教之“故志”，教之“训典”等，以便从各方面提高太子的素养。据三国时期韦昭的《国语》注文来看，这些都与史事有关。十六国时期，后赵石勒设史学祭酒一职，史学被立为官学之一，与经学、律学鼎足而立。南朝宋时，国子学有玄、儒、文、史四科。唐朝国子学设有“文史直者”，其宏文馆宏文生要通过《史记》、两《汉书》和《三国志》的考试；科举考试有“史科”，从一史科到三史科，“每史问大义一百条，策三道，义通七、策通二以上，为及第”。唐穆宗长庆二年(822 年)，谏议大夫殷侑鉴于“近日以来，史学都废，至于有身处班列，朝廷旧章昧而莫知，况乎前代之载”的不正常现象，提出加强史科的建议，为穆宗所采纳。我们知道，盛唐时期的人们是十分重视史学的，但是一个正确的认识和一项正确的措施要坚持下去并不是很容易的事情。晚唐时竟然出现“史学都废”的局面，以至于官员不懂得“朝廷旧章”和前代历史，这实在是一个严重的教训。诚如后来顾炎武论殷侑建议时所说：“今史学废绝，又甚唐时。若能依此法举之，十年之间，可得通达政体之士，未必无益于国家也。”“朝廷旧章昧而莫知”的官员同“通达政体之士”二者孰有益于国家，是任何人都可以做出判断的。仅此而论，史学在培养人才方面，其社会作用是其他知识和学问所无法替代的。

我认为从最广泛的意义上看，史学对社会各个阶层、各个群体中的人都有教育上的作用，这种教育作用的积极效果和社会影响，怎样估计都不算过分。

综上，我们从史学与政治统治、“树之风声”、史以“明道”、培养人才、社会的历史教育等几个方面，揭示出史学对于社会历史的发展所产生的积极作用，这样就可以判断它在社会中的地位了：在政治统治方面有借鉴作用，在世风建设方面有示范作用，在认识社会历史演进方面有引导作用，在人才培养方面有提高作用，而在教育方面则有丰富的内涵，既可以包括上述各方面的作用，还可以包括蒙学教育、历史文化传承教育、科学与人文精神教育、优良民族传统教育等。这里，我们不妨换一种思维方式来提出问题：如果在社会中没有了史学，政治家们将会怎样思考？世风建设将何所依凭？人们将如何去认识历史？国家各级官员不懂历史将怎样履行公职？社会教育将失去哪些有价值的内容？我想，那必将是一种不可想象的、可怕而又可悲的局面。

三、史学——人类的一个精神家园

问：关于史学的社会功能，特别是它在治国理政方面的功能，上面您已经谈到很多了，我看到您给历史专业的大学生做报告时还讲到史学应该成为人类的一个精神家园。这个提法很有新意。请您谈谈为什么要提出这个问题？史学怎样才能成为人类的一个精神家园？

瞿：是的。2005 年 10 月，我到安徽师范大学给历史学专业的大学生做的一次演讲谈的就是这个问题。我想把我讲的主要意思和您谈一谈。

为什么要谈这个问题呢？许多年来我都在想：历史学究竟是什么？历史学在我们的社会生活中究竟占有怎样的地位？为什么总想到这两个问题呢？因为现在社会上对历史学有误解，甚至于有错误的认识，认为历史学和我们的现实生活关系很远，历史学不能解决现实中的问题。对于这些误解和不正确的认识，要说轻一点，这是认识的浮浅；要说得重一点，这是对史学的无知。这种认识导致了历史学科的人才不能够被合理地认识和合理地使用，这还是一方面。更重要的是，一个民族、一个国家如果不重视历史学，就会给国家的命运、民族的前途造成损失。我作为一个史学工作者，在这方面有很多很多想法，有时候也感到深深的忧虑。为什么在现实生活中历史学不能够得到合理的认识？为什么许多青年朋友对于进入到历史学这个领域总是感到惴惴不安，甚至于感到很悲观？我想这是由于我们社会对历史学缺乏足够的认识。

问：那么应该如何理性地看待这个问题呢？

瞿：那就首先要对历史学的功能和价值有一个正确的认识。有人会把它归结为恢复历史的真相，就是要追求历史的真相。我觉得，历史已经过去了，我们不可能让它再重现，不可能让它再反复。人们只能通过历史资料来“复原”历史。当然，这个复原的历史不可能真正达到像已经过去的历史那样完全相同的面貌，它只能不断接近历史的真相。所以，史学工作者将历史学的任务归结为恢复历史的真相，追求历史的真相。但是我认为这只是历史学的一个任务，只是历史学的一个属性，是它的学科自身的属性，因为历史学本质上要求求真。同时，我们应当看到历史学还有一个社会属性，就是历史学的社会功能，这一点常常被人们忽略。而如果忽视了这一点，人们就失去了学习历史学的意义和价值，所以我今天要着重讲的是历史学的社会属性。

问：从历史学的社会属性来看，什么是最重要的？

瞿：首先要看到，历史学是人们认识历史的主要途径。我们很难想象一个民族、一个国家，如果它的人民忘记了历史，那将是一个什么样的民族、一个什么样的国家？因此，我们应该认识历史。我们通过什么去认识历史呢？随着科学技术的发展，我们认识历史的途径可能越来越多。就拿 20 世纪来说，由于近代考古学的发展，人们可以通过考古材料去认识某一部分历史的真相。可是，那毕竟是片断的、不连贯的，是局部的。此外，人们也可以通过神话、传说、诗文、小说去认识历史，但它们包含的想象的、创作的成分太多，同历史的真相相去甚远。当下，又有“口述史”的流行，它对历史文献是一种补充，但是“口述”的内容最终还是要得到相关的其他历史资料的佐证才能成立。总之，人们获得完整的、连续的历史知识的最主要途径是历史学。我们回顾一下 20 世纪中国史学发展史，几代历史学家撰写了 100 多部中国通史，尽管他们的历史观点不完全一样，甚至有很大的分歧，但是他们有一个共同的目标，就是要让中国人认识到中国历史是怎么走过来的，这一点在今天已经成为常识。但是，为了走到这一步，我们的前辈付出了多少艰辛！我们经常讲统一的多民族国家的历史、几千年文明等，但我们是怎么知道的？我们是通过读历史书知道的，正因为如此，所以我认为，历史学首先是我们认识历史的主要途径。

白寿彝先生说过：忘记自己的历史，不重视历史和历史学，不是一个民族的光荣。这是一个普通的真理。我们所有从事历史学学习和研究的人都应当理直气壮地坚持这个信念，应当理直气壮地对那些不懂得历史学作用的人进行启蒙教育，而不应该感到自卑。我们获得了这么多历史知识，这是我们的骄傲。我们可以用这种知识为我们的民族复兴、为我们的国家富强做许多工作。

问：这里您谈的主要是历史学是了解历史的一个重要途径。此外，历史学对于治国理政也是有很大帮助的。

瞿：是的，历史学是治国安邦的智慧宝藏。有一种观点认为，中国过去的历史著作都是政治史，都是为帝王做“资治”的，好像可以不屑一顾。这个观点不对！所谓“政治史”是什么意思？按我的理解，就是把国家治理好，让社会安定，让人民能够富足，一言以蔽之，即治国安邦。历史学就是以丰富的历史经验教训给后人治理国家、发展社会提供借鉴。在中国古代史书中，这样的事例太多了。不过在前面的谈话中这方面已经说得不少，我就不再更多地重复了。

这里我想着重谈谈第三层意思：历史学是人生旅途的伴侣。事实上，我们每一个人都离不开历史学。我们是学历史学、研究历史学的，当然，我们和历史学的关系很密切。那么，对一般公众来说，历史学距离人们有多远呢？前面我们引用了刘知幾在《史通》中的一句话，他说历史已经过去了，以前的人都不在世了，我们怎么还能知道谁是“好人”谁是“坏人”？这些我们本来无法知道的事情但是我们却能知道，这是为什么呢？因为“史官不绝，竹帛长存”，所以我们就可以“见贤而思齐，见不贤而内自省”。所以说史学是人生旅途的伴侣，其中一个非常重要的依据就是历史给我们提供了许许多多学习的榜样。在现实生活中，我们能见到的英雄人物、模范人物、先进人物是有限的。从今天来说，雷锋都是历史人物了，由此可以证明，我们所能知道的绝大多数的英雄人物、先进人物、模范人物，都是从历史当中、从历史学当中认识到的，所以说它是我们人生旅途的伴侣。

刘知幾那两句“史官不绝，竹帛长存”，（使后人）“见贤而思齐，见不贤而内自省”，非常重要。一个人的修养、一个人的品德是怎么形成的？首先是在实践中形成的，但是我们也不能忘记历史学的作用。我们从事历史专业的学习就应当对这个人生哲理有自觉的认识，不仅自己能够认识，而且能够告诉别人这个道理，这非常重要。

司马迁在《史记·太史公自序》中讲他写列传的标准时说了三句话：一是“扶义俶傥”，我把他解释为主持正义，潇洒有风度。“扶义”是前提，同时很潇洒、很豪爽。二是“不令己失时”，意思是说那些有见识的人不让自己错过历史的机遇。三是“立功名于天下”，我把它解释为有社会责任感。司马迁把具备这三个条件的人写入《史记》的“列传”里。这三句话大家想想多么深刻，第一句话是讲“德”；第二句话是讲“见识”，没有见识的人机会来了也抓不住，机会来了也会丢掉；下面更重要的是讲社会责任感——“立功名于天下”。这就是我说的历史学是我们人生旅途的伴侣的意思。

问：上面谈的是关于史学之所以是人类的一个精神家园的道理，那么怎样守护我们的精神家园？您是不是也提出了一些意见？

瞿：我说历史学是我们的一个精神家园，但并不排斥其他学科的重要性。哲学是不是我们的一个精神家园呢？优秀的文学作品是不是我们的一个精神家园呢？应该都是。但是要让人们认识到历史学是我们的一个精神家园，我们还要做许多工作，尽管它本应如此。关于如何守护这个精神家园的问题，我想从三个方面讲一点认识。

第一，关于民族精神。守护我们的精神家园，首先就要弘扬中华民族的民族精神。毫无疑问，作为中华儿女，作为中华民族的一员，我们当然要具有民族精神，不能丧失民族气节，这应该是我们这个精神家园里面最重要的部分。那么我们要问，民族精神从何而来？一方面来源于对乡土和祖国河山的热爱，另一方面来源于对祖国历史、对中华文明的认知。清朝有位黄遵宪，是外交官，也是诗人，还是史学家，他用中国志书体裁写了一本《日本国志》。黄遵宪有一句诗叫作

“寸寸河山寸寸金”，就是说祖国的河山是无价的，我想这种感情就是民族精神。我们出于对先人在文明史上伟大创造的热爱和无限崇敬而产生的一种发自内心的真挚的情感，这就是民族精神。

第二，关于忧患意识。一个人也好，一个民族、一个国家也好，总应该有忧患意识。忧患意识反映了人们对人生、对社会的积极态度，是一种自信的精神。中国古代许许多多的历史学家及其著作，都贯穿着这种忧患意识。龚自珍说：“欲知大道，必先为史。”就是说要想懂得大的道理，懂得事情发展的形势，懂得历史发展的法则，首先就必须要研究历史。龚自珍还说：“士大夫受三千年史氏之书，当以良史之忧忧天下。”所谓“良史之忧”，是指由于史学家们的忧患意识有丰厚的历史经验的积累，他们所考虑的问题不完全是根据眼前的情况提出来的，他们提出问题是带有一种规律性的认识的。龚自珍的“良史之忧”反映了我们中国自古以来历史学家的一种精神境界。这种精神境界、这种忧患意识，是我们精神家园的一部分。

我们从事历史学的学习，就要从我国古代史学家所写的著作中去发现他们的道德情操和思想境界。20 世纪 80 年代，我比较关注中国近代的几位史学家，包括魏源、黄遵宪、王韬，还有边疆史地的研究者张穆、姚莹、何秋涛等。当我读到他们所写的书的时候，就深深地被他们那种忧患意识所打动。姚莹是安徽人，写过一部《康輶纪行》。在鸦片战争时期，他曾经在台湾率领军队抵抗英军，后奉命考察西藏，曾两次进藏。《康輶纪行》就是他两次进藏考察的札记。我读到它的时候，感到晚清有一批士大夫真的是忧国忧民。在这部书里我们看到，作者认识到当时沙皇俄国、英国殖民主义者是如何觊觎中国的西藏，这种心情、这种意识，是我们精神家园的一个重要支柱。

第三，关于爱国主义。爱国主义是我们的精神家园，我们对此都有深刻的认识。我们热爱我们的国家，热爱我们祖国辽阔的土地，我们因为自己是一个中国人而骄傲，因为中华民族、中华文明曾经对人类的文明做出过重大贡献。在中世纪，从唐初开始的上千年中，中国一直处在世界文明发展的前列。后来中国落后了，对落后的原因有种种不同看法。有人说明朝末年政治腐败，所以落后了；有人说清兵入关后推行闭关锁国政策，所以落后了。19 世纪中叶爆发鸦片战争，那就不仅仅是落后了，而是处于挨打的地位了。究竟是什么原因导致的呢？有人也在探讨这个问题，譬如说认为中国的儒家思想讲经学、不重视科技，束缚知识分子的思想，尤其是科举制度下的知识分子为了进入仕途，不可能在科学技术上面发展，等等，有各种各样的说法。英国学者李约瑟博士写了《中国科学技术史》，他从科学技术发展的角度来回答这个问题。他认为中国古代科技有辉煌的成就，但是后来不行了。可见，在历史上有些事情不那么简单。怎么很好地去总结这个问题、阐明这个问题是非常重要的。

我在读初中的时候，反复读过方志敏的《可爱的中国》。现在这书很少见到了。《可爱的中国》字里行间充满了爱国激情，东三省被侵占了，山河破碎，国人扼腕。我们仿佛听到了方志敏在怒吼、在呼喊！这种情感注入我们的血液当中就是爱国主义。历史学在爱国主义教育、爱国主义精神培育方面所起的作用非常大，是任何学科都无法替代的。

以上这三点，就是我对于如何守卫我们的精神家园的一些看法。

问：感谢瞿先生的这次谈话。您对历史学所具有的崇高使命做了全面的分析。历史学是一切社会科学的基础；历史学对于治国理政方面有着很重要的功能；历史学也是全国各民族人民的精神家园。由于您的谈话能够结合史学实际，并联系自身的体会，所以这些道理谈得很透彻，相信对广大读者一定会有很大启发。

吴怀祺：安徽省庐江县人，1938年出生于贵州省贵阳市。1961年毕业于安徽师范大学历史系。1981年毕业于北京师范大学历史系，获硕士学位，后留校工作。现为北京师范大学史学研究所教授、博士生导师，享受国务院特殊津贴。曾任全国史学理论研究会理事，2005年、2011年被聘为北京师范大学历史学院“985创新工程”特聘教授。长期从事中国史学史研究，主要代表作有《中国史学思想史》《宋代史学思想史》《史学理论与史学史研究》《易学与史学》《郑樵研究》；主编10卷本《中国史学思想通史》、6卷本《中国史学思想通论》；发表学术论文二百余篇。2020年2月因病逝世。

从史学思想史中挖掘传统思想文化的精髓

——访吴怀祺教授

(2014 年 2 月 26 日上午，我来到位于海淀区知春路太月园小区的吴怀祺先生家，在他温馨的书房中，同他谈起了他求学与治学的经历。)

一、考上了白先生的研究生

问：吴老师，我们从您的读书生活开始谈吧！

吴：好！过去的读书生活是很有意思的。我是安徽省庐江县人。1952—1957 年，在安徽滁州中学读书，从初中到高中。1957 年，我考入了安徽师范学院历史系(今称安徽师范大学，在芜湖)。1961 年我毕业时，就改称合肥师范学院了。毕业后，我被分配到广德县的广德中学工作。

问：您在安徽广德从事基础教育十几年，这阶段的生活也给您后来的人生道路打下了一个基础吧？

吴：是的。我在大学读书和毕业后在中学工作期间就已经开始进行写作，并发表了一些文章。如 1961 年在《合肥师范学院院报》上发表过关于太平天国的文章，那时是集体署名，我是主要成员。1962 年在《历史教学》第 5 期上发表了关于历史基础知识教学的文章，强调感性知识、理性知识都是基础知识。1977 年 12 月 4 日在《安徽日报》上发表了关于义和团运动的文章。

读大学时，合肥师范学院是比较重视科研工作的，每年都要召开全校性的科研大会。历史系学生们还去过马鞍山，写“厂史”，把课堂搬到工厂里去；我们还去过大别山地区，去征集红色革命文物。那时候，学校搞“三结合”的备课活动，我们作为学生代表，和教师、专家一起讨论近代史的重要问题。

我在广德中学工作时，担任过“政史地外语体艺”教研组组长。这对我开阔视野、全面发展，是很好的锻炼。我还承担高三年级历史复习课的任务，也取得了较好的效果。

“文革”期间，学校搞开门办学，一开始，我、我爱人和另外一位老师被派到山北公社办中学。我们三个人原来都是教文科的，为了搞好教学，我们什么课都要学。我除了教过数理课外，还教过体育课；还到溧阳剧团买手风琴，回来组织学生演出，效果还不错。后来，教育局把教师调配齐，学校的教育质量得到了提高。

我还和公社造纸厂的同志合力治理污染，到湖州造纸厂、杭州红旗造纸厂、富阳造纸厂参观，回来后做试验。但无论是我的知识结构，还是资金，都不可能达到预想的目的，其结果可想而知，但对我确是一次锻炼。

我们的学生，除考上省内大学外，有的还考上了省外大学。前年，我们曾经回到过去的广德中学，受到学校师生的热烈欢迎，许多当年的学生都来看我们。回首往事，无限感慨！

我在被录取为研究生来北京之前，在芜湖地区已经是中学历史教师的骨干了。1978 年的高考阅卷，我是历史科阅卷的主要成员之一。

过去这些人生经历，今天回忆起来很有意思。这就是阅历吧，这对于学历史很重要，人生阅历丰富，能很好地理解历史、理解社会。

问：您在安徽工作，怎么会想到考白先生的研究生呢？

吴：我 1957 年进入安徽师范学院，大学毕业以后走上工作岗位时，父亲把自己用的线装书《前四史》、《四库全书简明目录》和《书目答问》送给我。这使我有接触史学史的可能，产生进一步学习史学史的愿望。考白先生的研究生也是我父亲的建议。当时，他已从滁州调到合肥工作。他知道我喜欢思考问题，适合考史学史专业。我在合肥新华书店购到金毓黻的《中国史学史》，这是我最早读到的史学史书籍。

1978 年，国家恢复了研究生招生考试，我当时在广德县教育局的师训班工作，正在下面宣讲新宪法。教育局的同志知道我过去考过研究生，当时正是“文革"后国家鼓励知识人才发挥作用的春天，局里领导鼓励我去报考。我集中复习了三个月，就参加了考试。安师大历史系夏子贤老师把历史系教材借给我，杨国宜老师把白寿彝先生的《学步集》借给我，张海鹏先生同我谈安徽地方史研究的想法。在这前后，母校很多老师都给了我很多帮助，难以一一复述，但我都记在心里。我被白先生录取了，去北京进行面试。接到录取通知书后，我就到北京来读研究生了。

这里我要说一点小插曲。其实我在1964年就考过一次白先生的研究生，并且发来了北京师大的录取通知书，不过，学校没有给我。我当时在学校表现得不错，还担任着"政史地外语体艺"教研组的组长。1962年还被评为地区(当时是芜湖地区)先进。后来北京师大又来了通知，说原来的录取通知因故作废，那次考研就这样成了泡影。究竟什么原因，不知道。学校领导只说是学校工作需要。

问：从您的谈话中可以看出，您走上史学研究的道路，也是受了您父亲的影响。

吴：的确是这样。我父亲吴孟复先生一生辛劳，对文史方面多有贡献。他自己倾心迷恋学术事业，爱自己的学生，却不知爱惜自己；晚年身患重病，在呼吸都十分困难的情况下，还在伏案工作。我在学术上有所长进，是和父亲的教诲、熏陶分不开的。学生们也都非常尊敬、爱戴他。父亲是在1995年去世的，恰逢大年初二。噩耗传出，学生们纷纷前来悼念，那场面是"三千弟子哭先生"。我一直把对父亲的怀念深深地埋在心里，永远不忘父亲对我的期待。

问：看来您的父亲是一位深受学生爱戴的老师和学者。在具体的治学方面，您的父亲对您有什么影响吗?

吴：父亲对我治学的影响，首先是他以学术为生命，平生无一日不读书，我看到他最高兴的事，就是同友人、学生谈学术。吟诗论学，更复何求，快哉快哉!

父亲在众多文史领域内继承创新，在海内外有广泛的影响。钱仲联先生称他"是合皖江南北之长，果能善用以相济者矣"。

全面总结，俟之后日。父亲的《古书读校法》《训诂通论》《古籍研究整理通论》《读书与治学》等，在学界有广泛影响。他过世后，2008年，中国书店将《古书读校法》《训诂通论》《古籍研究整理通论》辑成为《国学典籍阅读要义》，这本书的“作者介绍”中，说他“治学广涉语言文字学、文献学、语言教学、古籍整理以及古诗文写作等领域，学既专门，见又独到，为中华学术留下了一份宝贵的遗产”；在“内容简介”中说：“本书为后学者整理古籍提供了规范性指导，为读者学习古代诗文、阅读国学典籍做出了深入浅出的指示与引领。”

我在治史上也受到父亲的沾溉，仅举一例：

在《训诂通论·绪论》中，父亲说：“训诂之学的任务在于‘释古今之异言，通方俗之殊语’，这不是所有读古书、用古书的人皆须知道的吗？我们要继承民族文化遗产，就必须充分利用古代文献，要利用古代文献，就要能读通文献语言，了解它的语义。训诂学就是研究语义，由于它研究的是古书上的语义，所以又属于文献语言学。”

父亲把这本书寄给我，我读后受到了启发。1988 年为参加王国维学术研讨会，我写了论文《中国近代考据学和王国维的“古史新证”》(后发表在《北京师范大学学报》1989 年第 1 期)，白寿彝先生认为写得不错。这里面有的地方就是受到了父亲的启发。

父亲在《训诂通论》中说：“这里特别值得一说的：古无轻唇音，这是钱大昕提出的而早为学者公认的。”书中旁征博引古代文献和古今学人的论说，阐明这一论断的价值。

梁启超说：“小学本经学附庸，音韵学又小学附庸，但清儒向这方面用力最勤，久已‘蔚为大国’了。”王国维的《殷卜辞中所见先公先王考》及《续考》是他的史学代表作，他考定王亥为殷之先祖是一个很好的例子。考之篆文，说明《吕览·勿躬篇》中的王冰之“冰”字为“亥”字之讹，王冰即王亥。此由字形获释。《山海经》《楚辞·天问》《吕览》《世本》说王亥为“始作服牛之人”，《山海经·大荒东经》记载的是“仆牛”。而古无轻唇音，“服”即“仆”，“服牛”即“仆牛”，说明记载一致，此由古韵学上获释。再由制度上来考订，卜辞上的材料反映了对王亥的祭礼是十分隆重的。

结合各种材料，我论定王亥为殷之先王，而王亥“确为殷人以辰为名之始”。而全文所有的论说，都为的是论证我在文章开篇所说的：中国近代考据学和清乾嘉考据学有着直接的联系，同时又有着自己的特点。它是传统考据学在近代历史条件下的进一步发展。

考据的范围扩大了，考经、考史、考诸子、考宗教、考戏剧、考小说。史学家把各种新发现的材料和原有的文献结合起来进行考订，考史的方法也丰富多样，如归纳类例的方法、二重证据的方法、历史演变的方法、语言比较的方法、诗文证史的方法以及历史统计的方法，等等。这些反映了时代的变化，反映出西方学术思想的影响。近代考据学取得了明显的成就，王国维是近代考据学的代表人物，结合中国近代史学的发展，探讨王国维的文史考据学，是一个有意义的课题。

钱大昕的“古无轻唇音”一说为学界公认，这对于理解民族文化产生了积极的意义。我是从父亲的著作中学习前人治学的认识，推进了自己的研究。

问：我们回到您考研的话题，1978 年这次考研成功，您就开始读研生活了吧？

吴：第一次见到白先生，是研究生复试的时候。那是让我终身难忘的时刻。复试是请辽宁大学陈光祟先生主持的，白先生和何兹全先生参加这次复试。

没进考场之前，我心就紧缩起来。那天早上起得比较早，换了一件白净的衬衫，胡子认真地刮了刮，算是壮壮气色。在考场座位上坐下，等待发问。各位先生却和我聊了一阵家常，问了我的学习、工作经历，报考研究生的过程和想法。我思想轻松许多，回答问题也顺顺畅畅。从读金毓黻先生的《中国史学史》的体会，谈到对乾嘉学派吴、皖两派的评价。

白寿彝先生关于史学工作意义的风趣谈话给我留下的印象特别深。白先生说：“学历史，可是走‘错’了门，这是一件苦差事啊。”他问我的认识，我记不得是怎样回答的，只记得在我回答后，他说起史学工作的意义，这可以说是我读研究生的第一堂课吧！十多年来，白先生一直在谈这个问题，他同大学本科生谈，同研究生谈，也同中学生、中学教师和各级干部谈，说历史教育的作用，说学历史是为推动历史。

读研生活开始以后，首先，白先生要求我们读书。我就以读郑樵的著作为主，认认真真地读了一些原著。其次，是在思维方法上的启迪。这对我们后来的读书、治学都有很大的影响。比如，他指导我们学习马克思主义的理论。怎么学呢？他是要我们读马克思的《资本论》第一卷。政治课就是研读《资本论》。一学期的研读使我大受启发，使我对什么是唯物辩证法有了深刻体会，这对我的思维训练有极为重要的意义。

总之，在跟白先生读研期间，首先要理解认真读书、读原著的重要性。既要读马克思主义的经典原著，也要读我们民族史学的原著，同时还要到实践中去学习。

白先生指导我们研究中国史学史，很重视对民族史学的源流的研究。进入研究生学习阶段，读了白先生在20世纪60年代《中国史学史资料》(《史学史研究》的前身)刊载的教学专刊第一号上选登的《庄子·天下篇》《荀子·非十二篇》《韩非子·显学篇》。作为研究生，读这些文献，感受的是学术史"史"的观念。

后来，我又读《史记·太史公自序》《汉书·艺文志》《隋书·经籍志》以及《通志》《通典》《文献通考》的序，选读《宋元学案》《明儒学案》，这样研读，使我对史学通识的理解不断加深。

1981年秋，我研究生毕业留校工作。白先生将他保存的我在1964年写给他的信交给了我。没有更多的语言，也无须更多的语言，恩师情和期待统统在无言之中。

从此，我就在先生的引导下进入了学术研究的园地。先生是当代著名的史家，也是一位哲人，每一位到先生那里去的人都有体会，先生的每一次谈话都给人以启发。与先生谈话，如沐春风之中。我是在先生的指导下，在不断的研究中，慢慢地体悟到研究史学思想的意义和研究的途径。

问：您还能回忆一些读研期间，白先生在治学方法方面对您的指导吗？

吴：我记得早些年，先生住在兴华胡同，每隔一段时间，我去先生家向先生讨教。见到先生，我什么都想说，没遮没拦地、海阔天空地大谈起来，谈读书中的体会和困惑，也谈对一些现象的忧虑。先生静静听着，不时问我几个问题，或是说上几句，我从先生的话中悟出治学、做人的真谛。

有一次谈到今后的工作时，先生说：研究生要学会五种本领，就是要会写文章、写书、教书、当编辑和做一些学术组织工作。先生是这样说，也是按这样的思路培养学生的。我留校工作，要写文章，写书，还担任过不同班级的教学任务，教过本科、夜大、方志班、进修班、讲习班的学生和研究生。一工作就参加刊物编辑部工作，后来是常务编委，编文稿，和作者、读者联系，校对，下印刷厂……什么都做。一些学术会议的会务工作也干过。真是十八般武艺未必精通，但样样都试了试。

问：白先生对研究生培养的“五种本领”的要求的确很重要，适合所有的研究生。对于您个人来说还有什么具体指导吗？

吴：有一段时间，我不太注意系统读书，热衷于小考据，写了一些东西，拿到先生那里去，心想十有八九会得到先生的首肯。先生看后没有表扬，也没有批评，突然问我：“你看过徐悲鸿画的马吗？”下面再也没有说什么。受到这当头一棒，心里真不是滋味，我回到宿舍，仔细琢磨，头脑才清醒一些，渐渐悟出一些道理来。这以后，我老老实实读书，探求其中蕴含的精神、价值。在认真读书的基础上，一连写了七篇札记，心里开朗许多，但吃不准这样的治史路子是对还是不对，所以压了很长时间才给先生看。先生看后大为赞许，说做札记是读书的一项基本功。

在读研究生之前，我工作了十多年，写过一些文章，也发表过几篇，以为写文章不是什么大难事。但到写毕业论文时，才感到事情不是那样简单。论文初稿写成后，自己看看，也不满意，但又不知道症结在哪里，为这件事着实苦恼了一阵。我带着苦恼去请教先生，先生给我一个比喻，他说，有两种文章不好：一是池塘里的水，很清很清，但水里没有鱼；还有一种是水中有鱼，但水中杂草过多，除去杂草就好了。先生说我的文章属于后一类。经过这一点拨，我的头脑豁然开朗。现在我一提笔为文，先生关于水、鱼、杂草的话就在耳畔响起。

先生历来倡导史学工作者要注意文字表述，“言而无文，其行不远”。关于史文问题，先生同我们谈过不少，初步归纳一下，是这几点：一是要有见解，有内容，我想这就是“水中有鱼”的意思了。二是去浮辞，文章求简洁。“而且”“但是”这一类词少用，用多了，文章显得松散。三是忌开叉，每篇、每段有论说的中心。四是凝练。五是拟好文章的题目和各个部分的小标题。还有一点，先生说，文章要多改，自己改，也请别人改。他说当年侯（外庐）老和他的文章就是相互改，侯老改他的文章，也把自己的文章让他改。学术文字交谊是十分珍贵的。先生引用《论语·宪问篇》中的一段话说明文章修改的重要性："为命，裨谌草创之，世叔讨论之，行人子羽修饰之，东里子产润色之。"文字从草创到润色定篇，其间要经过怎样一个锤炼的过程啊！

白先生是2000年春天辞世的。这二十年来，白先生耳提面命，教我学问的轨辙，示我治学的方法。我在先生学术精神的熏陶下，初步理解了治史的辩证法，在史学史的研究领域里一步步地前进。

二、从郑樵研究开始进入史学史研究

问：您的郑樵研究就是在读研期间开始的吧？

吴：是的。在读研期间，我就选择了郑樵作为研究的课题。为了研究郑樵，我每天都到北京图书馆去读书，一直对郑樵的著作"穷追不舍"，感到郑樵非常值得研究。梁启超说，郑樵是中国史学史上的三大思想家之一，像"光芒竟天之一彗星"，影响很深远。我在读书的过程中发现很多问题，20世纪80年代我就写了七篇札记，先后在《史学史资料》等杂志上发表了。我读研这三年，主要就是读郑樵。厦门大学早在20世纪60年代就有郑樵研究小组，因此我必须要研究他们的成果。1998年3月，研究郑樵的第一次研讨会在福建的莆田举行，我参加了这个会，受到的启发很大。我会后写了一篇文章，题为《重读郑樵，理解郑樵》，我深感一个伟大的史学家的作品总是与时代联系在一起，随着时代的进展，他的作品的思想价值会得到新的认识，会显示出更耀眼的光辉。

问：您对史学史研究的第一个史学家就选择了郑樵，是不是他的治学精神对您很有启发？

吴：郑樵没有显赫的家世，他父亲只是一个太学生。16岁时父亲就去世了，他护丧回到故乡莆田。此后，他"结茅夹漈山"，就是在山间建了小房子，谢绝人事，闭门诵读。这样一个少年，在远离村落的茅屋中苦读，基本的生活都没有保障，但是他能"困穷之极，而寸阴未尝虚度。风晨雪夜，执笔不休；厨无烟火，而诵记不绝"。当年郑樵之所以选在半山腰读书，我开始想不通，后来去莆田才明白，那是为了避免外界的干扰。这样一个穷书生，为了读书，他到一些藏书人家去“借读”。莆田、仙游一带有很多藏书人家。他到人家去借读，吃、住都在这些人家里。在这样一个困境中，他一生写出了上千卷的著作，这需要有多大的毅力啊！

郑樵一面读书，一面重视在实际中观察思考。为了学习、研究天象的知识，他到附近山上去看天象，他对照着天象读《步天歌》，把天体星象弄清楚。为了认识动植物的性情，他向农夫求教，在深山老林中观察鸟兽的生活状况。今天在他的草堂纪念馆周围，还有占星石、晒书石，就是他当年观察天象的地方。郑樵以相当多的精力研究“小学”。有的人看不起他，但是他的“小学”著作中，以《尔雅注》特别受到清朝《四库全书总目》的称赞，认为在过去研究《尔雅》的著作中，郑樵的著作是“最为善本”的。

他还有科学思想，写了《昆虫草木略》，把动物和植物进行了分类。他的《七音略》和《六书略》结合，把中国的文字全排起来，很具有科学思想。英国科学家李约瑟认为郑樵所作《七音略》有数学坐标的思想，但是我们中国人还没有发现这一点。他对于分类的“类例”思想，是将其作为方法论提出来的。他说，类例的方法如“部伍持军”。

郑樵的史学批评精神也是非常可贵的。他主张如实记事书事，把这看成著史的基本要求。他说：“使樵直史苑，则地下无冤人。”他提出“《诗》《书》可信，而不必字字可信。”他倡导治学要有独断精神，反对“依缘门户”、人云亦云的“胸无伦类”的学术。他在《通志·总序》中开宗明义地提出要用“会通”的精神来写历史，认为自然和社会的事物都是在运动、变化中相互联系的，写历史就应该根据各种材料，把历史的贯通联系反映出来。这种会通是孔子、司马迁治学、修史的好传统。

郑樵把毕生的精力献给了学术，写出了二百卷的《通志》。他写此书不是为了名利。书写完后，他带着这部巨著，步行两千里，从莆田到临安，把书献给了宋高宗。他没有别的要求，只希望国家图书馆能够收藏这部书。宋高宗封他为“右迪功郎”，这是一个从九品的小官。他真正是为了学术奉献了自己的一生，死的时候只有五十九岁。这是我国学者人文精神的体现，真是非常让人感动。

问：那么您的史学史研究就以郑樵的研究为切入点了？

吴：我的郑樵研究是在我的老师白寿彝先生研究的基础上进行的。白先生把研究郑樵看作继承史学遗产的重要组成部分。早在1961年，他就写了几篇关于郑樵的文章，如《郑樵对刘知幾史学的发展》，刊登在《人民日报》上。还有一篇《从历史编纂工作看郑樵——纪念郑樵逝世800周年》，刊登在《北京日报》上。

读研以后，我在白先生的指导下，对郑樵进行了较为全面的研究。首先是研究郑樵的史学思想、历史编纂学工作，分析《通志》纪传部分的特点，从多方面进行了深入探讨，发表了一系列论文。我又对郑樵的《夹漈遗稿》进行了校刊，增补了不少佚文，编成了《郑樵文集》和《郑樵年谱稿》。1992年这两本书合为一书，由书目文献出版社出版，后来我又撰写了《郑樵评传》，1997年由广西教育出版社出版。这两本书都是20世纪90年代出版的，现在已经很难买到了。在陈支平教授的帮助下，厦门大学出版社把这三本书合成一书出版，书名为《郑樵研究》，是2010年11月出版的。在出版前，我又对原书结构做了调整，增加了新内容，并做了一次校订。

三、从研究郑樵到整个宋代的史学思想史

问：这样看来，您对郑樵的研究持续了三十多年，也可以说这是您的史学史研究的第一个高潮。后来，您的研究重点又从郑樵扩大到对整个宋代史学思想史的研究，可以说一说这方面的情况吗？

吴：我对宋代史学史的兴趣从读研究生阶段就开始了。我的硕士论文写的就是郑樵的史学。读研后的十几年间，我的读书、写作的兴趣集中在三个方面，一是宋代史学，二是近代史学，三是史学理论。由于工作的关系，我在宋代史学上用的气力更多一些。

我在对宋代史学的研究中，在两个问题上感受较深。一个是宋代史学与社会的关系，另一个是理学与史学的关系。但是以前的研究者对于宋代史学与理学的关系没有给予应有的重视。我感到理学对宋代史学产生的效应确实是存在的。因为一个时期的史学，特别是史学思想所达到的深度，和那个时代的哲学发展的程

度总是息息相关的。我曾经提出过一个“宋代理学和史学”的研究课题，请白寿彝先生和邱汉生、刘家和等先生评审，诸位老先生肯定了这一课题的研究价值和意义，这给了我很大的鼓舞。不过这个课题涉及史学和哲学两个方面，是一个学科交叉的课题，对于我来说难度很大。但是我有兴趣，于是就一寸一寸地往前行。读书、写札记、写文章，研究的重点还是侧重于史学。我觉得理学和史学是辩证的联结，影响是双向的。理学对史学的作用有正面的，也有负面的。两宋重要的史学家大多数在理学史上有重要的地位。史学既具有理学化的倾向，也有摆脱理学化的情形，结合宋代社会的矛盾的变化，可以看出史学的矛盾运动的情形。这样，我们就可以看出宋代史学发展的阶段性，把宋代史学作为一个运动的过程来把握，也就可以避免把宋代史学当作一串毫不相干的史家、史著的集合体。

问：您的《宋代史学思想史》出版后，白寿彝先生很高兴，为这本书写了序。他在序言中说：“宋代史学著作繁富，抓出个头绪来很不容易，我祝贺怀祺同志取得的初步成功。宋代史学研究还有一段很长的路，希望怀祺同志能坚持下去，做长期不懈的努力，继续不断地取得新成果。”这就表明您已经在宋代史学中抓出史学与理学这个头绪来贯穿整个时代。

吴：白先生是从整个中国史学史学科建设的高度来看待我的这种探索的。他说，中国史学史是一门在建设的学科，需要历史文献学、历史思想史、历史编纂学史、历史文学史、史学比较研究等分支学科的建设。关于这些分支学科的研究，可以是断代的，也可以是地域性的，还可以是对史家、史书、史学流派研究的专史。这些分支学科的建设，是建设、发展史学的必要手段。他认为这本《宋代史学思想史》就是史学史分支学科中的一部断代史，也是一部专史，是适应分支学科的建设而做出的成果。

我还要谈一下白先生为这本书写序的事情。1992 年，白先生年逾八旬，当时正忙于多卷本《中国通史》各卷的陆续发稿，每一卷都等着先生过目审定。加之日常的学术事务，其繁忙程度已经超过了“百忙”。特别是师母辗转病榻已经很长时间，最后在当年一月辞世。而先生正是在这种生离死别、万分悲戚之时为我写的这篇序。序中不仅从学科建设的角度评价了这本书的意义，也提出了对后辈寄予的厚望，读来感人至深。

问：2002 年黄山书社出版的十卷本《中国史学思想通史·宋辽金卷》是不是您 1992 年这本《宋代史学思想史》的再版呢？

吴：《宋代史学思想史》1992 年出版后，我可以说一头扎进史学思想史这个领域摸爬滚打。研究的领域扩大了，对问题的研究也深化了，比如我用了不少的时间、精力学习和研究《周易》，研究易学与中国史学思想的关系。同时，也培养了几届史学思想史方向的访问学者、硕士生、博士生。1998 年我去台湾参加史学史讨论会，有几位研究史学史、宋史的学者对这本书给予了很高的评价，这是我没有想到的。

现在可以先谈谈后来的《中国史学思想通史·宋辽金卷》。在撰写时，我本来想来一个"旧貌换新颜"，增写更多的篇章，但最后还是没有动手。主要考虑是，当年的那本书是当时自己真正读书后的心得，并且已经初步经受住岁月的考验，海内外学者的反映还不错。

多年来我对史学思想史的研究范围在不断扩大。我想不要在心得不多的情况下去扩充篇幅。《中国史学思想通史·宋辽金卷》也不是过去作品的重印，还是有自己的新思考的。

特别是这几年在辽、金史学方面做了一些研究，深感辽、金史学的丰富和深邃。这是我们民族史学思想十分重要的组成部分。这方面不但要写，而且要把宋、辽、金史学作为一个整体来看待，在民族文化发展的大背景下去思考。同时，在对宋代史学思想的研究中，除了重视宋代社会与史学、理学与史学的关系以外，也进一步研究了宋代《易》学、《春秋》学与史学的关系。这些都反映了我研究兴趣的扩大，也是这部《中国史学思想通史·宋辽金卷》的新内容。

四、研究领域扩展到中国史学思想史

问：您的《宋代史学思想史》出版于 1992 年，到 1996 年就出版了《中国史学思想史》。仅仅四年的时间，您的研究领域从宋代扩展到整个中国古代和近代，是什么原因使您没有停留在宋代史学思想，而是要探讨整个中国史学思想发展史呢？

吴：这个时间确实不是很长。我在搞宋代史学思想研究的时候，就着眼于认识整个中国史学思想史，并没有把视域局限于宋代。我觉得两宋史学是我国中古时期史学十分重要的时期，抓住这个关节来突破，向两端扩展，向上溯先秦两汉至隋唐探源，向下往明清近代延伸，可以求得一个中国史学思想发展的一以贯之的脉络，这对于认识整个中国史学思想史的发展是有益的。

当然，促使我尽快地完成《中国史学思想史》的写作还是有一定缘由的，那就是为了充分认识民族史学在世界上的地位。

我们国家历史典籍丰富，这是谁也无法否认的。但是要说中国史学有丰富的、深邃的思想，并不是所有的人都认同这一点。在有些西方学人看来，仿佛只有西方人的脑袋绝顶聪明，能够对历史提出高明的见解，而中国的史学家就像傻子一样，只知道编编抄抄，一代一代编那些无穷无尽的王朝史、那些帝王的家谱。如果说他们读不懂中国文献，造成了误解，这还可以理解。但是，如果以一种偏见来谈中国史学，我们就不会赞同。我们要用自己的研究来抗争，来展示中国史学思想宝库中的珍宝，并且进一步说明今天我们批判地继承这份珍贵遗产的意义。我写这本《中国史学思想史》，就是想勾勒出中国史学思想发展的过程，提出一些重要理论问题，阐明自己的想法。因为人们认识历史、社会，从事社会变革的活动，总是要受一定的历史观点、史学思想的影响，所以，关心史学思想的问题，不应该只是史学圈子内的事情。有这样一个考虑，就促使我尽快地把这本书写出来。

问：白先生又为《中国史学思想史》写了序，这确是不多见的。您有什么感想？

吴：白先生在序中说："现在，他又写出了《中国史学思想史》，论述了中国史学思想的发展和有关的各时期的不同的特点，论述了史学和经学、玄学、理学、事功之学、经世之学、实学之间的关系，论述了近代史学思潮和马克思主义在中国的传播。这书对中国史学史学科的建设有所推进，是可喜的。还希望作者继续开展工作，做出更多的成绩。"

先生的话，是从史学史学科的建设总要求出发，为我指明方向。我的每一步都有先生的心血。先生过世后，2007 年，这本书又作为"普通高等教育'十一五'

国家级规划教材”，由商务印书馆出版了增订版。增订版做了比较大的修订与增补，这在书的《说明》中有详细说明。我在其中说道：“本书的修订再版，也是我对先师的怀念。我能有一点进展，那是先生对我教育的结果。”

问：我在读这本《中国史学思想史》时，看到刘家和先生在为此书写的跋中，也赞同您的想法，认为深入了解历史和现实，也应该了解史学思想史。

吴：是的。他是这样说的：“如果想深入了解现实，那就要深入了解历史；如果想深入了解历史，那就不能不了解史学；如果想深入了解史学，那就不能不了解史学史；如果你再想深入了解史学史，那就不能不了解史学思想的历史了。所以，只要换一个视角，史学思想史对于我们就不是一个遥远的问题，而是一个深化认识所必经的途径。”刘先生还认为，历史是充满矛盾的，对历史的反省而产生的史学也是充满矛盾的。既然史学充满矛盾，由对史学反省而产生的史学思想自然也会充满矛盾。他认为，我的这本书是把史学思想发展中的矛盾按照历史时代的不同而展现了其各自的时代特点，并使之衍生为一条史学思想的历史之流。刘先生的见解是很深刻的。

我在学术研究和生活上，得到了诸多师友的帮助与鼓励，在这里表示我内心的感激。

问：您的《中国史学思想史》在1996年出版了，没过十年的时间，您又开始推出十卷本的《中国史学思想通史》。您为什么又要搞这样一个大规模的学术工程呢？

吴：不错，我是在1996年出版了《中国史学思想史》这本书。但后来看来这本书和更早出版的《宋代史学思想史》只能算是起步的工作。当时，我只是尝试粗线条地勾勒出中国史学思想发展的过程。这本书出版之后的多年，中国史学思想史的研究一直是我探索的兴奋点，之后又发表了一系列文章。在这些年的研究中，我还研究了中国传统史学转型问题和中国史学近代化的问题，尝试总结20世纪一百年史学的变动，思考史学民族性、时代性以及全球化趋势中史学发展的诸多问题。这样，我对中国史学思想史的研究就进一步深入。同时，这一时期我又培养了几届硕士生和博士生，有了一批有志于研究史学思想史的中青年学者的合作。同时，又有黄山书社的大力支持，于是全面启动了十卷本《中国史学思想通史》的浩大工程。国家新闻出版总署把这套书列为国家“十五”重点出版图书。我担任这套书的主编，同时也参加撰写工作，和中青年学者们一起来进行攻关。这样，这部《中国史学思想通史》从2002年开始便陆续出版了。

问：十卷本的《中国史学思想通史》要有一批中青年学者参与才能完成，他们都是您的弟子吗？能介绍一下他们的情况吗？

吴：是的。我是和一批年轻学者共同完成这个任务的。我和林晓平负责总论卷和先秦卷，秦汉卷由汪高鑫负责，庞天佑负责魏晋南北朝卷，牛润珍、吴海兰、何晓涛负责隋唐卷，我负责宋辽金卷，周少川写元代卷，向燕南写明代卷，王记录写清代卷，陈鹏鸣写近代前卷，洪认清写近代后卷。2004年，这十卷全部出齐。

问：《中国史学思想通史》是您与年轻学者通力合作完成的成果，您能谈谈这部著作的特点吗？

吴：我想可以从这样几方面扼要谈一谈。

第一，注意从民族文化特点来研究史学思想，由此揭示史学的特点与风格。中国古代的经学、子学以及后来的玄学、理学都是和史学思想的变化与发展紧紧地联系在一起的，这是作者们在深入思考后所得出的认识。这一点也为学界所肯定。

第二，在研究中，不断地扩大研究的视野，展示出我国各个民族对史学发展都做出了贡献，如辽金史学、元代的各个民族的史学成就，都有相当篇幅，立有专章加以叙述。虽然这还是初步的，但为今后的研究打下了良好的基础。

第三，在研究中以“通识”的理念展开撰述。中国史学思想史是一条流动的长河，为了展示这一点，这部书不满足于以往那样通过划分几个朝代来叙述中国史学思想的问题，而是结合社会与学术文化变动，分析各个时代史学思想的特点以及它们之间的联系，由此看出阶段性来。《总论》中特设一章“本书叙录”，是为了吸收古代学术史的优点，以开阔的眼光来讨论中国史学思想的变化与风貌，使读者从一开始就对中国民族史学有全局性的了解。

可以说，众手修书而要成一家之言，这也是司马光的温公史学的特色。各卷各有特色，但全书又是一个整体，而不是“集合体”。

第四，历史的研究与逻辑的研究相结合。这套书在研究上注意到史学与社会的关系、与其他学术的关系，而不是把“史学”当成天马行空的事物，不是把“史学思想”当作无源之水、无本之木；同时，也不是以一般化的预立模式解喻、剪裁史料，而是在研究中，把历史的研究与逻辑研究结合在一起，从而能有所发现、有所开拓。

第五，寓论断于叙事之中。比如，这套书把比较蕴含在实际的研究中，对清代戴震的史学考证方法的讨论，作者进一步论说其实证是“思之贯通”，我们可以从中体味其特色。这样我们对梁任公所说“乾嘉诸老的考证，实是归纳法”，就会有更多的认识。通过这样的比较，更可以使我们看到民族史学思想的特色。

第六，学术原创的追求。各卷作者都有新解，关于汉代经学形态的衍变，关于近代经学与晚清学风的变化，关于对魏晋南北朝玄学“道本论”的解读，关于从对唐代史馆的讨论进而分析史家群体，关于对明朝史学思潮主流的思考等，都有新解。

问：您谈到原创性的问题，这部书是不是在这方面受到了学术界的关注？

吴：是这样的。这部书在出版过程中，就为学界、为海内外学人所关注；出版后，在书评中，在学术讨论中，他们充分肯定这部书成功的地方；特别是由国家新闻出版总署主办的首届“三个一百”原创出版工程，将这套书收入。这是对这部书的基本特点，即“原创”性，做了充分的肯定，使我们受到很大的鼓舞。

问：您主编的这套书刚刚出版几年，又看到您主编的《中国史学思想通论》出版了，这是一套六卷本的书，也是一个巨大的学术成果。那么这两套书的区别在什么地方？

吴：2001年北京师范大学的教育部人文社会科学重点研究基地——史学理论与史学史研究中心成立了，我申报了“中国古代史学思想研究”的课题，作为这个基地2002—2003年的重大研究项目。随后我就带领一批博士生和年轻学者撰写了十卷本的《中国史学思想通史》。书稿出版以后，获得了海内外广大学人的认可和好评，先后得到国家新闻出版总署、教育部以及出版界的鼓励和奖励。

但是，这套多卷本《中国史学思想通史》和我以前出版的《中国史学思想史》都是“史”的研究，是从纵向上系统展示民族史学思想的发展路径和成绩，这还是不够的，还应该把历时性的研究和共时性的研究结合起来，从理论的高度概括出中国民族史学思想的特点和要义，并且结合时代的变化，从振兴民族文化的总目标出发，讨论民族史学如何走向世界，思考民族史学思想在当代的价值。于是我们就编纂了这套《中国史学思想通论》，包括《总论卷》、《历史思维论卷》（吴怀祺撰）、《经史关系论卷》（汪高鑫撰）、《历史盛衰论卷》（庞天佑撰）、《历史文献学思想卷》（王记录撰）、《历史编纂学思想卷》（白云撰）。

问：您所说的您所主编的这套书要概括出中国民族史学思想的特点和要义，是不是主要体现在您所撰写的《总论卷》中？

吴：我在《总论卷》中谈到了中国史家对修史的追求、良史的忧世情怀、四部文化与史的因缘、民族史学的博学传统、从易的三义说历史是什么，以及以史为鉴和经世致用等问题。这些都体现了中国民族史学的特点和要义。本书的其他各卷也涉及这个问题，例如《历史思维论卷》中就谈到了传统文化与民族历史思维的问题、变通思维与历史大势说等。

问：的确，我读《历史思维论卷》，感觉您好像是从历史思维论这个角度来深入探讨民族史学的特点的。

吴：是这样的。我们中国古代学者的历史思维是有自己的特点的。思维问题是中外学人关心的重大问题，中国传统史学思想的丰富性、深邃性、民族性，只有提升到思维层面上，才看得更清楚。所以我把历史思维在《中国史学思想通论》中单独列为一卷，这是以前没有的。书中探讨了象思维、意象思维在历史解喻上的意义，讨论了史学二重性的思维理路、致用的多样与历史思维的路径、“类例”思维的意义，讨论了史学近代化中思维的变动等问题。例如，我在《历史思维论卷》的绪论中谈到传统文化与民族历史思维，其中有一小节专门讲了富有民族特色的三大历史思维。这三大历史思维是指什么呢？就是司马迁在《报任安书》中所说的：“亦欲以究天人之际，通古今之变，成一家之言。”

问：这是一句话，怎么体现三大历史思维呢？

吴：“究天人之际”的思维，是主张在天人整体联系中思考天体自然与认识社会的互动，构成一个系统。“通古今之变”的思维，是历史过程的思维，贯通对古今盛衰变动的思考。“成一家之言”的思维，是史家主体与历史客体的关系的思维，是学术、史学创新的思维。史学成为大宗，在于其有独到的思维形态，《史记》可以说形成了中国民族史学的三大历史思维，这对中国民族史学的发展具有深远意义。

问：中国古代的史学思想不仅体现在历史思维论方面，在历史文献学、历史编纂学等方面也包含有史学思想。我看到您在《中国史学思想通论》的《历史编纂学思想卷》的《题记》中，谈到了中国传统历史编纂学中也包含着重大理论价值。

吴：这一点您观察得很仔细。在《题记》中我说过如何理解中国传统历史编纂学的重大理论价值的问题。谈到两点：一是讨论史学编纂，要整体来认识，如果孤立地讨论历史编纂学问题，要探讨其中的精义，很困难。史学的内容与形式辩证地联结在一起。内容决定形式，而形式反映内容，并对内容的体现起到重要作用。传统的"史"，包括史事、史文与史义，也决定了思考历史编纂学问题时，要把三者结合起来。二是经与史有着密切的内在的联系，正所谓"六经皆史"。经影响到史书编纂的各个方面。思考历史编纂学，必须把握这个要义。

问：《中国史学思想通史》获得了新闻出版总署的"三个一百"原创工程奖，这部《中国史学思想通论》也获了奖，是什么奖？

吴：获得的是第四届中华优秀出版物(图书)奖。《中国社会科学报》的记者于2013年2月25日对我进行了一次采访，采访的主题是"把史学思想的研究推向新阶段"。

问：您的研究，除了撰写著作、论文之外，还做了哪些方面的工作？

吴：这也正是我想说明的地方。总的说来，是白先生说的："学习历史，是为了推动历史。扩大视野，推动民族史学走向世界，是中国学人的心声。"我们所做的工作还只是开始。

我注意到港澳台以及海外学人在这方面有不少成果。钱穆、汪荣祖等诸位教授的著作就是例证。2004年秋至2005年年初，我应聘为中正大学的客座教授，为大学部讲《中国史学思想史》，为硕、博士生班讲《易学与史学》，收到很好的效果。其间，我又到中兴大学、辅仁大学、东吴大学、台湾大学等高校讲学或访问交流。

《中国史学思想史》也由文史哲出版社出版了繁体字版(2005年版)。《易学与史学》由大展出版社出版了繁体字版(2005 年版)。史学思想成为沟通海峡两岸的一种文脉。

2008 年 4 月 9 日，我在美国加利福尼亚州伯克利大学做学术交流，讲演的题目是：*Rethinking about the Characteristics of Traditional Historiography in China*(《中国传统史学特点的再思考》)，就中国民族历史思维涉及的天人联系的整体观念与太极学说、历史盛衰的通变思想、历史变动以人为本的历史观以及历史编纂学具有二重性等问题做了分析，并谈到历史思维研究对中西史学比较的意义。这些问题对认识中国传统史学和讨论中美史学相关问题是有意义的。

伯克利大学的东亚研究所(Institute of East Asian Studies)中国学中心主任叶文心(Yeh Wen-hsin)教授热情接待了我并安排了我的交流讲演，后来我又几次与叶教授座谈。同时，我参观了伯克利大学新落成的图书馆，并同大卫·詹森(David Johnson)教授就中西史学比较等相关问题进行了讨论。

同年 4 月下旬，我在波士顿停留两天，参观了哈佛大学燕京学社图书馆，拜会了柯文(Paul A. Cohen)教授与林同奇教授，我一到美国，柯文教授就把他的《在中国发现历史——中国中心观在美国的兴起》(修订本)以快件寄给我。他的老师是费正清(John K. Fairbank，1907—1991)、史华慈(Benjarming I. Schwartz，1916—1999)，他们两位是美国的中国学研究的奠基人。其后来者在这方面也都是有相当突出成就的。柯文教授继续前人的研究又不断求索，成就是相当突出的。

柯文教授给我的感受是一位有深厚学术学识的忠厚的学者。我读过有关他学术经历的文字，知道当年他已经是 74 岁的学者。他比我年长，从年龄上说是兄长。我到波士顿时，他正好买了一辆新车，他驾车来宾馆接我，我们一同去拜访林同奇教授。我们在一起足足谈了三个小时。大家讨论了跨文化比较的问题；柯文与林同奇教授较为系统地说明了 20 世纪美国在中国研究方面的进展；大家还就美国的中国史研究问题交换了看法。离开波士顿时，又是柯文教授驾车送我至机场。

这些经历开阔了我的视野，对于我进一步开展中国史学思想史的研究十分重要。回国后，我写下了交流访问的感受：《内因与外因：柯文“中国中心观”的解析》(朱政惠主编:《海外中国学评论(第 4 辑)》,上海世纪出版社、上海辞书出版社 2012 年 1 月出版)。

五、让民族史学走向世界

问: 我看到过您的这篇文章。同时,我在《中国史学思想通论》总论卷的题记中看到有这样一句话,给我留下了深刻的印象,其大意是说,您之所以推出多卷本的《中国史学思想通史》和《中国史学思想总论》,目的只有一个,“是为了民族史学走向世界,让世界更多一点、更好一点认识中国史学”。那么怎样才能使民族史学走向世界呢?

吴: 上面的访谈已经涉及这样的内容。我在超星视频讲课的第一讲说的也是这个题目。现在再来谈一谈。

我觉得我们要建设新世纪的史学,在吸收世界上的先进文化的同时,十分重要的工作就是要重视民族史学的话语权,要对我们民族史学的丰富遗产进行总结,使民族史学走向世界。比如,中国史学上的借鉴思想、富有辩证法的历史变通思想、论历史兴衰中的民本思想、史学经世思想、传统历史编纂学的思想,都是我们要十分重视的史学思想,都需要我们认真地总结。史学家在史论中关心民族的命运和历史的前途,是宝贵的优良传统。另一方面,中国历史与世界历史是互相影响的,史家既要从中国的视野,也要从全球的视野思考人类的命运,思考民族的未来,观察当代中国社会的变化。具体来说,以敏锐的、开阔的、深邃的历史眼光,用历史盛衰的思想,以见盛观衰的眼光,分析中国和世界的问题,就显得格外重要。巴勒克拉夫在《当代史学主要趋势》中说:“扩展历史学家的视野成为当务之急,并且成为当代历史学研究中的主要趋势之一,是由于 1945 年以后,也就是二战以后整个世界形势的巨大变化。”今天我们看世界的形势,更是这样。

问: 二战以后整个世界形势的变化就是全球化的趋势。您在《中国史学思想通论》的总论卷中,有一章专门论述“全球化趋势与民族史学”。您认为民族史学如何适应这种全球化的趋势呢?

吴: 经济全球化趋势对史学思想的发展是一股强大的推动力量,我们要适应新的形势,努力吸收世界上各种先进思想文化,弘扬民族史学优秀传统,把史学思想的研究推向新阶段。

首先，要加强以下四个方面的研究：一是自然环境、生态与社会变动关系的研究，研究全球化下的“天人关系”；二是加强文明、文化与民族史学思想的比较研究，在世界范围的诸子争鸣中，认识中国史学思想的意义；三是研究民族文化走向世界的观念；四是研究宗教文化与史学思想的关系。

其次，要讨论当代科学技术的发展对史学思想的影响，思考科学技术发展带来的思维方式的变化；了解世界学术研究进展，以确定创新的起点；建立起一种激活创新史学的机制，辩证地看待科学技术发展对社会的影响。

问：您觉得史学思想史的研究应该如何继续深化？

吴：我认为，当前中国史学思想研究进入了一个新的阶段，主要表现在：史学界重视史学思想史的研究，产生了一批有重要学术价值的研究成果；注意中外史学思想的比较研究，重视从思维方式上进行讨论；在世界文明比较、文化比较中展开讨论。但具体的研究较多，理论上的升华显得不足，这就要求我们要在原创性、开拓性方面下功夫。

史学思想研究作为文化的重要内容，应该有战略性的思考，在开展东亚、中亚、东南亚文化的研究中，在加强海洋文化的研究中，要充分认识史学思想讨论的意义。近代史家就曾提出“盛衰连环论”，中国历史的盛衰与世界的变动联系在一起。相关课题的研究对推进中国史学思想研究有重要的理论意义和现实意义。

问：您从事中国史学思想史的研究已经几十年了，推出了一项又一项成果，说明这个领域的研究对您来说具有极大的吸引力。能谈谈您的主要体会吗？

吴：我过去说过，做学问、做人当以“老实”为准则，教学生当注意“气质”的培植。做学问要以“老实”为准则，一定要读原著，札记之功不可少，写札记积累心得。研究不从原著入手的话，一定写不出好文章，原创性无从谈起。进入到信息时代，云计算、大数据出现了，但认真读原著还是不能少。同时，研究的视野要开阔，要在时代、世界的大背景下去思考，才能有新的发现。

问：谢谢您接受我的访谈。通过这次访谈，我不仅了解了您个人从事中国史学思想史研究的整个过程，也了解到中国民族史学思想的丰富内容和它的现代价值。祝您的学术生命越走越长，成果越来越丰富！

陈其泰：广东省丰顺县人，1939 年 10 月生。1963 年毕业于中山大学历史系，现为北京师范大学历史学院教授、博士生导师，山东大学兼职教授，全国哲学社会科学规划学科组成员。主要著作有《史学与中国文化传统》、《中国近代史学的历程》、《梁启超评传》、《再建丰碑——班固和〈汉书〉》、《清代公羊学》、《史学与民族精神》、《范文澜学术思想评传》、《班固评传》(合著)、《魏源评传》(合著)、《中国学术通史·清代卷》(合著)、《中国史学史·近代卷》、《从文化视角研究史学》、《历史学新视野——展现民族文化非凡创造力》等。主编《20 世纪中国历史考证学研究》《中国马克思主义史学的理论成就》。发表论文约 300 篇。现正主持国家社科基金重点项目《中国历史编纂学的演进路径、优良传统和当代价值》，并于 2018 年出版 5 卷本的《中国编纂学史》和 9 卷本的《陈其泰史学萃编》。

展现民族文化非凡创造力

——访陈其泰教授

问：陈老师，您好！几年前曾经对您进行过访谈，对您的学术经历做了一次全面的回顾。这些年来，您还在孜孜不倦地进行耕耘，又获得诸多新成果。2018年年初见到了您的新著《历史学新视野——展现民族文化非凡创造力》，感到这本书虽然讲的是中国史学史的内容，但是很符合当今时代的需要。如今，要增强文化自信，就需要更多地挖掘中国传统文化的深厚积累，阐扬优秀的思想精华为今所用。

诚如您在此书《前言》中所说："今天，我们把其中超越时空、具有永久魅力、具有当代价值的精华进行认真总结和大力发扬，就能为推进当今史学的发展、提高民族自信心、增强民族文化创造力提供宝贵的思想营养。"

您的这本书包括上下两编，共12章。其中包括对一些经典的史学名著的评论、对多位优秀的史学家在学术创造精神上的阐扬，也论述了不同时代的学者群体在学术上的探索、创新。我想，我们的谈话就围绕以上三个方面来展开，以帮助读者加强对您这本书的了解。

陈：这个想法很好。我们不可能每一章的内容都涉及，就抓住一些重点问题来谈吧！

一、优秀史学名著的永久魅力

问：在您这本书的第二章《司马迁著史的杰出创造力》中，有一节关于《史记》与中华民族凝聚力的论述，这个问题应该是《史记》研究中一个具有时代意义的问题。《史记》这样一部史书为什么能对中华民族凝聚力产生影响呢？

陈：这是个很好的问题，很值得探讨。大家知道，中华文明是世界上四大古老文明中唯一连续发展并从未中断的文明。司马迁撰成的《史记》本身就是中华民族所具有的伟大创造、开拓精神的结晶，他总结和提炼客观历史进程而形成的进步的政治观、民族观和文化观，两千多年来成为一部无比宝贵的史学经典，也是一部历史教科书，因此它对于增强中华民族的凝聚力、向心力起到了极其巨大的作用。

问：您可否具体说明一下，司马迁具有怎样的政治观？这样的政治观对于民族的凝聚力有怎样的影响呢？

陈：我在书里论述了司马迁的“大一统”的政治观。这种“大一统”的政治观的一个突出表现，就是他明确记载了中国的历史记载应该从何时开始、谁是中华文明的始祖。由于司马迁对华夏民族的精神和历史前进的趋势有深刻的把握，又具有杰出史学家对历史文献的整理、综合能力和以亲身在广阔的范围内进行调查访问所得与文献记载相印证的高明的治史方法，所以他所确定的“黄帝为华夏民族的人文初祖”，对于几千年来我们民族的发展具有非凡的文化认同意义。司马迁在《史记》的首篇《五帝本纪》中记载了黄帝、颛顼、帝喾、尧、舜五个古代帝王的历史，是中国历史的最早阶段，也是中华民族意识的源头。在司马迁的笔下，黄帝是华夏民族走向统一的奠基人物。他称赞黄帝行天子之职，对于互相攻伐、侵凌的诸侯加以征讨，使神州范围内实现统一的秩序。黄帝又安抚万民，教民种植五谷，从事农业生产，并且辟除险阻，使各地交往便利，促进了统一局面的形成。他还记载黄帝巡行四方，任命百官，创设封禅等制度，推算日月节气。黄帝不但是华夏文明初祖和华夏民族走向统一的奠基者，而且其后继称帝者都是其血胤。如帝颛顼是黄帝次子昌意之子；帝喾是黄帝长子玄嚣之孙、黄帝曾孙；帝尧是帝喾之子，名放勋；帝舜是黄帝的八世孙，原为庶人，因出众的德行才能而受帝尧的禅让。《五帝本纪》还记载，颛顼等四帝不仅是黄帝的后代，而且都继承了黄帝开创的统一天下、安抚万民、创建制度、举用贤才的治国传统。司马迁还记载，不但自颛顼至禹都是黄帝的后代，由父祖传给子孙，而且商的始祖契和周的始祖弃，也都是帝尧时期任用的大臣。从黄帝到商、周，任帝王者不是黄帝后人，就是黄帝后人同时期的大臣，因此可以说，华夏的天下就是黄帝传下的一个大家庭相继承的。

问：《史记》中对黄帝是华夏文明初祖和华夏民族走向统一的奠基者的论述，的确说明司马迁提出了一种“大一统”的政治观很有说服力。

陈：不仅如此。《史记》中“大一统”的政治观还突出地体现在对秦和西汉两个朝代推进中国统一历史功绩的高度肯定。秦朝实现统一全国以后，因实行暴政，穷兵黩武，而导致二世而亡。西汉王朝是在反秦战争的废墟上建立起来的，因此谴责秦朝暴政、总结秦亡的教训自然就成为汉初的时代主题。但在汉初的环境下，出现了一种倾向掩盖另一种倾向的问题，一些世俗人士因秦的短祚而从根本否定秦朝的功绩。司马迁则通过自己的著作对秦朝的功过进行辩证的分析。他指出，秦国的强盛和兼并六国代表了战国时期历史发展的主导方向。秦自文公攘夷狄、穆公修政，国势始强，与齐桓、晋文这些中原霸主相侔列。后来进入战国时期，各国武力攻伐，纷争不已。“秦始小国僻远，诸夏宾之，比于戎翟，至献公之后常雄诸侯”，最后兼并天下，“非必险固便形势利也，盖若天所助焉”。有人认为这里所说的“盖若天所助焉”是一种迷信的说法，实际上是指历史发展趋势的推动，相当于今天所说的历史的必然性。此外，司马迁总结了自夏禹、商汤、周文王至秦、汉兴起，都符合崛起于西北而最后获得成功的规律。这就显示出他把秦与夏、商、周、汉这些对中国历史有重大贡献的朝代相提并论，这也是进一步提高秦的历史地位的做法。司马迁也针对汉代流行的否定秦的历史贡献的偏颇观点提出了批评，认为是“不察其终始”。这里，司马迁既谴责了秦在统一过程中的暴虐行为，也明确肯定了秦统一中国是符合形势发展的巨大成功。同时，司马迁对于西汉实现的空前统一的局面，也是从多方面大力褒扬的。如果把《史记》中关于汉代的几篇文章合起来看，就能够看出中央集权制越来越加强、中华民族的统一趋势越来越发展。这里就不多说了。

总结上述两点，可以看出司马迁著史最主要的指导思想是“通古今之变”，他做到了“网罗天下放失旧闻”“原始察终”，撰成了一部中华民族不断走向统一的信史，这无疑是对增强民族凝聚力的巨大贡献。

问：您前面说司马迁的《史记》有比较进步的民族观，这是一种怎样的民族观呢？

陈：《史记》这部通史巨著对于民族活动极为重视，它以大量生动的史实表达了“周边民族与中原民族联结一体”这一重要观念。《史记》开创了中国史学重视周边民族历史记载的传统，对于促进全国各民族的统一产生了极其深远的影响。《史记》中有《匈奴列传》《南越列传》《朝鲜列传》《西南夷列传》《大宛列传》等，在这些篇章中司马迁认为周边民族与中原民族出于同源。古代的荆楚是“蛮”，僻于东南的吴也被视为落后居民。司马迁却认为：“余读《春秋》古文，乃知中国之虞与荆蛮句吴兄弟也。”在《楚世家》中，他对楚与中原的关系做了记载，说楚之先祖出自颛顼高阳，高阳为黄帝之孙。不但楚之先祖出自黄帝之后，其后代到了周文王时，又是为周王室出力的人物，至周武王时期，熊绎被封于楚。熊绎之后传至若敖、楚文王、楚武王、楚成王、楚庄王等，都有明确的世系，证明荆楚是出自黄帝之后。在《西南夷列传》中，司马迁论说了西南夷中滇与楚的关系，这就拉近了滇与中原民族的距离。司马迁还在《匈奴列传》中记载了匈奴的社会生活和国家制度，称“居于北蛮，随畜牧而转移”。这一北方的游牧民族，惯于骑射劫掠，长期成为中原居民的严重威胁，当时人称之为“人面兽心”“禽兽畜之”。但司马迁在《匈奴列传》中一开头就说明：“匈奴，其先祖夏后氏之苗裔也，曰淳维。”这也就说明匈奴这一北方边境民族与中原民族也是兄弟关系。

司马迁这些论述周边民族的篇章，大力肯定了周边民族与中原政权关系的加强，证明了各民族的巨大向心力。《太史公自序》中明确揭示了这些篇章的撰述义旨，以进步的民族观点和确凿的史实来证明中华民族的凝聚力在不断加强，表达了民族的共同心理，这样对于推进国家的统一自然会产生深远的影响。我在书中通过对《史记·大宛列传》的分析，说明《大宛列传》实际是西域地区的民族传，以张骞通使西域和李广利攻大宛之役为主线，记载了西域各民族的社会生活，以及汉族与西域各族关系的密切。这些事实说明，古代民族关系既存在各民族因政治、经济、文化的根本利益需要而不断朝融合、统一的方向发展，同时又存在民族间的矛盾和战争，汉武帝时期就多次对周边民族用兵，这两者都是客观存在的。而司马迁主张民族和好的立场，严肃地批评了对周边民族和地区连年用兵的做法。他高度赞扬汉武帝时期国家空前统一的局面，也对连年征战造成的国家财政空虚、民众困苦不堪的局面严肃地提出批评，表现了他的卓越见识和正直的史家的崇高责任感。他开明的民族观的宝贵价值就在于有利于各民族的共同发展。

问：您在书中还论述到《史记》的文化观对于增强民族凝聚力的作用。为什么要这么说呢？

陈：确实是这样。《史记》具有广采兼容的文化观，同时为中华民族历史记载的连续性树立了不朽的典范。《史记》有这样一个特点，它善于吸收古代各派学术的精华，体现出拥抱全民族文化的广阔胸怀。用学者郑振铎的话来说，司马迁的伟大贡献在于系统地整理古代学术文化，他排比、整理古代一切杂乱无章的史料，而使之就范于他的一个囊括一切前代知识及文化的创作定型之中。应该说，这一点是很不容易的，在当时是要经受巨大考验的。当时，汉武帝采纳董仲舒的建议，实行“罢黜百家，独尊儒术”的政策。司马迁是重视儒家思想的，但对于诸子百家是采取广采兼收的态度。他对于孔子学说和儒家经典的尊重在《史记》全书中都有体现。他在《太史公自序》中明确提出“继《春秋》”，就是以孔子事业的继任者自任。他详细地记载了孔子的生平和著述事业，将只有平民身份的孔子破格立为“世家”，与王侯并列。他在《孔子世家》的赞语中称孔子为“至圣”，又设立了《仲尼弟子列传》《孟子荀卿列传》《儒林列传》，构成了一部最早的儒学史。他坚信儒家经典的可信度，对互于相歧异的历史记载，往往以儒家经典为考核取舍的标准。这里应该指出，司马迁的尊儒是尊重孔子在文化史上的地位，并不加以神化；他记载孔子及其后学的作为和功绩，是与他们的生平事迹和思想影响相一致的。

但是，司马迁并不因尊重儒学而与其他学派对立，他明确肯定百家之学各有自己的价值。例如，他在《伍子胥列传》中吸收道家“以柔克刚”“以屈求伸”的观点，赞扬伍子胥能够“隐忍而成功名”，具有高度的政治智慧。在《吕太后本纪》《孝文本纪》《萧相国世家》等篇中，从侧面评价黄老“无为”学说对汉初政治的指导作用。司马迁对法家人物的“刻削少恩”是很反感的，但是他能尊重历史事实，在《吴起列传》《商君列传》中肯定吴起执行“明法审令”政策和商鞅变法对于实现富国强兵的巨大成效。他在《苏秦列传》《滑稽列传》中对于纵横家、滑稽家的作用也适当肯定。这样，司马迁以广采兼容的文化观为指导，在《史记》中反映了儒学地位的上升、学派的繁盛，同时还写出了儒家以外的众多思想家、政治家、军事家、文学家、策士，以及反映其他社会阶层的刺客、医生、游侠、龟策、货殖等的传记。他反对文化专制的政策和“独尊一家，排斥百家”的观点，主张兼采各家，兼容并包，凡是有益于国家、社会的都应该吸收，追求一个文化丰富多样、五彩缤纷的世界。

问：这样看来，《史记》对于增强中华民族的凝聚力确实是起到了很大作用。

陈：我们看到，司马迁以伟大的创造力和毕生的心血撰著而成的《史记》把中华民族的历史都写进书中，将各家各派的学术思想都囊括其内，把各具智慧和光彩的历史人物都载入史册。他这种具有重大进步意义的广采兼容的文化观、“大一统”的政治观，以及“四夷”与“华夏”联结一体的民族观，三者紧密交织，相得益彰。因此，《史记》是在古代国家实现空前统一和全国范围内各民族的融合达到空前规模的汉代著成的，它的成就为中华民族的文化认同进一步奠定了深厚牢固的基础，在两千多年漫长岁月中不断发挥其增强民族凝聚力的巨大作用，其深远的影响一直延续到今天。

问：在《史记》之后您又对《汉书》进行了研究，1994 年您就出版了《再建丰碑——班固和〈汉书〉》，在您看来《汉书》也是一部具有永久魅力的史学名著吧？

陈：的确如此。《再建丰碑》一书是我对班固和《汉书》做的较全面的研究。在《历史学新视野》这本书中，我又从新的角度研究了《汉书》，其第三章的题目就是“《汉书》：继《史记》而起的巨著”，具体谈到了四个问题：论述《汉书》是中华文化传统继往开来的名著；《汉书》对《史记》优良传统的继承发扬；班固如何书写武帝时期的历史；《汉书》与历史文化认同的推进。

问：您这里所论述的问题都是十分重要的问题。我想问您的一个问题是：您把《汉书》看成“继《史记》而起的巨著”，这里所说的“继起”意味着什么？

陈：我在这里首先就论述了《汉书》是中华文化传统继往开来的名著。这里我谈到了从《汉书》撰成以后，出现了两次《汉书》学兴盛的情况：一次是南北朝到隋唐，另一次是两宋。这八百年间《汉书》学兴盛不衰，学者们共行钻研《汉书》，对其高度赞扬，这一罕见的文化现象中包含着十分重要的历史信息，这就表明《汉书》是我国史学的杰作，是前代优秀文化成就的总结，又对后世文化的传承和发展产生了极其深远的影响，在中华文明的发展史上是具有继往开来的意义的。绝不能将《史记》和《汉书》作为对立面来研究，而应该充分认识《汉书》对《史记》所奠定的优良传统的大力继承与弘扬，通过重新审视、阐发，正确评价《汉书》在整部中华文化史上的宝贵价值。这里我想首先应该认真发掘和阐释的是，在历史编纂上《汉书》如何承上启下，解决了“保证历史记载长期连续”的难题；同时，要注意探讨班固如何以实录精神和进步史识为指导，在记载内容上弘扬中国文化的人文精神，对抗神秘妖妄之说的盛行，以及在其中发挥的中流砥柱的作用。

这里我要说一下《汉书》在历史编纂学上所具有的里程碑的意义。说它是继《史记》而起的巨著，主要是从两方面来说的：一是继承了司马迁《史记》的优良传统；二是解决了《史记》产生之后百余年间历史编纂的难题，即为“保证历史记载长期连续”找到了解决途径。由于在《史记》之后，常人无法摆脱为《史记》写续篇的思维模式，从褚少孙以下为《史记》续作的有 15 人，但他们所写的续篇后人能够见到的很少。《史记》之后百余年间的史学实践证明，历史编纂必须另辟新路，唯其如此，由《史记》开创的传统才能得到继承，中国历史记载的长期连续才能实现。因此，班固开创的“断代为史”的新局面就具有极为重大的意义。自《汉书》之后，后代史家以司马迁、班固为榜样，相继撰成《三国志》《后汉书》，一直到《明史》，成为二十四部“正史”，总计 3200 多卷，构成了人类文化史上的一个奇观。这表明班固《汉书》的撰成，不仅在历史编纂学上成就了解决“百年难题”的伟业，而且对中华文化史做出了继往开来的伟大贡献。

问：这些事实是很有说服力的，难怪章学诚曾经评论《汉书》为后代修史“不祧之宗”。您在书里是如何评论《汉书》在历史编纂学上的突出贡献的呢？

陈：关于班固在历史编纂学上的贡献，是一个有着丰富内涵、值得好好发掘的课题，我在书里谈了这样几个方面：

第一，《汉书》确立了明确的著史目标，它是“断代为史”，但是要自觉地以“通古今”为指导思想。既要“断代为史”，又要“通古今”，这两者是有机地结合在一起的。《汉书》的体裁特征是纪传体断代史，记载西汉一代的历史，上起高祖，下讫王莽。但班固深知历史是不能割断的，西汉的历史是由周、秦发展而来的，西汉末年的历史影响要到东汉初才能显示得更清楚。特别是在典章制度方面，必须把握其产生的渊源和不同时代的沿革变迁，所以《律历志》《刑法志》《礼乐志》《食货志》等都有很大篇幅向上追溯，不限于汉代，做到“通古今”。

第二，《汉书》记载历史的范围大大拓展，对客观历史的记载更加全面、深刻。这里我重点谈到《汉书·食货志》对《史记·平准书》的发展。把“平准书”改为“食货志”，不仅是名称的改变，而且说明班固对于经济活动重要性的认识提高了，他对于社会经济生产领域的观念大为充实，对作为封建社会经济之主体的农业生产和商业流通交换二者的认识更加明确和全面。《汉书》中，不仅《食货志》为如何全面和完整地撰写古代经济史提供了范本，而且《地理志》《五行志》《艺文志》都是《汉书》所首创，分别为历史地理学史、学术史等开了先河。由于《汉书》的成就，纪传体中典志部分的价值和影响大大提高了。

第三，编纂方法更加精密和娴熟。比如，《汉书》去掉了“世家”这一体裁。《史记》之所以立“世家”，是为了专记王侯的事迹，到西汉时王国的大权已经收归中央，诸侯王的势力已经大为削弱，为了反映这一历史进程的特点，《汉书》取消“世家”的体裁，为一代“正史”发挥了巩固国家统一的作用。同时，《汉书》还设置了志、表兼具且妙用的《百官公卿表》。

总之，《汉书》解决了《史记》撰成以后一百多年学者们完全依附于《史记》的成法，创立了“断代为史”的著史新格局，记载范围与一代皇朝的兴亡相始终，因而成为后代纪传体“正史”的“不祧之宗”。这都证明《汉书》对于中国史学优良传统具有承上启下的意义，其历史编纂成就与《史记》一同成为后代著史的楷模。

问：您在这一章中还对《汉书》对历史文化认同的推进做了专门论述，您认为《汉书》在推进民族历史文化的认同方面最主要的表现是什么？

陈：这个问题很大，我只简单地谈一下。我这里主要谈一点，是班固对于西汉功业充分肯定的意义。因为汉朝在中华民族进化的历史上是一个富有活力、成长迅速的重要时期。中国中古时代的政治设置、典章制度、思想观念、学术文化的基本格局是在这一时期形成的。我们国家的辽阔版图也是在汉朝奠定的，作为中华民族主体的汉族是在汉朝形成的，并且是用这一强盛的朝代的名字来命名的。汉朝从立国到汉宣帝时期这一百多年的时间里一直保持上升和强盛的局面。汉朝人富有智慧，善于议论国家的政治得失、历史教训、军事政治文化的重大建设，思想顾虑少，敢于针对重大问题慷慨陈言，正与当时社会旺盛的创造力相合拍。从这些我们可以看出，班固以庄重的史笔来记述西汉的功业，记述汉朝人充满智慧的议论，对于后人正确地认识中华民族走过的道路和推进民族历史文化认同，是有着非常重要的意义的。

二、优秀史家的学术创新精神

问：陈老师，我们上面谈到优秀史学著作的持久魅力问题，重点说的是《史记》和《汉书》。您这部新著中包括的优秀史著很多，它们是史学家的非凡创造力所成就的。您的《历史学新视野》中除了讲到了司马迁、班固外，还讲到刘知幾、章学诚、乾嘉史家、梁启超、萧一山等史家或群体。他们所处的时代不同，他们在史学领域的建树也不同，但有一点是相同的，那就是他们在治史中具有非凡的创造力。我们选择章学诚作为一个典型，谈谈他的学术创造精神，您看可以从哪些方面来谈呢？

陈：是的。我这本书第六章的题目就是《章学诚的学术创造精神》，这里以章学诚为例来谈谈史家的学术创造精神是比较好的。

章学诚确实是一位很有创造精神的史学家，当然，他的创造精神主要表现在史学理论方面。他自己就曾说过："吾于史学，盖有天授，自信发凡起例，多为后世开山，而人乃拟吾于刘知幾。不过刘言史法，吾言史意；刘议馆局纂修，吾议一家著述；截然两途，不相入也。至论学问文章，与一时通人全不相合。……至于史学义例，校雠心法，则皆前人从未言及……"

问：这番话表明章学诚确实是一位十分有个性的史学家。他说"吾于史学，盖有天授"，这表明他是非常有自信心的学者；他说"自信发凡起例，多为后世开山"，这表明他不因循守旧，在学术上要有一番创造。

陈：我同意你的看法。我们要了解章学诚在学术上的创造精神，就必须领会体现他一生心血所萃的著作《文史通义》。他对书的命名就寄托着睿思和深意，表明他与乾嘉考证学者不同的学术取向。比如，书名中的"文史"，就是指古今著作之林、古今之学术；同时又指打通文史做研讨、评论，其评论的范围包括经、史、子、集。所谓的“通”，就是指用贯通的、发展的、分析的眼光做考察，这在传统的学术中是极高的境界，要以“通”作为自己高悬的目标。“义”是指思想、观点、义旨，以此作为评价学术之得失高下的主要标准。所以说，《文史通义》的著述宗旨，就是以贯通的眼光为古今学术商榷利病，而将学者的观点、识见作为评价的主要标准，成一家之言，以达到学术经世的目的。

通过研讨《文史通义》这部书，我们看到在当时考证学风风靡于世的时代，章学诚所确立的目标更高、思想更加深刻。《文史通义》是章学诚一生发愤为学的名著，确实为我们展现了异常宽阔的学术视野，包括对“道”与社会生活关系的探索，对学术史演变的反思，对烦琐考证学风流弊的大力针砭，对改革历史编纂方向的倡导以及关于学者修养和治学之道的论述，议论风发，见识卓越，不仅在当时独树一帜，而且确实达到了所能达到的高度，为我们留下了极其珍贵的思想财富。

问：一提到章学诚，人们都会想到他提出了“六经皆史”的观点，这个主张有什么重要意义吗？

陈：确实有很重要的意义。他在《文史通义》首篇的《易教》（上篇）中开宗明义地说：“六经皆史也。古人不著书，古人未尝离事而言理，六经皆先王之政典也。”这是一个具有深刻哲理性和明确针对性的命题，实际上是在回答儒家经典是圣人头脑制造出来的，还是古代治国实践的产物的问题。自从儒家被确定独尊的地位以来，千百年来因封建帝王的提倡、世代儒生的鼓吹传播，儒家经典已经被神圣化，人们把六经看成孔子这样“天纵之圣”头脑中固有的，具有纲举天下的意义，而且将万古不变，成为不可移易的定理。

章学诚的“六经皆史”说，恰恰在儒家经典如何生成这一具有根本性的问题上提出了挑战。他的意思是说，六经是古代治理国家的制度和智慧的记载，也就是“六经皆先王之政典”。儒家经典虽然地位很高，但不是古代圣贤周公、孔子有意专门写出的一部包含极其高深的“道”的书，古人没有离开具体活动、闭门写书的事情。六经中的“道”和“理”，都是与古人的社会生活、人伦日用密切联系的，也就是说，六经是先王治理国家的历史记载。

问：我们看到过去一些研究者往往把章学诚的“六经皆史”说看成他把六经也

当作史料，从而扩大了史料的范围，这种说法对吗？

陈：我认为，以往的研究者将儒家经典也作为史料来看待，这样就扩大了史学的范围；还有的学者认为章学诚的说法抹去了儒家经典的神圣光环，把经书下降到与史学平起平坐的地位。这种评论章学诚的论点有一定的道理，但未能说明这一理论的深刻意义。我觉得“六经皆史”这一理论创造的深刻意义在于：章学诚首次提出和辨析古代经典不是圣人头脑演绎、构建出来的，而是古代国家治理及社会生活的产物，这是一个属于哲学根本性范畴的命题。在当时乾嘉考证之风盛行、理论思维相对弱化的现实条件下，章学诚的这一论点独树一帜，具有引导学者向哲理探索的正确方向努力的重要意义。

当然，在章学诚以前也有学者讲过类似的话。比如，王阳明讲过“以事言谓之史，以道言谓之经，事即道，道即事。《春秋》亦经，五经亦史”的话。此外，还有一些明清时期的学者表达过类似见解，有的论著还追溯到元代的郝经，甚至东汉的学者。但我觉得即使能够找到很早的出处，也不会降低章学诚这一论述的意义。因为以前的学者都是在行文中涉及，并没有专门的论述；而章学诚是将其作为重要理论主张提出来的，并且深入地进行了论证，他的论述是针对时弊而发的，是与他强调学术必须“经世”的主张相联系的。

问：您在这一章里曾经谈到章学诚在历史编纂学领域有一个重要的贡献，即贯彻“史义”的指导作用。这个“史义”是指什么呢？

陈：章学诚对历史编纂学领域的总结，有一个重点问题就是从贯彻“史义”的高度来总结两千年来史学演变的得失，痛陈当时历史编纂学所面临的困境，提出改革的方向，为史学的发展开辟新路。章学诚以纵贯的眼光分析了两千年来史学的演变，他认为古代产生了一批史学名著，从记载史实到体例运用都很有创造性。由《尚书》变为编年体的《春秋》，再由编年体到纪传体，都有继承、有革新，显示出史学的重大进步。像《史记》《汉书》《后汉书》《三国志》都是“各有新裁家学”的上乘之作。至唐宋时期的一批正史，其中也有编纂比较成功的。后来的修史者墨守成规，不知道根据需要变通，结果史才、史识、史学都反过来成为史例的奴隶。他批评“纪传体之最敝者，如宋元之史”。在《文史通义》的《书教》(下篇)等篇中，他不仅中肯地总结了中国史学演变的主要趋势，而且指出后代修史窒息了史家的别识心裁，造成无穷祸患，打中了传统史学后期严重积病的要害。他认为，“史义”被淹没，便是“史学废绝”。他大声疾呼，由于长期因循保守的风气盛行，史家的别识心裁和创造力被窒息，造成了史学的灾难。史学要存在、要发展，必须恢复并发挥“史义”的指导作用。在《答客问》(上篇)中，他提出“史之大原本乎《春秋》，《春秋》之义昭乎笔削”的重要命题。这里，他分析了“史义”的作用，它不仅是用来剪裁材料、删削文字，更重要的是“推明大道，所以通古今之变而成一家之言”，这样才能撰成反映历史演进的客观趋势，有观点、有特色的史书。总之，可以说他强调“史义”，即史家的观点、见识对于历史编纂具有统率的意义。

问：章学诚强调“别识心裁”这一点，是很能体现他在学术上的创造精神的。他的“别识心裁”的主张体现在什么地方呢？

陈：是这样的。他是很强调“别识心裁”对于文字撰述的指导作用的。比如，他将浩如烟海的古今载籍区分为“撰述”与“记注”两大类，分析了两者不同的特点和要求。在《文史通义》的《书教》(下篇)中，他利用《易经》中的“圆而神”和“方以智”的思想进一步加以论述。他说：“尝窃取其义以概古今之载籍，撰述欲其圆而神，记注欲其方以智也。”这里所说的“圆而神”，是指著者有高明的史识，能够洞察历史的盛衰变化，而且能依据以往的经验教训而预见未来的趋势，同时为了恰当地再现历史，在体例运用上能够灵活变化，而不墨守成法，因而说“神以知来”“撰述欲来者之兴起”“知来拟神”“欲其抉择去取，故例不拘常而其德为圆”。所谓“方以智”，是指史籍要有严密合理的体例，并且要有足够的容量，能够储存丰富的历史知识，因而说“智以藏往”“记注欲往事之不忘”“藏往似智”“藏往欲其赅备无遗，故体有一定，而其德为方”。

章学诚还认为，“圆而神”和“方以智”两者固然有不同的特点，但都是修撰史书不能偏废的。有的修撰成功的史书，虽然有“方以智”的特点，但由于著者贯穿了高明的史识，能够把握历史演变的趋势，如《汉书》这样的史著，它仍然属于撰述而不是记注。

问：那么“撰述”和“记注”又有什么区别呢？

陈：章学诚提出区分“撰述”和“记注”是很有意义的，给人耳目一新的感觉。

这一新的概括，突显了“史识”在撰修史书中的指导作用。由于“史识”的关系，才能够让史书达到“撰述”这一较高的层次，保证史书能够“传世而行远”。忽视“史识”，缺乏义理、观点的指导，只是局限于纂辑史料、整齐排比的工作，就只能居于“记注”这样一个较低的层次。他在《浙东学术》篇中特别指出：“整辑排比，谓之‘史纂’；参互搜讨，谓之‘史考’，皆非‘史学’。”只有用观点统率史料，以“别识心裁”做指导而撰成的史书，才能称为“史义”“史事”“史文”相统一的“史学”。

问：在您的书中还指出章学诚试图改变历史编纂的方向，这是指什么呢?

陈：为了救治历史编纂中所出现的严重弊病，他确实提出了改变历史编纂方向的主张。具体来说，就是“仍纪传体之体而参本末之法”。他还提出两种设想：一种是设立包含多种内容、具有多种功能的“传”，可用来记人、记事、代替书志；另一种是采用“别录”，在全书前面标出一个时代最主要的事件，在每一事件之下将有关的篇注明。这是章学诚很大胆的设想，实是综合了他一生辨析体例的真知灼见。他将表面上似乎并不相干的两大体裁打通了，让它们互相补充。既保留纪传体范围广阔、兼备几种体裁、包容量大、可以反映社会各方面情况的优点，又发挥了纪事本末体线索清楚、起讫自如、记载方法随着历史事件的变化而伸缩自如的优点，用来补救后期正史体例庞杂、历史大势难以贯通的弊病。因此是在史学发展上打开了一条新路。章学诚的这些见解很符合近代史家探索历史编纂的需要，即既要求史书清楚地反映历史的主线，又使它能囊括丰富的内容。

三、近代学者面对新形势所做的新探索

问：陈老师，我读您的新著《历史学新视野》的下编《时代新课题与学术新探索》时，看到在这编里您主要是讲近代一些思想家、史学家如何应对清末以来时局的变迁，努力在学术领域里积极应对，通过自己的论著向社会大声呼吁，警醒世人；他们认识到形势的险恶、民族的危机，并且在新的形势下，探索发展学术之路。比如，您论述了晚清今文公羊学盛行所传递的文化信息、林昌彝的《射鹰楼诗话》的诗史价值、黄遵宪的《日本国志》的史学价值和文化价值、严复等创办

的《国闻报》与晚清新思想的传播、梁启超对近代学术文化所起的奠基作用，以及萧一山在清史研究中所做的创新，等等。您在这一编里，是不是要大力褒扬新时代条件下这些学者身上所体现出来的探索与创新精神？

陈：是的，这一点你抓得还是很准确的。我在这一编里所论述的，从晚清的今文公羊学到20世纪初期马克思主义史学的兴起，都是围绕这一主题展开论述的，其中各章的时代有所不同，内容、形式也差别很大，但是在探索时代新课题、探索新的学术路径上是有共同点的。

问：公羊学是传统的经学的内容，已经沉寂了一千多年，晚清的公羊学者又拿起这个理论是要达到什么目的呢？

陈：这个问题很好。我在晚清公羊学的问题上思考了很久，在1996年的《历史研究》上就发表了《晚清公羊学的发展趋势》一文，同年还出版了专著《清代公羊学》。我在这些论著中对晚清公羊学的发展趋势进行过系统的梳理，而《历史学新视野》里我主要是探讨晚清公羊学盛行所传递的文化信息。

问：是的。我看到书中指出："晚清今文学盛行，乃是历史上壮观的一幕，不应因时过境迁而被人们所淡忘。而应当认真地梳理其演进的脉络，阐释这一时代思潮的巨变所传递的重要文化信息。特别是今文学说的独特价值何以被重新发现？晚清公羊学复兴的进程与社会变迁如何紧密联系？晚清今文经学复兴又如何能与'世纪之交'西学传播的新潮流相衔接？"我看对于这些问题您在书中都做了很好的回答。比如，您首先论述了西汉时期董仲舒等如何构建了今文学这样一种体现改制和变革的历史哲学，阐释了《春秋公羊传》如何突出了"大一统"的观念，如何提出了具有朴素历史进化含义的说法，其中包含深刻的历史变易的认识和改制的主张。同时，您也论述了清代学者刘逢禄如何为公羊学张举旗帜、奠定基础，而到了青年思想家龚自珍、魏源手里，公羊学就被改造成为批判的武器、倡导变革的哲学。

陈：是这样的。比如，龚自珍的《明良论》《乙丙之际著议》等名文都是他在23岁到25岁时写的，这些文章对社会危机感受之真切、对专制统治批判之激烈、对倡导变革的哲学论述之深刻，都确实令人惊叹。这种敏锐的感觉和犀利的思想，来源于他对官场风气和社会现实的长期观察。他在文章中提出的"治世"

“衰世”“乱世”三世说，既是取法于董仲舒在《春秋繁露》中划分春秋为三世的理论，同时又是他本人对现实社会深刻观察而得出的新概括。他在利用公羊资料锻造现实斗争所需要的哲学思想上取得了出色的成果，昭示着社会的动向，标志着公羊学发展史上的巨大飞跃。在举世昏昏然、如梦如痴的时候，他却深刻感受到社会危机的深重，忧虑憔悴、日夜不安。他发出有力的警告：“乱亦竟不远矣！”

这里我要说明一下，推动龚自珍运用公羊学说进行新的哲学创造的力量，是要为危机时代找出路。这就是他所说的，纵观三千年历史的优秀史家负有“忧天下”“探世变”的重任。“变”，是乾隆末年以后清由盛到衰转折的时代本质，龚自珍以他深刻的洞察力抓住了这一“变”的特点。为了给“衰世”的现实寻找疗救的药方，将人们从浑浑噩噩的状态中警醒，必须总结出一套时代所需要的变革的哲学，以此作为改造现实、挽救危亡的“武器”。龚自珍是从历史必然性规律的高度来论述改革的必要性、迫切性的，因而具有振聋发聩的力量。他发挥了《易经》和《公羊传》变易哲学而得出的“一祖之法无不敝，千夫之议无不靡”的大胆预言，恰恰被晚清历史前进方向所完全证实。他重视董仲舒的学说，牢牢掌握住公羊家法“变”的核心，这是青年龚自珍与著名公羊学者刘逢禄理论结合的深刻基础。同时，又表明龚自珍发挥了公羊学说具有的新时代特色，即它更紧扣时代危机的现实，具有强烈的政治色彩和批判精神。在《尊隐》篇中，他又形象地用“早时”“午时”“昏时”来描述三世，并预言“山中之民，有大音声起”，预言大变动就要发生了。这里体现了他所阐发的公羊三世哲学观点新鲜活泼，容易触发人们对现实的感受，启发人们警醒起来投身改革的事业。戊戌时期，一些爱国志士仍然醉心于读龚自珍的文章，从中获得鼓舞的力量。

问：您在这一章的最后还指出，公羊学说有其宝贵精华，公羊义是推动晚清民族文化认同的功臣。同时，您还说公羊学说在今天也不是没有值得重视的价值。为什么这么说呢？

陈：是的，这里我引用了对公羊学说有很深造诣的学者杨向奎先生的观点。他认为，在社会主义时代的今天，对公羊学说应当去其糟粕而取其精华，公羊学说倡“大一统”，它的理想是“大一统”的太平世；《公羊》中的夷夏之别不是种族上的概念，而是政治文化上的分野，这种理论对于促进中国的“大一统”及民族间的团结与融合都有积极作用。因此，发扬“大一统”及民族学说，公羊义可以永放光芒。我认为，杨先生这位渊博的学者积累几十年对于公羊学说和祖国历史文化的精深研究所得出的认识，对于我们有重要的启迪意义。维护和发展伟大祖国的统一，竭尽全力加强全国各民族的团结、和好、合作、融合，是几千年历史文化认同道路上的两大主题，春秋公羊学说不但在不同的历史时期发挥过有力的作用，而且在今天社会主义时代尤能大放光芒。因此，我们研究这一课题是具有现实意义的。

问：林昌彝这位学者的名字比较陌生，他所著的《射鹰楼诗话》过去也很少听说。这是一位什么样的人物？他的诗话为什么有诗史的价值呢？

陈：林昌彝的名字人们可能比较陌生，但是与他交游的很多都是知名人物，并且对他都有很高的评价。林昌彝和林则徐两人都是福州人，林则徐是林昌彝的族兄，大他 18 岁。林则徐寓居乡里时，二人谈论时事，过从甚密。他们的精神与著作同样扬名于世，他们都是鸦片战争前后福州的两位不平常的人物，但一位官至总督、钦差大臣，一位是未能获得官职的学者、诗人。林昌彝生于嘉庆八年(1803 年)，卒于光绪二年(1876 年)，早年受业于著名学者陈寿祺，曾参与编写《福州通志》，36 岁中举，但 8 次应试进士，都没中榜。59 岁时，由福州至广州游历，与郭嵩焘有交往，并曾掌教海门书院。

《射鹰楼诗话》共 24 卷，是一部很值得重视的文学批评著作。这部诗话体现了林昌彝的文学思想，获得了诗歌史研究者的重视和肯定。该书很重视诗歌创作中学问修养的地位，认为作诗不可以缺少学问。在清代诗人中推崇顾炎武和朱彝尊，因为二人都是学问家而兼善作诗。林昌彝不仅强调学问修养，还主张表现真情实感。他主张诗歌的创作要不拘一格，要各具诗人的个性，多姿多彩，百花齐放。这部《射鹰楼诗话》虽然是一部文学批评著作，但是我们从新的视角来考察，能够看出作者在书中抒发了强烈的爱国御辱思想，记载了鸦片战争中爱国军民抗击英军侵略的事迹和气概，因而是一部及时收录记载鸦片战争诗篇、弘扬中国人民英勇精神的诗史。

问：《射鹰楼诗话》这个书名，是不是有影射英国的意思？

陈：确实是有。林昌彝的家乡所在的乌石山在鸦片战争后成为英国侵略军盘踞之地，因而他“目击心伤，思操强弩毒矢以射之”。在这样的爱国御辱思想指导下，《射鹰楼诗话》的内容和结构较一般的同类著述有明显的不同。书中记载和反映了鸦片战争的史实和这一时期的社会状况，因此它不同于一般的诗话，而是一部充满爱国感情、记述中华民族英勇抗击侵略者史实的诗史。

比如，此书的开篇就揭露了鸦片战争爆发的原因是英国进行可耻的鸦片走私贸易，流毒中国，朘削巨额财富，危害中华民族的健康肌体。该诗话热情赞扬抵抗派人物坚决抗击英军侵略的措施和精神。书中明确表达了对林则徐的高度崇敬，充分肯定林则徐领导的禁烟和御敌的功绩，表达了对林则徐有功而反遭诬陷流放新疆的愤慨。书中还对同样是鸦片战争时期的抵抗派，又是著名史家和爱国诗人的魏源表示赞扬。林昌彝一再称赞他是“同志”“挚友”，高度评价了魏源著述的时代意义及其诗歌的豪迈感情。《射鹰楼诗话》同时载录了张维屏所赋《三元里》长诗和他歌颂英勇抗敌、壮烈殉国的陈连升、葛云飞、陈化成的著名诗作《三将军歌》。《射鹰楼诗话》还记载了道光年间海内一批有识之士对现实社会问题的卓识，再现了这些经世派人物的精神风貌。

总之，这部撰著于鸦片战争时期的《射鹰楼诗话》，表达了强烈的时代气息，记载了抵抗派将领的英勇行动，再现了经世派人物的精神风貌，使闽都文化绽放出异彩，对于今天也有多方面深刻的启示意义。

问：在您的《历史学新视野》的下编中有一章论述萧一山与清史研究。值得关注的是，过去的史学史著作讲到萧一山时，往往只讲他在 1923—1927 年著成了《清代通史》，而您的书中不仅讲到《清代通史》，而且讲到他在抗日战争时期撰成的《清史大纲》，还特别论述了他的民族革命史观的发展，他的这种历史观体现在什么地方呢？

陈：是的。我这一章主要讲的是抗战时期萧一山历史观的跃进以及他的这种历史观的学术价值；对于《清代通史》，我重点讲的是该书对于传统史表的成功运用。这里我就着重谈一谈他的民族革命史观的产生和发展。

著名清史专家萧一山生于 1902 年。他在青少年时期就酷爱史学，发愤读书。他于 1921 年考入北京大学，师从梁启超学习治史。他以惊人的才华和勤奋，于 1923—1927 年著成《清代通史》第一卷和第二卷，约 150 万字。

问：那时他才是一位 20 岁出头的青年啊！

陈：的确是这样。因此，他的书一撰成就受到梁启超、李大钊、朱希祖的表彰，并为他的书写了序，使他的书成为享誉学界的清史名著。应该说他在《清代通史》中就已经形成了民族革命史观，主要表现在：在贯穿清代三百年历史的主线中，包含了肯定郑成功的抗清事业、重视天地会的作用、评价太平天国是民族革命的巨大洪流、论述从鸦片战争起列强肆意侵略给中华民族造成的无穷灾难等内容。

抗日战争时期，在前一段学术探索的基础上，萧一山的民族革命史观得到了丰富和发展。抗战时期，他先后在河南大学、东北大学、西北大学等校任教，他一方面从事著述，另一方面写文章、做演讲，宣传抗日。1943 年，他撰成了《清史大纲》一书，标志着他的民族革命史观得到了升华。他由如何坚决抗击日寇野蛮侵略、争取实现民族复兴大业的时代需要出发，加之对现实事变的深刻观察，达到了对清代历史分析的实质性飞跃。

萧一山的民族革命史观发展的标志有两个：一是他总结清代三百年民族革命经历了三个阶段——“天地会肇其端，太平军扬其波，革命党竟其功”。二是他极其明确地以鸦片战争作为近代社会的标志，并强调由此开始，“才走到剧烈变动的时期”，中国最主要的问题是面临帝国主义列强的野蛮侵略。

问：您认为萧一山的民族革命史观在抗战时期内容上发展得十分丰富，并且见解很有启迪意义，有的还能够与坚持用唯物史观指导研究的学者所做的分析相呼应。请您进一步说明一下。

陈：好的。为了说明抗战时期萧一山民族革命史观的发展，我初步列举出了三项内容：

第一，明确提出了“民族革命是支配整个中国近代社会的总枢纽”的重要观点。第二，他论述了民族革命的一贯性和连环性。所谓“一贯性”，是指他特别重视两个关节点，一个是会党的反清活动与辛亥革命的关系；另一个是认为孙中山领导辛亥革命，创立民国，是两百年来民族革命取得的硕果，其革命思想是受了洪秀全的影响。所谓“连环性”，包含剖视近代中国社会矛盾实质和革命对象变化的意义。这里很有说服力地显示出萧一山论述历史演进之因果关系及内在规则性的高明史识。第三，他提出研究晚清史的重要任务，是要“勿忘国耻”，确凿记载，深刻揭露帝国主义如何对中国侵略、掠夺，造成了中华民族的深重灾难。

问：我看您在书中不仅论述了萧一山的民族革命史观，而且对这种史观的学术价值做了评价。

陈：的确，萧一山的民族革命史观是经过了前后二十余年的探索和发展的，它形成于《清代通史》上卷、中卷著成的20世纪20年代，到40年代获得重大发展。这是萧一山潜心研究历史的巨大收获，也是他对于国家社会形势急剧变化有了深切体会之后取得的跃进。在成书于20世纪40年代的《清史大纲》中，他对"民族革命史观"做了更详细的阐发，并亮出旗帜，认为这是他撰著清史的"骨干""史心"，这表明他对他本人总结出的这一历史观是有坚定信念的。

具体来说，萧一山的民族革命史观的重要学术价值体现为如下三点：

一是其民族革命史观是"新史学"倡导的探求历史法则性的重大成果。自梁启超1902年著《新史学》，倡导学习西方新学理，倡导"探求人群社会演进，求得其公理公例"以来，萧一山就是新史学的实践者、推动者。他概括出应以"民族革命史观"来观察清代三百年的历史，先后著成《清代通史》和《清史大纲》，开拓了诸多的研究领域。他把历史的演进自觉概括为一种"史观"的高度，毫无疑问是一种首创，是"新史学"思潮所结出的硕果。

二是萧一山的民族革命史观与唯物史观学者提出的科学认识互相呼应。萧一山从不自称以唯物史观为指导研究历史，但是他通过独立的学术研究，在清代三百年历史演进的基本线索、鸦片战争后社会的主要矛盾是帝国主义列强的肆意侵略、救亡图存成为民族革命的重要任务等一系列重大问题上，是与坚持唯物史观的学者的基本认识相呼应的，甚至有诸多吻合之处。

三是主张学者要关心国家民族命运，自觉承担对社会的责任。他非常赞赏抵抗派史学家魏源在面对英帝国主义大举进攻中国时所提出的任务，他期盼实现民族振兴，把中国建设成富强民主的国家。他在书中一再讲到在建设近代化国家方面的进步和努力的目标。他在研究清史的过程中总结出经验教训，为争取抗战和民族振兴大业服务，其精神与成就对我们今天仍有重要的启迪意义。

问：您在论述近代史家在面对时代新课题所进行的学术探索中，还进行了很多专题研究，如对黄遵宪的《日本国志》、严复等人创办的《国闻报》的研究，对梁启超对近代学术文化作用的研究，对新历史考证学的学术路向的研究，对中国马克思主义史学珍贵思想遗产的研究，等等，都花费了巨大的心血，体现了深厚的学术功力。今天不能一一都谈到。您的这些研究对于展现民族文化的非凡创造力都起了很大的作用。我想，阅读您的《历史学新视野》，对于今天我们增强文化自信、发展新时代的学术文化，一定会有很大的帮助。

陈：感谢你对本书的评价。我自己也是想通过对于那些超越时空、具有永久魅力、具有当代价值的精华进行总结和大力发扬，为推进当今史学的发展、提高民族自信心、增强民族文化创造力提供宝贵的思想营养。希望本书能为达到这个目的做出一点贡献。

张广智：1939 年生，江苏省海门市人。1964 年毕业于复旦大学历史学系本科，1967 年复旦大学历史学系西方史学史专业研究生毕业。后为复旦大学历史系教授、博士生导师，主要研究方向为西方史学史。著有《克丽奥之路——历史长河中的西方史学》、《西方史学史散论》、《超越时空的对话》、《克丽奥的东方形象》、《徜徉在史学与文学之间》、《史学：文化中的文化——文化视野中的西方史学》(与张广勇合著)、《现代西方史学》(与张广勇合著)等。主编《西方史学史》(第一至第四版)、《西方史学通史》(六卷本)、《20 世纪中外史学交流》、《史学之魂：当代西方马克思主义史学研究》、《近代以来中外史学交流史》等。2018 年 11 月，上海世界史学会授予他“终身学术成就奖”。

文明交流互鉴中的西方史学史

——访张广智教授

问：张先生您好！这是我们第二次进行学者访谈。上一次访谈是在十几年前，我们从2004年秋温州的史学理论研讨会开始谈，至2005年秋上海华东师范大学的史学理论研讨会继续谈，再至2006年夏扬州的史学理论研讨会结束，前后进行了三年。上次的访谈，主要针对您从事西方史学史学习、教学、研究、著述的情况进行了系统的回顾。这十几年来，您在西方史学史的研究、论述方面又取得诸多新的成绩，如《西方史学史》出到第四版，您主编的《西方史学通史》(六卷本)和《20世纪中外史学交流》《史学之魂：当代西方马克思主义史学研究》等都出版了，您还出版了散文集《徜徉在史学与文学之间》等。这次我们的访谈可以换一个话题谈一谈吗?

张：很好啊！我很高兴进行这种形式的学术交流。上一次访谈，让我有机会对自己从1964年考上复旦大学耿淡如先生西方史学史的研究生开始，一直到21世纪的前几年我在西方史学史领域所做的工作进行了回顾。当时把访谈的题目定为“多做些垦荒者的工作”，这是先师耿先生的教诲，只有经过这几十年的辛勤耕耘，才会有今天的成绩。不知道这次你要谈一个什么问题。

一、重视对西方史学的研究、借鉴是中国史学的传统

问：您在西方史学史的学术领域辛勤耕耘了几十年，付出了很大的努力，也获得了丰硕的成果。这次，我想和您谈的是促使您在这方面积极工作的动力是什么？2019年1月，习近平总书记在给中国历史科学研究院的贺信中表示：希望

史学工作者充分发挥史学知古鉴今、资政育人的作用，为推动中国历史研究发展、加强中国史学研究国际交流合作做出贡献。他在2015年致第22届国际历史科学大会的贺信中也说到，需要从历史中汲取智慧，需要博采各国文明之长。几十年来，您从事西方史学史的教学、研究，对于中国的知识界“需要博采各国文明之长”这一点一定有深刻的体会，我们是否可以就西方史学史在文明交流互鉴中的作用这个问题来谈谈?

张：西方史学史在文明交流互鉴中的作用问题的确是很值得研讨的。应该说，重视对西方史学的了解、研究，从而为发展中国史学提供借鉴，是20世纪以来中国史学的一个传统。有不少的学者在为中外史学的相互了解、交流方面做出过贡献。

李大钊是我国马克思主义史学的奠基人。1917年俄国十月革命后，他为马克思主义唯物史观传入中国做出过巨大贡献。同时，他对传播西方史学尤其是西方近代史学也做出过卓越贡献。可以说，他在这方面有开拓性的成就，他为中国的西方史学研究所做的介绍与研究成果，具有奠基性的意义。

问：把中国学人对西方史学文化的宣传、介绍追溯到李大钊那里，这是很值得关注的事情啊!

张：确实是这样。20世纪20年代，李大钊就在北京大学等学校相继开设了唯物史观、史学思想史、史学要论等课程，在这个过程中他还致力于近世欧洲史学的研究，这是为他理解与传播唯物史观而寻求理论根据与学术渊源而做的工作。1920年，他连续写了《史观》《今与古》《鲍丹的历史思想》《孟德斯鸠的历史思想》《韦柯及其历史思想》《孔道西的历史思想》《桑西门的历史思想》《马克思的历史哲学与理恺尔的历史哲学》《唯物史观在现代史学上的价值》《唯物史观在现代社会学上的价值》等文章，辑为《史学思想史讲义》，有些文章曾公开发表。

应该说，李大钊对西方史学的了解与认识是超越其同时代人的，如《史学思想史讲义》中有几篇专论近代西方史学的文章，广泛涉及了近30位历史学家与历史哲学家，介绍了近代西方史学中许多有价值的思想，如“今胜于古”“历史是不断前进的”“产业者阶级是历史的原动力”“经济因素是历史变化的重要因素”“知识的进步也可决定社会历史的进行”等许多发人深省的观点。从总体上看，他的《史学思想史讲义》不失为我国西方史学史研究中第一部较为完整的作品。

李大钊对近代西方史学的介绍与研究侧重于对历史观的考察。在近代以前，他评析了支配欧洲中世纪社会的奥古斯丁的神学史观，他对近代西方史学的探索则从 16 世纪的法国历史学家让·波丹(即李大钊讲的鲍丹)开始。在近代西方学者中，波丹比较完整地提出了地理环境对历史发展具有决定性作用的观点，这一观点极大地影响了法国启蒙思想家孟德斯鸠。从史学史的角度讲，在如何看待人类发展的问题上，从神学史观向地理历史观的转变当然是一种重大的进步。

问：这也就是您所说的西方史学发生的第三次转折吧？您所说的这第三次转折，是从 14 世纪以来的欧洲文艺复兴运动开始，西方的思想家、史学家们面临的任务就是要使历史学“重新定向”，一批人文主义史学家复兴了古典史学的传统模式，重新把人置于历史发展的中心位置。李大钊是否也注意到了西方史学的这种转变？

张：确实是这样。李大钊对于这一时期西方的理性主义历史观非常重视。他认为在 18 世纪的西方史学界流行着理性主义的历史观。这一历史观的特点可以概括为：“以人的理性为求得真理的准则，人依其理性以认识自然，也依其理性以改革社会。发扬理性，就是推进历史；蒙蔽理性，就是阻塞进步。”李大钊集中分析过的意大利历史哲学家维柯(即李大钊讲的韦柯)、法国历史哲学家孔多塞(即李大钊讲的孔道西)和法国空想社会主义者圣西门(即李大钊讲的桑西门)等人，都是崇信这种历史观的。在他们看来，知识的进步可以作为历史发展的动力。如维柯认为，一个阶级的知识状况，决定那一个阶级的法律、制度、语言、文学乃至人类的品德和性质。维柯提出的人类历史发展所经历的“神权时代—英雄时代—人的时代”三阶段说，其更迭都是与文化知识的进步相对应的。同地理史观一样，这种无限夸大知识、夸大理性的观点，也包含着某种片面性。正如李大钊所指出的，理性主义历史观虽不能窥见全部真理，但也能认识一部分真理，其中包含着合理和正确的成分。

问：这样说，李大钊不仅在他的讲义中介绍了近代西方史学思想史的重要内容，而且提出了对待西方史学的正确态度。

张：是的。李大钊对西方史学遗产所采取的求真精神是十分可取的。他说过："凡学都所以求真，而历史为尤然。"通读他论述西方史学的一些篇章，不难看出他的求真态度表现为：如实介绍与中肯评论，而且介绍先于评论。如实介绍中包含了作者的取舍，以区别于客观主义；评论当然需要分析批判，但这是科学意义上的批判，而非恶语相向与棍棒相加。如对波丹，既说他的见解是"表示了一种新历史观""闪出了些唯物史观的光影""我们于研究唯物史观的起源时，尤不可遗忘了此人"，又道明他的学说中带有占星术信念并杂有某些神学色彩。对孟德斯鸠也是这样，既说他的史学思想中所奠立的原则"是历史科学可能的一个根本的条件"，同时又指明他的地理环境决定论是真理与谬误参半，其弊在于有宿命论的倾向。对孔多塞，既说他关于人类社会发展的公式"颇值得记取"，又道明他的这种"设计"是"不能实行的"，如此等等。可见，李大钊对西方近代资产阶级史学遗产中的合理因素，即便是那些一闪而过的思想火花或假说，也会对其做出中肯的评析，肯定其合理的部分，同时又如实指出其不足。既不是一概否定，也不是全盘照搬，这种对西方史学遗产的求实态度，也就是马克思主义的历史唯物主义的态度。

问：您在研究西方史学史的过程中还十分注意中外史学的交流问题，除了李大钊以外，您还注意到了 20 世纪以来对中外史学交流情况进行过介绍、评论的很多学者，对他们的贡献都曾做过适当的评价。

张：这一点你确实抓得很准。在 2007 年，我主编的《20 世纪中外史学交流》出版了，此外我还主编了一本更大部头的《近代中外史学交流史》，这是一部多卷本的书，详细地梳理了中外史学交流的历史。远的我们先不说，就说从李大钊以来，比较有影响的宣传、介绍西方史学的学者，我都注意到了。例如，梁启超在旅欧回来以后，曾于 1921 年在南开大学发表演讲，即后来的《中国历史研究法》，我们从中就可以看出他的一些突破性的见解都与他在欧陆之行时所感受到的近世史学方法论的影响有关。致力于输入现代美国"新史学"的代表人物应该说是何炳松。他在美国就读的那一年，正是美国史学家鲁滨逊的《新史学》刚刚发表的时候，他归国后在北京大学和北京高师(北京师范大学的前身)讲授过"西洋史学原理"课；1924 年，商务印书馆出版了他翻译的《新史学》，成为中国翻译出版的第一部关于西方史学理论和方法的著作。

在20世纪的二三十年代，中国学者对德国兰克学派的介绍也是十分重视的。兰克是19世纪欧洲史学最有影响的学者，他是西方科学派史学最著名的代表。傅斯年从1920年开始到英国留学，三年后转入德国柏林大学继续攻读。他在欧洲的7年，系统地接触了西方社会科学、自然科学的理论知识，也受到了西方传统史学，主要是兰克学派的治史理论与方法论的深刻影响。他回国后，于1928年担任历史语言研究所所长，在《历史语言研究所工作之旨趣》的文章中，他宣称要把历史语言学建设为和生物学、地质学等同样的学科。兰克学派治史，非常崇尚史料，笃信原始史料。傅斯年在他的工作中引入了兰克标榜的“史学旨趣”，明确地提出“史学便是史料”，因此傅斯年被人们视为“中国的兰克”。输入德国史学方法的还有姚从吾。他也是留学德国，1924年开始在北京大学讲授历史研究法，传播兰克学派的治史方法。在以后的学术生涯中，他也是矢志不渝地介绍兰克学派，并且有相关的著作。

西方史学界的文化形态史观最早传入中国是在20世纪二三十年代，从美国留学回来的张荫麟，早在1928年就曾对斯宾格勒的文化形态史观做过介绍。但真正使文化形态史观在中国成了气候的，还是20世纪40年代的“战国策派”。这派学者在昆明出版了《战国策》半月刊；在重庆的《大公报》开辟《战国》副刊，主要代表人物有林同济、雷海宗、陈铨等，他们的文章比较系统地介绍了文化形态史观，特别是比较早地介绍了汤因比的文化形态史观，提出“战国时代重演”的理论。他们的论点在当时的思想界引起过相当大的争议。

问：通过您所谈的这些我们不难看出，在20世纪的上半叶，那些出过国，或接触过西方思想文化的一些学者，大都向中国学人宣传、介绍过西方最流行的史学思想、史学文化。西方学者著述中的观点、方法，自然对我国学者有一定的借鉴意义，但西方学者的历史思想所体现的历史观又多为唯心史观，新中国成立以后，这些西方史学家的著作、思想观点是否就被禁止提及了呢？

张：情况是这样。20世纪50年代，我们国家在意识形态上是向苏联学习的，所以苏联学者的学术观点也就遮盖了整个学术领域。那时，把西方史学统统看成“腐朽没落的资产阶级史学”，把那些西方史学著作视为“大毒草”。尽管学术界是不可能正面地加以宣传介绍的，但是也不排除以“内部交流”“供批判用”的形式翻译、印行一些西方史学著作。例如，汤因比的《历史研究》(索麦维尔节录本)中译本的第一版就是上海人民出版社 1959 年出版的。在 50 年代末 60 年代初，仅这个出版社就翻译出版了近百种国外哲学社会科学著作，包括一些史学名著。

问：据我所知，商务印书馆这一时期也翻译过一些西方史学名著。如齐世荣先生组织 6 位学者一起翻译了斯宾格勒的《西方的没落》，并且在 1963 年出版。戚国淦先生也是在“文革”前就翻译了西方史学名著《法兰克人史》《查理大帝传》，只是“文革”前没来得及出版。

张：确实是这样。在 20 世纪 50 年代末 60 年代初，有关部门比较注意介绍、引进一些西方史学著作，但是对于大学生来说，不能让他们去阅读这些名著，他们需要了解的是西方史学整体的发展情况，所以需要编辑、出版一部可供教学用的《西方史学史》教材。也正是在这个时候，高教的主管部门开始考虑编纂一部《西方史学史》的教材。

问：这就涉及您经常提到的 1961 年的高校文科教材会议吧?

张：是的。在 1961 年前后，党中央开始纠正工作中存在的一些问题，在经济、政治、文化等各方面采取相应的调整措施，在学术文化政策上，重申“双百方针”，贯彻“三不主义”，使当时整个哲学社会科学领域出现了一种求真务实的学术氛围。在这样的学术氛围里，也自然形成一种“史学史热”。这一年的高校文科教材会议考虑到推进史学史学科建设问题，决定由白寿彝负责主持中国古代史学史教材的编写，吴泽负责中国近代史学史教材的编写，耿淡如负责主持外国史学史教材的编写。当年，60 多岁的耿淡如先生在这方面已经是德高望重的学者了，他通晓多国语言，在 1933 年就翻译了海斯和穆恩的《近代世界史》，50 年代译有《世界中世纪史原始资料选译》《世界近代史文献》，60 年代译有美国历史学家汤普逊的《中世纪经济社会史》(上下卷)、英国历史学家古奇的《十九世纪历史学与历史学家》(当时未出版)。1961 年年底在上海召开的外国史学史教材编写会议上，来自北京大学、武汉大学、南京大学、中山大学、杭州大学、华东师大和复旦大学等高校的著名学者，一致决定由耿淡如先生担任外国史学史教材的主编。此次会议以后，耿淡如先生即开始了筹备教材编写的工作。

问：上面您谈的这些情况说明，介绍和评论西方史学的发展历史，是 20 世纪 20 年代以来的中国学者的一个传统，编写一部全面介绍西方史学发展概况的教材，是老一代学人们的殷切期盼。但是，真正实现这个愿望则是在改革开放以后的这 40 年。请您继续为我们谈一谈这方面的情况。

张：是的。编写一部能够向年轻一代学人介绍西方史学发展概况的教材，是老一辈学人的期盼。但是到了改革开放以后，这个愿望才得以实现。

二、从《西方史学史》到《西方史学通史》

问：现在您主编的《西方史学史》教材已出到第四版，成为全国高等学校历史系西方史学史教学普遍使用的教材，这可以说实现了耿淡如等老一辈史学家未竟的事业。这一定是一个长期努力、不断付出的过程。这个成果是如何实现的呢？

张：确实是这样。耿淡如先生在 1961 年受高教部委托主持编写《外国史学史》教材。为此汇聚了吴于廑、齐思和、张芝联、郭圣铭等一大批史学前辈参与，但此项工作因“文革”爆发而被迫中断。“文革”结束时，耿先生已因病去世，教育部委托张芝联、谭英华两位先生主编部颁教材《西方史学史》，我作为编写组成员也参与了工作，但因为编写组成员中一些前辈逐一谢世，这项工作也没有完成。

问：这就要靠各高校的青年教师自己努力，编写出一部适合本校教学需要的教材了。

张：是的。改革开放以后，各高校都希望能开设西方史学史课程，但当时没有通用教材，所以，有的高校青年教师联合编写教材，用自己编的教材教学。我自己也在努力。尽管那时复旦大学只有我一个人在做这事，但前辈未竟的事业总在激励着我。十几年来，在耿淡如先生的指导下，我阅读了一些西方史学名著，也对西方史家诸多个案进行过研撰。比如，1981 年我就为商务印书馆撰写过《西方“历史之父”希罗多德》这样的小册子，作为《外国历史小丛书》的一种出版。虽然只是一本薄薄的小册子，但对我个人来说却是意义非凡。它不仅是我学术生涯中出版的第一本书，而且就此开启了我个人漫长的西方史学史研究之路。此后，商务印书馆又为我连续出版了关于古希腊史学家修昔底德和古罗马史学家塔西佗的书。这就为我对西方史学古典时期的研究打下了基础。

问：有这样一个基础继续往下写，把这些个案连续起来，就可以形成有您自己特色的教材了。我记得您还写过一篇关于伏尔泰的文章，发表在《历史研究》上，大概是1982年吧？

张：是1982年。1982年第5期的《历史研究》发表了我的《略论伏尔泰的史学家地位》一文。文章是针对当时国内学界忽视对伏尔泰作为历史学家的业绩而发，用翔实的资料论述伏尔泰的史学思想及其在西方史学史上的地位，全文约有2万字，文章寄给与我从未有过学术因缘的《历史研究》编辑部一试，当时胆子也是够大的。《历史研究》发表了我这个在学术界不知名的青年学者的文章，的确是对我非常大的鼓舞。

问：这说明您在20世纪80年代，通过自己的努力已经具备了编写自己的西方史学史教材的条件。

张：通过几年的教学实践，我已经完成了自己教学用的教材，并且把它推向社会，接受学术界的检验，这就是1989年复旦大学出版社出版的《克丽奥之路——历史长河中的西方史学》。此书一出，就受到读者的广泛关注和喜爱，激起了一些青年学子对西方史学史的兴趣，有的甚至选择了这门专业，后来成为我的学生。他们说是《克丽奥之路》这本书引领他们走进了瑰丽奇异的西方史学领域。《克丽奥之路》在年轻学子中竟有这样大的影响，让我始料不及。当时《文汇报》介绍此书时说："作者着意把严肃的学术内容（西方史学的发展历程）写得明白晓畅与生动可读，颇具房龙《宽容》一书的风格。"

问：在《克丽奥之路》的基础上，您如何在教材的编写上继续投入精力呢？

张：在《克丽奥之路》出版后的20世纪90年代，我在编写西方史学史教材上继续投入力量，也不断取得新成果。我主编的《西方史学史》教材被当时国家教委专家组评审后正式列入"高等教育面向21世纪课程教材"的选题计划，后又获准成为"普通高等教育'十五'国家级规划教材"。这对于我来说非常重要，因为从某种意义上说，这是完成先师的未竟事业，完成前辈们的共同心愿，因此时时都有一种使命感与责任感，不敢有丝毫的懈怠。2000年，该教材正式出版，继而在2004年又推出插图本新版，大约七年间，两版就重印了9次，累计印数近5万册。一本专业性很强且专供历史系学生选用的教材能做出这样的成绩，这确实是令人感到欣慰的事。该书出版后，荣获全国普通高等学校优秀教材一等奖，被教育部历史学科教学指导委员会定为“推荐教材”。

新世纪到来后，这本《西方史学史》又被列入“普通高等教育‘十一五’国家级规划教材”，于是我开始组织力量对这部教材进行修订。参与修订者都是我自己培养的博士，经过几年的实践，他们已经成为西方史学史教学的重要力量。我们这次修订，要把国内外学术界相关的新学术成果吸纳到书中来，如新文化史等；同时尽量把西方史学史研究者的新成就、新思考介绍给读者。比如，在古典希腊史学、近代初期的西方史学、19 世纪的西方史学、后现代主义史学等问题上，都反映了该书执笔者近些年来潜心研究的新成果。教材中扩充了马克思主义史学的内容，加大了对西方马克思主义史学的叙述力度，还增添了中外史学交流的篇章。2010 年，复旦大学出版社推出了《西方史学史》教材的第三版，对于 2000 年出版的第一版来说，正可谓“十年磨一剑”。教材出版后，《世界历史》《史学理论研究》等权威刊物都发表了书评，认为该教材是迄今为止国内最为完备的一本西方史学史教材，是把教材的写作与学术研究进行完美结合的著作。

2006 年，《西方史学史》第三次入选教育部“普通高等教育‘十一五’国家级规划教材”。在第三版出版后，西方史学史的研究又有了很多新的进展，仍有继续修订的必要。我们在初写时拟定的宗旨是：编写出一部具有先进性、适应性和有鲜明特色的西方史学史教材，以满足读者的学习需要和心理诉求。这是因为，“唯其‘先进性’，才能引领潮流，指明方向，尤其为向往时尚、前卫的年轻读者们广泛接受；唯其‘适应性’，才能找准主体，兼及其他，使之满足方方面面的需求；唯其‘有特色’，才能区别良莠，分出优劣，从而在‘群雄纷争’中胜出”。我们期望在修订中，在立论、内容、结构、文字等方面力求精益求精，使它不仅成为一本读者喜爱的西方史学史教材，也力求为有志于西方史学史研究的学者提供门径。参加修订的有吴晓群、陈新、李勇、周兵、易兰、肖超等。由于有了他们的参与，教材的修订也就更能达到上述宗旨。第四版教材在 2018 年由复旦大学出版社出版。2018 年 3 月，复旦大学出版社举行了新书发布会，宣布这本被各高校历史系西方史学史教学广泛使用的教材发行量已经达到了 15 万册。

问：在您的《西方史学史》教材不断修订推出新版本的情况下，2012 年 3 月我们应邀到上海参加您主编的多卷本《西方史学通史》新书发布会。与会的学者都感到十分惊奇，为什么您能够这么快地推出这部大部头的西方史学史专著呢？

张：我对这部书的酝酿时间也不短了。早在 2003 年“非典”时期，校系两级的领导就曾邀我一起共商学科发展大计。大家达成了共识：发扬复旦历史系在西方史学史学科方面处于国内领先地位的传统优势，在原有成果的基础上，把西方史学史这一块做大，力争在这一领域获得新的突破。于是，编纂多卷本《西方史学通史》的动议，从提出、论证、实施，一步步从构想变为现实。当时国内单卷本的西方史学史的著作可以见到十余种，但还没有出版过一部多卷本、大部头的西方史学史专著。即使在国外，我们也未见过有多卷本的西方史学史著作。我设想，我们要编纂一部多卷本的《西方史学通史》著作，它应该以材料丰赡、前沿理念、博采众长、图文并茂为特色，“在求实中创新，欲成一家之言”。我对我们团队的成员说：“船已扬帆出海，没有退路，不达彼岸，决不罢休。”我们的分工是：由我本人撰写第一卷，即导论卷；吴晓群撰写第二卷古代时期；赵立行撰写第三卷中世时期；李勇撰写第四卷近代时期(上)；易兰撰写第五卷近代时期(下)；周兵、张广智、张广勇共同撰写现当代时期。八年来我们的团队开拓创新、勤奋思索、笔耕不辍。《西方史学通史》的出版，获得了学术界的高度评价，大家认为这是我们在西方史学史领域的奋力拼搏中所获得的一项总结性的成果。

问：您当时对编纂多卷本《西方史学通史》的设想，真可以说气势恢宏、有胆有识。现在，书已经出版多年了，今天回顾一下它的主要特色在哪里呢？

张：这是一个应该好好考虑的问题。我觉得全书内容宏富、纵横结合、气度不凡。它阐述了自“荷马时代”迄至现当代西方史学发展的历史进程。这一进程涵盖了古代、中世纪、近代、现当代各阶段的具体情况和特征，它力图从历时性上揭示历史演变过程中西方史学的新陈代谢；从共时性上阐明时代、社会与西方史学发展演化之关系，格外关注西方著名的历史学家、颇具影响的史学流派、重大的史学思潮与史学变革，尤其留意西方史学思想的演变。在宏阔的西方文化的背景中，展示出令人难忘的史学画卷。

如果要说它的特色的话，可以说我们试图既不失全球视野，又不忘恪守自己的主体性，以中国学者的眼光，用现代汉语写作一部体现中国特色的多卷本西方史学史，在被视为西方人“世袭领地”的西方史学史这一领域里，让国际史坛听到中国学者的声音。

问：从全书完成的情况来看，当年您所提出的设想已经达到了。这不仅实现了您这一代学人的愿望，也实现了老一辈学人的愿望。

张：是的。当年耿淡如先生在筹备编写西方史学史教材的时候，也曾经有编纂西方史学通史的愿望，但那时确实没有完成这项工程的条件。回想起 1961 年耿淡如先生在准备编写西方史学史教材时写了一篇《什么是史学史》的文章，他主张“多做些垦荒者的工作”。他说：“我们应不畏艰难，不辞劳苦，在这个领域内做些垦荒者的工作。比如垦荒，斩除芦荡、干涸沼泽，而后播种谷物；于是一片金色的草原将会呈现于我们的眼前!”那时他确实是在垦荒，经过我们这一代人的手播撒种子。几十年后，这片金色的草原已经呈现在我们面前了。

问：是的。经过耿先生和您两代人努力地垦荒、播种，现在金黄色的草原确实已经出现在我们面前了。

三、为什么要学习和研究西方史学史

问：改革开放 40 多年来，您为西方史学史学科的建设做了大量的工作，取得了很大的成绩，教材、通史和各种著作都完成了。这些成果为中国学人学习和研究西方史学史创造了很好的条件。我想我们回过头来反思一下，我们为什么要学习和研究西方史学史呢?

张：你这个问题问得很好，值得我们好好地思考。我对这个问题也有一个思考的过程。1999 年，我在即将出版的第一版《西方史学史》教材的《前言》中说道：“西方史学史的研究对象不是西方历史的客观发展进程，而是要研究人们(主要是历代史学家)对历史所做出的种种思考，从而在西方历史学发展的长河中，疏凿源流，扶隐钩沉，辩证因果，探求原委，以寻求历史学自身发展的规律。”我认为学习西方史学史对历史学科自身建设的意义是不言而喻的。很难设想一个对本学科的历史漠然无知的史学工作者，缺少这种必要的知识与理论素养，能担负起建设现代新史学大厦的重任。

10年以后，在撰写《西方史学史》的第三版时，我的一个重要举措就是增加了一篇《导论》，在这里我既阐述了学习西方史学史的重要意义，也谈了学习西方史学史的方法，同时还回顾了中国西方史学史研究的90年的历程。这里，我用了很大的篇幅来讨论学习西方史学史的意义。我认为："一般来说，史学史研究的对象包括史学思想、历史编纂学、史料学、史学方法论等，西方史学史亦不例外。但在这几者之中，应当突出史学思想的主导地位。就我们看来，史学思想应当论及历史学家对历史发展客观规律的认识，它大体表现为历史观；还应当论及历史学家对历史学这门学科自身的认识，它大体表现为史学观。简言之，历史学家对历史和历史学的认识与解释，应当成为史学史研究的主要内容。"

我们从西方史学史发展的大势来看，一般来说，在20世纪以前，西方史学家多致力于研究历史发展的进程问题，如历史倒退论、历史循环论、历史进化论等一一面世。这些历史学家，也包括历史哲学家，他们的论见各自从一个方面触及历史科学的某些根本问题，其中不乏睿智的、启人心扉的历史认识，为人类思想宝库留下了许多有益的资料。我们看到20世纪以来，在风气大变的西方史学发展中，往往注重探讨历史自身的问题，于是各种史学流派与史学思潮纷起，诸说并存，互争雄长，这是与这种重视对历史学自身进行反思的观念有关的。这种情况是大大有别于20世纪以前的西方传统史学的。

问：从您上面所说的内容看，您所编纂的西方史学史教材、专著等，应该主要讲述西方史学思想的历史。是不是这样？

张：我这里讲的是我们讲授西方史学史时，应该突出史学思想的这些内容，而这不是说西方史学史就等同于史学思想史或历史哲学史。我们应该注意的是，不能把西方史学史等同于历史编纂史，也不能把西方史学史搞成史家评传或书目答问类型的书。英国史学史家巴特菲尔德说的一段话很有道理。他说："如果人们把史学史归结为一种纯粹的提纲，如同另一种的'书目答问'，或把它编纂成一种松散的编年形式的历史学家的列传，那么它将是一门很有限的学科了。"传统的史学史作品往往就有一种偏重于历史编纂学的倾向。我国学者在20世纪40年代出版的《中国史学史》在史学界很有影响。但是作者只注重对过去三千年之间的若干史家、史籍加以编排叙述，是不足以说明中国史学发展演变的主流所在的。这种编纂体例，显然是受到了《四库全书总目提要》一类解题书目的影响。西方史学史也有这种倾向。无论是20世纪30年代出版的美国史学家巴恩斯的《历史编纂史》，还是20世纪40年代初出版的另一位美国史学家汤普森的《历史编纂史》(中译本称作《历史著作史》)，都十分明显地存在把史学史的撰述等同于历史编纂史的倾向。巴恩斯的书这种倾向更加明显。

问：我在前几年搞白寿彝学派研究的时候，也注意到白先生对于中国史学史著作的编著理念，他也强调不要把史学史的著作写成书目答问式的著作，他主张从史学思想、历史编纂学、史料学、历史文学等多方面去研究史学史。

张：这说明作为当代中国的史学家，无论是编纂中国史学史还是西方史学史，对于编纂史学史著作的基本理念都是一致的。

问：我看您的《西方史学史》第三版、第四版的《导论》中，都是非常重视向读者说明学习、研究西方史学史的学术价值和社会意义的，这一点是第一版中没有的。

张：这一点你是观察得很细致的。我们做任何学问都要首先认清研究它的意义，这是非常重要的。

首先，学习西方史学史对历史学科自身建设的意义是不言而喻的。史学史的研究是一种承上启下的工作。如果说历史学家是为历史做总结的话，那么从某种意义来说，史学史家就是为历史学家做总结。因此，史学史的价值就在于通过对历史的反思，为后人提供借鉴，指点门径，造就自觉的史学工作者。如果舍去了这种对史学的反思，历史的研究只能每天从零开始，那样就不会有历史学的任何进步了。一个史学工作者必须了解自己学科自身发展的历史，缺乏这方面的知识和理论素养，就无法承担起建设现代中国新史学的重任。对于高等学校历史学专业的学生，西方史学史就更是一门不可或缺的必修课。

其次，学习与研究西方史学史有助于我们加深对马克思主义，尤其是马克思主义历史唯物主义的认识。大家知道，马克思主义唯物史观是19世纪中叶的社会经济与政治发展的产物，同时它也是吸收和改造了两千多年来人类思想和文化发展中一切有价值的东西的成果。在马克思、恩格斯创立唯物史观以前，西方史学已经经历了长期的发展，积累了丰富的史学遗产。马克思、恩格斯曾经广泛接触和研究过从古典时代到近代西方各国著名历史学家的著作，从中汲取了思想资料，作为创立唯物史观的一个理论来源。当然，马克思主义的唯物史观创立以后，它也要从现代人类在历史学及各门社会科学的最新成果中汲取营养来丰富和发展自己。这样看来，21 世纪的马克思主义也应该在吸收和改造现代一切优秀的文化遗产，包括史学遗产中来发展自己。所以，我们学习和研究西方史学史对于加深我们对马克思主义，尤其是对马克思主义唯物史观的认识，是有所助益的。

问：您说的这一点，我在阅读李大钊的《史学思想史讲义》的时候就有过相同的感受。李大钊对马克思和 18 世纪以来的理性主义者、空想社会主义者在思想上的相同点、不同点做过比较，证明了这些思想家的思想是马克思主义思想的来源。因此，我们学习西方史学史对于了解马克思主义确实是很有帮助的。

张：确实是这样的。

问：改革开放 40 多年来，中国历史科学的发展取得了巨大的进步。为适应建设中国特色马克思主义哲学社会科学体系的需要，历史学在学科体系、学术体系、话语体系的建设上还有很多工作要做，在这个过程中我们可以从西方史学史中吸取借鉴吗？

张：可以肯定地说，我们学习和研究西方史学史对于推进中国史学的现代化、发展我国马克思主义的新史学是有积极意义的。我们中国历史悠久，历史著作浩如烟海，历史文化遗产极其丰富。我们要建设当代中国史学的体系，当然要很好地继承祖国的史学遗产，但是学习、借鉴、吸收西方史学的优秀遗产也是不可或缺的。我们学习西方史学的经验，并不意味着把西方史学的某一家、某一流派的模式完整不变地搬到中国史学中来，这种简单照搬的办法肯定是行不通的。但是，我们要看到西方史学的发展是一个不断地新陈代谢的过程，它中间有许多理念、方法是不适合中国国情的，但如果我们仔细加以梳理、分析，西方很多优秀的历史学家或哲学家的思想理念对我们又是很有启发的。改革开放 40 多年来的历史也证明，中国的史学工作者从西方史学家那里吸收到了不少有益的东西，用来充实、发展中国史学的学科体系、学术体系和话语体系。

问：在个别的中国史学工作者中，有人认为建设中国史学的话语体系，中国史学传统的概念、范畴已经足够，只要在原有基础上加以发展就可以，不需要接受西方史学的那些新概念、新观点，否则就不能体现“中国特色”。您是怎么看这个问题的?

张：习近平同志在 2016 年 5 月 17 日举行的哲学社会科学座谈会上强调，哲学社会科学工作者既要立足本国实际，又要开门搞研究。这其中自然也包括历史科学。他强调民族性并不是要排斥其他国家的学术研究成果，而是要在比较、对照、批判、吸收、升华的基础上，使民族性更加符合当代中国和当今世界的发展要求，越是民族的越是世界的。解决好民族性问题，就有更强的能力去解决世界性问题；把中国实践总结好，就有更强的能力为解决世界性问题提供思路和办法。这是由特殊性到普遍性的发展规律。他说：“对国外的理论、概念、话语、方法，要有分析、有鉴别，适用的就拿来用，不适用的就不要生搬硬套。哲学社会科学要有批判精神，这是马克思主义最可贵的精神品质。”

我觉得习近平同志的话对我们认识这个问题很有帮助。他说，在发现问题、筛选问题、研究问题、解决问题的过程中，学者们必须思考和研究不同时代的学者们是怎样提出问题和研究问题的。他自己就翻阅过许多著作，如柏拉图的《理想国》、亚里士多德的《政治学》、托马斯·莫尔的《乌托邦》、康帕内拉的《太阳城》、洛克的《政府论》、孟德斯鸠的《论法的精神》、卢梭的《社会契约论》、汉密尔顿等人著的《联邦党人文集》、黑格尔的《法哲学原理》、克劳塞维茨的《战争论》、亚当·斯密的《国民财富的性质和原因的研究》、马尔萨斯的《人口原理》、凯恩斯的《就业利息和货币通论》、约瑟夫·熊彼特的《经济发展理论》、萨缪尔森的《经济学》、米尔顿·弗里德曼的《资本主义与自由》、西蒙·库兹涅茨的《各国的经济增长》等。他的一个重要感受就是这些著作都是时代的产物，都是思考和研究当时当地社会突出矛盾和问题的结果。

问：习近平同志说过：“文明是包容的，人类文明因包容才有交流互鉴的动力。海纳百川，有容乃大。人类创造的各种文明都是劳动和智慧的结晶。每一种文明都是独特的。在文明问题上，生搬硬套、削足适履不仅是不可能的，而且是十分有害的。一切文明成果都值得尊重，一切文明成果都要珍惜。”他还说：“历史告诉我们，只有交流互鉴，一种文明才能充满生命力。只要秉持包容精神，就不存在什么‘文明冲突’，就可以实现文明和谐。”您一直在搞西方史学史，我们在学习和研究西方史学的过程中，是否也得到了一种文明交流互鉴的机会呢？

张：习近平同志的话的确是高瞻远瞩，看到了历史，也看到了现实和未来。文明交流互鉴的途径是多种多样的，但毫无疑问，学习和研究西方史学是我们每个人都可参与的一种文明交流互鉴的途径。我们可以肯定地说：“学习和研究西方史学史为我们了解与认识世界，尤其是西方世界提供了一个窗口。”我们学习西方史学既可以了解到西方古典史学的传统，又可以知道中世纪的神学观念是如何阻碍了西方史学的向前发展；在了解西方近代史学的发展过程中，可以知道西方那些优秀的历史家、思想家是如何打破神学史观对史学的笼罩，在重新定向的过程中把史学推向前进的；20 世纪的新史学思潮出现以来，史学走向了多元化，各种新思想、新流派、新方法让人感到眼花缭乱，但是在对这些新趋势的研究中，必定会提高我们的认识和分辨的能力，提高我们的思维水平，增强我们的智慧。我把我的西方史学史著作称为“史学：文化中的文化”，就意味着学习了解西方史学，就是在了解西方的文化、西方的文明，这难道不是文明交流互鉴的很好的途径吗？

要走向世界，就需要了解世界。不仅要了解世界的今天，也要了解世界的昨天和前天。因此，我们在审视风云变幻的当代世界的同时，也应该把目光投向历史，开拓新的视野，以便从更广阔的的世界历史舞台上寻求全面建设现代化社会的理想方案。历史学家们从政治的、经济的、社会的发展进程去研究西方的历史，这固然是非常重要的，但往往舍弃了从史学发展的角度去了解西方。这是无助于全面而深入地了解西方的历史和现实的。我很欣赏何兆武先生说过的一句话，他说：“对于任何一个历史工作者来说，对以往历史学的理解，其重要性是绝不亚于对历史本身的理解的。”

问：张先生，您的这一番谈话不仅让我们了解了几十年来，您在为建设中国的西方史学史的学科体系方面所做的工作，也让我们很好地了解了学习与研究西方史学史的重要意义，特别是它在文明交流互鉴中的作用。今天，您已经是 80 岁高龄的老人了，我们要感谢您几十年来不辞劳苦、勤奋开拓，为中国史学的发展所做的重要贡献！谢谢您的谈话！

汪受宽：1943年11月生，江苏省东台市人。1963年考入兰州大学历史系，毕业以后一直在大西北工作。1979年考上兰州大学历史系张孟伦教授的史学史专业研究生，1981年毕业留校工作。从讲授历史文选开始，进一步从事史学史的教学与研究。1985年起，先后任中国古代史教研室主任、中国历史文化研究所所长、史学理论及史学史研究所所长。1995年评聘为教授，享受国务院特殊津贴。2000年起，先后被聘任为甘肃省文史研究馆馆员、甘肃省陇文化研究会会长、甘肃省高校教学名师。主要从事中国史学史、历史文献学和西北地方史研究，出版专著《〈据鞍录〉校注》《历史研究基础》《谥法研究》《二十五史新编·史记》《西北史鉴》《西北史札》《史学史论文自选集》《骊靬梦断——古罗马军团东归伪史辨识》《陇史新探》《甘肃通史·秦汉卷》等20余部，主编《西部大开发的历史反思》《中国少数民族史学研究》等书，发表论文180余篇。

以历史文献为基础， 充分发挥史学的经世功能

——访汪受宽教授

（2016 年 8 月 15 日，我到兰州参加兰州大学历史文化学院举办的“历史的理论、观念与叙事”学术研讨会，并于 8 月 17 日，在开会的八一宾馆对汪受宽先生进行了访谈。）

一、来到大西北，服务大西北

问： 汪先生，这次我到兰州来参加兰州大学历史文化学院主办的学术研讨会，一报到就看到了您赠给参会者的三部专著。当然这只是您学术成果的一小部分。您在兰州大学工作 30 多年，在教学和学术研究领域里辛勤耕耘、踏实工作，取得了巨大的成绩。以前虽然与您见过面，但没有机会详谈；这次来兰州开会，是一个很好的机会，希望借此机会谈一谈您个人的学术历程。我想从您来到大西北开始谈吧！

汪： 我是江苏省东台市人。东台位于苏北，属于盐城市。我是 1943 年出生的。当时家里人口比较多，父亲去世早。1957 年，我就来到兰州，投靠支援大西北的姐姐。我姐姐是南京助产学校毕业的，她们毕业时应届学生全部分配到甘肃，她在甘肃省人民医院工作了一辈子。我在教学质量很好的兰大附中读书。高中时我选择了文科方向，因为我文科成绩最好，特别是作文，经常受到老师的表扬，并作为范文在班里给同学朗读。因此，高考时我就报了兰州大学中文系，结果被兰州大学历史系录取了。我读中学和大学的十多年，兰州还非常落后，尤其是三年困难时期，饿过肚子，也看到了农村的凋敝和群众生活的艰难。我们大学

三年级就赶上“文化大革命”，深切地感受到政治运动对历史、学术和个人人生的影响。

1968年年底，我从兰州大学历史系毕业，正赶上知识青年上山下乡运动。我们全班同学都被分配到西北地区僻远的乡镇和学校。我最初被分配到青海省，在兴海县的一个解放军农场劳动了一年，然后被分配到化隆回族自治县工作。该县居住的主要是回族群众，藏族和汉族只占全县人口的40%。最开始在县城搞“一打三反”运动，后来又被分配到一所公社小学工作，我去以后这所学校才戴上初中的帽子。后来小学和中学分设，我在这里当了7年老师，主要教语文，也教过数学、物理，不过没有教过历史课；还当过食堂管理员，兼管过图书室。当地海拔2800米，气候严寒，只能种青稞、土豆、萝卜和小白菜，生活条件十分艰苦。1976年，经过朋友的帮忙，我被调到化隆县文教科待了一年。次年，县里的中学要增加一个高中班，于是就让我去当老师，并且当了差班的班主任。

1978年，有朋友传来消息，说针对受“文革”影响的68届、69届、70届本科生，兰州大学办起了“回炉班”。我请求学校领导让我试一试，考不上还回来工作，学校同意了。这一试，我真就考上了。我在“回炉班”学的是考古文物学和敦煌学，这对我后来从事史学研究很有帮助。1979年，我考上了张孟伦先生的中国史学史专业研究生，1981年毕业。

研究生毕业后就开始在兰大历史系工作。我的工作主要是教中国历史文选，还给高年级开设史学史选修课。我始终关注历史文选教学方法的改革和教材建设。为了教好这门课程，我将教学与科研相结合，以科研成果充实教学内容，进行生动活泼的启发式课堂教学，重视对学生基础知识的传授、综合素养的提高和科学研究能力的培养，并改进考试方法，使教学质量有了很大提高。我还和张大可合作编写了历史文选教材。1998年，我联合20所高校的文选课教师出版了一套《中国历史文选》教材，实践证明这套教材体系科学、选文精粹、注释准确、难易适中、教学循序渐进、学生易于接受，许多学校至今仍然在使用这一套教材。我还编写了历史文选课的电子教材，多年来被教育部相关部门挂在网上供大家下载学习。我们的历史文选课被评定为学校和甘肃省的精品课程，多次获得教学成果奖，我还获得了甘肃省教学名师的称号。1991—2011年，我先后带出了40位硕士研究生，如今他们在各自的岗位上都取得了令人欣慰的成绩，其中当了教授或博士生导师的已经有好几位。

二、兰大历史系教学与科研相互促进的传统

问：您是兰大历史系的学生，1963—1968 年在这里读本科，1978 年在这里重新“回炉”，1979—1981 年在这里读研究生，然后就留系工作。您与兰大历史系有着五十多年的不解之缘。能不能谈谈兰大历史系对您影响最深的是什么？

汪：我觉得兰大历史系有它自己的传统。顾颉刚先生曾经于 1946 年担任兰大历史系系主任，虽然在学校工作的时间不长，但留下了重视科研和关注地方历史研究的好风气。1949 年后，国家大力加强兰州大学的师资建设，对我影响很大的张孟伦先生、赵俪生先生等都是那时候从内地大学调过来的。对历史系影响最大的赵俪生先生是山东安丘县人，有着传奇的经历和傲人的学术贡献。他在读清华大学时参加过“一二·九”运动，抗战时在山西打过游击，到过延安，后来以教师职业为掩护从事地下工作。1946 年以后，先后在河南大学、华北大学第四部、中国科学院编译室、东北师范大学、山东大学、兰州大学工作或任教。1958 年被补划为“右派”，被派到学校农场劳动。赵俪生先生以受胡适赞赏的论文《清初山陕学者交游事迹考》起家，在中国农民战争史、中国土地制度史、中国文化史的研究上领风气之先，在史学界以理论和学术著名。

问：赵俪生先生是什么时候调入兰大的呢？

汪：他是 1957 年 8 月由山东大学调入兰大的。他一到兰大就提出要办《兰州大学学报》社会科学版，还在学报第 1 期上发表了《从阶级关系和阶级斗争角度看我国古史的分期》一文，阐述自己的魏晋封建论。1958 年，他被山东大学补划为右派，要留他在山大接受改造。兰大不同意，又把他要了回来。赵俪生先生在兰州大学工作和生活了 50 年，对兰大历史系既注重教学又重视学术研究、以科研促教学风气的形成起了关键作用，是兰州大学文科的一面旗帜。

问：前面您说到，您是张孟伦先生的研究生，赵俪生先生也是您的老师吗？

汪：从严格意义上说，我不是赵俪生先生的学生。20 世纪 60 年代我读大学

的时候，他没有给我们班授过课；1979 年开始读研学习，我也不在他的门生之列。但我自认是赵先生的私淑弟子，听他的课和讲座，参议他的著述，学习他的论述，追寻他的业绩，总结他的成就。赵先生和他的家人视我为他们的朋友。中学时，我就读过赵俪生先生有关山东农民起义的小册子，对他充满仰慕之情。1963 年考入兰大以后，同学们都为系里有这位著作等身、声名显赫的大学者感到自豪。江隆基校长对赵先生的才华十分赞赏，说他是兰大文科最有真才实学的教授。确实是这样。赵先生讲中国通史课，从北京猿人讲到鸦片战争，一讲就是两年半。讲通史要上下贯通、点面结合、前后照应，没有极高的学养是难以讲好的。其他老师都是各讲一段，而赵先生却能应对这种挑战。赵先生讲课从来不拿讲稿，只是拿几页抄有资料的纸，但一开讲，就以他独特的开场白，连珠的妙语，抑扬顿挫、底气十足的男中音，把听课者的注意力吸引过来。他讲的都是自己深思熟虑的或者是史学热点、学术前沿的重大问题。他围绕论题，层层深入，逻辑严密，使学生们受到高层次思维的陶冶，被引导到最前沿的学术阵地。凭着这样的教学，赵先生的学生，如孙祚民、孙达人、罗祖基、邹逸麟、乔幼梅、潘群、秦晖、葛金芳等都在自己的学术领域取得了杰出的成就。1978 年恢复研究生招生，赵先生一下子招收了七位专门史的研究生。

问：这样说，您不仅算得上赵先生真正的学生，而且还是赵先生学术真传的真正受益者。您曾经为宣扬赵先生的治学精神和思想品格做了大量工作。

汪：是的。随着了解的深入，我认识到赵先生是做大学问的学术通家，是现当代中国史学史中特立独行的人物。于是，我决心以阐扬赵先生的生平和学术作为自己的一项任务。1991 年 11 月，学校举行赵俪生教授从事学术 60 周年、教育 54 周年庆祝会，我做的主题报告第一次系统全面地总结了赵先生对学术和教育的贡献。1996 年 10 月，兰州大学与山东大学联合举行赵俪生先生 80 寿诞庆祝会。在此前后出版的《赵俪生八十寿诞纪念文集》《赵俪生史学论著自选集》《篱槿堂自叙》等，在学界引起关注和震撼。大家认为赵俪生先生的学术是中国史学的宝贵财富，提议编辑他的文集。经学校批准，从 2000 年 6 月开始，我和王劲教授就投入这项工作，在赵俪生先生的大力配合和许多朋友的帮助下，编辑了六卷本的《赵俪生文集》，于 2002 年 4 月由兰州大学出版社正式推出。文集出版后，好评如潮，并获得第四届中国高校人文社会科学优秀成果一等奖。消息传来，赵先生深感安慰。2007年11月27日，赵俪生先生以91岁高龄逝世。两天后，我在榆中校区做了“赵俪生先生的生平与学术”的讲座，与二百多位同学一起祈愿先生走好。赵俪生先生逝世后，我又主持编辑了100万字的《赵俪生先生纪念文集》，于2009年出版。我认为，兰大应该高扬赵俪生这面旗帜，激励历史学科的后继者永远走在教学和科研的前列。

问：您的研究生导师张孟伦先生是不是比赵先生要年长一些啊？

汪：是的。他是江西省万年县人，生于1905年，比赵先生大一轮。他1933年从武汉大学历史系毕业，之后在江西樟树中学教书，同时也写一些史学文章，后调到中正大学任副教授。1946年，商务印书馆出版他的《宋代兴亡史》，该书对赵宋王朝的内部政治纠纷和外部民族矛盾进行了深入的剖析。虽然该书的篇幅不大，却是20世纪研究宋史最早的书了。他来兰大以后主要是讲授历史文选。1958年被补划为右派，被调到张掖师专工作两三年后又回到兰大。1961年起，他开始从事中国史学史的教学和研究。1978年，张先生成为史学史专业研究生导师，我是他招的第一届研究生。张先生为人比较拘谨，但是做学问踏实、严谨，特别注重对资料的掌握和对史实的严密论证。我师从先生多年，得益良多。

三、关于历史文献学的研究

问：您在兰大历史系的教学与科研工作是不是与您的导师一样，是以历史文献学为基础的？我发现您在20世纪八九十年代的学术成果许多是与历史文献学有关的。

汪：是这样的。我在中国历史文选和中国史学史的教学和研究中，发现有许多问题似是而非，还缺乏研究。所以我钻研了不少问题，陆续撰写了一些学术论文和相关的著作。例如：《读史基础手册》《姓名的奥妙》《谥法研究》《〈据鞍录〉校注》《〈孝经〉译注》《〈汉书〉选评》《文溯阁本〈四库全书〉四种校释研究》等。还有主编和合著的，如《中国历史文选》《中国史学史纲要》《中国历史文献学》之类。

问：成果确实不少。您最早整理的一部文献是不是《〈据鞍录〉校注》？我想问一下这是一本什么书呢？

汪：《〈据鞍录〉校注》是我研究生毕业以后最早的一项文献整理成果。《据鞍录》是清朝乾隆初年杨应琚以日记形式写的一部有关青海、甘肃、陕西的行记。杨应琚出身官宦世家，自己几任封疆大吏，官至大学士。乾隆四年(1739 年)，他在西宁道任上奉命入京述职，写成了《据鞍录》一书。书中以大量篇幅记载他沿途勘查古迹、搜访金石的情景，把很多古迹名胜的历史沿革、名称由来、地理变迁等叙述清楚，以优雅的文笔展示了西北河山的壮丽，叙述了社会民情和风俗异趣。我是以乾隆年间的精刻本为底本，参校其他版本，查阅有关史籍、方志，对书中的难字、生字、历史典故、人物、地名等进行了注释，同时还编写了一部《杨应琚年谱》。

问：您在历史文化研究方面的一项重要成果是撰写了《谥法研究》一书。关于这方面的学问过去没有人系统地研究过。您的成果受到学术界高度关注，并且得到了很高的评价。

汪：这本书是国家古籍整理规划小组资助出版的项目，1995 年由上海古籍出版社出版。这里我先解释一下什么叫"谥法"。"谥法"又叫易名典，是在人死后根据其一生的功过是非，评定褒贬而给予的称号。事迹突出，可以得到美善的谥号，从而彪炳千秋；事迹一般，只能得到普通的谥号；至于做尽坏事，就会给一个丑恶的谥号，使其遗臭万年。古代中国被称为礼仪之邦，一向强调以忠孝仁义治国，以教化治人。谥法是贯彻礼义教化的一项重要制度，被称为国之典礼，受到历代统治者的重视。其自西周中期产生以后，直至清朝末年，被沿用近 3000 年，不仅对人们的行为心理和公众是非价值观的构成产生了深刻的影响，而且对古代社会的稳定起到了微妙而不可忽视的作用，是源远流长的中国历史文化遗产的组成部分。

问：谥法的产生既然有那么悠久的历史，那么关于谥法之学过去没有人研究吗？

汪：在封建时代，谥法是一门显学。战国中期，儒生假托周公撰成的《逸周书·谥法解》，是最早的一部关于谥法的经典性著作。三传和《礼记》中也有许多谥法的内容。东汉以后，官府和学者们为了礼仪和教化的需要，撰写了 100 种以上的谥法著述。辛亥革命以后，封建王朝被推翻，谥法自然也随之寿终正寝。由于种种原因，20 世纪以来还没有通盘研究历代谥法的专门著述。1982 年秋，阴法鲁教授发表《漫谈文化史知识》一文，呼吁学术界广泛地进行古代文化史的研究。由于教学的需要，我开始着意收集资料，并试写了《谥法的产生和谥号的种类》一文，发表在《文史知识》1986 年第 9 期上，受到读者的好评。此后几年，我继续深入探讨，用今人的眼光对谥法史和谥法学做全面整理。

在这本书里，我探讨了谥法的产生、发展，阐述了谥法的形式、种类及各自的特点，分析了谥法的作用及谥法学的应用。附录的谥字集解，从各种古籍文献中钩稽出历代所曾使用过的谥字 400 余个、谥解 1700 余条，以及前人的大量注疏。我的目的是要为学术界认识和利用古代文化的这一个侧面尽自己的一份力量。

问：您的这本书出版后，获得了学术界的关注，评价也很高。例如赵俪生先生曾推荐说："《谥法研究》一书在学术界不是可有可无之书，而是必不可少之书。"

汪：赵先生的话的确说在了点子上。此外，我还要特别感谢时任中国历史文献研究会会长的北京师范大学刘乃和教授，她在通读全稿后为本书撰了序；感谢北京大学阴法鲁教授为本书题名签。此外，1997 年山东大学的张金龙教授还在《中国史研究动态》中发表了书评。北京师范大学历史学院瞿林东教授 2014 年在为我的《陇史新探》一书写的序言中，也对本书做了很高的评价。现在讲究论著的引用率，这部著作是我所有论著中引用次数最多的。

问：在您看来，谥法之学在近百年来已经成为海内外的一门"绝学"。习近平总书记 2016 年 5 月 17 日在哲学社会科学工作座谈会上的讲话中特别谈道："要重视发展具有重要文化价值和传承意义的'绝学'、冷门学科。这些学科看上去同现实距离较远，但养兵千日、用兵一时，需要时也要拿得出来、用得上。"我看到您有一篇文章《谥法之学与历史文献研究》，就谈到了谥法之学的这种功能。

汪：我的这篇文章于 1990 年发表在《历史文献研究》上。我是把谥法学作为历史文献研究的一门辅助学科来看的。第一，谥法学知识有助于辨别伪书、伪诗文和判别古籍的著作年代。第二，谥法学知识有助于古籍的校勘整理。古籍在长期的传抄刊刻过程中，会出现一些不应有的错误和后人添续的文字。史书中也会出现一些有违史实的问题。整理校勘古籍，就必须指出或订正古籍中的文字错误。第三，谥法知识有助于我们对文献内容和有关问题进行深入理解。不同时代时兴不同的谥号。以皇后嫔妃之谥为例，唐以前，多用德、献、昭、穆、宣、文等作为表示个人能力、品质和贡献的谥字；明清两代，却多用恭、顺、孝、和、惠、安等作为表示服从、柔顺、安分的谥字。这表明，理学推行以后，妇女社会地位的下降及其才能受到抑制。以臣谥来说，五代多谥忠、谥武，是因为其时多篡弑，要以忠谥来引导臣僚忠诚于自己；同时又多战争，要以武谥来鼓励将士奋勇拼杀。宋、明爱用文谥，表明统治者为了巩固政权而重文人、倡儒学的时尚。此外，从一些人谥号的予、追、加、改、夺也往往可以窥见时局的变化。比如，从宋哲宗元祐元年到钦宗靖康元年的40年间，王安石、司马光二人死后谥号的变化，就反映出当时“新党”“旧党”彼此倾轧的情况。第四，谥法知识有助于对历史人物的深层分析。谥法是盖棺定论的礼法制度，它根据谥主行为来评定褒贬。我们从其人的谥号，就可以窥知当时人对其一生的评价，并将其作为我们研究该人物的参考。比如，陈涉死后，秦二世时的儒生们给陈涉谥号，一方面表明他们承认陈涉的政治地位，另一方面谥号“隐王”是表明他们没有把陈胜看成是合法正统的政权首脑。以上讲的是谥法对历史和文献研究的作用。现在看来，谥法对官员道德操守的约束和社会风气的引导具有重要作用，同时也有很大的现实意义。

四、对一桩伪史案的辨识

问：我看到您近年来在关于古罗马兵团东归伪史案的辨识以及相关的问题上花了不少的工夫，进行了全面的研讨。您不仅写了很多的文章，2012年还出版了专著，即《骊靬梦断——古罗马兵团东归伪史辨识》一书。从书中列出的参考文献中就可以看出您在这个问题上所花费的精力。

汪：是的。自1989年以来，流传着在甘肃省永昌县有一个2000年前安置古罗马军团人员的城市的说法。由于多方面的宣传介入，这一说法早已为人们所熟知。但是，历史上真有其事吗？它的来龙去脉究竟如何？这些就是我写这本书所要弄清楚的问题。我写这本书是为了追求历史的真实性，留下一桩经过总结的史学个案。50 多年前西方汉学家的一个学术假说被地方当作真历史来宣传、来造势，立碑、圈残垣加以保护，耗费巨资建设古罗马旅游城，拍摄电影和电视剧，每年有许多人被吸引来旅游参观。归根到底，这是伪造了古代中外关系史上的一页，以之“搭台”去为地方“唱戏”。

问：这个事情是怎么闹起来的呢？

汪：事情是这样的：1957 年，美国汉学家德效骞发表《古代中国一座罗马人的城市》一文。文中说，公元前 53 年卡莱尔战役中被安息(今伊朗)人俘虏的罗马军人，后来流落到匈奴郅支那里，帮助建造了土城外有重木城的城墙。公元前 36 年，在与汉西域都护对垒中，他们摆出了只有罗马军队才有的龟甲阵，战败后自愿跟随汉西域都护甘延寿和副都护陈汤回到汉朝。汉朝在河西走廊以当时汉对罗马的称谓“骊靬”设县安置了这批罗马军人。德效骞的这一历史假设被一些西方和中国学者接受并加以引用，包括英国李约瑟的《中国科技史》。1989 年 9 月 30 日的《参考消息》转载法新社电讯，称澳大利亚教师戴维·哈里斯在中国甘肃发现 2000 年前消失的古罗马军人的定居点——利坚(“骊靬”的错误回译)。这个消息在我国造成了轰动。哈里斯是兰州大学的外籍教师，与同为外教的俄语教师以及兰州大学和西北民院的两位中国教师在甘肃永昌县进行考察，认为永昌县西南的者来寨就是西汉用作安置古罗马战俘的骊靬古城的遗址。当年 12 月 25 日的《人民日报》还以《永昌有座西汉安置罗马战俘城》为题，报道了他们考察的消息。在各种媒体报道的同时，永昌县委也在“骊靬遗址”上大做文章，进行宣传。者来寨也被更名为“骊靬村”。随后，不少人在宣传“骊靬”上花费功夫。参与考察的兰州大学教师陈正义写了《骊靬绝唱：最后的古罗马人之谜》一书。此后，还有些作家根据这个主题写了历史小说和影视剧本，可谓轰动一时。

问：那么您是如何看待这个问题的呢？您在 2012 年出版的这本《骊靬梦断——古罗马兵团东归伪史辨识》就是针对以上这些说法做出的自己的回答吧？

汪：历史的真伪是严肃的学术问题；对学术问题，学者只能用学术研究的方法去对待、去解决。作为学术著述，我在书中通过对古今中外历史资料的梳理，参照古今学者对相关问题的研究成果，进行细致的历史考证，试图探寻历史的真谛，弄清古罗马军团人员及骊靬县问题的曲曲折折，辨析真真假假的各种说法，最后做出符合科学要求的研究结论，用来揭示历史的真相。我在书中首先原原本本地介绍了半个多世纪以来正反两方面对古罗马军团东归说学术争论的情况，目的是使读者不被一面之词所迷惑，知道既有将骊靬问题的假说固化和强化的一面，也有中外历史学家不断质疑和批评的一面。

问：在书中您是怎样阐述您的观点的？

汪：首先在书中立专章，简略介绍公元前1世纪前后古罗马和中国的历史，以使一般读者明了相关的历史背景。然后，以古罗马和汉朝的历史原文献为根据，对公元前1世纪中后期中亚地区两次战役的历史过程进行了详尽的叙述。以确凿的史料和精细的考证证明，在公元前53年的卡莱尔战役中，罗马统帅克拉苏战败后被杀，其小儿子自杀，克拉苏的大儿子此时正在遥远的高卢跟凯撒作战。从战场逃回的两批人下落清楚，财务官卡西乌斯后来成为共和派首领，刺杀了凯撒。而被安息俘虏的罗马军人，在奥古斯都时期被归还给了罗马，不存在他们逃往郅支单于城的可能。公元前36年汉朝与匈奴郅支城战役中的诸多事项，都不必，也没有罗马军人参与。郅支战役的俘虏全交给了参与作战的西域诸国，没有带回关内，汉朝不必在河西建县安置子虚乌有的古罗马降人。

问：那么历史上究竟有没有这个骊靬县呢？

汪：骊靬县确实有过，但与安置古罗马军人没有关系。骊靬县于西汉建立，直至隋朝初期被撤并。书中依据所有能找到的古代史料，对骊靬的建置沿革第一次进行了认真的考订。考查了与骊靬相似的几个地名，发现《史记》所述的“黎轩”和《汉书》中的“犛靬”或在安息西，或在安息北，都与班超试图交通的大秦（即罗马）没有关系，也与骊靬县名没有关系。《后汉书》中“大秦国一号犁靬”的说法，来自于曹魏鱼豢所撰的《魏略》，东汉时没有此说法。已出土的汉简证明骊靬的地名早在公元前60年以前就已经出现。书中考查了各种关于骊靬设县时间、原因和县名来历的说法，提出公元前78年张掖属国义渠骑士射杀匈奴犁汗王后被封为犁汗王，汉朝因而设音同字异的骊靬县令其居住。骊靬地名系匈奴语“髓”的音译，为土川肥美之义。人们都以永昌县者来寨为西汉骊靬县故址，书中提出者来寨系明代祁连山北沿线的许多堡寨之一，真正的西汉骊靬县遗址可能是六坝乡回归城。

问：甘肃省永昌县这个地方有没有可能有欧洲人来过呢？在“骊靬人”的血样测定中不是也有属于欧洲人血样的个体吗？

汪：永昌县地处古丝绸之路东线要冲之地，公元前121年汉占有河西走廊之前，当地生活着以欧洲人种为主体的乌孙、月氏等族的居民，以后当地虽然以汉族为主体，但居民和过客的人种状况十分复杂。因此，永昌县有一些西方人长相的居民毫不奇怪。兰州大学遗传研究所DNA测定结果证明，在对87个“骊靬人”个体的血样检测中，只有3个个体的线粒体单倍群属于西亚类型欧洲人，他们肯定不是什么古罗马军团的后裔。书中对清末以前5000年间永昌一带欧洲人种居民的历史资料分时代进行了钩稽考查，在否定安置古罗马降人一说的同时，希望为永昌“骊靬人”来源的进一步探讨提供历史依据。

问：永昌县的习俗中有没有与欧洲人相同的呢？

汪：永昌县的许多习俗被赋予古罗马遗留的色彩。我在书中一一进行了考证，指出：永昌县的斗牛，是中国南北各地自古以来就有的风俗，古罗马只有斗兽和人斗人，西班牙中世纪形成的斗牛活动也与此无关。做牛头馍馍进行牛祭、以牛头祭祀牛王以及立春时打春(牛)的活动，中国自古就有，也与罗马人无涉。永昌民间的葱油饼从原料、制法和外形上都与意大利的比萨饼迥异。永昌的婚俗和妇女地位与古罗马差距极大。永昌的土葬习俗与古罗马人当时的火葬习俗也毫无共同之处。在中国古文献和各种考古报告中，墓穴和尸体头向从来没有一定的规矩。永昌即使存在头向西的尸式，也不能证明这是古罗马人的遗俗。永昌传统的节庆多来自于历史故事，古罗马的节庆多为娱神，二者没有共同之处。

总之，我希望通过对这一学术案例的讨源，为中外关系史和永昌地方史研究的求真贡献一己之力吧。这就是我这本书的基本情况。

五、以历史学家的视野关注大西北

问：自从您在兰州大学研究生毕业留校后，您的学术研究目光很大一部分投射了到西北的历史和地理，写了很多关于西北地方史的文章和著作。您的《西北史札》一书就是这方面文章的结集吧？

汪：我十岁丧父，小学一毕业就离开故乡，到兰州投靠“支援大西北”的姐姐，大学毕业后又到青海省部队农场劳动、当山乡教师十年。一转眼在西北已经生活了几十年。我对西北这个第二故乡有着很深的感情。况且，兰州大学历史文化学院的前身兰大历史系，从它建系的第一天起，就在顾颉刚先生的带领和影响下注重西北地区史的研究。所以，我发表的第一篇论文是关于隋炀帝到青海的《拔延山考》，出版的第一部书是西北地理著作《据鞍录》的校注。后来还出版了《西北史鉴》《甘肃通史·秦汉卷》等专著，主撰过《古代开发西北人物志》，发表过数十篇关于西北的论文。

我的第一本论文集之所以以《西北史札》为名，一是由于其中所收文章以西北为限，不包括我在其他方面，尤其是中国史学史方面的研究文字；二是由于其中收录了一部分我在参议政治、反思历史的基础上撰写的有关西北和甘肃的研究报告及有关文章。文集既然是纵探西北历史和横议当代社会思想的交汇，所以确定了这个有点笼统的书名。

1995年以后，我先后被选任为甘肃全省人事工作监督员、民盟第八届中央委员、甘肃省民盟常委、文教委员会主任、第八及第九届甘肃省政协委员、文史资料委员会委员、甘肃省文史研究馆馆员等。在参议政治的过程中，根据费孝通先生“出主意，想办法，做好事，做实事”的教导，我主持了一系列专题调研，撰写了许多文章，还应中共中央党校出版社之约主编出版了《千古兴亡史鉴丛书》，试图以自己的历史知识和专业能力服务于社会。这些文字也可以当作历史来看，是横的历史，是对当代西北地方史的有益思考。

问：这次您送给与会学者的新著《陇史新探》是您在《西北史札》以后继续从事西北地方史研究的成果吧？

汪：是的。2008年出版的《西北史札》是1978—2005年我个人较重要的地方史论文的结集。近年来，甘肃提出建设文化大省的战略目标，尤其是实施华夏文明保护传承和创新发展示范区建设以来，我们这些生活于斯的学人备受鼓舞。根据新的形势，在省文史馆领导的安排下，我发挥专长，到各市县考察，查询各种资料，从事学术研究，撰写论文，在相关论坛、研讨会、座谈会上发表学术成果，为文化大省建设提出了一些有价值的意见。《陇史新探》主要收录了2006—2014年我撰写的地方史研究论文，内容包括东部羲黄文化、陇东先周文化、礼县早期秦文化、汉代地方史热点问题、文溯阁《四库全书》等，以及为几部地方史著作写的序或书评。

我之所以持之以恒地关注对甘肃历史的研究，主要有三个原因。其一，甘肃历史是中国历史的重要组成部分，是中国几千年文明史的重要环节。许多中国历史之谜，只有在细心研读甘肃历史时才可能解决。其二，历史研究要发前人所未发。甘肃历史研究中尚有许多未曾过细探讨的问题，有许多似是而非的观点和说法，甚至有伪造的历史，寻找、发现和研究这些问题，揭示其真面目，是我们历史学者义不容辞的社会责任。其三，历史研究既要掌握丰富的文献资料，又要关注考古成果，更要有对研究对象的深切了解。我长期寄寓甘肃，对甘肃社会人文及地理的了解甚至超过了对家乡江苏的了解，况且我又主要是从事中国历史，尤其是史学史和文献学研究的，在文献的掌握和全国性的眼光上有一定的优势，从事地方史研究更能出成果。《陇史新探》这本书被列入甘肃省人民政府文史研究馆文库，由中国文史出版社于2014年8月出版。根据文章的内容，我将选入书中的论文划为三块：一是关于西北历史和地理的研究论文，二是与西北有关的古代文化研究论文，三是当代西北和甘肃的历史反思文字和调研报告。每一类文章大体按照其所述历史时代或文章形成的时间排列。从这些文稿中，大体可以看出我这几十年的治学特色和思想轨迹。

问：我在您的《陇史新探》中，看到有几篇文章谈到甘肃东部以天水为中心的地区是中华文明起源地之一。历史事实是这样吗？

汪：确实是这样。我在1997年出版的《二十五史新编·史记》中就提出，中华文明5000年历史应该从三皇五帝算起。以天水为中心的甘肃东部是以伏羲、女娲、黄帝为代表的先民长期生活的地区，是中华文明起源地之一，羲黄文化在这里有着厚重的积淀。汉魏时代就有伏羲生于成纪（今甘肃静宁县南）、黄帝生于上邽轩辕谷（今甘肃清水县东）的说法。境内广泛流传着伏羲画八卦、结网罟兴渔猎、教民熟食、制俪皮嫁娶之礼，女娲抟土作人、炼石补天、兄妹成婚，黄帝出生、成长及活动的传说。分布着众多与伏羲、女娲、黄帝有关的文化遗址、遗迹，如天水市麦积区有伏羲画卦的卦台山、龙马洞、伏羲陵；秦安县有女娲祠等；西和县有伏羲出生的仇池山、伏羲崖；天水伏羲庙是现存全国最大的用于伏羲祭祀的明代建筑群；甘谷县白家湾乡古风台有“羲皇故里”石碑、大象山有古伏羲坐像；清水县有黄帝诞生的轩辕谷、轩辕溪；礼县有黄帝洞；成县有轩辕庙；正宁县有黄帝得道处、轩辕庙和黄帝冢；平凉市有黄帝问道广成子的崆峒山；泾川县有与黄帝交往密切的西王母石窟；庆城县是黄帝太医岐伯故里。这些十分珍贵的历史文化遗迹以及相应古文化遗址，充分说明以天水为中心的甘肃东部，作为伏羲、黄帝故里，是中华文明的重要发祥地之一，是世界华人寻根祭祖的圣地之一。

20 世纪 80 年代以来，甘肃省政界、学界为了替羲黄故里正名、保护羲黄遗迹、阐扬羲黄文化、继承和发展羲黄精神，做了大量工作，产生了积极的效果。中华伏羲文化研究会、甘肃省伏羲文化研究会和甘肃省轩辕文化研究会成立，相关的活动和研究被大力组织。天水市每年组织伏羲祭祀大典，清水县举办轩辕文化旅游节。国务院批准在甘肃省建立华夏文明保护传承和创新发展示范区，要建立以伏羲文化为核心的陇东南文化历史区，大大推动了对羲黄文化的保护、传承和创新。

比起伏羲文化研究的蓬勃兴旺，甘肃省黄帝文化的研究成果无论从数量还是质量上都略显不足。加强黄帝文化的研究和阐扬，让其走向全省、走向全国、走向世界，形成共识，是我省文化学术界一项刻不容缓的任务，更是建立华夏文明保护传承和创新发展示范区的重要环节。因此，我在这方面也做了一些工作，大力宣传这个地区的历史文化积淀。

问：您以自己的历史文献知识为西北地区的经济文化建设服务，最有影响的成果就是您主编的《西部大开发的历史反思》这本书了吧？

汪：那我就谈谈《西部大开发的历史反思》一书产生的过程吧。这本书的研究设想是从 1990 年开始的。当时，我们合作编写的《古代开发西北人物志》问世，我决定继续从事西部开发史的研究，撰写专著，为中央西部开发战略决策提供借鉴。十年间，我始终坚持西部开发的理念，先后发表了数十篇有关论文，并出版了《甘宁青民国人物》《西北史鉴》等专著。

2000 年年初，国家做出实施西部大开发的重大战略决策，使我们这些长期生活在大西北，并且从事着西部开发史研究的学者振奋不已，准备全力投入。2001 年，国家哲学社会科学规划办公室批准了我们的立项申请，将我任首席专家的“西部大开发的历史反思”研究课题确定为国家社会科学基金“十五”规划重点项目，并拨款资助。7 年中，由 57 位教师和研究生组成的研究团队团结一致，分工协作，奋发努力，先后发表研究论文 60 余篇，在坚实的专题研究基础上，吸收学界已有成果，站在时代的高度，结合现实，审视历史，终于完成了项目研究，以约 80 万字的最终研究成果，通过了国家哲学社会科学规划办公室的审核，批准结项。

全书分绪论、上编和下编三部分。绪论对西部开发的有关理论和概念进行了探讨，列举和分析了西部开发历史研究的有关成果，对当前正在实施的西部大开发战略的推进提出了九点政策建议。上编题为“西部开发的历史与实践”，分朝代、分阶段对先秦至当代的西部开发史进行研究，总结中国历代西部开发的规律，为西部大开发寻觅借鉴。下编题为“西部开发的历史反思”，以建立和谐社会的 28 字要求为指针，分不同专题，以切片的形式，从西部对中华文明的贡献、西部各地在中国历史发展中的地位与作用、历代西部开发与西部经济地位的变化、西部开发与国家安定富强、历代西部开发与国家政治、历代开发与民族宗教政策、历代西部开发与西部文化教育、历代西部开发与西部人口变化、历代西部开发活动与西部生态环境、西部开发历史反思的总结这 10 个方面，对历代西部开发的特点、规律、影响、经验、教训等进行了全方位、多侧面的检讨和反思。

问：看来这部书在对西部开发史的反思中取得了许多突破和创新，对增强西部大开发思想的历史意识、丰富西部大开发战略的理论内涵、建立科学的西部开发史学科体系，有重要的理论和学术价值。

汪：自实施西部大开发战略以来，西部开发史迅速成为研究的热点，新成果不断涌现。这本书之所以受到关注，是因为以前出版的论著大多将目光放在西北、西南两个地区的独立研究之上，或者就某一地区的某一人物、某一事件进行精深研究，对西部地区贯通的、综合的研究比较少，对西部开发历史的成败得失总结反思得不够全面深入。这部书的出版在很大程度上弥补了这些缺憾，是迄今学术界对中国西部开发历史进行宏观、综合、全面、深刻总结和反思的重要学术著作。有评论指出，这部书站在21世纪建立和谐社会和可持续发展思想的高度，总结了历代西部开发的理论和规律。因此，这部专著的出版，对增强西部大开发思想的历史意识、丰富西部大开发战略的理论内涵、建立科学的西部开发史学科体系具有重要的理论和学术价值。

六、关于中国少数民族史学的研究

问：最后我们谈一谈关于中国少数民族史学研究的问题。在这次兰州的研讨会上，您介绍了您所主持的“中国少数民族史学研究”的情况，特别讲了中国少数民族史学的特点和定位的问题。您能不能谈一谈这个课题编撰的具体情况？

汪：好。我们就从白寿彝先生重视少数民族史学的观点谈起。在1984年撰写的多卷本《中国史学史·导论》中，白寿彝先生提出：“单就中国史学史来说，汉文史书浩如烟海，整理出来一条发展的线索，已经很不容易。国内的少数民族，如蒙古族、维吾尔族、藏族、傣族、白族等，也都有他们的史学，现在我们知道得还很少。把中国史学史写成一部多民族的中国史学史，需要一个长期的过程。……不写兄弟民族的史学史，中国史学史就不算完整。”北京师范大学瞿林东教授始终将白寿彝先生的号召作为治学重点。2005年，他提出了“中国少数民族史学研究”的重大项目建设课题。2007年9月，由北京师范大学史学理论与史学史研究中心牵头，在河北承德举办了“中国少数民族史学与历史学多学科研究方法”学术研讨会，编辑出版论文集《中国少数民族史学研究》，有力地推动了中国少数民族史学史的研究。学者对少数民族史学及少数民族史学史的研究渐次展开。我和屈直敏发表了《建立全民族的中国史学史》的文章，通过梳理20世纪中国史学史和少数民族史学及史学史的研究现状，揭示了中国史学史和少数民族史学的辉煌成就，以及少数民族史学史研究极其薄弱的历史与现状，探讨加强少数民族史学史研究、建立全民族的中国史学史的重大意义，并且就建构中国少数民族史学史提出了一些初步设想。我还在《中国少数民族史学的产生与初步发展》一文中，对先秦至五代的少数民族史学进行了探讨和梳理。

2005年年底，由我牵头，兰州大学史学理论与史学史研究所联合甘肃、云南、内蒙、西藏、辽宁、海南等地的少数民族史学研究专家投标申请的“中国少数民族史学研究”课题，获教育部立项资助。项目组全体成员在已有成果的基础上，分西部、南方、北方三个研究方向，分工协作，细究古今各少数民族史学个案，综合探讨各时段、各区域少数民族史学状况，分析少数民族史学的内容、特点、阶段及与中央王朝史学和其他民族史学的关系等，对中国历代少数民族史学进行了全面系统的研究。十年来，课题组成员先后发表了近 60 篇、部专题论著，完成了 25 篇博士、硕士学位论文，撰成了 300 余万字的论著稿。在这一系列成果的基础上，由我按照史学史的学科规范和课题设计的要求，进行统稿，做了相关删改补充，终于完成了这部中国少数民族史学研究的专著。

问：这可是一项巨大的学术工程啊！完成这样的著作困难一定很多吧？

汪：的确是这样。由于我国古今少数民族数量较多，历史发展和文化演进千差万别，各民族史学的起源和发展参差不齐，各民族文字的产生有早有迟，对民族文字的使用有多有少，许多民族一直到 20 世纪 50 年代才创制本民族的文字。各民族史学的表现形式也是千差万别，许多民族在历史上并没有现代意义上的以民族文字撰写的史学著作，这样就很难完全按照以往形成的中国史学史研究的框架和概念对中国少数民族史学进行归纳。由于多种原因，中国少数民族史学大量存在“他者书写”的情况，若将“他者书写”的史学都排除在外，将无法反映大多数少数民族史学的面貌，那些长期没有民族文字的少数民族则无史学可述，更难以体现中华各民族共创中国史学史以及各民族史学史的实际。为此，我们将少数民族史学研究，即中国少数民族史学史研究定位为：以中国历代少数民族为对象，探讨历史上对少数民族发展历史的观察、认识、传说、记述和研究。其历史传承者主要是各少数民族的成员，也有汉族的成员，还有民族政权或一统政权的史官、史家；其形态有历代承循不绝的口述史学，有文字书写的史著、诗文、碑传等；记史所用文字有少数民族的本族文字，也有古今各民族通用的汉字。通过研究了解各少数民族的史官、史家与史学成就，综合研究和宏观把握少数民族的史学思想、历史观念，以及与其他学科，尤其是中国通史、中国史学史的关系，探索少数民族史学的个性特点、优良传统，以及各民族史学在其发展过程中的相互影响和借鉴等。

问： 有些少数民族缺少对本民族历史的文字记载，我们的史家写他们的历史是不是还要用口述的材料？

汪： 侗歌中唱道："古人讲，老人谈，一代一代往下传。树有根，水有源，好听的话儿有歌篇。没有文字好记载，侗家无文靠口传。"中国各少数民族都有丰富的口述历史，许多民族有专职记录和传诵历史的人员，如彝族有"奢哲"，哈萨克族有"谢吉列西"等。他们以神话、史诗、故事、谱系等形式传承本民族早期乃至后来的历史和思想，这些口述历史反映了该民族对宇宙生成、环境自然、种族起源、图腾崇拜、民族英雄、历史事件、民族关系、民俗风情等方面的记忆和认识。各少数民族口耳相传的历史，有的一直口头传承至今，有的为本民族的学者用本民族的文字或汉文记录下来，有的为历代中原史书所记录，这些都是少数民族史学的有机组成部分。例如，人口极少的独龙族、赫哲族也有本族讲述人类起源、民族英雄、住地迁徙的历史传说。哈萨克族先民对于人类起源的看法，不局限于神创造了人类的形体，更要给予人类灵魂。台湾少数民族神话中包含部落起源、迁移、宗教信仰、社会组织等历史。壮族有《侬智高的故事》《唱乱离》《冀王拜寿》《洪宣娇》《刘二打番鬼》等历史故事，回鹘族有《乌古斯可汗的传说》，藏族有《格萨尔王传》，壮族有《刘三姐》，柯尔克孜族有《玛纳斯》，蒙古族有《江格尔》、赫哲族有《伊玛堪》……虽产生于不同时代，却至今是中华民族历史文学宝库中的精品之作，也是我们撰写中国少数民族史学史的重要资料。

问： 从总体上说，你们能够对古往今来的中国少数民族史学进行全面探讨和综合研究，撰成一部涵盖古今少数民族史学发展史的著述，可以说初步实现了白寿彝先生的遗愿。这项成果无疑是一个前沿性的学术成果。

汪： 这个项目确实有些创新之处。从全书的结构来说，我们的书没有采用一篇篇民族史学研究论文堆积的形式，而是运用史学史的写法，按时代顺序论述自先秦至 20 世纪末的中国少数民族发展史，既阐明了中国少数民族史学的产生、发展与进步的总体脉络，又说明了各少数民族史学对中国史学发展的贡献及其在中国史学史上的地位；还从横向的方面评述每一时期少数民族史学的阶段特点及从纵向的方面显示古今各少数民族的史学成就。从内容来说，也有创新之处。多年来，学术界对中国古今少数民族史学研究得很不充分，我们的这部书稿，对

5000年中国少数民族史学进行了全面系统的研究，是第一部中国少数民族史学史。我们对很多少数民族史学第一次进行探讨，其内容是原创的。如对匈奴族史学、百越各族史学、吐谷浑族史学、壮族史学、白族史学、苗族史学、土家族史学、渤海族史学、党项族史学、哈萨克族史学、柯尔克孜族史学、黎族史学、台湾少数民族史学、达斡尔族史学、鄂温克族史学、纳西族史学、裕固族史学、撒拉族史学、东乡族史学、保安族史学、拉祜族、普米族、独龙族、阿昌族、哈尼族、布朗族、佤族等族史学，都是课题组成员对该民族史学成果多年艰苦爬梳的结果。即使已有一定研究基础的十六国民族史学、北朝史学、彝族史学、藏族史学、蒙古族史学、突厥族史学、回鹘族史学、契丹族史学、女真族史学、蒙古族史学、满族史学、回族史学、维吾尔族史学等，在参考学术界已有成果的同时，我们也从少数民族史学史的全新学术视角进行了一些研究，补充了新内容，并归纳总结。从一定角度看，这些内容也是原创性的工作。本项目成果对中国古今少数民族的史学进行了较充分的探讨和较系统的总结，是第一部中国少数民族史学史著述，可以说填补了中国史学史中少数民族史学研究的空白，对促进中国史学史的学科建设、构建全民族的中国史学史有重要意义。

问：以上的谈话中，我们对您在兰州大学历史文化学院这块园地中辛勤耕耘几十年所获得的成绩，选取几个方面进行了讨论，由于时间关系，还有许多方面没有涉及。我想，从您1963年考入兰大到今天，您已经在这里生活、学习、工作了半个多世纪了。您在这里承上启下，既接受了老一辈学者的学术真传，又用自己的勤奋工作培育了一代代的兰大后来人。您在学术研究领域里，立足于历史文献的基础，适应社会与时代的需要，广泛开拓、经世致用、求实创新，撰写出等身的学术论著，使史学的社会功能广泛发挥。您的这些学术成果不仅是兰大的骄傲、甘肃的骄傲，也是整个中国史学的骄傲，它们必将在中国史学的发展史上留下自己应有的一页。

汪：邹先生，您的这些评价，我实在不敢当。我只是一个踏踏实实的念书人、一个严谨勤奋的史学工作者。在史学领域，许多先辈、同辈，以及中青年学者做出了很大的成绩，我是不敢望其项背的。我的治学历程，大体上是在大学学业中断后，读了十多年社会和人生的“大书”，回大学重构历史和文化基础，在学习中进行历史文选和中国史学史的教学，由此出发，抱定以学术为社会和历史服务的宗旨，从事历史和文献研究，包括先秦秦汉史和地方史的研究。回顾几十年的治学生涯，我认为，研究历史要做到如下几点：第一，要打好基础，提高自己的理论水平，丰富历史和文化知识，在长期历史研讨中发展历史认知能力。第二，要多读书，尤其是自己专业领域里重要的历史典籍和研究著述，以及集部书和考古材料，有些书要反复读、对比着读、用心读，一定要有心得、有领悟，不做“两脚书橱”。第三，研究者要有自己治学的根基，从这个根基出发，去做各种各样的研究，虽然每一个选题都促使你重新学习和补充自己的知识，但原有的根基必定能提供给你做新选题的基础。第四，选题要着眼于创新，而不是人云亦云、滥竽充数，甚至做“文抄公”，要尽可能走到学术前沿，没有新东西，宁可不做。第五，历史研究是一种无私奉献的工作，要守得住寂寞和贫贱，不要企图一鸣惊人，也别想靠做学问得到富贵；不要怕吃苦，下决心深入进去。一步步实实在在地向前走，总能有所收获，总会得到社会的承认。

问：谢谢您的谈话！祝您身体健康、万事如意，在史学研究领域中继续做出新的贡献！

乔治忠：1949 年 7 月生，天津市人。1978 年考入南开大学历史系。1981 年考入杨翼骧教授门下，攻读中国史学史硕士学位。毕业后留校任教，随后，继续于杨先生门下在职攻读博士学位。1995 年后任南开大学历史学院教授，1996 年起为本专业博士生导师。主要从事史学理论与中国史学史的教学与研究工作，兼及历史文献学研究和古籍整理。曾几次到日本早稻田大学、日本立教大学等校任客座研究员，进行学术交流和专题研究。主要撰述有《清朝官方史学研究》《中国官方史学与私家史学》《中国史学史》《清代官方史学与私家史学相互关系研究》等，主编《清文前编》等，发表学术论文 160 多篇。

史学史在历史学中的特殊地位和作用

——访乔治忠教授

问：乔老师，您好！多次开会与您相见，聆听您关于中国史学史诸问题的高见。我发现，您进入史学殿堂的经历，正好与中国改革开放40年的历程相吻合。自从进入历史学的领域，您就一头扎入了史学史的学习、探索、研究中，可以说心无旁骛。您一方面从老一辈著名史学家那里得到了丰厚的学术真传，经过您自己的消化、吸收和理解，从认识上上升到一个新的层次；另一方面您又在长期的教学、研究和对新人的培养中，获得了诸多独具个人特色的新见解。我从您的一些论著和发言中，感受到您的观点之所以犀利、独特、不人云亦云，不是为了标新立异，而是与您对这些问题的深入研究有关系的。以前见面由于时间仓促未能深谈。这次访谈，我们可以较深入地探讨一些问题。

乔：是的，谢谢您的评价！我也很愿意一起深入谈一谈，不知从哪里谈起呢？

一、师从杨翼骧先生

问：在以前我所做的学者访谈中，往往是从被访学者的师承关系谈起。您师从杨翼骧先生读了硕士，又读了博士，对于杨先生的学术思想、学术成就等应该是最了解的，您先给我们做一些介绍好吗？

乔：好的。我可以先谈一下杨翼骧先生的情况。杨先生是山东省金乡县人，1918年生，2003年去世，享年85岁。1936年毕业于山东省立济南高级中学，当年考入北京大学史学系。次年临近暑假时因事回乡，不料发生“七七事变”，日寇进攻北平。北京大学南迁，他未能与同学集体转移。于是不顾艰难险阻，只身南下赴学。辗转经过中国长沙、衡阳、桂林、柳州及越南，历尽艰辛，最终于1939年9月抵达昆明，进入了西南联大历史系复学。1942年，毕业留于北京大学任教，抗战胜利后回到北京。1953年10月，调天津南开大学历史系工作，曾任南开大学历史系副主任、南开大学古籍研究所所长。杨先生是著名的史学史专家，同时精于中国古代史的研究。1986年，他创建了南开大学史学史博士点，成为全国史学史专业当时仅有的4名博士生导师之一。

问：杨先生在20世纪40年代就在北京大学从事历史教学和研究工作了，真是资格很老的史学家了。当时的历史学者大多是从事中国古代史的教学研究，杨先生也是这样吧？

乔：杨先生与大多史学家不同，他在读完北京大学史学系一年级之后，南下复学途中，因认真阅读了梁启超的《中国历史研究法》及其《补编》，就下定决心，以研究中国史学史为专业。这在当时可谓独一无二，在今天也不多见。

然而当时整个学术界尚不重视史学史，杨先生在大学内的学习与工作不能不首先服从于主管部门的安排，做好中国古代史的教学与研究。20世纪50年代，杨先生发表《为什么项羽是农民起义领袖》《关于汉代奴隶的几个问题》《曹操打乌桓族是反侵略吗》等论文(后收载于《学忍堂文集》)，都直接紧扣当时历史学界的热点问题，颇为娴熟地运用了马克思主义的阶级分析、民族学理论和实事求是的唯物史观。例如：项羽出身于战国时楚国贵族，因此许多讲述秦末农民起义的论著列举陈胜、吴广、刘邦，而不提项羽。杨先生的文章指出：项羽的部队在灭秦之前，始终坚持推翻暴秦的战斗，并且起到战胜秦军的关键作用，这正是农民起义的根本目标。而其他贵族武装起兵后，急于占据地盘，称王割据，停止对秦作战。对于项羽，不能仅仅按出身定性，应当看其实际行为，所以在秦朝灭亡之前，项羽乃为农民起义领袖。在中国古代社会形态与社会分期的大讨论中，不少人主张汉代有大量奴隶存在，已然是奴隶制社会。杨先生拨正这种观点，考析汉代称为“徒”“赘子”“家人”“白衣”等都不是奴隶，而且汉代的主要农业生产者不是奴隶，而是农民，因此汉代已不是奴隶制社会。1958年，史学界展开评价曹操的学术讨论，涉及唯物史观应当如何评论历史人物的方法和原则。有些文章过于拔高曹操的地位，将其攻灭乌桓族的战争描述为反侵略的正义战争，这是不符合历史实际情况的。杨先生的文章以大量史实论证，当时乌桓族并未侵略内地，曹操打乌桓族完全是为了扩张自己的势力。杨先生的这些论文，遵从马克思主义史学的理论和方法，又立足于确切、充足的史料基础之上，被史学界大多数学者所认同。杨先生还在 1956 年出版了《秦汉史纲要》一书，被许多高校采用为教材。当时，此书与何兹全先生的《秦汉史略》并行于世，30 多年之后仍被史学界评论为“力图用马克思主义的理论、观点、方法研究秦汉史而产生的第一批全面记叙秦汉史的著作。两书的作者都是功力极深、造诣甚高的知名学者……其筚路蓝缕之功，则非后来的著作可比”。应当说杨翼骧先生较早地运用唯物史观理论和方法研究历史，并且取得了十分卓著的成就。尽管如此，杨先生心中仍然以研究中国史学史为挂念，可谓是“初心不改”。

问：原来如此！杨先生以研究中国史学史为“初心”表现在哪里？他在中国史学史学科建设和学术研究中的主要贡献是什么？

乔：坚持中国史学史的研究，应该说是杨先生始终坚持的学术方向。还在大学求学时期，他就打算编辑一部《全史学史文》作为本学科学生的学习资料。到毕业留任北京大学助教时，姚从吾先生开设中国史学史课程，曾指示杨先生为之抄录相关史料备用，在此过程中，“忽悟应当编辑一套《中国史学史资料编年》”，从而将此替换了之前编辑《全史学史文》的设想，成为杨先生一生最着力投入的学术工作。

从学生时期就确定专攻中国史学史，这引起了人们的关注，也导致朋友的劝阻，例如余嘉锡的公子余逊，也是从西南联大毕业留北京大学任教，曾几次劝诫他不要很早就选定研究史学史，史学史尚不能称其为学科，待到中国通史、断代史都颇有业绩后，再做一点即可。但杨先生不被这类好言相劝所动。到 1947 年、1948 年，杨先生发表《司马迁记事求真的方法和精神》《班固的史才》《三国时代的史学》等。1949 年年初，北平已经和平解放，各种文化、教育事业在共产党领导、协调下恢复和建设。杨翼骧先生此时已经是副教授职称，他对在北京大学主讲的中国史学史课程做出了新的改进，讲授内容有所调整和扩充，时段从上古一直到新中国成立前，分古代和近现代两大部分。古代分八章，每章之后介绍同时期西方史学的情况，并且做出比较；近现代分资产阶级史学、马克思主义史学二章，前者从梁启超开始，后者从李大钊开始，都是讲到临近新中国成立前。这种包含马克思主义史学内容的中国史学史课程讲授，杨先生应当是最早的实践者。

然而 1952 年大学院系调整，教育部的历史学科教学体系中没有收入中国史学史课程，杨先生本人也被调出北京大学。1953 年杨先生到南开大学历史系工作，根据学校需要，讲授秦汉魏晋南北朝史。到 1955 年，杨先生就在系主任郑天挺教授支持下，开设了中国史学史课程，这在经过院系调整后的全国大学中，仍然是开先之举。《史学译丛》1956 年第 2 期转载了苏联《历史问题》杂志社论，题目是《论历史科学史的研究》，所谓“历史科学史”，其实就是史学史。杨先生感觉来自苏联的此篇社论有可能成为中国史学史兴复的契机，于是更加积极地投入到中国史学史的教学与研究中。1957 年发表了《三国两晋史学编年》长文，1958 年年初，应邀到天津师范学院主讲一个学期的中国史学史。孰料就在这一年夏天，“史学革命”风潮兴起，有理论界权威发布反对“厚古薄今”的讲话，鼓动了南开历史系不明事理的年轻学生群起响应，贴出大量大字报攻击杨翼骧的中国史学史课程，指责这门课程对封建主义史学与剥削阶级的史著过于赞扬，甚至以漫画讽刺杨先生选择史学史为专业是好钻冷门，为的是躲避历史教育为无产阶级政治服务。但尽管如此，本课程仅在 1959 年停开，次年就以“中国史学史专题研究”之名重设，杨先生还到石家庄师范学院历史系讲授同样内容的课程。从这些事实，可以看出杨先生推动史学史专业发展的百折不挠的精神。

1961 年，峰回路转，教育部召集会议，决定开展中国史学史和外国史学史的研究，编写课程教材，推动史学史的研究。随之《人民日报》《文汇报》《历史研究》《文史哲》《学术月刊》等都刊载了关于史学史学科的讨论和学术文章，本学科成为研究热点，许多大学开设中国史学史课程，可说是盛况空前。杨翼骧先生不仅在南开大学本校讲授中国史学史，还应邀到安徽大学授课，而且是以集中连讲的方式开课。从 1961 年 11 月 23 日到 12 月 8 日的半个月时间，杨先生上课 26 个课时，并且对安徽大学师生、合肥师范学院师生、安徽省历史学者做学术讲座 5 次，呈满负荷工作状态，斗志昂扬、意气风发。1961—1964 年，杨先生发表《中国史学的起源与奴隶社会的史学》《裴松之与范晔》《裴松之与〈三国志注〉》《刘知幾与〈史通〉》《南北朝史学编年》等重要论文。1978 年改革开放之后，杨先生除指导硕士研究生、博士研究生之外，还与吴泽先生共同主编了《中国历史大辞典·史学史卷》，完成《中国史学史资料编年》三册，汇集从上古到明代的中国史学史资料。这两种撰述，一经面世，就倍受好评，成为嘉惠后学的名著。

今恰逢杨翼骧先生百年诞辰纪念之际，追思前辈对中国史学史学科建设的贡献，倍添一腔感动、感慨和感激之情。

问：学术界有学者认为，他在史学论著上数量不多而成功颇大，在研究选题上不十分巨大而价值久远，在学界联络上不十分广泛而名望甚佳。您跟随杨先生学习多年，亲炙杨先生的多方面教诲。对于杨先生的学术风格和特点您最有发言权，您是如何看的呢？他对您个人的治学又有什么影响呢？

乔：自我 1981 年年底跟随杨先生读硕士研究生算起，在先生身边 20 余年，深得教泽，对先生的道德、学术也颇有体会。杨先生出身于教师世家，从上大学时就立志于从事大学教学和学术研究。他为人不争名利，淡泊雅正，不徇风气，不拉关系，诚恳助人但恪守规范，言谈委婉而正气岸然。在治学上，扎实严谨而不乏理论眼光，善于运用条分缕析、统括综合的研究方法，《裴松之与〈三国志注〉》《刘知幾与〈史通〉》等文即为典范。杨先生论文数量不多但立言精湛，如上述论文二三十年后，还反复被各种文集收载，禁得住时间的检验。至于《中国史学史资料编年》，选题可谓大而难，其书价值久远自不待言。编纂宗旨就是为本学科的发展修桥铺路，体例、结构都表现为以著作家的素质来做基础资料的梳理，是学术上的无私奉献。杨先生很早便投身于中国史学史的教学，后来指导研究生更是认真尽责，这对本学科建设有如“润物细无声”，作用甚大而不彰显，但学界对这种贡献是了然明悉的。因此自然而然地形成了很高的学术声望，得到同行学人的尊重。

杨先生早年在史学史研究上就有很大的雄心，立志除编辑《中国史学史资料编年》外，还要撰写一部高水平的专著。但由于种种社会性的原因，中国史学史专著没有完成，《中国史学史资料编年》也只告成三册，计划中的第四册清代部分，未遑着手编撰。遵先生嘱托，我主持编纂了《中国史学史资料编年》第四册，又对前三册进行了补充和修订，于 2013 年出版，使之以更完整、更完善的形态展现出来。杨先生生前将其《中国史学史》手稿交付给我，嘱之留作教学参考，不必公布。后来我寻思此手稿虽尚未写完，但毕竟融入先生许多心血，于是经过整理编排，也于2013年影印出版，既可作为文物保存，又可在治学中参考。

我学习和研究中国史学史，是杨先生引导入门，许多学术理念与观点，直接承接了先生的学术主张。例如关于史学史学科的研究内容，就是按先生的思路有所发展。早期有的论点，例如对章学诚“史意”理念的解析，其实就是先生授课中讲述的论断，我做一点点发挥而已。当然，我后来在具体的研究结论上，不拘守先生原来的观点和视角，这是正常的发展，先生生前就曾给予多次赞许。作为弟子，学习和发扬杨先生实事求是、严谨审慎的治学精神，是治学的根本。先生指出：对于史学史的专业研究，在做人正派、注重道德修养的前提下，应有雄心，必当专心，需要虚心，犹须细心，才能取得出色的学术成就。这是令我受益终生的教诲。

二、关于中国史学史学科的任务与内容

问：乔老师，我看到您在2011年出版的史学史教材《中国史学史》，但是读过之后觉得这不是一本普通的教材，它渗透了您多年的研究心得。在此以前，中国史学史的系统专著和教材课本已经出版多部，而且大多是史学大家撰著，那么您为什么还要推出自己的中国史学史的教材呢？

乔：多年来我担任南开大学本科中国史学史课程的主讲教师，同时进行本学科的学术研究，逐渐积累了对于中国史学史知识体系和关键问题的新见解，已经着手撰写一部时间范围自上古至1949年的中国史学史专著。恰好中国人民大学出版社计划出版一套大学课程教材，经人介绍，向我约稿。于是我以撰写专著的思路撰写这本教材，内中多有独到观点，只是在篇幅上压缩成出版社可以接受的程度。我觉得即使是教材，也应当充满学术上的独得之见，多有创新，才能对学生富于启发性。教材如果内容平淡，议论泛泛，就会缺乏影响力。现在学界很多人有一成见，认为似乎凡属教材都不具有学术价值，连一些学术评奖活动也将教材排除在外。这当然是偏颇之见，但也因为太多的大学教材过于平庸。

问：看来您的这本教材是您多年来从事中国史学史教学与研究工作的结晶，书中的各个篇章都渗透着您自己的独立思考和见解。我发现其中很多篇章的内容，都曾作为专题论文发表过，是这样的吧？

乔：您作为史学理论及史学史学科的专家，观察得十分透彻，书中许多观点都曾作为学术论文公开发表。而且许多与众不同的独得之见作为论文发表后没有收到有力的辩驳，这就使我颇有自信地将其收入书中。但需要说明的是：第一，我的这本书，不可能从上古至近代每一观点都立新说，还是充分承袭了前人、时贤优良的研究成果的。第二，本书写作中也有少许新的感悟，此前未曾发表，例如对于李大钊《史学要论》的评述。第三，书中有的论述还不大确切，我此后的论文已有所改进；也存在有待讨论、尚未解决的问题。学术的发展，总是处在“继承—突破—产生新问题—引发新探索”的辩证进程之中。

问：您提出了中国史学史研究的三大任务和八项内容，是十分明晰的概括，读之感到很具系统性。您能不能对此从思路、宗旨、意义上做一下说明？

乔：我认为一个学科、一种专业，应当有其明晰的内涵与外延，畛域清楚，涵括的内容完整并且自成体系。就史学史学科而言，必须判明其学术任务和研究内容，这不仅显示了本学科的性质与特点，更使学者明了研究史学史究竟要做什么、要关注哪些历史资料和历史现象、史学史研究要达到什么目标与境界。学术任务和研究内容弄不清，从业者岂不如同盲人骑瞎马？

中国史学史学科的三大任务是：整理史学遗产，阐明史学演进过程，揭示史学发展规律。这三点作为单独的问题，前人和时贤都曾论述，我的思考和概括是从许多论说中提炼出这三点，组成三个层次递进、逐级上升的整体，论定这是史学史学科的全部任务。例如“揭示史学发展规律”问题，20 世纪 60 年代关于史学史学科的讨论中，几乎言者必称其是，但后来则渐渐沉寂。我认为史学的发展必有其规律，关键在于实事求是地将之揭示，史学史研究必须有此目标。

关于中国史学史的研究内容，这是导师杨先生早就思考的问题，在其《中国史学史手稿存真》《中国史学史讲义》和已刊《中国史学史绪论》文章中都有论述，三处表述不尽相同，说明杨先生对此在不断地探索。我的思考也经历了逐步改善的过程，这是一个学科理论问题，要恰如其分、不缺不滥地概括与准确表述，很不容易。截止到 2012 年，我表述的中国史学史研究的八项内容是：历史观、史学思想、历史编纂学、官方史学及其相关的制度与举措、史家的史学活动、史学评论、史学与其他社会因素的相互作用、史学发展的社会运行机制。前六项是杨先生讲到的内容，但我的表述和解析稍有区别，后两项是我的思考，杨先生未曾提到。

这里的“史学与其他社会因素的相互作用”，考虑的是史学发展肯定受到社会政治、文化、经济等因素的促进或制约，史学作为重要的文化形式，也会反作用于社会的发展，史学史研究自当探讨这种相互作用。“史学发展的社会运行机制”则是深一层次的研讨，目标直指揭示史学发展之规律的任务。为什么上古中国和古希腊原发性地产生历史学而且可以持续地发展？而古埃及就只有史料而没有史学？为什么大多数民族和地区没有原发性地产生历史学而只有等待外来传入？这其中一定存在史学产生和发展必需的社会机制问题，其中包括史学发展必备的内在机制。从史实考析到运用理论思维解决这一问题，揭示史学发展规律的研究就水到渠成了。

问：您在论著中阐发过史学史研究三大任务之间层层递进，前项是后项的基础，后项是前项的指导，各项任务有机地结合在一起。只有对史学遗产做出一定程度的整理，才能较好地阐述历史学的演进过程；对史学演进过程有了比较清晰的理解，才能探讨史学发展的规律；在对史学规律的探讨中，才能更深切地理解史学从古至今的演进。而刚才的阐述则显示出中国史学史研究的内容也与研究任务密切联系，这确实是比较严密的逻辑理念。然而您所列举的中国史学史研究的八项内容，第四项是“官方史学及其相关的制度与举措”，我了解到您十分注重中国古代的官方史学问题，这是否意味着官方史学在史学史研究中有着八分之一的权重？

乔：您真不愧为咱们史学史专业中精研深思的专家！这一问等于抓住了我在表述上的一个疏失，我对此已经有所察觉，尚未得到适当机会发表更正，今天正好说明一下。

连续不断的制度化的官方史学活动，是中国传统史学与西方史学最明显、最重要的区别。从东汉开始，官方不仅记史，而且纂修著述性的传世的史书，从而形成官方史学与私家史学互动、互补又互有排抑的链条发展轨道，这是中国古代史学异常繁荣兴盛的主要原因。中国传统史学活动的主体，基本上只有官方与私家两个方面，从这个角度来看，官方史学占传统史学的二分之一，而不是八分之一。中国史学史的第四项内容，应当表述为“官方修史活动及其相关的制度”，改动后就限定了内涵，专指具体的修史活动及修史制度。“官方史学”包含的内容甚广，历史观、史学思想、历史编纂学、史学评论、史学与其他社会因素的相互作用、史学发展的社会运行机制等，都有着官方的成分，甚或可以说占据主导地位。

三、中国古代的官方史学及其与私家史学的关系问题

问：刚才您已经谈到中国古代官方史学的重要地位问题，您曾出版《清朝官方史学研究》《中国官方史学与私家史学》两部史著，还发表很多相关的学术论文，近年又推出了《清代官方史学与私家史学相互关系研究》一书。在史学史研究中，注重官方史学、考察官方史学与私家史学的关系，是您与众不同的治学特点。您能否谈谈选取这一视角的学术理路？能否概略地介绍您对中国传统史学发展进程的主要见解？

乔：好的，说说我的观点，希望您予以指正。中国传统的官方史学在古代持续不断地发展，这是无可否认的史实。所有中国史学史的专著、教科书都会论述官修史，这也毫无疑问。然而仅论官修史书，不大涉及官方史学的其他层面，不将官方史学作为一个与私家史学有着对等地位的主体来研究，我认为是远远不够的。以官方史学与私家史学两条发展轨道互动、互补、互有排抑为主线研究中国史学史，才能抓住特点、重点，深化认识，解析中国古代史学发展的运行机制。这是我注重官方史学及其与私家史学相互关系的基本理路。据此进行研究，我的主要观点如下：

第一，中国史学起源于官方，西周初年形成的“殷鉴”理念对史学的产生准备了一定的有利条件，但史学产生的时间延至西周共和行政之际。执政的共伯和是明智而有远见的政治家(有论者认为，共伯和就是重视历史鉴戒的卫武公)，深知

自己执政是临时的，于是按时间顺序记录时事与政务，以备后来查证，免于祸患。由此，史学就从按时间顺序连续记事的官方体制上产生，中国拥有确切的纪年，也同时从共和元年(公元前 841 年)开端。因为中国上古的历法精于纪日、纪月，而纪年方法到西汉武帝之前都未成熟，如果不出现按时间顺序叙述的连续的记史体制，西周时期不会有确切的纪年。

第二，春秋时期各个诸侯国都建立官方记史体制，巩固了“君举必书”的求真理念。战国至西汉时期，私家史学超越官方，而东汉朝廷受私家《史记》《汉书》的刺激与启发，纂修本朝纪传体《东观汉记》，标志着官方不仅记史而且修史，官、私两条史学发展轨道形成。《东观汉记》在纂修进程中，其资料就随时被私家利用，官、私史学之间互动、互补，奠定了传统史学的基础。

第三，魏晋南北朝时期，官方史学、私家史学均有很大的发展，史官制度建立，但仍有组织结构的变动；史书形式和内容多姿多彩，却良莠不齐，史学的发展乃处于多方探索的阶段。在这一时期，官方史学与私家史学的互动、互补得以巩固，然而也出现激烈的冲突，起因往往是史家参与到官方修史中，但却坚持个人的理念和见解，不顾及统治者的意旨，例如三国时吴国韦昭、北魏崔浩等人被杀的事件。这一时期史学最重要的进展是各个少数民族政权纷纷仿从东汉、西晋的官方记史、修史举措，这不仅在史学史上具有重大意义，而且对整个社会历史的发展产生重大影响。中国传统史学，尤其是官方史学，呈现出强大的文化魅力，并向周边民族政权和域外国家传播。

第四，隋唐下至两宋这一长时段是中国史学发展的繁荣期，官方修史体制日益成熟，组织结构日益严密、稳固，私家修史多有名著。辽、金政权以及蒙古政权早期，也都学习和接受汉、唐以来官方记史、修史的传统。但宋代的史官制度和记史、修史活动繁复、重叠，皇权的控制显著强化，连起居注也要进呈御览后定稿，破坏了优良的史学传统。私家修史重义理、轻史实的倾向也有所增长。元、明两朝是传统史学调整阶段，调整之中自有开新，也有不理想的效果，官方史学活动比宋代大为压缩。不过，编辑皇朝实录的活动始终保持。私家史学对官方史学多所疏离，日益面向社会基层，普及性史书的编纂逐步兴盛，而官方也主动加入这种潮流，是一项开新的史学现象，有利于后来史学的发展。

第五，清朝政权从关外入主中原，带来具有自己民族特色的史学因素，并且积极仿从源远流长的传统史学，推动中国古代史学于乾隆年间进入大清理、大总结阶段，官方史学全面发展，十分兴盛。私家史学也有开新创树，特别是历史考据学的研究成就很大，留下了丰富的史学遗产。但同时也加固了传统史学与纲常伦理思想体系的结合，以历史鉴戒与史学价值批判来强化维护君主专制制度的忠节理念，给近代史学转型和社会变革增添了阻力。

以上是我对中国古代史学发展进程认识的梗概，详情可见前面提到的《中国史学史》一书。

问：听您的叙述，把官方史学与私家史学作为对等的史学活动主体，从二者关系的角度考察中国古代史学史，这是建立了史学史研究的一个新范式，由此又得出很多独特的学术观点。那么，官方史学这个概念包括哪些内容？对于一部古代史书，判别它是否为官修史的标准是什么？

乔：这个问题，我在论文《中国古代官方史学的兴盛与当代史学新机制的完善》中做过分析，可详加参阅。其中提出中国古代官方史学主要表现为以下几项内容：(1)制度化、规范化的记史和修史机构；(2)官方切实控制和管理下的史籍编纂；(3)官方的史料和官修史书；(4)官方历史观与史学思想；(5)官方史学的政治作用和学术地位。前三项是构成完整官方史学的基本要素，只有前三项内容大体具备，后两项内容才有必要涵括于官方史学的范围之内。

记史、修史主体的不同，是官方史学与私家史学最基本的区别。隋唐以后，在严密组织化、等级官僚化修史机构内完成的史籍，自然属于官修史，这没有争议。但在史馆制度不太成熟或某种特殊情况下，朝廷也会将官方修史项目委托于有名望的史家主持。这样，在官方、私家不同主体之间，就产生了界限不太分明的问题。而判别是否属于官修史的标准，就是看官方对此史籍的修纂是否存在着切实的控制和管理，即上述官方史学内容的第 2 项。例如北齐朝廷诏魏收编撰《魏书》，继而又令魏收专力纂修，不参政务。但魏收修《魏书》乃承袭北魏多年纂修国史的成果，又有刁柔等多名史官共同纂修，非其一人独撰。书成后毁誉纷起，众口沸腾，北齐文宣帝令魏收与诸家子弟当面辩论，随之既惩治了一些诋毁者，也对魏收有所指责。此后终北齐一代，朝廷令魏收三次修改《魏书》，魏收卒后，又命史官再加修订。可见《魏书》的纂修，始终在北齐官方的控制和管理之下，属于官修史。司马光纂修《资治通鉴》，虽然得到朝廷的大力支持，但编纂进程全由司马光部署与管理，资料取舍和定稿成书也都是司马光一人做主，则属于私修史。

四、中国史学史学科在整个历史学中的地位、作用和意义

问：从您对史学史学科的学术地位、学术功能的论述中，可以看出您非常强调这门专业的重要性，甚至认为史学史与历史学中其他专门史，比如政治制度史、思想史等，地位与作用都不一样。请谈谈您的观点及其理据，另外这其中是否有着您对本学科特别喜爱的情感因素？

乔：您提出的问题很好，我解释后，希望可以消除一些人心中的疑惑。从事一门学术事业，如果对之并不喜爱，甚至相当厌恶，那是做不好的。所以必须对所从事的专业产生喜爱的情感，有了这种喜爱，不仅有助于具体专题的研究，也比较容易认清本学科的学术性质、地位、作用和意义。但是不应该刻意拔高其地位和作用，还是要遵循实事求是的准则。因此作为一个历史学者，我反对业内人士张扬历史学在现今有多么大的经世致用作用，因为这是不符合实际情况的说法。我论述史学史的重要意义，基本限于学术范围，特别是在历史学科的范围。史学史专业地位、作用的重要性，是由其学科性质决定的。史学史与其他专史一样，乃是从整体历史学中纵向分离出来的，但史学史是对整个历史学历程、事件、史家、史著等的反思和审视，一经成为相对独立的学术专业，便具有凌驾于历史学之上的气势，这是与别的学术专史大不相同的。担负着对历史学全部问题的审视和总结，其学术地位自然不可小觑。

史学理论也是对历史学的反思，是概括性、抽象性的反思，与史学史的写实性、描述性反思有所区别。然而史学史与史学理论的关系如何？很明显，史学理论应当建立在史学史深入研究的基础之上，如果对历来史学发展的状况都不甚了解，这样提出的史学理论观点必然会脱离实际，成为主观推衍的说法。史学史研究对于史学理论的建设如此重要，亦可显现其地位和作用。

史学史研究的内容既具系统性，又具开放性，其开放性是说研究内容可以与其他专业、其他学科交插和对接，如史学思想的研究与思想史联结、史官制度研究与政治制度史研究相关。而史学史学科具有自己的学术意识、角度和方法，能以新的发现、发明为其他专业的学术观点补弊纠偏。例如哲学史研究者根据东晋孙盛的几篇遗文与范缜《神灭论》的观点近似，认为孙盛是一位无神论者，这已经写入辞海，似成公认。我研究了孙盛历史著述的残存内容，发现他信神已达极端迷信的程度，在史书中充斥着"神鬼来到人间活动"的概念，对五行灾异、天人感应的应验也笃信无疑，只是不相信佛教这类外来之神。又如中国政治思想史的各种著述，都谈到西周之初出现怀疑"天命"的观念，这比殷商的思想意识大为进步，但未知其来源。通过史学史研究，可知西周初年思考殷商何以灭亡的"殷鉴"理念，是"天命转移""敬德""保民"等进步思想的渊源，"殷鉴"乃是中国上古理性思维的第一线曙光。思想史研究看不到这一点，是个缺失，需要史学史研究予以弥补。

史学史研究中史学评论的内容，不仅施加于古代、近代史家，也可以针对当代史家和史著。按史学史的学术理念进行的史学评论，具备独特的审视机制，即能够将评论对象置于史学发展的进程和链条上予以定位分析，看其做出哪些创新，并且这种创新是否切合历史学发展的前进方向。这样，评论对象的学术价值高低、是非利弊，就能充分地显现，对于端正学术风气、推动史学健康发展，有十分积极的作用。

问：您能以具体事例说明一下史学史研究和史学评论中，树立史学史学科意识的重要性吗？

乔：好，我试着说明一下吧。《世本》是古代一种很重要的史籍，东汉班固的《汉书》在关于《史记》取材问题上说："司马迁据《左氏》《国语》，采《世本》《战国策》，述《楚汉春秋》，接其后事，讫于天汉。其言秦汉详矣。"这实际是说《史记》的资料来源包括班固所见到的《世本》《战国策》二书中的内容。如果从"史料"的角度来看这话并无大碍，但从史学史角度考察，班固的说法就不对了。因为司马迁在世时根本不存在《世本》《战国策》这两种史籍。《世本》和《战国策》都是汉成帝时刘向整理图书时将零散资料汇总编辑，拟定书名而成，但这时司马迁早已逝世几十年了。司马迁在世时并未见到过《世本》《战国策》二书，只是利用了后来被编入此二书中的文献资料。刘向编辑的《世本》一书，至宋代亦已佚失，故其内容、体例难以尽知。著名先秦史家陈梦家根据书中“今王迁”一语，判断《世本》撰于战国赵王迁时期，这是完全错误的。“今王迁”的语句，只能证明这一句话是战国赵王迁时所写，远不能证明全书的告成时间。但不少人接受陈梦家的说法，甚至将《世本》评论为先秦时期修成的第一部通史，真是错上加错。如果以史学史的学术理念考订《世本》的成书历程，该书成于西汉成帝时期刘向的编辑，到宋代，刘向编辑的书稿也已佚失，今流传的多种辑佚版本都是清朝人重新编辑，内容、体例各不相同，因此先秦时根本不存在此书，正如《全唐文》中的内容都属于唐代，但该书却是清朝官方编成。

再如，刘节先生的《中国史学史稿》在唐代史学部分讲述清末发现敦煌文献的事件，将清朝官方纂修的《明史》放在明代史学中来论述，把民国时期撰成的《清史稿》也置于清代史学中评论，这都是一不留神丢失了史学史的学术意识，误把史学史的研究当成了断代史的史料研究。

问：在您关于中国史学史功能的论述中，不仅谈到它对于包括历史学研究在内的学术研究的意义，还谈到过史学史对于中国古代民族融合方面的作用。请您谈谈这个方面的想法。

乔：我确实讲过这方面的问题。我曾写过题为《中国传统史学对民族融合的作用》的文章，发表在《学术研究》2010 年第 12 期上。文中讲到关于两晋南北朝时期的民族大融合问题，这一问题在中学、大学的历史课程中都有讲述，很多种中国古代史和中国通史的著述中也都列为专题来讲，但发生民族大融合的原因是什么？却都含糊其词，说不清楚。

我认为民族融合主要是依靠文化认同而形成凝聚力来实现的。在中国古代，整体性的文化认同是从史学开始的。政治的清明、经济的昌盛对民族融合有可能起到推动作用，但如果缺乏文化认同，一旦政治变动或经济衰败，很容易导致民族分离，这一点世界从古至今的无数史实都可以证明。在中国传统文化中，史学占据极其重要的地位，因此对传统史学的认同就成为中华民族最重要的凝聚力。华夏悠久、丰厚的历史文化，受到周边各族的向慕，西晋末年的十六国时期，各个少数民族政权大都仿从汉人政权进行记史、修史的活动，这是战国、秦汉时期未曾有过的现象。《晋书·载记》、刘知幾《史通·古今正史》等典籍对此有丰富的记述，这里就不一一列举了。因为东汉确立的官方史书不仅记载史事，而且纂修成著述性的史书，使统治者的业绩得到正面的记述，同时也使撰史者立言传世，不仅具有很强的社会功能，而且具有极大的文化魅力。许多少数民族政权由仿从修史而了解传统史学的记述统绪，由羡慕这种源远流长的历史统绪，而将自己的祖辈联结其中。例如匈奴赫连氏自称是大禹后裔，国号为“夏”；鲜卑拓跋氏自认为是黄帝的后裔；匈奴族的刘渊自认为是汉帝刘氏后代，国号亦称“汉”。其他政权称“燕”、称“魏”、称“秦”、称“赵”等，大多数都是内地历史上有过的国名。历史观、史学意识的文化认同和祖先血脉的认同构建了持久的民族凝聚力，成为民族融合强大而稳定的因素。因此，不立足于对史学史的深入研讨，是不能发现与解决这项历史课题的。

五、关于中国史学史研究的学术穿透力问题

问：看到您近年发表的一篇文章《试论中国史学史研究的学术穿透力问题》，感到立论很新颖。关于史学史研究的学术穿透力问题，此前似乎没有见到其他学者提出这个问题，这里体现着您对这个问题的独立思考。是否可以聊聊这个问题？您所说的史学史研究的学术穿透力是指什么呢？其意义是什么？

乔：这里所谓的中国史学史研究的学术穿透力，主要是指突破本专业范围，扩展到整个历史学甚至越出历史学界限而做出的评判，不言而喻，学术穿透的广度也必然包含着学术的深度。

史学史既然是反思整个历史学的发展状况、审视历史学的全部成果和内容的学科，那么越出本专业的范围，将评判的触角伸进历史学各个专业，乃是分内之事，而且是其学术职责。我们揭示史学史研究的学术穿透力，意在鼓励史学史专业的学者敢于依据本学科的理念，确凿透彻地考察，干预史学界、学术界失范、扭曲的风气和以讹传讹的言说，而不必顾忌针对对象是否在本专业的范围之内。例如 1972 年山东省临沂市银雀山汉墓出土了兵法书简，整理者将书简分为《孙子

兵法》《孙膑兵法》两书，随即宣布两种兵书同时出土。春秋时期是否存在孙武及其撰写的《孙子兵法》，本是充满疑点的学术公案。从传世的《孙子兵法》的内容来看，不符合春秋时代的特征；从《史记》记述的孙武的事迹来看，几乎等于流言蜚语；而且更为可靠的《左传》《国语》都无只言片语提及孙武其人，因此学界对于孙武其人存在于春秋时，向来是否定者居于主导地位。可是银雀山书简经整理后公布，春秋时孙武及其《孙子兵法》的存在遂得到认定。查其将出土兵法书简分为两书的做法缺少根据，只是依照古文献的某种著录，史学史和任何专业的学人都可以质问：这种处理出土文献的做法是否严重地破坏了考古学的规则？

问：发挥史学史研究的学术穿透力，在求真务实和实事求是的原则下，是一种具有高度学术责任感的作为，但不同的史学专业往往具有特殊的研究技能，需要具有不同的知识结构。史学史研究若要审视和干预其他专业的研究观点，需要怎样的学术素质？怎样才能不出偏差、不做出错误判断呢？

乔：这确实是非常关键的问题，也是一个难点。但史学史的学科职责和性质如此，不能见难而退。扼要而言，解决这些难点，有以下几个条件：

第一，从事史学史专业研究应当自觉扩展知识结构，尽力掌握一些特殊的研究技能，如像研究先秦史的学者那样具有辨识甲骨文、金文的知识与能力。现在，史学史专业学术队伍的建设在这方面尚有很大的不足，应当提起注意。

第二，每一专业内部的不同学者学术见解差别很大，甚至相反，比如上古史学界就是如此。史学史学者如果关注和参与某一上古史问题的研究，可以全面收集各种不同观点，仔细比较研究。这样即使这门技能有所欠缺，也会得出正确的判断。

第三，史学史专业与史学理论的联结尤其密切，其中的学者必须精于理论思维，并形成优势。理论思维又与逻辑方法关联，掌握娴熟的形式逻辑和辩证逻辑方法是发现和破解问题的利器。一项研讨历史的议论，如果逻辑上已经悖谬，再多的资料罗列也无济于事，许多错误观点常常是在理论和逻辑上失足的，这样的失足比史料的缺陷更为严重，往往一被揭示，就再难以站立。这种逻辑上站不住脚的现象实际上有很多，不需要特别的专业技能，仅仅从逻辑上即可评定其荒谬无理。例如山西省襄汾县陶寺村发现距今 4000 年左右的文化遗址，其建筑显示已经具备相当的文明程度。由于地点与时间都与古文献传说的圣王尧、舜相近，于是有先秦史专业学人称其为尧、舜的遗址。这完全不合逻辑，因为这是被毁灭了的遗址，而且其迹象反映出，此处经受的是极端残暴的种族灭绝战争，这无论如何也不能与尧舜的传说挂钩。正确的逻辑分析是，陶寺遗址的发现“挤”没了尧舜传说可能存在的时间与空间。

史学史专业的学者需要掌握渊博的知识与多方面的研究技能，练就敏锐的理论思维能力，运用正确的逻辑方法，在学术研究中发挥强劲的学术穿透力，从而为历史学的健康发展做出突出的贡献。

问：非常感谢您的这些谈话。您不仅回顾了自己学习、研究中国史学史的历程，论述了您关于中国史学史一系列重要问题的理念，也对中国史学史学科发展和史学史工作者素养的提高提出了新的期待，很值得年轻一代史学史工作者思考。

宋学勤，1970年生，河南省永城市人。2006年毕业于北京师范大学历史学院，获历史学博士学位。2010年8月—2011年8月，在韩国首尔大学做高级访问学者。现任中国人民大学马克思主义学院副院长、教授、博士生导师，北京高校思想政治理论课高精尖创新中心副主任，首批全国高校“双带头人”教师党支部书记工作室负责人。兼任中华人民共和国史学会理事、中华人民共和国国史学会高等院校教学与研究专业委员会理事会副会长。研究领域为史学理论、中华人民共和国史、中共党史，主攻方向为中共党史学理论、当代中国社会史、中国共产党社会思想史。已出版学术专著有《嬗变中的近现代史学》《中共党史学概论》《梁启超新史学的当代解读》《改革开放40年的中国社会》《辉煌40年——社会建设卷》等。曾先后主持与参加多项国家社科基金、教育部人文社科项目，独立撰述发表学术论文近70篇，其中多篇被人大复印资料全文复印或被《新华文摘》转载。

中共党史学有着特殊的社会功能

——访宋学勤教授

问：宋老师您好！在北京师范大学历史学院每年一次的史学理论与史学史研讨会上我们经常见面，但没有机会就您个人的学术经历和学术见解进行深入的交流。您是搞中共党史的教学与科研工作的。今天，我对您的访谈主要是谈一谈中共党史学的社会功能问题。习近平同志多次讲“历史是最好的老师”“历史是最好的教科书”等，我想听听您这位党史学者对此如何理解。不过谈话也要从您的专业背景谈起。

一、史学理论和方法是从事史学研究的基础

问：我知道您是跟随北师大陈其泰先生读史学理论及史学史专业的，但您现在却从事的是中共党史的教学和科研工作，那么史学理论专业的基础对现在的工作有帮助吗？

宋：有人也问过我这样的问题：您既然是学史学理论和史学史专业的，但现在却在马克思主义学院从事中共党史的教学和科研工作，这是为什么呢？其实，有的人不清楚，史学理论专业毕业的人不一定要从事史学理论的工作，他也可以从事历史学各个学科的工作，因为史学理论是从事史学各专业的基础。中共党史学也是历史学，有了史学理论这个基础，进入这个领域就会有更广阔的发展空间。

问：不过你在北师大读博士时，写的毕业论文是梁启超，题目好像是《梁启超新史学思想的当代解读》。我很想了解一下，您的这种“当代解读”是怎样进

行的?

宋: 好！我谈一谈当时的想法。梁启超是20世纪初期对中国学术界产生过巨大影响的一位大师级的人物，他在政治、思想、文化、宗教等许多领域都有十分丰富的论述，而他在史学领域的影响尤其巨大。他的新史学思想在当时的中国具有振聋发聩的作用，深刻地影响着一代中国学人。但是学术界对梁启超的史学思想的真正深入研究还是近三十年以来的事情。三十年来，学术界对梁启超史学思想的研究已经做出了一系列的成果，其中不乏一些学术界名家的论著。对于这样一位学术思想非常复杂、非常活跃，成果又非常丰富的“大家”，能不能在前人已有的研究成果的基础上进行新的、更深入的探讨呢?

我觉得，客观地说，现有的研究并不足以形成对梁启超新史学的整体认识和全面把握，还应看到在梁启超新史学研究中仍存在着明显的问题和不足，而这些问题和不足给我提供了研究的空间。从主观上说，我是带着自觉的“创新”意识，本着省思其学术方法、昭示当代学人的目的来进行研究的，所以将课题名称定为“当代解读”。

问: 您这种进行“当代解读”的构想确实很有勇气，那么您是怎么进行的呢?

宋: 我觉得对梁启超的新史学重新进行这种当代解读十分必要。因为当时有关梁启超的出版物中，多为传记或评传，专题学术研究著作较少，因此对于梁启超的史学思想的研究往往不能深入。可以说从宏观上整体考查梁启超新史学的成果的著述还未见到，这种状况与梁启超新史学的巨大影响力是很不相称的；从微观上看，对梁启超新史学的研究还存在空白点，以往的研究多集中在他的几部史学名篇名著上，甚至有的研究只是抓住他的只言片语来立论，而这些实际上可能是对他的史学思想的误读。因此，当时的研究尚缺乏将梁启超新史学放在整个20世纪中国史学宏观背景下进行的考察，未能充分揭示他的史学贡献及其在20世纪中国史学上的地位。

出于这种考虑，我就承担起尽可能全面客观地认识梁启超新史学的任务。在研究梁启超辞世70多年来海内外研究梁启超的学术成果的基础上，对梁启超的新史学做一个全面的、系统的梳理，将他的新史学视为一个整体来研究。由于梁启超的新史学有一个明显的发展过程，前期、后期明显不同，如果不进行系统的考察，就很难达到一种全面、准确的认识。因此，我就系统地阅读梁启超一生所发表的史学著作，追踪其史学思想发展的过程，然后把他各个阶段的史学思想放入各个时期社会发展的总过程中来评析，再把这些变化和特点放进他所处的历史背景中，着重去研究其史学思想所发生的社会历史原因和所产生的历史效果，从而对梁启超新史学的历史地位与当代价值有更深刻的揭示。除了进行这种前后期变化的纵向考察以外，我还从横向上考察梁启超所受日本新学理的影响，及晚年如何直接接受西学的影响。就是说，我试图客观地从纵横两个方面再现梁启超新史学思想的形成、发展的历史轨迹，探讨其基本内容和建构模式以及与时代转型的历史联系。总之，我的基本研究方法就是整体研究与重点分析相结合，在给予梁启超新史学以恰当定位的基础上，说明其对于今天历史学科的建设具有哪些启示作用。

问：您这个研究确实目标很明确，思考很周全，下的功夫也很大。通过这样一个研究过程，可以说把握了史学理论与史学史研究的基本路径，为日后的史学研究工作打下了很好的基础。在史学理论的体系中，对史学功能的问题也是有很多阐述的。我们今天要探讨中共党史学的社会功能，是不是也要从这些基本的理论出发呢？

宋：是这样的。中共党史学也是历史科学，它的社会功能与历史学总体的功能是一致的。历史有什么用？历史学的价值何在？古今中外许多哲人或史学家都曾做出解答。中国唐代史学家刘知幾说：“史之为用，其利甚博，乃生人之急务，为国家之要道。有国有家者，其可缺之哉！”道出了史学与国家、个人之间的关系。英国学者培根说的“读史使人明智”这句话，则更明确地说出了史学和个人之间的关系。就具体内涵而言，历史的价值或历史学的功能是丰富而多元的，它可以包括社会功能与学术功能两个方面。这里我们主要谈的是社会功能。

社会功能是指史学成果对社会整体所产生的作用或效能。历史是一种过往的客观存在，但它与人们的现实生活有着永远无法割舍的内在联系。我们要正确地处理任何问题，都不能离开那个问题的历史，也就是说不能离开研究那个问题的历史学。我们生活在历史里面，也可以说，我们是在相当程度上生活在历史学里面。因此，我们不能不从历史的角度看待问题，不管我们是否能完全做到这一点。因为历史问题本身就经常作为各种各样的现实问题出现在我们面前，因为我们是生活在历史中间的，历史上的问题不可避免地要出现在我们的生活里面。即使有人非常不喜欢历史学，可是生活也会迫使他们去考虑历史学上的问题。只要人们面对现实，就必须面对历史，通过研读历史指出当代社会表象的潜在构成因素，以供现实资鉴。

我觉得不同民族或国家之所以有不同的命运，大体上跟他们是否能够吸取经验教训，而且是否具有及时、有效地纠错的能力有关。历史学的重要价值就在于提供经验教训。《甲申三百年祭》是郭沫若在 1944 年春天为纪念明末李自成领导的农民起义 300 周年而作的长篇论文，不仅在历史学界，而且在社会各界都引起了强烈反响。1944 年是甲申年，也是明末李自成农民起义军攻破北京、倾覆明朝统治的 300 周年。当此之时，世界反法西斯战争局势明显转变，民主力量蒸蒸日上，胜利曙光遥遥在望，中国抗战也由艰难局面开始转为战略反攻态势。郭沫若《甲申三百年祭》的发表，对于长期坚持敌后抗战、已经取得可观胜利的中国共产党来说，正是提供了一面在胜利面前如何防止骄傲自满、保持旺盛斗志的借鉴之镜。郭沫若的深刻分析立即引起了毛泽东的注意。毛泽东在 1944 年 11 月 21 日致郭沫若的信中说："小胜即骄傲，大胜更骄傲，一次又一次吃亏，如何避免此种毛病，实在值得注意。"

问：郭老这篇文章不仅在当时得到毛主席的高度评价，后来的史学家们也高度评价此文的作用。

宋：是这样的。《甲申三百年祭》不仅在当时受到中共领导人的高度重视，而且在以后常常被学者们称道。这篇史论何以会有如此旺盛的生命力呢？诚如朱佳木所评价的："这篇史论适应了中国共产党防骄拒腐的需要，为党加强自身建设提供了生动的历史教材。郭老在文章中总结了李自成起义由胜利走向失败的深刻教训，道出了争取执政或已经执政的政治力量要想取得政权和长久执政，就必须防止骄傲和腐化的铁律。"田居俭也曾撰文谈这篇史论的价值，他指出，从 1944 年中共中央把《甲申三百年祭》列为整风文件到 20 世纪 50 年代，这篇史论所总结的防止胜利面前骄傲自满、保持谦虚谨慎艰苦奋斗作风的思想，曾经对共产党的革命和建设事业取得胜利产生了宝贵的鉴戒作用。但"令人惋惜的是，就在全党面临工作重心转向社会主义建设这一新的任务因而需要特别谨慎的时候，毛泽东同志的威望也达到高峰。他逐渐骄傲起来，逐渐脱离实际和脱离群众……使党和国家政治生活中的集体领导原则和民主集中制不断受到削弱以至破坏”。不论是正面的经验，还是反面的教训，都证明毛泽东当年推荐《甲申三百年祭》的必要性和正确性。这两位史学家都谈得很好，他们指出：历史是前人用血泪凝成的经验教训，为后世提供了最生动的正反两方面的借鉴。不以史为鉴，将会再现“前人不暇自哀而后人哀之，后人哀之而不鉴之，将使后人而复哀后人也”的结局。历史学是一门与现实共同脉动的学问，从历史中认清现实的国情，寻求解决现实问题的良方，是历史学借鉴功能之体现。

二、中共党史学的特殊功能

问：宋老师，您从事中共党史教学多年，对党史学的社会功能是否有着更深切的感觉呢？

宋：这么多年从事党史的教学，确实也有自己的体会。作为深具历史学属性的中共党史学，具有与历史学相同的社会功能与学术功能。毛泽东在1942年在《如何研究中共党史》一文中就曾谈道：“现在大家在研究党的历史，这个研究是必须的。如果不把党的历史搞清楚，不把党在历史上所走的路搞清楚，便不能把事情办得更好。这当然不是说要把历史上每一件事统统搞清楚了才可以办事，而是要把党的路线政策的历史发展搞清楚。这对研究今天的路线政策，加强党内教育，推进各方面的工作，都是必要的。我们要研究哪些是过去的成功和胜利，哪些是失败、前车之覆、后车之鉴。”论及中共党史研究的功能，一般都会有这样的论述：研究中共党史有助于认识国情；研究中共党史有助于吸取经验教训，更好地指导现实；研究中共党史是加强党的建设的重要内容；研究中共党史是以中国近百年的历史、中国共产党的历史教育青年、教育人民，以激发广大群众的爱国主义情感，是增强信念、提高民族自尊心和自信心的重要途径；用中国共产党的伟大成就激励人，用中国共产党的成功经验教育人，用中国共产党的历史教训警示人；等等。显然，中共党史学界特别强调其社会功能，或者说注重其政治功能的发挥，总结历史经验，为当前中国共产党的各项工作服务，充分发挥中共党史资政育人的作用，让中共党史学更好地为建设中国特色社会主义的伟大事业服务。随着中共党史研究的深入开展，中共党史学的功能也成了学界的热门话题。

问：中共党史学一方面是教育广大党员干部和群众的最好的教材，另一方面它本身也具有学术研究的价值。您是不是也谈谈这方面的问题？

宋：您说的这种学术研究的价值是最近几十年才体现出来的。新时期以来，中共党史学界开始了真正科学意义上的学术研究，也取得了丰硕成果。“求善”以“求真”为基、宣传教育功能以认识功能为本，已逐渐成为中共党史研究主体的共识。有学者指出，中共党史研究应该既继承中国传统历史学“表征盛衰，殷鉴兴废”的借鉴功能、“记功司过，彰善瘅恶”的教育功能，又承继“究天人之际，通古今之变”的认识功能，无所偏失地“求善”“求真”。但是，中共党史研究对象的特殊性决定了中共党史研究在功能、价值、标准上有着不同于其他历史学科的特点。在中共党史研究中，不可能离开政治性、党性抽象地谈它的学术性、科学性，同样，没有学术性、科学性为基础和前提条件，也就谈不上这一学科体系的政治性、党性。中共党史研究的政治性与学术性、党性与科学性作为一个辩证统一的整体是无法割裂的，两者互相支撑、互相体现。离开了学术功能和价值去谈中共党史研究的意识形态功能和价值、政治教育功能和价值，是没有任何意义的，也是无法实现的。中共党史学的认识功能和价值发挥、实现的深度和广度决定着借鉴功能和价值、教育功能和价值的发挥及实现的深度和广度。以唯物史观为指导的马克思主义历史学，包括中共党史学，之所以能够超越传统历史学的阶级局限和时代局限，不仅仅是因为无产阶级无一己之私，而且是因为其深浸历史学，以认识功能为借鉴功能、教育功能之基、之本的精髓。

问：我们通常把中共党史作为向干部和大学生进行思想政治教育的课程，它也和历史学其他分支一样具有学术功能吗？

宋：这一点应该是肯定的。中共党史研究的学术功能是中共党史研究自身价值的客观体现，它以客观真实为标准，真实性、客观性越高，价值越大。正如梁启超所论：“学也者，观察事物而发明其真理者也；术也者，取所发明之真理而致诸用者也。”梁启超认为，“学”与“术”体现了不同层面的社会需求。他在《学与术》一文中说："夫学者之职，本在发明原理原则以待人用耳。而用之与否，与夫某项原则宜适用于某时某事，此则存乎操术之人，必责治学者以兼之，甚无理也。然而操术者视学为不足轻重，则其不智亦甚矣。"这段论述清晰地表明"学"是以认识事物为旨归，而"术"则是以服务现实为方向，只有在"学"的基础上才能更好发挥"术"的作用。"学混于术，则往往为一时私见所蔽，不能忠实以考求原理原则。""学而不足以应用于术者，无益之学也；术而不以科学上之真理为基础者，欺世误人之术也。"具体而言，任何一种政治的宣传或经验的总结，如果没有真实性做基础的话，结果都必然是自欺欺人。如果只是把中共党史学当作政治宣传的一种手段和工具，忽略了其历史学属性的求真原则而使其过分政治化，就会使中共党史研究迷失自我，丧失历史学的基本品格。当然，在意识形态纷繁复杂的当下，中共党史研究在不断推进学术进步的同时，更担负着资政育人、坚守民族精神的重任。

问：您的意思是说，中共党史的研究与教育在复杂的意识形态环境下，担负着资政育人的重要作用，但是它必须以历史事实的真实性为基础，这两者是辩证统一的。

宋：是这样的。

问：2016 年 7 月 1 日，习近平总书记在建党 95 周年纪念大会上的讲话中说："'明镜所以照形，古事所以知今。'今天，我们回顾历史，不是为了从成功中寻求慰藉，更不是为了躺在功劳簿上、为回避今天面临的困难和问题寻找借口，而是为了总结历史经验、把握历史规律，增强开拓前进的勇气和力量。"这段论述高度概括了我们总结党的历史经验所具有的重大意义。您对此是如何理解的呢？

宋：习近平同志这句话确实说明了我们总结党的历史所具有的重要意义。说起回顾历史，是为了"总结历史经验、把握历史规律，增强开拓前进的勇气和力量"这一点，我想起胡绳同志《为什么中国不能走资本主义道路》这篇文章。此文确实是"以史识今"的一篇佳作。他的文章不是抽象地、一般地比较社会主义制度与资本主义制度的优劣，而是从中国具体的社会历史的发展来说明这个问题，以确凿的事实对此做了充分的阐述，帮助人们确立正确的认识，澄清错误观点。他主要从四个方面进行探讨和总结：一是在近代中国历史条件下，资本主义制度行不通。二是中国缺乏一个能领导人民推翻帝国主义压迫、推翻封建主义势力，使中国走上独立发展资本主义道路的资产阶级力量。三是抗战胜利后中国面临两种命运的抉择，国民党的失败和共产党的胜利，决定了中国只能经由新民主主义走向社会主义道路。四是按照当时的历史条件，经过新民主主义走向社会主义是唯一正确的道路。中国没有走上资本主义的道路，因为在半殖民地半封建的中国，除了无产阶级政党中国共产党以外，没有哪个政党或政治力量能够解决中国的独立问题、土地问题、民主和统一问题。胜利后的共产党根据中国社会发展的客观实际情况，审时度势，提出了中国应该经由资本主义有某种程度发展的新民主主义阶段，进而过渡到社会主义阶段的建国纲领。近代中国的历史条件留给中国人的可以说只有两条道路：一条道路是继续当帝国主义国家的殖民地、附属国；另一条道路就是实际上我们已经走过的经过新民主主义达到社会主义的道路。胡绳同志指出："历史告诉我们：人们在历史发展中是能够起主动作用的，但是并不能任意地选择前进的道路，而只能在历史已经准备的现实条件的范围内进行某种选择。中国人民所选择的道路，是在可能范围内所能找到的最好的道路。"我认为，胡绳同志的这些论证通过转换时空坐标，增强了人们对现实问题认识的深度与广度，正体现了中共党史学所具有的这种认识和教育的功能。

问：2019 年 4 月 19 日，中共中央政治局就五四运动的历史意义和时代价值开展集体学习。习近平同志强调：五四运动是我国近现代史上具有里程碑意义的重大事件，五四精神是五四运动创造的宝贵精神财富。今天，我们纪念五四运动、发扬五四精神，必须加强对五四运动和五四精神的研究，以引导广大青年在五四精神激励下，为决胜全面建成小康社会、夺取新时代中国特色社会主义伟大胜利、实现中华民族伟大复兴的中国梦不懈奋斗。您认为，习近平同志为什么要强调加强对五四运动和五四精神的研究？这是不是对我们党史研究者提出的新要求？

宋：您说得很对！习近平同志指出，要加强对五四运动历史意义的研究，深刻揭示五四运动对当代中国发展进步的深远影响。这确实是对包括我们党史教育和研究者在内的所有史学工作者提出的新的要求。我特别注意到习近平同志强调，要坚持大历史观，把五四运动放到中华民族 5000 多年文明史、中国人民近代以来 170 多年斗争史、中国共产党 90 多年奋斗史中来认识和把握。要从历史逻辑、实践逻辑、理论逻辑相结合的高度，从五四运动以来中国的政治史、思想史、文化史、社会史等各领域开展研究，总结历史规律，揭示历史趋势，讲清楚为什么五四运动对当代中国发展进步具有如此重大而深远的影响，讲清楚为什么马克思主义能够成为中国革命、建设、改革事业的指导思想，讲清楚为什么中国共产党能够担负起领导人民实现民族独立、人民解放和国家富强、人民幸福的历史重任，讲清楚为什么社会主义能够在中国落地生根并不断完善发展，引导人们以史为鉴、以史为师，坚定中国特色社会主义道路自信、理论自信、制度自信、文化自信。习近平同志所强调的这种大历史观，我个人理解，它不仅是认识五四运动这一个历史事件所采取的立场、观点、方法，也是认识整个中国共产党的历史、中国近代史和中华民族历史的正确的立场、观点、方法，值得我们好好地理解和研究。习近平同志的讲话，确实增强了每一个史学工作者的历史使命感。

三、深化中共党史研究的路径

问：前十几年，我曾访谈过老一辈党史研究学者张静如先生，谈到他对如何深化党史研究的观点。他说："我认为中共党史可以起到政治理论课的作用，但研究它仍然要用历史科学的理论和方法。"他说他也曾倡导过研究中共党史的史学理论、史学史、史料学、文献学等，这不是说它们与历史学有什么根本区别，而是因为没有这些东西，就不能对中共的历史进行历史学的研究。党史学长期以来不讲学科性质、学科对象，也就是不把它当作一门学科来对待。毛泽东在 20 世纪 40 年代就很重视这方面的工作，其实是早应该有的东西。张先生说，他在这方面进行了大量的倡导工作，现在已经有人在接着做这方面的工作，写出了党史学概论、党史学史、党史学史料学等著作。宋老师，您写出了《中共党史学概论》的著作，这是不是您为完善党史学科的建设所做的一番努力？

宋：中国人民大学中共党史系从 20 世纪 50 年代建立以来，始终重视教材建设。例如中共党史学科和中共党史系的创始人何干之教授早在 1954 年就主编出版了《中国现代革命史讲义》，被高教部确定为全国高校教材。人大中共党史系的老主任、著名党史学家胡华教授主编的《中国革命史讲义》，也印数很多、影响很大。改革开放以后，人大中共党史系出版的《中国革命史》《中华人民共和国史》等，也被全国各高校普遍使用。但由于当今学术研究进展迅速，新材料、新视角、新观点不断出现，20 世纪 80 年代以前出版的教材，无论是涵盖范围、材料还是观点，都已经落后于时代和学术发展的需要，同时近些年出现的新课程、新领域也需要编写新的教材。因此，人大中共党史系组织编写了一批教材，称为“21 世纪党史国史系列教材”，包括《中国共产党史》《中华人民共和国史》《马克思主义中国化概论》和由我编著的《中共党史学概论》等。为什么要编写这本概论呢？我觉得中共党史研究是一个复杂而微妙的智力工程，需要研究者掌握基本的理论方法与学术规范，只有在掌握基本的史学理论的基础上构建起相应的知识结构，然后结合中共党史研究的实践，才能进一步了解和掌握中共党史研究的基本理论和基本方法，增强理论水平和研究能力，为步入党史研究领域打下牢固基础。我在撰写这本书时，坚持立足于国内外的中共党史研究的前沿，结合中国史学的优良传统，用史学理论解读与分析中共党史研究实践，并且竭力融会中西，将西方史学方法引入中共党史研究，力图在中共党史研究的理论与方法上有所突破和创新。

问：这本教材是 2012 年出版的，您主讲这门课、使用这本教材至今也好多年了。宋老师，我注意到您的工作方向除了进行中共党史的教学研究外，还很注重与中华人民共和国国史研究和当代中国社会史的研究相结合。我觉得这是深化党史研究的一个正确方向。我访谈张静如先生时他曾说过：“20 世纪 80 年代，整个学术领域进行拨乱反正，可以做的文章很多，党史领域也是如此，但这以后如何发展，随即就进入了死胡同。有人主张党史研究应该从经济学角度研究，或结合一些其他学科，但我认为对党史的研究要有整体要求。中国共产党的活动都是在整个社会的活动中进行的。一切政治活动、经济活动、文化活动都与社会有密切联系。所以应该研究社会史才能使党史研究进一步深化。”

宋：是的。其实早在十多年前，我就开始关注作为一种新的发展态势的社会史研究对于当代中国史以及中共党史学科发展的重要意义。从中国共产党自身来看，尽管“社会建设”概念的提出是在党的十六届四中全会上，但社会建设作为一种实践是贯穿中国共产党领导的社会主义建设进程始终的。就像您所说的，中国共产党建设国家的一切活动都与社会有着密切联系。与此同时，当代中国社会的发展也离不开中国共产党的主动引领和建设。因此，社会史研究是深化中共党史和当代中国史研究不可或缺的部分。从 2007 年开始，我一直在从事新中国成立以来中国共产党引领的社会建设研究，在全面、系统梳理新中国社会建设的发展历程的基础上，发掘社会建设进程中的社会思想逻辑，并且试图从史学理论和方法上对社会史研究的进一步展开提出一些想法，撰写了《跨学科研究与当代中国史学科发展的前景》等文章。近些年来，随着当代中国社会史研究的勃兴，由于思想的缺位，大量的“地方化”研究使得社会史研究出现了一种“碎片化”“数量组合”的趋势，并且跨学科研究在拓宽社会史研究的理论、方法、内容的同时，也产生了一些问题。针对这些问题，我提出了“思想在场”以及“从议题与边界出发对当代社会史研究进行反思”，撰写了《思想在场：当代中国社会史研究的基点》《当代中国社会史研究的议题与边界》等文章。总的来说，社会史研究已经有了长足的进步，但仍然大有可为。特别是对中共党史而言，社会史研究不应该囿于“地方化”的“故事”堆叠，也不能仅仅满足于宏观的实践发展叙事。如何在已有研究的基础上加强社会史研究的思想性、学术规范性和创新性是值得当下的研究者深入反思的。从学科建设的角度来说，我认为加强中国共产党社会思想史的学术建构应当是进一步推进社会史研究，进而深化中共党史研究必不可少的一项基础性研究，为此，我写了《中国共产党社会思想史的逻辑展开》，这也是我自己在从事中共党史研究与当代中国史研究的过程中一直思考和努力的方向。

问：我看到您在 2015 年发表了一篇文章，谈 1956—1966 年的物质生活问题，这篇文章您主要想谈什么问题？

宋：1956—1966 年，中国社会发生了结构性变迁，城乡二元社会结构逐步得到强化。10 年间，户籍制、统购统销制、人民公社制、单位制等各层级的制度设计严密地规训了城乡居民的饮食、服饰等日常生活消费状况。从历时性角度来分析，10 年间人民物质生活质量呈现出“两头稍高、中间较低”的波状发展态势，这与国家社会经济制度的变迁具有内在的一致性。从共时性角度来看，城乡之间一直存在着较大的差距，这与国家对社会主要资源的全面控制相统一。这表明，制度在规训社会生活时有其自身难以避免的局限。而如何构建制度与生活之间的良性互动关系，让制度更好地服务于生活，是当下我们需要探讨与解决的首要问题，也是建设和谐社会的必要一环。我感到那个时期的社会问题有一些值得我们借鉴的东西，所以写了这篇文章进行探讨。

问：我看到2018年您发表了一篇题为《改革开放40年社会建设的辉煌进程与发展逻辑》的文章，把改革开放以来的社会建设分为五个阶段。我想请您谈谈为什么要关心社会建设。

宋：我确实是写了这篇文章。改革开放40年来，党和政府较为注重民生关怀，谋民生之利，解民生之忧。中国国家实力和民众生活水平迅速而大幅度提升，中国社会面貌焕然一新。可以说改革开放40年，社会建设取得了辉煌的成就。但这40年在社会建设方面所取得的成就并非是一蹴而就的，这经历了一个艰辛且相对漫长的实践探索过程，从总体上呈现出阶段性发展的特征。

第一个阶段：1978—1982年。这是改革开放起步与社会生活发生新变化的初始阶段。在这4年里，党与政府多措并举，开创社会生活新格局。随着拨乱反正打破束缚人们的思想枷锁，恢复高考与家庭联产承包责任制的逐步推行，社会得以重新焕发活力。计划生育政策的及时调整，为此后经济与社会的长远发展奠定了坚实基础。

第二个阶段：1982—1992年。这是改革开放全面展开与社会变革的加速阶段。农村改革的成功使改革进一步迈开步伐，开始触及城市经济体制等一系列既有社会体制问题的核心。“三结合”就业方针的出台与落实、乡镇企业的异军突起，加快了社会结构的转型与城镇化的进程。但与此同时，既有农村合作医疗制度的瓦解、大批农民进城等问题的出现，充分说明了改革在这段时期发展的机遇与转型的风险并存。全党全社会在“摸着石头过河”中，不断地尝试寻找一条适合中国国情的发展道路。

第三个阶段：1992—2002年。这一阶段的中国社会随着社会主义市场经济体制的建立而迎来快速变革。邓小平发表“南方谈话”后，随着党的十四大召开，社会主义市场经济体制的建立被提上日程。以市场为基础的资源配置手段，促使国家在所有制结构、分配方式和阶层利益关系结构等方面做出一系列深刻调整。

第四个阶段：2002—2012 年。进入新世纪后，中国社会出现多元发展的局面，改革开放进入新阶段。伴随着经济发展，一些新的社会问题日趋严峻。在此背景下，党和政府更加重视社会建设，提出构建社会主义和谐社会的重大目标。在此阶段，民生问题受到高度重视，社会保障体制得到进一步完善，社会福利事业建设得到进一步深化。

第五个阶段：2012 年至今。中国特色社会主义进入新时代，一系列重大创新思维与发展理念应运而生。近年来，中央在收入分配制度改革、户籍制度改革、多层次住房保障制度创新、社会保障制度与精准扶贫、社会治理方式创新等方面，迈出实质性的改革步伐。深化改革使社会更加公平正义，使亿万百姓对未来生活有了更清晰的预期。习近平总书记在党的十九大报告中指出：“从现在到 2020 年，是全面建成小康社会的决胜期。”在改革开放近 40 年来全党全社会的不懈努力基础之上，十九大作为一个重要的历史节点，为创建富强、民主、文明、和谐、美丽的社会主义现代化强国制定出宏伟蓝图，当代中国的社会建设也将会在此新的阶段达到新的高度。

问：您所说的这个社会建设的发展过程，每一个上些年岁的人都有着亲身经历，有着深切的感受。我们党史工作者确实也应该关注这个社会建设发展的过程，从理论上加以总结。我看到您在 2019 年 1 月的《中国社会科学报》上发表了一篇题为《改革开放的里程碑意义》的文章，论述了习近平同志 2018 年 12 月在庆祝改革开放 40 周年大会上关于中华民族伟大复兴的“三大里程碑”的思想。为什么要把推进改革开放和中国特色社会主义事业看作是具有里程碑意义的事件呢？

宋：是的。2018 年 12 月，习近平总书记在庆祝改革开放 40 周年大会上的重要讲话中指出：“建立中国共产党、成立中华人民共和国、推进改革开放和中国特色社会主义事业，是五四运动以来我国发生的三大历史性事件，是近代以来实现中华民族伟大复兴的三大里程碑。”在这个讲话里，习近平总书记把推进改革开放和中国特色社会主义事业的历史地位置于同中国共产党建立、中华人民共和国成立相同的高度，深刻地揭示了改革开放在现当代中国历史上的重大意义，即它是一个开启历史、昭示未来的划时代事件。

改革开放全面深化了经济、政治、文化、社会、生态文明体制和党的建设制度改革，一系列重大改革扎实推进，各项便民、惠民、利民举措持续实施，改革开放成为当代中国最显著的特征、最壮丽的气象。改革开放不仅缔造了国家的富强、人民的富足，更可贵的在于，这一历史过程塑造了伟大的改革开放精神，其所蕴含的丰富思想内涵，是未来中国发展道路上取之不尽、用之不竭的力量源泉。如果把中国40年的改革开放放到人类历史的维度中加以考察，中华民族作为世界历史的重要缔造者之一，其所开创的这一创举，不仅丰富了世界历史本身，它所缔造的中国特色社会主义事业，也为其他想要摆脱贫困、走向富强的民族提供了世界样本。

从历史维度看，党的十一届三中全会作为开启改革开放道路的崭新标志，是历史的选择，是人民的选择，是中国共产党人经过风雨洗礼，顺应历史潮流，对中国社会和整个国家民族命运的一个伟大改变。“三大里程碑”的提出，把建立中国共产党、成立中华人民共和国与推进改革开放和中国特色社会主义事业作为三个重要的历史节点，分别作为里程碑性的事件，既有科学性，又有规律性。这一定位告诉我们，党的十一届三中全会是在党和国家面临何去何从的重大历史关头召开的，其伟大历史功绩值得我们永远铭记；这一定位告诉我们，在新时代的历史征程中，以习近平同志为核心的党中央，以高瞻远瞩的战略视野，以对人民充满深切热爱的使命感，为中华民族伟大复兴描绘了清晰的宏伟蓝图；这一定位告诉我们，我们党是一个善于吸取历史经验的党，是一个有强大执政能力的党，是一个有责任、有担当的党，是一个值得信赖的党，是一个有光明未来的党。

问：习近平总书记于2019年3月18日主持召开学校思想政治理论课教师座谈会并发表了重要讲话，从党和国家事业长远发展的战略高度出发，深刻阐明学校思政课的重要意义，就如何办好新时代思政课做出部署、提出要求，为做好新时代学校思想政治工作、培养担当民族复兴大任的时代新人提供了重要遵循。您作为中国人民大学马克思主义学院副院长、教授，北京高校思想政治理论课高精尖创新中心副主任，听了习近平同志的讲话，是否更感到责任的重大？

宋：确实是像您所说的那样。习近平总书记指出：“一切伟大的事业都需要合格的人才来担当。我们党立志于中华民族千秋伟业，必须培养一代又一代拥护中国共产党领导和我国社会主义制度、立志为中国特色社会主义奋斗终身的有用人才。青少年是祖国的未来、民族的希望。办好学校思政课，事关中国特色社会主义事业后继有人，是培养一代又一代社会主义建设者和接班人的重要保障。在这个问题上，必须提高政治站位、深化思想认识，必须旗帜鲜明、毫不含糊，理直气壮开好思政课，把立德树人的根本任务真正落实到位。”目前，中国人民大学马克思主义学院与北京高校思想政治理论课高精尖创新中心都在以习近平总书记的重要讲话为行动指南，在统筹谋划和深入一线相结合上下功夫、在从严管理和科学治理相结合上下功夫、在教师培养和人才培养相结合上下功夫、在学科建设和课程建设相结合上下功夫，努力把思想政治理论课打造成学生“真心喜爱、终身受益、毕生难忘”的“金课”。

问：宋老师，我们这次访谈谈的问题很广，从您学习史学理论与史学史专业谈到中共党史学的社会功能，又谈到您近年来深化党史研究，在当代中国社会史研究方面所进行的很多探索。谈话内容非常丰富，而且具有现实意义，使我们看到了一位优秀的青年党史工作者是如何奋发拼搏、追求卓越，在学术研究和思政教育上做出自己的努力的。

宋：谢谢您的鼓励！我也要谢谢您提出了这些问题，让我对这些年的工作进行了一次回顾和梳理，这也是我继续前进的动力。

下　　编

廖学盛：1936年7月生，湖北省咸宁市人。1953年10月，考入武汉大学历史系。1954年8月，入北京俄文专修学校(1955年改名北京俄语学院，后更名北京外国语大学)留苏预备部学习。1955年9月—1961年1月，在苏联列宁格勒大学历史系学习，专业为古希腊史。1961年9月到中国科学院历史研究所世界史组(1964年4月后为世界历史研究所)工作。1982年8月—1983年9月，在希腊进行学术考察。1987年起任世界历史研究所研究员。1988年6月—1998年10月，先后任中国社会科学院世界历史研究所副所长、所长。曾任中国社会科学院学术委员会委员、学术咨询委员会委员。2005年起为中国社会科学院马克思主义研究院特约研究员，2006年8月当选为中国社会科学院学部委员。中国史学会第6届理事会理事、中国世界古代中世纪研究会世界古代史专业委员会名誉会长、《历史研究》编辑委员会委员、北京师范大学历史学院特聘教授。著有《廖学盛文集》、《早期奴隶制社会比较研究》(胡庆钧主编、廖学盛副主编)、《20世纪的历史巨变》(齐世荣、廖学盛主编)、《世界古代文明史研究导论》(刘家和、廖学盛主编)、《世界历史十五讲》(廖学盛主编)。

如何认识20世纪的历史巨变

——访廖学盛研究员

（2018年3月15日，我来到中国社会科学院世界史所的715房间，廖先生正在那里等我。我们的谈话就从《20世纪的历史巨变》这本书开始。）

一、关于《20世纪的历史巨变》

问：廖先生您好！每次在北京师范大学历史学院开特聘教授的会都能见到您，但会议的时间都很短暂，没有时间与您多交流。今天想与您专门谈一谈关于20世纪的历史巨变的问题。2006年2月，我见到齐世荣先生，他送给我这本他和您共同主编的《20世纪的历史巨变》一书。最近几年，习近平总书记多次讲“历史是人类最好的老师”“历史是最好的教科书”，这些话非常值得史学工作者思考。“20世纪的历史巨变”课题是您负责主持的，并且撰写了该书的《前言》，为这部书，您花费了大量的时间、精力，对20世纪的世界巨变也进行了深刻的思考。我想和您探讨一下如何理解20世纪的历史巨变的问题。当然，这个问题太大，不可能一次就讲得很具体、很深入，我只是想请您谈谈思考这个问题的线索。

廖：好的，我们一起探讨一下这个问题。今天，我还特意把这本书带来了。“20世纪的历史巨变”这个课题是在1997年9月经国家社会科学基金规划办公室批准立项的。课题组的成员除我外，还有齐世荣、张椿年、李兴耕、张宏毅、陆庭恩、武寅、吴必康、张顺洪、朱希淦等学者。我被任命为组长，负责主持课题组的日常工作，并和齐世荣先生一起，担任全书的主编。张椿年负责课题申报、组织和协调工作，也参与了书稿的审读。《20世纪的历史巨变》一书，从立项到

2005年10月最终成果出版，前后8个春秋。在这段时间内，我除了做组织协调工作，便是不断地学习和补课，尤其是努力向经济学家们学习世界经济史。毫无疑问，正确阐述20世纪历史最重要的变化，既是十分有意义的工作，又是十分困难的工作，容不得半点懈怠。所幸的是，由于课题组全体成员的通力合作，《20世纪的历史巨变》一书于2005年10月由学习出版社收入《国家社科基金成果文库》出版，后来又被北京市社科联评为哲学社会科学著作优秀成果的一等奖。在这几年里，我的全部精力都投入到这项工作中了。我本来是学古希腊史的，一直在搞世界上古史，现在转入研究20世纪的历史，对我来说不能不说是一个巨大的挑战。

问：当年，为了研究这个课题聚集这么多的国内一流学者，真是很不容易。现在，再重新建立这样一个写作班子恐怕就不容易了。

廖：那是不可能了。这个写作班子的成员，有的去世了，有的生病了，有的也老了。齐世荣先生去世了，比他小几岁的张椿年先生也去世了，关于非洲问题的写作贡献最大的陆庭恩先生得了脑出血。当年，各位学者为了这本书确实花费了很大的心血。

今天，我要特别和你说一说的是张椿年先生的贡献。你身边这张办公桌就是张椿年先生生前的办公桌。我从1961年来中国社会科学院世界史所工作，就与他一起共事。后来，我担任世界史所的副所长、所长以及我当这本《20世纪的历史巨变》的主编，都与张椿年先生有关。张椿年先生是江苏溧阳县人，1931年生，比我大5岁。我和他都是列宁格勒大学历史系的学生，他是1959年毕业的，比我高一级。他是世界史所的所长，担任过中国史学会副会长兼秘书长、中国国际文化书院院长。2017年12月5日因心脏病去世，享年86岁。

1959年，从列宁格勒大学毕业后，张椿年先生就来到中国科学院哲学社会科学部(中国社会科学院的前身)历史研究所工作。从苏联回来的一些同志建立了世界史组，负责筹建世界历史研究所，张椿年先生担任了副组长。1975年，根据胡绳同志的指示，世界史所组织了一个《第二次世界大战史》编写小组，张椿年先生主持了全书的讨论，并且担任了写作任务。1982年，《第二次世界大战史》由人民出版社出版。1980年，张椿年先生被任命为世界史所副所长。他积极参与筹建《世界历史》杂志的编辑工作，杂志出版后受到全国世界史研究工作者的热烈欢迎。他还担任了《史学理论》杂志的第一任主编。1985 年，他担任世界史所所长。在做好所长工作的前提下，他着手研究意大利文艺复兴，1993 年浙江人民出版社出版了他的《从信仰到理性——意大利人文主义研究》，获中国社会科学院第二届优秀科研成果奖。

在世纪之交，张椿年先生感到深有必要对即将过去的 20 世纪历史做一个总结，他有这样一个初步的设想，便以"20 世纪的历史巨变"为题，申请国家社科基金。于 1997 年 7 月被基金办公室批准立项。由于 1998 年年初他参加了由李铁映同志担任组长的《论民主》课题组的工作，担心会影响"20 世纪的历史巨变"课题研究的正常进行，得到社科基金办公室同意，诚请首都师范大学齐世荣教授和我担任主编，并由我主持课题组日常工作。同时，张椿年先生也参加了该书资本主义部分的撰写。我们经常在一起就资本主义研究中的一些问题进行讨论。在这个过程中，他还写了《当代资本主义自我调节初探》一文。经过七年的悉心研究，课题组成员本着高度负责的精神从事工作。书稿完成后，他又参加了全书的修改和审定工作，并亲自撰写了《后记》。2005 年该书由学习出版社正式出版，成为最早收入《国家社科基金成果文库》的一部成果。所以说，《20 世纪的历史巨变》一书从最早的构思、申请立项、组织撰写队伍到具体研究、撰写，直到最后的审稿、定稿，都渗透着张椿年先生的辛勤劳动，但是他却不把自己的名字写在主编的位置上，从这里可以看出一位真正的学者的高尚品格。

这是在我们正式谈"20 世纪的历史巨变"这个问题之前，我先把它的研究背景给你说明一下。

二、20 世纪的人类历史是人类历史发生空前变革的历史

问：廖先生，如果概括地说，20 世纪究竟是一个怎样的世纪呢？

廖：20 世纪是整个人类在经济、政治、社会和文化各个领域得到空前进步，上述各领域都发生了深刻变化的一百年。一切进步最深层的原因在于科技不断进步促进了生产力的极大增长，社会化大生产在不同地区和国度向广度和深度不断

地扩展。与经济发展的需要相联系的政治、社会和文化方面的变化，又在不同程度上反过来深刻影响经济的发展。

问：这样说来，20世纪的一百年是经济、政治、文化、社会都在发展、进步的一百年。可是在20世纪上半叶爆发了两次世界大战，以后又持续了几十年的“冷战”，战争给人类带来巨大的灾难！

廖：的确是这样。20世纪的一百年里，由于各种原因出现过局部地区的明显而且有重大影响的倒退，但是从总的方面看，19世纪末20世纪初形成的世界体系包括资本主义经济体系有了长足的发展。20世纪80年代以来日益明显的经济全球化以及构成经济全球化重要内容的金融全球化的深刻影响，以及国际关系格局中牵一发而动全身的各种事实，都说明20世纪人类历史已经成了真正意义上的全球史。

我们要看到，人类在20世纪充分利用了19世纪的科技成果，完成了第二次科技革命，并且推进了以基础科学的重大突破和技术创新相结合的第三次科技革命。科技革命极大地促进了生产力的发展，同时随着与生产力发展需要相适应的生产关系和各个环节的不断调整，全世界的生产力、产业结构、经济规模都以比上个世纪快得多的速度向前发展。我们可以举一个例子：从1900年到2000年，世界人口从16亿增长到60亿，但全世界按美元计算的总产值增加了14倍多；从1950年到1995年，全球制造业的产值增加了5倍；更明显的是从1965年到1999年，全球的贸易额增长了30倍。

在政治格局上看，到20世纪下半叶最鲜明的特点是三种类型的国家并存。从1917年十月革命开始，地域辽阔、人口众多的社会主义国家一直与发达资本主义国家同时并存。这是20世纪政治领域最为独特、最具有深远影响的历史现象。在第二次世界大战以后，资本主义的殖民体系彻底瓦解，亚非拉数十亿受奴役压迫的人民建立了众多的政治上独立的国家。他们持续不断地为改变不合理的国际经济和政治秩序而斗争。这样，在发达的资本主义国家旁边，既有社会主义国家，又有大量由殖民地、半殖民地演化而来的政治独立国家。这三种类型国家的错综复杂的关系构成了国际关系的基本内容。

三、主要资本主义国家的内部和彼此之间的诸多矛盾日益激化

问：我们在认识20世纪的历史巨变时，首先还是要看西方主要资本主义国家在这一百年来的变化，看看它们的演进情况及其在世界经济、政治发展中的作用。在您这个课题中，对这个问题是如何看待的呢？

廖：是这样的。我们要看到，从19世纪70年代一直到第一次世界大战前夕，英、法、德、俄、意、美、日等主要资本主义国家的资本主义都有很大发展，而且相继进入了垄断资本主义阶段。在资本主义发展不平衡规律的作用下，它们之间展开了激烈的斗争。当时世界的政治经济中心在欧洲，所以斗争也主要是在欧洲。这其中，最早的世界霸主、老牌资本主义国家英国与后起的但发展更为迅速的德国在经济和军事领域里的角逐具有特别重要的意义。比如，英国在1870—1913年的年均生产总值的增长率是2.2%，而德国同期的增长率则是2.9%，可以说争夺非常激烈。1914年，爆发了第一次世界大战，战争的主要战场是在欧洲，而战争的结果可以说是这两大竞争对手两败俱伤，在很大程度上动摇了英国的世界霸权地位。但这场战争却为远离欧洲的美国和日本创造了有利的发展和扩张的条件。这次战争的另一个重大后果是使得曾经是帝国主义国家的沙皇俄国由于十月革命的爆发，成为与资本主义国家并立的社会主义国家，开始走上探索社会主义制度的道路。

问：这可以说是20世纪前20年资本主义世界格局发生的巨大变化，此后资本主义国家内部的斗争是不是发生了新的变化？

廖：情况确实是这样的。第一次世界大战既没有消除主要资本主义国家的分裂和敌对态势，也没有消除它们之间重新瓜分殖民地的斗争，它们之间发展的不平衡以更大的力度显现出来。同时，从1918年第一次世界大战结束到1939年第二次世界大战爆发这20年中，所有主要资本主义国家内部，阶级矛盾和社会矛盾都空前尖锐激烈，这是由当时这些国家内部的产业结构和阶级、阶级关系所决定的，也是它们在工业化和城市化过程中不可避免的问题。在这种经济危机时期，各种阶级矛盾和社会矛盾迅速激化，甚至严重威胁到资产阶级的统治。

一个典型的例子就是1929—1933年美国的大危机。1929年10月，纽约证券市场上有价证券狂跌，几天的时间，第一流有价证券的市值就减少了40%—60%。这种证券市场的剧烈波动是生产过剩危机深化的反映，也是1923—1929年美国生产高涨刺激信用过度膨胀的必然结果。最终，工业危机、农业危机、金融危机相互交织，加上国际贸易的急剧下降，使得美国陷入一片混乱。

从美国开始的这场大危机迅速地席卷到其他国家。1932年美国的生产总值与1929年的峰值相比，下降了46.2%，而德国更是下降了高达46.7%。不过在30年代的危机时期，美国也没有停止过与英国争夺霸权的斗争，到40年代第二次世界大战的战火越烧越旺的时候，美国终于完全取代了英国，成为主要资本主义国家中的霸主。

问：世界的格局真是在不断地变化。同样是资本主义国家，同样遇到了经济危机，美国为什么能成为资本主义世界的霸主呢？

廖：美国之所以能够做到这一点，除了有利的国际环境以外，极为重要的国内条件是罗斯福推行了"新政"。它是在维护资本主义民主制度的前提下，扩充广大劳动群众享有的民主权利的经济和社会内容。罗斯福"新政"的实质，就是为了整个资产阶级的长远利益，利用国家政权的力量，局部调整资产阶级和广大劳动人民的关系，调整大资产阶级与中间阶级的关系，对资本实行一定程度的"管制"，同时在一定程度上保障广大劳动人民的最低限度的生活水平。"新政"开创了从一般私人垄断资本主义向国家垄断资本主义的转变，在世界资本主义的发展史上有着非常重要的意义。它标志着垄断资产阶级找到了在特定历史环境下克服威胁资产阶级统治的严重的道路，从而保证了垄断资本主义在相当长的时间内继续发展。

四、社会主义国家在20世纪的诞生与曲折

问：我看到在齐先生和您主编的《20世纪的历史巨变》一书中，对20世纪社会主义国家的探索以及它的曲折发展，用了很大篇幅来阐述。这的确是一个非常值得探讨的问题。1917年爆发了俄国的十月革命，开始建立了世界上第一个社

会主义国家，而且实行社会主义制度的苏联曾经取得过巨大的成就，包括第二次世界大战中战胜德国。二战以后，世界上出现了一个社会主义阵营，影响力很大。为什么到20世纪的90年代苏联就解体了呢？至今许多人还在困惑。这也应该是20世纪历史巨变中的一个重要内容吧？

廖：的确是这样。社会主义制度的国家在世界上出现并且长期存在，这的确是20世纪的一件大事。苏联解体也是值得关注和探讨的一件大事。我们的书对其确实花费了很大的篇幅来探讨。

应该说，二战以后一度存在由15个国家组成的社会主义阵营，在占全世界总面积1/4的辽阔土地上，有多达全世界总人口1/3的十几亿人参加社会主义制度的实践，这种现象应该说是迄今为止人类历史上最有意义的篇章。能够有十多亿人通过亲身实践来探索、深化对“什么是社会主义”“如何建设社会主义”这样重大问题的认识，并且在不断纠正错误、克服缺点、认真研究和吸收人类文明的一切优秀成果的过程中，逐步完善社会主义的理论、丰富社会主义的实践，的确是件大事。党的十九大报告中提出的习近平新时代中国特色社会主义思想，应该说就是这种探索的一个新的有重大意义的实例。

问：20世纪20—30年代苏联初建国时，它的发展水平曾经震惊过世界，是这样吗？

廖：的确是这样。新生的苏维埃国家在初建的几十年，取得了很大成就。当时的社会主义制度在促进社会生产力发展方面确实让世界震惊，显示这种制度具有很大的优越性。当时发达的资本主义国家，由于战争、萧条的困扰，它们增长的潜力被一系列的灾祸挫伤，而社会主义的苏联获得了空前的经济、社会和文化的发展。它凭借当时基本正确的一系列政策，在广大工农群众和知识分子的艰苦努力下，迅速建立起采用当时先进科学技术装备的大工业，为保障和改善人民群众的生活，以及后来有效地抵抗以德国为首的法西斯的侵略，打下了坚实的物质基础。比如说，苏联在1930年消灭了失业现象，而在1929—1933年的危机期间，资本主义国家就有失业者3000万，加上半失业者就会更多。这里，我可以列举一些数字加以说明。比如，苏联1940年的国民总收入为1913年沙俄时期的611％，而美国同一时期的相应数字是161％，英国为145％，法国为102％。

第二次世界大战这场规模空前的残酷战争，就是参战诸国经济政治制度、综合国力的严重较量，也是人类进步思想与以法西斯主义为代表的反动思想的激烈搏斗。苏联社会主义制度的巨大政治优势、以斯大林为首的苏联共产党领导的苏联人民在战胜法西斯的战斗中建立的功绩，使得社会主义思想得到空前广泛的传播，表现了强大的生命力和吸引力。而战争暴露了资本主义制度的黑暗面，在一定程度上削弱了资本主义制度在世界的影响力。面对这种情况，主要资本主义国家的政府，迫于国内外形势，特别是来自广大人民持续不断的压力，不得不进行不同程度的有利于人民的改革，扩大民主、重视就业、建设“福利国家”。没有这些缓和阶级矛盾、促进国内稳定的改革，二战以后资本主义经济大繁荣的“黄金时代”是不可能出现的。

问：第二次世界大战的结局对于世界的影响是非常巨大的，不论对于资本主义国家还是苏联，都是这样。您对二战后的世界格局是怎样看的？

廖：二战结局的影响确实是非常深刻、非常广泛的。我们需要联系战后多年内发生的重大历史事件，包括资本主义国家的，也包括苏联和东欧其他国家所发生的一些令人深思的事件来分析。二战以后，国际矛盾的发展使得战前分为敌对集团的英、法、德、意、日 5 个主要资本主义国家都在对抗苏联、对抗社会主义的旗号下围绕着美国转，而最发达、最强大，同时也是代表资本主义发展方向的美国，拥有带领和帮助它们进一步发展资本主义经济的条件和力量。这样，主要资本主义国家的联合和合作，保证了战后资本主义国家的巨大的经济优势。在和这些主要资本主义国家的长期对抗中，苏联承受着经济相对落后和规模小的巨大压力。而经济的落后，就意味着社会主义制度有可能被颠覆的高度危险。

问：那么苏联的经济为什么不能保持战前的那种发展势头而逐渐落后了呢？

廖：苏联经济的落后也正是苏联瓦解的重要原因。而苏联经济的落后，正在于它高度集中的经济体制缺乏创造力。按照马克思主义的观点，社会主义是建立在高度的生产力发展的基础上的。而十月革命是发生在一个经济较为落后的国家，胜利了的无产阶级政权通过法令废除了私有制，将生产资料收归国家所有，严重限制甚至一度取消了商品经济，实行高度集中的计划经济。当时苏维埃政权成立的初期，在资本主义的包围下，集中的经济体制有一定的必要性。在一定的时间内，集中国家的财力建设某项事业是容易获得成功的，苏联的工业化就是很好的证明。但是，这种体制长期发展下去就会造成经济的畸形发展，苏联的轻工业和农业长期搞不上去，就是经济体制缺乏创造力这一缺陷的大暴露。遗憾的是，苏联历届的领导人始终不能清醒地认识到高度集中的经济体制的缺陷，因而不能适时地调整生产关系。这样，在经济全球化的大背景下，在社会主义和资本主义两种生产力的激烈较量中，苏联失败了。

问：苏联的领导人为什么不能对自己国家经济体制的缺陷进行反省呢？

廖：这个问题很好，值得我们思考。我认为，苏联领导人对于本国的经济体制之所以缺乏正确的认识，这里有很复杂的历史原因。首先，俄国十月革命胜利，苏联的巩固发展是在主要资本主义国家分裂为敌对集团的环境中实现的。沉醉在二战期间的巨大胜利的苏联领导人，忽视了本国经济发展中存在的问题，没有清醒地认识到战后国际形势的极其重大而且有深远意义的变化。其次，我感到苏联领导人对于像苏联这样过去经济落后的国家，全面赶上和超过最发达的资本主义国家的长期性和艰巨性认识不足。比如苏联领导人在二战以后对于苏联所处的历史阶段的说法就变化不定，这就说明他们对这个问题的认识严重不足。实际上，伴随着不断提高的劳动生产率而不断提高的社会化大生产，必然要求整个社会的各个方面都适应生产力发展的要求，而不断地进行变革。与社会化大生产相关的产权制度、交换方式、管理方法，都必须不断地完善，不能长期凝固不变、墨守成规。从发展社会化大生产的角度来观察，社会主义和资本主义并不是截然对立的，两者之间有许多共同之处。认识不到这一点，是不符合辩证唯物主义的。再有，两个阵营的对立、资本主义国家对苏联的封锁，以及苏联经济体制的缺陷妨碍了苏联的技术进步，也是值得注意的问题。

不过关于苏联和东欧诸国社会主义制度的演变以致最后瓦解而为资本主义制度所取代的问题，无论就中国还是就世界而言，远未得到足够充分的研究和分析。现在还是各说各的，都算一家之言。

问：二战以后，苏联领导人没有及时地顺应国际形势的新发展，没有进行必要的改革，这就使得它的经济发展落后于西方发达国家吗？

廖：确实是这样。二战以后，苏联一再错失了进行有效的经济、政治、社会和文化改革的时机，基本上保持了30年代确立下来的基本经济制度，没有跟上新的科技革命，没有及时变更生产关系来适应生产力发展的需要。它的高度集权的计划经济体制，在二战后的历史条件下，已经越来越不利于经济的发展了。

问：您能够通过事实说明苏联在二战以后的经济发展确实落后了吗？

廖：好的。我们根据2001年俄罗斯科学院经济和国际关系研究所编的一部《千年纪之交的世界》一书所披露的世界经济总量增长速度的资料来看，1951—1960年，全世界经济总量增长率是4.5%，美国是3.3%，苏联是7.6%，说明在这十年里苏联经济发展的速度还是领先的。而到1961—1970年，全世界经济总量增长率是4.6%，美国是3.8%，而苏联就降到3.6%。到1971—1980年，全世界经济总量增长率是3.6%，美国是2.9%，而苏联是2.3%，苏联经济发展的速度大大下降了。到1981—1990年，全世界经济总量增长率是2.8%，美国提高到3.6%，而苏联却下降到0.5%。这就说明，1961—1990年的30年中，苏联经济总量的增长是呈递减的趋势，不但低于美国，也低于全世界的平均水平。

问：这个事实确实很能说明问题。但是，仅仅经济发展的速度放缓，就能够导致它的政权的解体吗？

廖：当然还有其他因素。如二战以后苏联诸多政策的失误也值得思考。从20世纪60年代起，苏联大规模地与美国搞军备竞赛，粗暴干预其他社会主义国家探索适合本国国情、顺应世界经济发展潮流的建设道路的行动。又比如，入侵阿富汗等。这些错误的政策，都与一定的错误理论认识为基础。再如，企求社会主义速胜、资本主义尽快崩溃之类的想法的长期存在，都是不清楚只有社会化大生产长足发展，只有在社会主义制度能够保证创造出高于最发达的资本主义制度的劳动生产率的情况下，社会主义才能最终战胜资本主义。

当然，苏联解体的另一个重要的原因，是它的高度集权的政治体制。这种体制在特定的历史时期保证了苏联迅速实现了工业化，特别是在二战期间能够以最高的效率动员全民进行反法西斯战争，并且取得了胜利。但是，它的弊病在于以党代政、党政不分，党直接包揽了大量行政事务。中央和地方苏维埃名义上是最高权力机构，实际上没有起到应有的作用。这样做的结果是“党不管党”，党自身的思想、组织、作风建设反而被大大忽视了。同时，这种体制削弱了民主集中制。在斯大林执政以后，民主风气逐渐淡薄。到了20世纪30年代，个人集权日益发展，民主集中制变成了不以民主为基础的集中，实际上是个人专断。广大党员唯命是从，丧失了积极性、主动性和创造性，以致于到苏共被强行解散时，竟没有遭到党内有关组织的公开抵制。总之，二战结束进入和平时期以后，苏联政府体制的弊端暴露得日益明显，而苏联的领导人这时既没有认识到不断根据世界科技、经济管理体制等各方面的改革的必要性和长期性，也没能充分发挥人民群众建设社会主义制度的积极性和创造性。我们可以肯定地说，苏联和东欧的剧变是世界社会主义运动遭受的一次重大曲折，这种变化在很长的时间内给苏东人民带来了巨大的不幸和痛苦。普京认为，20世纪90年代，俄罗斯国内生产总值几乎下降了50%，联合国开发计划署发表的《2001年人类发展报告》则认为，俄罗斯1999年的人类发展指数低于1980年。这都是苏联解体所带来的后果。

五、发展中国家在20世纪的变化

问：在世界上，除了发达的资本主义国家和社会主义国家之外，还存在着很多的发展中国家，无论从国家的数量还是从人口的数量上看，这些国家都占着很大的比例。这些国家在20世纪中变化的趋势是怎么样的呢？

廖：这是一个很重要的问题。我们这部书的第三篇就是讲殖民体系的瓦解和发展中国家的发展的。其中讲到殖民帝国的瓦解、发展中国家发展的基础，也讲了亚洲、非洲、拉丁美洲国家政治、经济社会的发展以及发展中存在的问题。

首先，我们要承认在人类发展过程中是存在发展不平衡的现象的，一些地区和国家比另一些地区和国家先进、强大，而另一些地区和国家则处于相对落后状态。发展不平衡是世界历史发展的一条规律。随着资本主义发展而出现的一些老牌殖民主义者，利用他们自己发展的暂时相对优势，凭借着坚船利炮和廉价工业品，向比较落后的亚非拉以及大洋洲的广大地区推行殖民主义。到19世纪末资本主义列强把所有它们有能力侵占的落后地区变成了殖民地，并且把殖民地瓜分完毕。随后，又在19世纪末和20世纪初一再为了重新瓜分殖民地和势力范围而诉诸战争，特别是第一次世界大战。从此，殖民地和附属国人民的命运便和世界资本主义体系的演变紧密联系在一起了。直到1917年世界上出现了社会主义国家之后，社会主义国家的发展变化也在相当程度上对殖民地和附属国的发展产生明显的影响。在第二次世界大战之后，殖民地和附属国人民继续进行争取民族独立的斗争，其中有些斗争规模很大、持续时间很长。这些斗争不断沉重打击殖民主义体系，到20世纪70年代资本主义国家的殖民体系基本瓦解。

问：这个世界殖民体系的瓦解是这些国家经过长期不懈的斗争迎来的，就是说原来的殖民地国家变成了政治上独立的国家，那么它们的命运是不是可以由此掌握在自己的手里呢？

廖：这个问题需要进行具体的分析。这些来之不易的政治独立，为大多数发展中国家的人民提供了按照自己的意志发展经济、社会和文化的前提。殖民体系的瓦解正是主要资本主义国家经济发展的“黄金时期”，是三种类型国家并存的格局最终形成的时期。在国际范围内的政治格局的变动与经济格局的变动是存在互动关系的。在这些国家取得政治独立后，对于发展中国家来说，改变了由主要资本主义国家制定和维护的不合理的政治经济秩序，成为发展本国经济的重要条件。例如，1973—1974年欧佩克国家独立地、大规模提高石油标价的行动，就是发展中国家争取经济解放的一个创举。

但是，发展中国家的经济发展仍然有诸多的困难。在全球经济发展过程中，全球贸易受到严格的规章的限制，强者居于支配地位。发展中国家平均每个穷人进入全球市场交易所面对的障碍比工业化国家的一般工人要高出两倍以上。主要资本主义国家从1947年关贸总协定出现以后，在大力削弱工业品的关税的同时，长期阻碍农产品贸易的自由化，坚持利用高关税、非贸易壁垒和高额补贴来损害发展中国家。在二战后的国际贸易领域中，发达国家内部交换的比重上升，比如20世纪80年代以后的国际食品贸易中，超过半数为欧共体的内部交易，发展中国家得不到这种贸易机会。再如，80年代以来的经济全球化迅速发展，往往使发展中国家不完善的脆弱的金融体系受到严重冲击，引发了发展中国家的多次金融危机。沉重的外债负担极大地妨碍了发展中国家的经济发展。

问：这就是说广大发展中国家政治上虽然取得了独立，但是经济发展还是受到阻碍，这是什么原因呢？

廖：主要是由于不合理的国际经济秩序。殖民主义国家给新独立的发展中国家制造了许多巨大的障碍，并千方百计地保持自己的利益和影响。例如，这种不合理的国际经济秩序使得拉美国家在20世纪80年代成为“失去的十年”，这意味着拉美国家在这十年出现了关于“去工业化”问题，值得讨论。具体表现是1980—1994年的15年间，第一产业和第二产业在GDP中所占比重呈现出与1980年以前的工业化进程相反的趋势，具体来说就是第一产业所占比重不再下降，反而上升；第二产业所占比例不再上升，反而下降。在制造业中，1980—1999年，在工业发展水平最高的巴西等5国，技术密集型产业所占的比重普遍下降，而资源密集型产业所占比重明显上升。

发展中国家经济发展的情况差别很大，其原因也是很复杂的。由于各种复杂的国内外因素的相互交织，不同国家政府的治国方略也有差异，因此20世纪70年代以来，发展中国家各国的情况有明显的不同。据联合国开发计划署的《2001年人类发展报告》说：1975—1999年，东亚及太平洋地区的人均收入增加了3倍，年增长率是6%；南亚的收入增长率超过2%，而阿拉伯国家和拉丁美洲与加勒比海地区，平均增长率却不到1%。

此外，经济落后造成的贫困和社会的动乱，也使这些国家的人民深受其害。上面我提到的这个联合国报告中说：1999年，有28亿人口每天靠不足2美元维持生活，其中12亿人口靠每天不足1美元而在最低生活水平边缘勉强维持生存。而且，最贫穷的人在冲突中遭受的损失也最大。例如，在1990—1999年，撒哈拉以南非洲各国因各种冲突而伤亡的人数达到150万以上，占到全世界伤亡人数的一半还要多。阿拉伯国家伤亡的人数大大超过50万。

20世纪的历史表明，不合理的国际经济和政治秩序不可能永存不变，但是要彻底改变它也不是容易的事情，需要全世界各国人民长期共同的努力。因此，不断加强发展中国家的团结、互助和合作，共同反对霸权主义和强权政治，是巩固和捍卫政治独立、发展经济和文化的重要条件。

问：中国也是一个发展中国家，在1949年以前中国还是一个半封建半殖民地社会。而在1949年以后，中国成为社会主义国家，经济发展、社会发展都取得了巨大成就，特别是1978年改革开放以后，中国发生了令世界瞩目的变化。

中国的巨大变化，应该是20世纪世界历史巨变中的一个重要内容吧？

廖：的确是这样。中国的崛起是20世纪世界历史发展中的一件大事。中国从20世纪初一个积贫积弱的半封建半殖民地国家，历尽沧桑，终于奇迹般地重新崛起。这说明，在资本主义制度已经使世界联成一体的情况下，当阶级压迫和民族压迫达到空前程度而使人民革命时机成熟的时候，用马克思主义武装起来的共产党，能够依靠工农联盟和最广泛的统一战线，推翻严重阻碍本国生产力发展的反动阶级的统治，利用人民政权，通过不断改革妨碍生产力发展的制度和传统，使生产力得到迅速发展，使国家沿着社会主义道路前进。

20世纪这一百年来，中国作为世界上最古老的东方大国，从积贫积弱走向繁荣富强，可以说谱写了人类历史上悲壮而又辉煌的篇章。到2000年，中国国内生产总值突破1万亿美元，经济总量排名世界第七，居发展中国家首位。外汇储备排名世界第二，进出口总额位列世界第八。2000年，中国钢铁、煤炭、水泥、化肥、电视机、谷物、棉花、肉类、水产品等主要工农业产品的产量已居世界第一。我国的科技水平也有了很大提高，航空航天、信息、新材料和生物工程等高技术领域获得一批重要成果，在一些领域达到或接近世界先进水平。中国走过的艰难曲折的奋斗历程和不断取得的光辉成就，无疑是贡献于全人类的巨大财富，为在经济全球化迅速发展的情况下充满不确定因素的世界带来新的希望。中国在世界舞台上将会变得越来越重要。

我们纵观风云变幻的20世纪的100年历史，应该说人类在各方面的进步都是空前的，全世界的发展前景是光明的。

六、回顾我学习和研究世界史的历程

问：从您的学术经历来看，您是一直研究世界史的，您研究过世界古代文明，研究过中外古代的奴隶社会，后来又研究了20世纪的历史巨变。您学习和研究历史的起点是在苏联的列宁格勒大学，这段学习经历对您一生的学术研究道路是不是有影响呢？

廖：那当然是有影响的。我是怎样去苏联留学的呢？我1936年7月出生在湖北咸宁汀泗桥附近的一个山村里。40年代是在老家的咸宁县读书。到50年代就来到了武昌读中学，1951—1953年，在湖北省的重点学校武昌实验中学学习。毕业后在武汉团市委工作了很短的时间。1953年10月，进入武汉大学历史系学习。那时候，国家急需选拔一批优秀的学生去苏联留学，我被选中了。1954年8月，进入了北京俄文专修学校(第二年改名北京俄语学院)留苏预备部学习。1955年9月—1961年1月，在苏联列宁格勒大学历史系学习，组织上分配我学的专业是古希腊史。毕业后回国，从1961年9月开始在中国科学院历史研究所世界史所工作。我在世界史所当过研究员、副所长、所长；1982年8月—1983年9月，去希腊进行了一次学术考察。

回忆起1955—1961年在列宁格勒大学历史系学习的情况，应该说苏联学者对我的教育，奠定了我从事史学研究的基础。我在内心深处，永远感激苏联的老师和同学对我的帮助和关心。无论是在留学苏联的岁月，还是在我回国之后与苏联师友的交往中，都有许多美好的记忆。

问：自从您1961年从列宁格勒大学毕业回国以后，还曾经回到过那里吗？

廖：回去过一次。那是1998年8月，我回到阔别了38年业已更名为圣彼得堡的列宁格勒，在探望老师、会见同学和与俄罗斯学者交流学术的同时，特别抽出了一天，和老同学伊沃奇金娜以及奥列根娜一起，到郊区的墓地，先是向卫国战争中的牺牲者鞠躬致敬，继而找到1957年病逝于列宁格勒的老同学徐仲达长眠之处为他扫墓培土。那一天，感触是很多的。卫星上天、红旗落地的历史，对于研究过持续近900天的列宁格勒保卫战的中国人来说，不可能无动于衷。苏联的兴衰成败，不能不使关心人类前途的马克思主义者反复思量、长期探索。

问：您说到为徐仲达扫墓的事是怎么回事？

廖：我在苏联学习古希腊史是和徐仲达有关系的。徐仲达是四川人，是我在列宁格勒大学历史系学习的同学，他的专业是古希腊史。他在那里学习非常勤奋，而且与苏联和中国的同学关系都很好。1957年因肝硬化不幸病故于列宁格勒，并且埋葬在那里。他的苏联同学数十年来每年都去为他扫墓。中苏人民的深厚友谊，这便是一个很好的见证。1955年我到列宁格勒大学历史系学习的时候，指派我学的专业是俄国古代史，在徐仲达去世后，组织上指派我以古希腊历史为专攻学科。因此，从1957年起到现在，由于国家的需要，我就以学习和研究古希腊历史为主业了。

问：学习古希腊史与学习俄国古代史有什么不同吗？

廖：从1957年至今的50多年中，研习古希腊史给了我很多欢乐，同时也不时给我带来麻烦。主要的麻烦是我的学识不足，工作时间不够，常常苦于力不从心，只能被迫应付任务。应该说，我在列宁格勒大学历史系古希腊罗马史教研室学习的时候，客观学习环境是很好的。那是一个团结友爱、充满学术气息的集体。在教研室里，老师和同学都把我当成“自己人”，尽量让我积极参加教研室的一切教学活动。在关于古希腊罗马史的课堂讨论中，教研室主任、国际知名的古罗马史专家谢尔盖·伊万诺维奇·科瓦略夫教授就曾经问：“为什么中国学生不来参加？”其实，不是中国学生不愿参加，而是入学不久的中国学生俄文水平不够，只能忍痛放弃部分课程。对于学习文科的学生来说，要想让自己能比较自由地运用俄语应付各项学习任务，至少需要两三年的时间。仅靠国内留苏预备部一年的强化俄语培训，是远远不够的。按照苏联的课程规定，文科的大学生要读大量的书，每周应该学习60个小时。而像我这样的中国学生，为了完成任务，至少需要花80个小时。除了学习，我只能放弃其他事情。学习古希腊史，真要有所了解、有所建树，非学习多种外文不可。因为古希腊史早已成为国际性的学问，大量的文献和工具书都是外文的。我在苏联学习的5年多的时间里，除了学习俄文，又学了拉丁文、古希腊文和德文，还不得不把中学学过的英文捡了起来。回国后，由于工作需要，又学了几种外文。老实说，现在我的外文知识远远满足不了我工作的需要。虽然我已80多岁，还经常抽时间学习拉丁文、古希腊文和其他外文。学然后知不足，教然后知困，数十年的经历使我深深明白这一点。要想真学到一点东西，必须从不自满开始，必须永远抱着知之为知之、不知为不知的态度，在学问问题上，决不要自欺欺人。

问：今天，我国学者研究古希腊史的情况与当年您学习和研究的条件已经大不一样了吧？

廖：是的。我举一个例子来说，2011年11月15日，北京大学西方古典学中心宣告成立。在隆重的成立仪式上，会议主持人宣布，北京大学西方古典学中心是一个跨院系实体教学科研机构，其宗旨在于推动古希腊罗马文明的研究，建设西方古典学教学与人才培养体系，组织专业研究和学术交流。应该说，北京大学的这个举措是有很大意义的。为了更好地研究人类社会各种文明的相互关系，促进各国人民的相互交往，中国人必须建立切实研究古希腊罗马辉煌文化成就的长期存在的实体教学科研机构。在这次会上，北京师范大学的资深教授刘家和先生发表了慷慨激昂的演说，认为中国早就应该建立这种中心。的确，像研究古代希腊文明这类事，没有必要的物质支持和宽松的学术研究环境，是不可能取得真正得到国际承认的好成绩的。

问：您说得很对，研究古代希腊文明这样的课题没有必要的物质条件和宽松的学术环境是不行的。今天的条件是以前不能比的，但是您这一代人在那样困难的情况下所做的工作也是功不可没的啊！改革开放以后，您不是还给研究生教古希腊文和拉丁文吗？

廖：其实，自我参加工作之后，能够安静地坐下来从事专业研究的时间实在不多。即使不是参加“四清”和“文化大革命”，也往往被指派做一些与世界古代史研究相去甚远的工作。1963—1978 年的 15 年里，我基本上停止了对古希腊罗马史的研究。在苏联学的古希腊文和拉丁文知识忘得差不多了，甚至俄文、英文也都生疏了。在大学得到的专业知识有的变得陈旧，而新的学术前沿又无缘接触。就是在这样的情况下，由于组织上的决定，我不得不在 1978 年接受了培养 3 名世界古代史专业硕士研究生的重担，同时还担任中国大百科全书世界历史卷总论组副主编。除了其他杂事，仅这两方面的工作，已经够我应付的了。

这里特别要说一下你提到我充当古希腊文和拉丁文教师的事情。由于要负责培养世界古代史专业的硕士生，我不得不把已经忘得差不多的拉丁文和古希腊文捡起来。除了教自己负责的 3 名学生，还得满足东北师范大学林志纯先生和内蒙古大学胡钟达先生的要求，给他们的世界古代史专业硕士研究生教拉丁文和古希腊文。我能教给学生的，当然只能是一些启蒙的知识。1988 年 6 月—1998 年 10 月，我先后担任了世界历史研究所的副所长和所长。在当前中国世界史研究工作发展困难重重的情况下，要想真心治所，是不可能有许多时间读书的。时间对我来说实在太少。好不容易买到或借到的专业书籍，往往是置于案头数年而不能卒读，只能偶尔翻阅。只是在退居二线之后，我才有了稍微充裕一些的业务学习时间。

问：您是搞世界古代史专业的学者，但是您后来又负责主持了“20世纪的历史巨变”这一课题，20世纪的历史应该是世界现代史了，这对您是不是又是一个新的挑战？

廖：那当然是了。那时候，我正在担任世界史所的所长，1997年9月经国家社会科学基金规划办公室批准立项的“20世纪的历史巨变”课题组中，我被任命为组长，负责主持课题组的日常工作，并和齐世荣先生一起，担任全书的主编。这个课题，从立项到2005年10月最终成果出版，前后8个春秋。

20世纪90年代我在伦敦进行学术访问的时候，有一位在英国工作的丹麦学者问我到底是研究什么的，我的回答是既有古代又有现代。在我的经历中，古和今从来就没有截然分开过。因为人类的历史既然是一个自然史的过程，古今就始终有联系。只要你坚信历史唯物主义的社会经济形态依次更替学说的正确性，认为它是颠扑不破的真理，你就绝不会相信魏特夫之流鼓吹的“东方专制主义”一类将“东方”和“西方”对立起来的谬论。2005年10月学习出版社出版《20世纪的历史巨变》一书，标志着我的学术生涯中集中精力研究世界近现代史阶段的结束。从此以后，我又以学习和研究世界古代史为主了。学习和研究古代希腊历史的经验告诉我，要想真正了解欧洲古代奴隶占有制社会的社会结构，必须对古代罗马的历史花必要的功夫。古代希腊的历史和古代罗马的历史虽然各有特色，但它们都是处于奴隶占有制的社会发展阶段，发展规律的共同性有明显的表现。只研究希腊而不顾罗马，或者只研究罗马而不顾希腊，都会产生巨大的知识缺陷。而要两者兼修，又非要大量时间不可。时间对于研究者说来，永远是不够的。如果说，1986年9月，中国学者曾经在北戴河举行过“中国奴隶制问题学术讨论会”，那么在这以后，在中国学术界，否认马克思主义人类社会经济形态依次更替学说的言论便接连出现，否认中国古代有过奴隶占有制社会的主张更是显得“振振有词”。胡庆钧先生在其主编的《早期奴隶制社会比较研究》的《前言》中写道：“我之所以投身于希腊罗马古代史的研究，还由于20世纪80年代初期《凉山彝族奴隶制社会形态》付梓前夕，出现了一股否认奴隶社会是社会发展必经阶段的风源，从而使这一类的研究成为无源之水，无本之木，成为人类社会发展史上的一种畸形或变态。这一风源显然并非今日始，在国内外学术界均有一定的影响。”我作为胡先生的助手，在向先生学习的同时，免不了要积极参加捍卫马克思正确观点的斗争。为了坚持和发展马克思主义，首先需要认真学习马克思和恩格斯的原著，努力弄清他们的思想体系和有关的学术发展史，并且根据他们倡导的历史和逻辑相统一的方法去分析、判断不同论断的是非。

近几年，我通过学习中国历史和外国历史，越来越坚定地认为，我的老师唐长孺先生在《魏晋南北朝隋唐史三论》中对汉代社会性质及其以后社会性质的演变做了很好的阐述。在中国，既有过奴隶占有制社会，又有过封建社会，这方面的翻案文章未必能够通过历史的长期考验。而在探索世界不同地区奴隶占有制和封建制发展规律的异同方面，却有极多的工作要做。在这方面培养出一代胜过一代的新人，把研究工作推向新的广度和深度，乃是中国史学界和整个中国思想界义不容辞的责任。中国的学术界必须通过不断的努力取得自己在国际上的发言权。

2010 年 7 月 30 日，我患了脑梗，从此加入了病号的行列。但是，只要时间允许，我还将继续研读古代希腊罗马和古代中国的著作，继续思考世界历史发展规律中的统一性和多样性问题。

问：谢谢您的谈话！我看您虽然患了脑梗，但没有留下什么后遗症，思维还是非常清晰的。您帮我回顾了《20 世纪的历史巨变》这本书的编撰过程，并且阐述了该书的基本思想，这对于我们正确看待 20 世纪历史发展中的很多问题都是很有帮助的。希望这本书能够进一步得到传播，成为青年人了解刚刚过去的一个世纪的最好教材。祝您保重身体，在日后的学术研究中继续做出贡献！

陆庭恩：1935 年 12 月生，上海市人。1960 年毕业于北京大学历史系世界史专业，毕业后留系任教。曾任北京大学亚非研究所所长，北京大学国际关系学院教授、博士生导师，北京大学非洲研究中心主任。1989—2001 年担任中国非洲史研究会会长。主要著作有：《非洲与帝国主义》《非洲民族主义政党与政党制度》（合著）、《非洲史教程》（合著），主编《非洲通史·现代卷》《非洲农业发展简史》《中国与非洲》等 10 部，发表有关非洲史的论文 112 篇。

非洲经济为什么发展比较迟缓

——访陆庭恩教授

问：陆老师您好！我曾经在2004年到访过您在北大承泽园的家。我还记得一进您的房间，就好像到了一个小小的非洲博物馆。墙上挂的是津巴布韦人送给您的黄色纯铜时钟，还有1989年您与南非总统曼德拉的合影，柜子里放满了来自非洲的木雕、铜雕、牙雕、面具和皮鼓，盒子里放着撒哈拉沙漠的石块和好望角的墙砖。这些珍贵的纪念品记录了您在非洲的足迹，也体现了您对非洲的深厚感情。那次访谈，谈到了您研究非洲史的过程，谈了很多我国学者对非洲史研究的现状，也谈到您对非洲史研究的诸多想法。这一晃14年过去了，您经历了一场大病的劫难，现在已经80多岁了。但是，看您现在的身体状况、精神状况还是很不错的，这场病没能击倒您。这次来我希望和您继续探讨一下关于非洲发展的问题。

陆：好的，非常欢迎！我还记得你上一次来访谈的情况。那时候，我刚刚从第一线退下来，但是工作压力还是很大的，各方面的任务都要完成，搞得非常紧张。2006年就得了脑血管病。由于脑部神经大面积损伤，抢救以后便瘫在床上。当时医生根据他的临床经验判断，我可能永远站不起来了。因为有这样严重的病灶，只有百分之十的人有可能重新站起来。后来，我在北京博爱医院的康复中心住了九个多月的院，在医生的指导下进行康复训练。在家人的鼓励和照料下，我终于站起来了。在站起来之前，我先是练习坐起来。从开始练，到基本上能够坐稳，花了40多天的时间。后来练习站立，先是绑在床头上站，站10秒钟，头就晕了，还累得满头大汗。以后，练扶着杆站立，3秒、10秒、45秒，后来能够扶杆走步了。然后，用了三个半月的时间，甩掉杆子，自己能独立行走了。第一次在楼道里走了30米的距离，竟然用了20分钟的时间。经过十余年的康复训练，现在我能够拄着拐杖慢慢行走，生活上也能达到半自理的程度了。现在，我能坚持看书、看报，追踪国际的新闻报道。为了防止大脑的退化，我每天都要背世界各大洲一百多个国家的国名。

问：您身体能够恢复到这个程度确实不容易。这离不开您个人坚定的毅力，也离不开您老伴儿李老师的积极鼓励和耐心照料。今天，我们尝试着来谈谈非洲经济发展问题。您大体上谈谈您的思路就行了，不要太累，具体内容我会去看您的有关论著。

一、非洲国家经济发展的基础

问：上次我访问您的时候，您说您对非洲的研究侧重近现代的历史，以历史为背景对当前非洲的现实问题也比较重视。比如两次世界大战期间的非洲历史是研究的薄弱环节，所以也是您研究的重点问题。

陆：是的。两次世界大战之间的20年是非洲历史上非常重要的时期，是非洲殖民化不断深化的20年，非洲成为帝国主义的后方主要是在这20年。400年的奴隶贸易主要涉及的是沿海地区，而瓜分非洲的时期，内地和沿海都殖民化了。殖民化主要是在政治上，经济上还未来得及殖民化，就发生了第一次世界大战。这次战争对非洲的依赖很大，非洲成为战争所需原料的来源、兵员的来源。西方国家在政治上影响非洲的同时，在经济上把它开发出来，将其作为自己的后方基地，主要也是在这20年。这20年非洲发展最快，资本主义的投资集中在几个方面，一个是发展矿业，石油、煤、铜、黄金和金刚石等的开采，都是在这个时期；另一个是农业，种植园、农场都是这时建立的。在第一次大战期间，帝国主义国家尝到甜头，感到非洲资源很丰富，所以战后他们集中力量搞经济，所以这一段时间是非洲国家进一步殖民化的时期。同时，这一时期也是非洲民族独立运动酝酿和发展的时期，随着经济的发展，非洲的工人阶级、民族资本家以及知识分子都在成长，民族解放的政党也在这时建立起来，为二战后民族独立运动的发展打下了基础。另外，苏联对非洲民族独立运动的影响主要也是在这个时期。

所以，我感到这个时期非洲的历史很重要，但是国内外学者对这段时期的研究又十分薄弱。

问：如果我们把视线再往后延长一下，从整个20世纪的角度来看非洲的历史，是不是在20世纪的后半期非洲的民族独立运动才真正高涨起来？

陆：是这样的。非洲地区现有54个独立国家和一个西撒哈拉地区，主要分布在非洲大陆的北部和撒哈拉沙漠以南地区，总面积约3000万平方公里，人口约8亿。这些国家确实多是在20世纪后期独立的。非洲的民族独立运动高潮源于1955年召开的亚非会议。1960—1970年是非洲民族独立运动取得决定性胜利的时期。先后有43个国家在这一时期取得了独立。到1990年，纳米比亚取得独立，这标志着整个殖民体系在非洲已经彻底瓦解，非洲的民族独立斗争取得重大胜利。

这些获得独立的国家，有的是通过进行长期的武装斗争获取的独立，如阿尔及利亚、肯尼亚、津巴布韦，还有葡属非洲殖民地等少数国家。还有些国家是通过武装斗争外的各种方式，如罢工、示威游行等各种合法斗争，利比亚、苏丹、加纳、几内亚等国就是这样获取独立的。还有一种是通过上层斗争，宗主国在不得已的情况下，为了维护自己的利益和影响，有条件地允许非洲的殖民地获得独立，如法属西非和法属赤道非洲绝大多数国家都是这样获得独立的。

问：这样看来非洲的这些独立国家在独立之前都是西方国家的殖民地在取得独立之后，它们的政治、经济和社会的建设发展，必须是在殖民主义历史遗留的基础上进行。这些历史遗留会对非洲国家的发展起什么影响呢？

陆：应该说西方殖民主义对非洲的侵略和掠夺所产生的后果是客观存在的，绝不会随着非洲国家的独立而自行消失，它们还会长期地起作用，影响非洲国家的政局稳定、经济和社会发展。

问：为什么会产生这种问题呢？请您具体地说明一下。

陆：比如说，非洲国家的边界成为当今非洲独立国家不断发生民族纠纷和边界冲突的祸根，也是阻碍非洲国家经济发展的重要因素。非洲大陆所有国家的边界大体上都是在帝国主义疯狂瓜分时期形成的。帝国主义列强从各自的利益出发，凭实力，同时又根据自己统治的需要划定殖民地的边界，破坏了历史上长期形成的传统边界。比如，英、法两国为了瓜分西非地区，于1898年在巴黎签署了协定，规定以尼日尔河为界，作为法、英各自占领土地的边界，即是后来的法属西非殖民地和英属西非殖民地的边界。法属西非殖民地面积十分辽阔，达到470万平方公里，相当于法国本土的8倍多。为了统治的方便，法国又任意将该地区分为8块殖民地。再比如说，莫桑比克、马拉维、津巴布韦的边界，也是英国和葡萄牙在1891年通过协议强行划定的。

问：这种划分边界的做法会造成什么后果呢？

陆：这种划分方法造成的后果，首先是使民族传统的聚居区遭到割裂，导致民族纠纷的长期存在。同一个民族可能被分割在若干国家或地区；或者原是一个国家里的不同民族，又被分割在许多国家和地区。例如，巴刚果族被分割在安哥拉、刚果(金)、刚果和加蓬四国。西非著名的富尔贝族甚至被分割在英、法、葡、德等国的7块殖民地里。还有以前原属于不同文化、语言和传统的民族，被强行划进同一个国家里，如西非地区部分的豪萨族人、约鲁巴族人和伊博族人，都被划入尼日利亚境内。非洲各殖民地境内原来就存在着众多的少数民族，非洲殖民地独立以后，这种情况延续下来，每个国家都有上百个，甚至数百个少数民族。坦桑尼亚有120个少数民族，尼日利亚有250个少数民族，国土只有47.5万平方公里的喀麦隆竟然也有100个少数民族。这种情况，严重破坏了民族的团结，原来存在的民族内部和各民族之间的经济和文化的联系和交流被隔绝了。一个国家内居民民族成分的复杂、零乱带来的民族关系问题和国家建设中的问题就更难解决了。

民族纠纷引起的边界冲突往往能发展成武装冲突，这是当前困扰非洲大陆的一个重大难题。这种争端和冲突涉及很多的非洲国家。例如，阿尔及利亚与突尼斯、阿尔及利亚与摩洛哥、埃及与苏丹、苏丹与乌干达、索马里与埃塞俄比亚、索马里与肯尼亚、厄立特里亚与埃塞俄比亚、加纳与多哥、尼日利亚与喀麦隆、加纳与布基纳法索、尼日尔与贝宁、马拉维与坦桑尼亚、坦桑尼亚与乌干达之间都存在边境冲突，有时候还发展成大规模的边境战争，造成双方人力、物力和财力的损失。

此外，由于人为地、主观地划分边界，非洲国家数量众多，面积大小不等，自然资源和经济潜力不均等。分割以后，有些国家面积辽阔，有的国家只是弹丸之地，其中中小面积的国家居多。有的国家有着漫长的海岸线，有 14 个国家却是内陆国家；有的国家有着丰富的自然资源，有的国家却资源贫瘠；有的国家邻国较少，有的国家邻国很多，给国家安全带来严重问题。那些面积小，没有海口，又自然资源贫乏的国家，在发展中遇到的困难当然是更多的。

问：非洲国家在独立之前，西方殖民者在非洲也建立了行政管理组织和立法制度，这对于独立以后的非洲国家的稳定是否有积极的作用呢？

陆：这些行政管理组织和立法制度是根据殖民地统治和掠夺的需要建立的，缺乏内部凝聚力，在许多国家造成动乱不已的局面。比如，殖民当局削弱了当地原有的传统的管理体制。原来传统的君主政体和家族酋长制度，经殖民征服以后，或者被废弃，部分原来的君主和家族酋长被利用转化为殖民地当局的行政官员，或者由殖民当局扶持那些原来无权担任酋长职务的人来担任酋长。非洲传统的管理体制被利用来对非洲居民推行强迫劳动、征收税收及强制征兵制度。这样，传统的统治者已经在非洲群众中失去了作用和地位。殖民当局“造就”了一批非洲的精英，是西方国家培养的知识分子，他们大多没有管理国家的经验，有的国家未经改造就继承了原有的行政管理组织和立法制度，这套统治方式逐渐产生危机，酿成无休止的动乱。再有，殖民地宗主国在统治时期建立了土著治安部队或常备军，在殖民统治被推翻以后，他们没有被解散，独立后就成为本国的军队。这样，军队对国家政治生活的干预越来越严重。在 20 世纪 60 年代中期开始的 20 年时间里，非洲盛行军事政变，有的国家持续几十年政局动荡、政变频繁，像加纳和尼日利亚就是这样。

问：在西方殖民者统治非洲的时期，是不是也发展了非洲的经济呢？

陆：西方殖民者在非洲的统治时期，他们把非洲经济纳入国际经济的轨道，并使其成为世界资本主义经济体系的附属部分。一方面，西方列强向非洲提供了它们过去没有的东西，如建造了公路、铁路、电信、港口和机场等基础设施；同时也种植了像咖啡、可可、烟草、花生等经济作物；引进了货币经济，推动了非洲经济的商品化，采取了有利于生产力发展的措施。但是，这些是在非洲处于极其不利的受掠夺、受剥削的地位下进行的。这些东西越多，非洲人民遭受的苦难也越加深重。一方面，西方列强对非洲实行竭泽而渔式的掠夺，致使非洲经济片面畸形发展，这成为非洲国家独立后发展民族经济的一大障碍。

非洲国家独立前的经济发展，是以该殖民地的经济资源和满足西方列强的需要为基础的。各个殖民地都片面发展一种或两种供出口的农业经济作物或矿产品，完全忽视了非洲人民自己的需要，传统的农业和手工业遭到扼杀，在许多殖民地，现代工业几乎等于零。他们被迫生产他们自己不消费的产品，而消费他们自己不生产的产品。这种不合理的经济结构也不是一朝一夕形成的，要进行改革，解决这方面的问题是很难的。许多非洲国家已经独立几十年，但是这种情况至今还是没有根本改变。

二、独立后非洲国家的政治发展

问：陆老师，以上我们谈的是有关非洲国家独立后所面临的问题，主要是殖民主义的历史遗留的问题。下面我们换个话题，谈一谈非洲国家的政治发展问题。

陆：好的。20 世纪的后半叶，广大非洲国家从过去的殖民地状态转为独立的主权国家，这在非洲的发展历史上不能不说是一个翻天覆地的变化，这是非洲各国政治发展的一大成就。非洲国家是从 20 世纪 60 年代开始独立的，它们独立以后，为建立适合本国国情、完整而又规范的政治制度，进行了艰苦的努力。这些国家的政治发展，主要是围绕着政权建设，特别是建立什么样的政治体制和政党制度展开的。

我们首先看独立初期的 20 世纪 60 年代。由于非洲国家独立的进程、方式不同，出现了三种类型的国家：第一种，继续与宗主国保持密切联系，很多方面还受到宗主国的影响和支配。比如，很多原属法国的殖民地仍然留在法兰西共同体内，英国的殖民地留在英联邦内。这类国家在非洲占多数。第二种，继续与老殖民主义国家保持联系，同时又与新殖民主义国家达成妥协以谋取实惠。第三种，是少数比较激进的国家，它们希望立即谋取真正的独立，但宗主国不甘心在这些国家失败，对它们实行打击和压迫政策。

这三类国家虽有些不同，但是它们在政权建设上都受西方国家制宪理论的影响，原属英国的殖民地都仿效英国采用议会内阁制，原属法国的殖民地采取法国的总统共和制，也有的学习美国采取总统制。它们在独立前后制定了宪法，规定了国家各级机构的设置、职责和相互关系。大多数国家实行分权制，分别由总统(国王)、议会、政府(内阁)、法院掌握。为了发挥政党的作用，绝大多数国家仿照西方的模式实行多党制，只有少数国家存在一个政党，而多数国家有两个或两个以上的政党。这些政党都可以竞选总统、议员，作为在野的党可以监督政府。

由于历史和现实的原因，非洲的这些政党都是以民族为基础的，在全国范围内缺少威信和号召力。一个政党执政后，只能使本民族或依附于它的民族得到好处，其他民族不仅得不到好处，甚至还受到排挤、打压，势必会加重民族间的对立情绪，造成全国的分裂，有些国家的政权就因为政党间的斗争而被推翻。例如，加纳的恩克鲁玛总统的人民大会党执政以后，北方的阿肯族、布朗一阿哈族等感到受到压抑和威胁，他们和其他民族组成反对派，加速了恩克鲁玛政权的垮台。有的国家还出现了民族间的相互仇杀，陷入长期内战的局面。1960—1970年的尼日利亚内战就极具代表性。战争给尼日利亚各族人民带来巨大灾难，不仅经济上遭到巨大损失，而且死亡人数也高达百万。

问：加纳的恩克鲁玛总统好像中国人民比较熟悉，原来是这样一个结果。这是非洲国家独立的早期，以后它们会不会从中吸取一些教训呢?

陆：是的。20世纪的七八十年代，情况有所改变。非洲许多国家的政治体制从60年代后半期开始逐渐从分权制向集权制转变。这一时期，集权制在非洲很盛行，权威主义政府的出现是显著的现象。它们中的一些国家摆脱了过去实行的西方的多党制，变为一党制。这种一党制，是指除了一个执政党以外，其他政党均被宣布为非法而遭到取缔。不少国家把党、政、军，还有立法、行政、司法的最高权力归于执政党的领导人。执政党的领导人任总统，他不但是国家元首，也是政府首脑和军队统帅。议会的权力大大缩小。政治体制的这种转变，除了一些国家是通过和平的方式进行的以外，另一些国家则是通过军事政变，成立由军人掌权的一党制政府。

问：非洲国家政治体制的这种变化，是不是由于非洲国家的领导人认识到盲目仿效西方的政治体制，对他们来说是不明智的？

陆：这是非洲民族主义的发展产生的一种结果。非洲民族主义在非洲国家独立后的新形势下有了新的发展，它的任务是巩固政治独立，发展民族经济，实现经济独立，建设统一的现代化的国家。一些非洲国家的领导人认识到，非洲国家在政治上允许多种政党存在和参与政治不符合非洲的村社制度传统，只会产生冲突和分裂，民主不一定要通过建立多党制来体现，实行一党制也能够充分地体现民主，能够巩固国家统一和实现民族团结，推动现代民族国家的统一和建设的进程。非洲许多国家的领导人都自认为找到了符合非洲实际，能创造富有生气的民主政治气氛的体制，即一党制。于是，一党制取代多党制成为非洲国家政权建设的主要趋势。先是起始于西非地区的几内亚、科特迪瓦等国，后来逐渐扩展到非洲的其他地区。这是非洲国家对于政权模式的一种探索。

问：这种政权体制的变革是不是就解决了非洲国家社会稳定、经济发展的问题了呢？

陆：一党制政权建立的是权威主义政府，它在缓和国内民族矛盾、地区之间的矛盾与冲突，避免不必要的破坏，推进国家经济建设等方面发挥了积极作用。它们对外主张和平、中立和不结盟，在不同程度上反帝反殖，主张非洲团结与合作，促进非洲一体化。但是，也应该看到，执政党为了巩固其统治地位，尽可能多地把人们吸收到党内来，党员成分十分复杂。各个不同的利益集团或派别之间争权夺利的斗争从社会转入党内，从而形成了党内有党有派的格局。权力越来越集中到执政党的当权派，特别是总统的手中，依靠个人的魅力和威望来维持统治。行政和决策变成了幕后交易，腐败现象变得日益严重而且普遍，使得执政党严重脱离人民。加上国家经济状况越来越不好，各种矛盾交织和不断发展，没过多久，不少国家的一党制就处于持续的动荡与危机之中了。

20 世纪七八十年代，非洲大陆军事政变频繁。到 80 年代末，非洲总共发生过成功的政变 20 多次，未遂的政变就更多了。有的国家在不长的时间内持续发生政变和反政变。军队首脑成为执政党领导人。还有的国家的领导人，利用执政的有利条件，力图建立一个同文官一样的宪制政府，他们打着“还政于民”的旗号，设立议会，颁布宪法，名义上允许在执政党之外成立政党，再通过全民选举的办法，使军队的首脑控制政权。这种政治体制实质上仍然是一党制政治体制，建立的依然是权威主义政府。

问：这种一党制政府对于经济发展起到积极作用了吗？

陆：无论是军政府还是新的一党制政府，都对经济发展起着严重的破坏作用。由于政权腐败，两极分化日益严重，加上经济政策的失误，导致了很多国家持续多年的经济危机和生存危机。比如尼日利亚，原本是资源丰富的国家，它的沿海盛产石油，是一个非洲经济强国。但是，由于连年的政治激烈动荡，生产持续滑坡，经济十分凋敝，人均国民收入从 1982 年的 1100 多美元跌落到 80 年代中期的 300 美元左右。

问：到 20 世纪 90 年代，非洲国家的政治发展是不是有了新的情况呢？

陆：确实是有了很大的变化。20 世纪 90 年代可以说是非洲国家的政治体制和政党制度发生急剧变动的时期。实行"多党民主"的浪潮席卷着非洲大陆。它的发端是 1988 年年底的阿尔及利亚，后来扩及到西非，最后扩展到整个非洲大陆。这种变动的一般起因是群众反对政府腐败，反对经济停滞和经济危机，要求改善和提高生活水平。另一个因素是，90 年代苏联解体、东欧剧变，美国成了唯一的超级大国，非洲国家中那些过去亲近苏联和东欧的国家受到强烈震动。以美国为首的西方国家由过去阻遏、破坏苏联在非洲扩张的政策，转为把非洲纳入其"国际新秩序"的框架内，把西方的民主制度和价值观念强加给非洲。他们把推翻非洲的集权制度定为目标，粗暴干涉非洲国家的内政。美国还建立促进民主化基金以支持非洲各国的亲西方势力。法、美等西方国家还把援助与实施民主挂钩，迫使非洲国家就范。在这样强大的内外压力下，许多非洲国家被迫开放党禁。一下子，一个国家内就会出现几十个甚至一二百个反对党。像人口只有 200 万的刚果(布)，就有较重要的政党 67 个，而阿尔及利亚国内就存在 130 个大大小小的党派。

问：这么多政党存在特别是反对党的活动，一定会给非洲国家的政治稳定带来危害吧？

陆：确实是这样。许多非洲国家，由于反对党的作用，迅速爆发政治斗争，也就是反对党与执政党展开夺权、分权和反夺权的斗争。导致政权很快更迭，一批过去在争取或维护民族独立的斗争中发挥过重要作用、有很高威望的非洲领导人或者被赶下台，或者被杀害。这种由于推行多党制而导致政权更迭的途径有三种：一种是反对党通过发动内战，依靠武装力量推翻政权，如埃塞俄比亚的门格斯图、索马里的西亚德、乍得的哈布雷、马里的特拉奥雷等政权被推翻；第二种是由法、美等西方国家支持，反对党派掌握全国的会议，迫使执政党和平交权，如刚果(布)、贝宁、尼日尔、马达加斯加、中非等国；第三种是通过选举更迭政权，如佛得角、圣多美和普林西比、赞比亚、阿尔及利亚、马拉维等国。

当然，也有一些非洲国家原执政党或政府主动宣布实行政体改革，修改宪法，举行多党参加的总统和议会选举，最后赢得了胜利并且组织了新的政府，如科特迪瓦、肯尼亚等。也有的国家拒绝了西方国家对本国政权的干预，维护了独立和主权，如肯尼亚、坦桑尼亚、苏丹等国。

非洲国家的这种“多党民主”的浪潮历时多年，造成了非洲许多国家自独立以来从没有过的大动乱、大倒退，付出了沉重的代价。但是，也应该看到这种激烈的变革，在客观上形成了一种社会内部的民主气氛，冲击了专制腐败的统治，对当权派起到了警示和监督的作用。这股“多党民主”的浪潮还促进了非洲一些老大难问题的解决，如南非实现了向“多党民主”制度过渡，实现了黑人多数人统治，结束了已存在300多年的种族歧视和压迫制度，向非种族主义的社会发展。

目前，在非洲国家多党政治体制已经初步形成。目前存在两种具有非洲特点的民主政体：一是一党主导，多党参政体制；二是一党执政，多党议会体制。

问：这么说在非洲国家实行“多党民主”的体制是不可逆转的潮流呢？

陆：我们从非洲政治发展的实际情况来看，这种“多党民主”是不可逆转的潮流，但是当前所实行的“多党民主”制还处在试验阶段，究竟哪一种政治模式和发展道路更适合非洲国家的国情，还需要进行继续探索和持久的努力。非洲这54个国家中，也有一些国家独立以来政局一直比较稳定，政治上没有发生过大动荡，具有本国特点的政治体制已经或者正在逐渐形成中。政局平稳就有利于经济的持续发展、人民生活水平的提高，反过来也为政治发展创造了更好的条件。像北非的突尼斯、摩洛哥，南部非洲的博茨瓦纳，东非的毛里求斯等国就是这样。

三、非洲国家的经济发展

问：陆老师，我们聊完了非洲国家的政治发展的情况，是不是可以转到经济发展的话题？请您谈一谈非洲国家在独立以后经济发展方面的情况。

陆：好的。非洲国家在独立以后纷纷把发展民族经济的任务放在首位。有相当多的国家因为与原殖民宗主国在经济上保持紧密的联系而选择了资本主义的发展道路，依靠宗主国制订经济发展计划，希望它们帮助发展经济。但也有一些国家强调要以经济上的独立来补充政治上的独立。1961 年的 3 月在开罗举行的第三届全非大会上，就通过了《关于改组经济结构和消除殖民主义残余的决议》，反映了非洲人民争取完全独立、发展民族经济的坚强决心。

非洲大多数国家的经济社会发展大体上经历了三个阶段：

第一阶段是 20 世纪 60 年代至 70 年代中叶。

非洲国家在独立以后都注意发展自己的经济。这一时期所有的非洲国家的经济建设都取得了程度不等的成就。许多国家对殖民化的经济进行了一些改革，当时的国际经济环境也比较有利，所以使这时的非洲经济出现蓬勃发展的景象。据联合国的统计，20 世纪 60 年代，非洲国家国内生产总值年均增长率达到 4.7%，比独立前的 50 年代几乎增长 1 倍。像埃及、加蓬、尼日利亚、博茨瓦纳、毛里求斯等非洲国家的人均国民生产总值的增长率处在世界前列。非洲国家的国内生产总值和人均国民生产总值 1960 年分别为 390 亿美元和 150 美元，1975 年就增长到 730 亿美元和 195 美元。

一些国家能够掌握自己的经济命脉，发展民族经济。像埃及从 1956 年起对英法资产实施埃及化、国有化。不久，国家控制了金融、交通、公用事业、旅游、进口贸易、文化事业等，整个经济命脉掌握在国家手里。几内亚独立后，在法国实施经济扼杀政策的压力下，加紧发展民族经济。主要依靠本国资源，建立了 100 多家国有企业，其中绝大部分是工业项目，国家资本在本国经济结构中占据统治地位。这一时期非洲国家经济发展的一个成就就是现代工业的迅速发展。不少国家独立前经济非常落后，但在独立后短短的 10 年里就发生了很大的变化。

如坦桑尼亚的大陆部分在独立前只有220家小工厂，一般只是一些小手工业作坊，到1970年已经发展到大大小小工厂1230家，已经能够生产一些本国居民需要的日常必需品。有的国家发展起了重工业，如阿尔及利亚、尼日利亚、利比亚等国。如阿尔及利亚从1976年起大力推行工业化计划，十几年的时间里，建立了大规模的石油勘探、提炼、化工、运输、销售的油气工业体系，建立了钢铁联合企业、拖拉机、汽车、机床、发动机等制造厂，还包括电子、纺织、造纸、食品等各种轻工业。阿尔及利亚的工业化速度平均每年增长率为7.2%。100多家大型企业为国家创造了大量的财富，工业产值在国内生产总值中的比例由独立之初的35%增加到1978年的56%。

问：这一时期的非洲国家能不能通过发展农业促使经济发展呢？

陆：确实有的国家是通过坚持发展农业和传统加工业取得了举世瞩目的成就。科特迪瓦就是一个很好的例子。它是根据本国资源不十分丰富，而农业生产有着优良传统的实际，强调优先发展农业。它在扩大传统作物咖啡、可可种植的同时，注重因地制宜实行多种经济，鼓励种植油棕、椰子、香蕉、橡胶、甘蔗、棉花等经济作物，也发展粮食生产。1961—1977年，棉花产量增长了13倍，仅次于埃及、苏丹，居非洲第三位。稻米的产量由1965年的6.2万吨增加到46万吨，做到了粮食自给。它在发展农业的同时，又实行以农养工、以工促农的方针，建立咖啡、可可、木材加工和纺织、橡胶、食品等轻工业，改变了独立前基本没有工业的状况。到了70年代中期每年平均都能以10%的速度增长。人均国民生产总值从60年代的153美元增加到1979年的1169美元。科特迪瓦创造了“非洲经济的奇迹”，根据联合国的统计它已经进入了中等收入国家行列。

问：这确实是一个很好的典型。

陆：但是，非洲国家经济的发展存在着不稳定性和脆弱性，经不起国际经济形势的变化等外部条件的影响，至于有的国家依赖原殖民宗主国发展经济，后果更可以想见，七八十年代就暴露出问题。这就要说到第二阶段，即20世纪70年代后期—80年代中期。

这一阶段，非洲许多国家的经济非常困难，主要表现在三个方面。一是经济严重衰退。非洲国家生产总值年均增长率从70年代的2.7%下降到1980—1984

年的1.1%。其中一些低收入国家出现了负增长。二是粮食危机。从70年代中期开始，大多数非洲国家的粮食问题越来越严重。1970—1980年粮食的年均增长率是－1.1%。据联合国粮农组织1981年的报告，在非洲的55个国家和地区中，缺粮国达到45个。食不果腹的人口占非洲总人口的1/3，每年都有500万以上的儿童因饥饿而死亡。三是外债沉重。据世界银行的统计，1970年非洲国家的外债为132亿美元，到1980年就增加到1269亿美元，1986年年底达到2000亿美元。这2000亿美元的债务能够占到非洲当年国内生产总值的一半。非洲70%的人生活在联合国规定的贫困线以下，不少非洲国家部分或全部丧失了还债的能力。

造成经济困难既有客观的原因，也有主观的原因。国际经济条件的恶化和自然灾害的严重与频繁是客观的原因。1974—1975年和1979—1982年，西方资本主义世界发生了两次经济危机。发达国家为了转嫁经济危机，肆意压低农矿初级产品和石油的价格，提高工业品、粮食和消费品的价格，同时又实行贸易保护主义和高利率政策，制造关税壁垒，限制非洲初级产品进入西方市场。从非洲自身来说，前一阶段有些国家实行的经济政策也导致了经济发展的不稳定。如有的国家只重视创汇收入，忽视了农业的发展，农业投资普遍不足。有的国家国有经济占比重过大，不恰当地限制了私人经济的发展。

非洲国家的经济发展并不平衡，就是在这样困难的条件下，少数国家仍能保持良好的经济形势。比如，南部非洲的津巴布韦、马拉维，西非的多哥，赤道非洲的尼日尔等国，在普遍粮食危机的情况下，它们仍然能实现粮食自给和少量出口。

问：非洲经济的发展到什么时候有所转机呢？

陆：从80年代后期到20世纪末，可以说是第三阶段。

非洲国家的经济发展经历先是调整、后为恢复的时期。在这个阶段，非洲经济社会发展经历了一个小马鞍型的波动，即先是经济调整取得初步成绩，紧接着90年代初政治激烈动荡给经济造成严重破坏，到90年代中期起又走向恢复性发展。

针对非洲国家经济发展的困难，非洲统一组织和世界银行都非常重视，曾经发表过一些文件来解决非洲的经济问题。如 1985 年 7 月的非洲统一组织第 21 届首脑会议讨论解决经济困难问题，制定了《1986—1990 年非洲经济复兴优先计划》；1986 年 5 月底，联合国第 13 届特别大会也专门审议非洲经济问题，通过了《联合国 1986—1990 年非洲经济复兴和发展行动纲领》。文件强调非洲各国下定决心，根据非洲统一组织的要求，制订国家和区域经济发展计划，呼吁国际社会响应并予以支持，扶助非洲国家发展经济。非洲国家纷纷按照上述一些文件采取措施，进行经济调整。包括改变重工业、轻农业的发展战略，调整工业和农业的关系，调整农业内部经济作物和粮食作物的比例，增加农业投资，重视粮食生产；也包括整顿国有企业，实行不同程度的私有化或其他非国有化措施，鼓励私营经济，以解决国有经济企业普遍存在的问题。同时，注意发挥市场机制的作用，搞活经济。

问：非洲国家实行的这些调整经济的政策起到作用了吗？

陆：应该说这些经济调整的措施对于推动经济的发展，在短期内起到了一定的积极作用。据联合国非洲经济委员会报告的材料，非洲生产总值 1986 年仅增长了 1%，1987 年增长率跌至 0.8%，而 1988 年就增长到 2.3%。农业生产的增长率 1986 年是 3.8%，1987 年仅有 1.1%，而 1988 年则猛增到 4.5%。少数的非洲国家，如加纳、几内亚、阿尔及利亚、坦桑尼亚、多哥、塞内加尔、尼日利亚等国更是取得了明显的成果。不过到 1990 年时，非洲经济改革还是很艰难的，经济形势还没有根本改观。之所以如此，主要原因是国际贸易条件继续恶化，还有自然灾害还是不断地发生，非洲国家对改革的承受能力小，而阻力大。

20 世纪的 90 年代，非洲受西方国家多党制的猛烈冲击，政局动荡，社会持续动乱，加上世界经济不景气的影响，非洲的经济形势持续恶化，外债的负担日益加重。从整体上来看，非洲国内生产总值增长率连续下降，1990 年为 1.99%，1991 年降至 1.5%，1992 年跌至 0.9%，1993 年就只有 0.7%。许多国家的经济实际上已经处于崩溃的边缘，人民生活水平还不如刚刚独立的时候。

问：什么时候非洲的经济开始向好的方向发展呢？

陆：从 1994 年下半年起，非洲政局趋向稳定，推动了经济社会发展的大环境得到改善。非洲经济出现了复苏，连续五年国内生产总值大体在 2%－5%之间浮动。许多国家的领导人更注意把经济集中到发展本国经济上来。一些国家继续实行前些年实行的经济改革。一些有条件的国家更重视转变经济发展战略，从进口替代转为促进出口。这是一种外向型的发展战略，用出口收入积累国内发展资金，推动国内其他部门的增长和发展。它们可以利用本国的廉价原材料和廉价劳动力发展劳动密集型加工业，也有的进口原料在国内进行不同程度的加工后再出口，寻求国外市场。到90年代中期，较多的国家实施了开放政策。不仅是埃及，像肯尼亚、塞内加尔、科特迪瓦、毛里求斯、喀麦隆等国出口加工区都得到了迅速发展。即使像原来经济基础较差的赞比亚、几内亚等国，也将原先的农、矿、燃料等初级原料出口改变为加工出口，使其增值。

此外，整顿国有企业和积极鼓励发展中小企业也是这时期改革的另一个特点。国有企业改革的主要形式为：一是在国有企业内部实施结构改革和引进竞争机制；二是实行股份制和向私人出售股份；三是与国外企业或外国资本进行合作经营；四是关闭那些亏损严重，又没有发展前途的企业。随着国有企业改革的进展，非洲的资本市场也日益活跃起来，有一些国家已经建立了证券市场。这些政策使得中小企业得到迅速发展。

问：非洲国家发展经济所实行的这些改革措施，有点像改革开放以来中国所实行的那些改革政策。看来非洲国家经济发展前景会是很好的。

陆：非洲国家经济社会发展的势头确实是比较好的，但是也不是没有问题。

第一，非洲国家政局是否稳定是一个大问题。长期存在的民族、宗教、国家间的边界问题，国家领导人的接班问题，以及一些国家的经济极端困难的问题，都会导致政局的激烈动荡，造成严重破坏，使一些国家的经济发展前功尽弃。到20世纪末，非洲还有10多个国家的政局一直处在动荡之中，没有稳定的政治局面就很难保证经济的发展。目前，非洲仍有45％的人生活在贫困线以下，撒哈拉以南的非洲约有3亿人口处在极度贫困之中。

第二，一些国家实施外向型发展战略，促进出口带动经济发展，但是如何改变殖民地时期形成的片面发展一两种供出口的农业经济作物或矿产品的状态，现在仍然是个问题。这个问题不解决，非洲经济的脆弱性是不可避免的。

第三，面对全球化和国际市场越来越激烈的竞争，非洲的私人中小企业一般资金少，经营单一，参与竞争的能力差，国家对它们的支持力度有限，而随着对外开放的逐步扩大，它们会有被挤垮的危险，不仅会影响经济发展，也会危害社会的稳定。

问：您还曾谈到非洲的人口和疾病的问题，这是不是也是影响经济发展的一个原因？

陆：的确是这样。非洲各国人口增长过快，普遍缺乏控制，这也是个问题。非洲有一夫多妻的传统，独立以后又采取鼓励生育的政策，结果出生率逐年提高。其人口的自然增长率 1960 年是 2.5‰，独立以后的 60 年代中期达到 3‰，个别国家达到 5‰。联合国 1961 年统计，非洲有 2.56 亿人口，到 70 年代中后期达到 4.72 亿人。人口过分增长，使经济发展的成果不得不用于新增人口的需要，从而减少了用于发展的资金积累和扩大再生产的投资，直接影响经济发展。同时，非洲还存在很多传染病，如艾滋病泛滥，一些国家人口死亡率也在上升，这使它们失去了很多青壮年劳动力。据统计，1998 年时非洲人均寿命是 53 岁，而个别国家只有 37.9 岁。

问：感谢您谈了这么多非洲的情况。您对非洲的了解，有一些是根据文字的材料，有一些是您到过非洲，亲眼见过非洲的实际，才会有这样具体的感受。

陆：确实如此。我在生病之前到过非洲许多国家。1988 年，尼日利亚联邦政府为了加强同中国的关系，希望中国学者去访问，由联邦政府出钱。由此，我有机会到拉各斯大学当访问教授，还上过课。在那里一年的经历使我对非洲的了解大为加强，同时对周边国家也有了了解。我当时主要是到喀麦隆、贝宁、尼日尔等几个国家走了一下，对于一些非洲国家有了实际的了解，看到这些国家的发展状况，存在的困难和问题，殖民统治遗留的后果和现在的民族问题、边界问题及对其发展的影响等，我也从中看到了非洲国家落后的原因。1985 年以来，我除了在拉各斯大学待了较长时间外，还去过五次非洲，走了有二三十个国家，一些主要的非洲国家都去了，像埃及、南非、坦桑尼亚、突尼斯、埃塞俄比亚、肯尼亚、摩洛哥、尼日利亚、贝宁、喀麦隆、多哥、尼日尔、纳米比亚等。2003 年我最后一次去非洲，又去了突尼斯、喀麦隆、肯尼亚、埃塞俄比亚四国，重点研究了这些国家政治、经济社会发展的情况。在当时，我是国内研究非洲的学者到过非洲国家最多的人。我感到只有这样将理论和实际结合起来研究，才可能得到更大的收获。非洲虽然有五十多个国家，但很多国家都有共同性，所以典型的国家必须要去，增加一些感性的认识，才能使自己的研究更丰富、更有现实感。

问：陆老师，您现在虽然不能再重返非洲继续进行您的研究工作，但您所掌握的这些关于非洲的情况，对于我们国内的人了解非洲是非常重要的。而且，您如今还在继续关注着世界的大事，关注着今日非洲的发展。历史是最好的教科书，您就是关于非洲的最好的教师！谢谢您所谈的这些，也感谢您的老伴儿李淑兰老师协助我们完成这次访谈。

陆：这只是我深入非洲的一些认识和体会。我患病已经 12 年了，这些年非洲形势发生了很大变化，我们国内研究非洲问题的新生力量已经成长起来了，我的这些认识仅供大家参考。谢谢！

徐蓝：1947 年生，北京市人。1977 年考入北京师范学院（后更名为首都师范大学）历史系，毕业后留校任教。1990 年 1 月获得历史学博士学位。现为首都师范大学历史学院教授、博士生导师，首都师范大学校务委员会委员，国际关系研究中心主任。曾任中国史学会副会长、中国第二次世界大战史研究会副会长、国际第二次世界大战史研究会执行局成员、北京市历史学会常务理事、《世界历史》杂志编委、《历史研究》杂志外审专家。兼任南开大学世界近现代史研究中心学术委员，武汉大学世界史研究中心、华东师范大学冷战史研究中心、外交学院、河南师范大学历史系兼职教授，中央民族大学历史系特聘教授。

其科研主要涉及世界近现代史、国际关系史、冷战史、20 世纪的战争与和平问题等领域。参加国家社科基金“七五”重点研究项目“绥靖政策研究”、“九五”项目“二十世纪的历史巨变”、“十五”项目“国际冷战中的大国战略关系研究”；独立承担国家社科基金“八五”项目“走向同盟：1937—1942 年的美英关系”、“十五”项目“战争与和平：两次世界大战的比较研究”。出版《英国与中日战争（1931—1941 年）》《从萨拉热窝到东京：两次世界大战》《中国国际关系史研究书评》等专著 7 部（4 部合著），《两次世界大战之间的国际关系：1919—1939》《南京暴行》《巨龙》等译著 3 部（2 部合译）。2009 年被评为全国优秀教师，2011 年被评为国家级教学名师。

20 世纪国际关系的变迁

——访徐蓝教授

问：徐老师：好久没有机会与您交谈了。我知道您实在是很忙，很难有这个时间。我记得在 20 世纪 80 年代，您还没有考博士的时候，我们一起去顺义的大专班上课，那时有充分的时间聊天，那时恐怕也想象不到会有今天的情况。我们曾经聊到您报考大学，还聊到您在黑龙江兵团军垦的情况，曾经有过非常惊险的经历，至今我还记忆犹新。我们这次谈话，想以您对现代国际关系史研究的继承与拓展为主线，其他的问题就先不谈了。

徐：好的。我们真的是有很长时间没有聊天了。

一、进入国际关系史研究领域

问：我觉得考齐先生的博士是您这一生的重要转折点，也是您学术活动的起点，如果您没有这个经历可能就不会有今天的成就。您没有读过硕士，怎么就成了博士生了呢？

徐：情况是这样的，萌生考博的想法还得从留校任教开始。您也知道我们上大学的年代，正是国家开始实行改革开放政策的时候。随着国人再一次开眼看世界，随着国家对外交往的不断扩大，我对世界史的关注也越来越多，尤其对世界近现代史和国际关系史感兴趣。但是真正能够开始世界史的教学、研究，还是在留校任教之后。

1982 年 1 月我毕业留校任教，在历史系主讲世界近代史。但是由于当时师资比较缺乏，所以我作为本科教学的“主力”之一，在 1982—1986 年的这几年时间内，还承担了校内和校外的世界通史、美英法德意日等大国历史、世界现代史和世界当代史等的教学，包括您说的顺义大专班的课。尽管这些教学工作占用了我大量的时间，教学内容也远远超出了世界近代史的范畴，但是经过几年的教学，我对世界通史、世界近代史、世界现代史和当代史的基本内容有了大体的了解，为我今后的教学和研究打下了比较厚实的基础。后来我研究的一些重要课题，大多是从教学中、从学生的疑问以及与他们的探讨中形成的。

大量的教学工作使我深感自己的知识严重不足，特别是对国际学术界研究状况的了解十分有限，这就激起了我继续学习的热情和决心。在专业上我也有继续学习的强烈愿望。1979 年国家恢复了研究生招生制度，一开始我想报考日本史的研究生，但家人还是希望我能够接受完整的本科阶段的教育，于是我就放弃了这个想法。到大学四年级的时候，又遇到了毕业后是否要继续硕士阶段学习的问题。我当时对国际关系史更感兴趣，不想局限于学习一国的历史，但又受到外语的限制，所以我最终放弃了报考研究生，做好了去中学做一名历史教师的准备，并打算自学英语，继续我的爱好。由于毕业后留校任教，这就给了我继续学习的条件。于是我尽可能旁听了世界史研究生的课程，认真完成作业，收获颇多。特别是田农先生教我们如何使用工具书，大大提高了我查找资料的能力。1983 年，我得知历史系获得了世界近现代史和国际关系史的博士学位授权，1984 年开始招生。可我没有硕士学位，无法报考，不免遗憾。但是第二年教育部就下发了以同等学力报考博士研究生的文件，其中规定：以同等学力报考博士研究生的考生要有公开发表的学术论文和硕士研究生的学习成绩，而我正符合这些条件。我还一直在自学英语，就报考了齐先生的博士研究生。1986 年 2 月，我开始师从齐世荣先生在职攻读博士学位，同时开始为本科生讲授现代国际关系史，后来又开设了战后国际关系史课程。这可以说就是我考博士的动机和过程。

问：大家都知道您今天之所以能走上现代国际关系史研究的道路，除了您自身的条件外，最重要的是得到了齐世荣先生的指导和帮助，能具体谈一下他是如何引领您走上这条路的吗？

徐：齐先生是国内世界现代史和现代国际关系史学科的重要奠基者之一，尤其在绥靖政策的研究方面有开创性的贡献。我在正式跟从齐先生读博士以前，就开始在他的指导下从事这方面的研究了。在学习世界现代史的过程中，我也找到了一个可以深入研究的问题，就是把第一次世界大战前的德国与英国的矛盾与对立，作为我学术研究的起点。这就是在齐世荣先生的指导下完成，并于 1985 年发表的我的第一篇论文——《试论围绕修筑巴格达铁路的德英之争》。

后来，齐世荣先生布置给我的核查资料的工作，对我进入这个领域的研究起了重要作用。我记得那是在 1984 年夏天，齐先生准备参加 1985 年第 16 届国际历史科学大会，这也是中国代表团第一次正式出席这个大会，为了撰写长篇论文《论中国抗日战争在第二次世界大战中的地位和作用》，希望我核查一些日文资料并做必要的书面翻译。为此，整个暑假我几乎每天都待在北海旁边的北京图书馆（今国家图书馆北海分馆）里，“早八晚八”，借阅了大量日文资料集和专著。正是循着齐先生的研究路径，我初步学会了治史方法，受益无穷。

在齐世荣先生的指导下，我的英文阅读水平大有进步，开始通过阅读大量原著了解国际学术界的研究动态。我发现，从 20 世纪 60 年代后期至 70 年代，国际学术界对 20 世纪 30 年代英国绥靖政策的研究已经从英国对德国和意大利的绥靖政策扩展到英国对日本的绥靖政策，出版了一些重要专著，其中存在着英国的对日政策是“绥靖政策还是绥靖行动”“是否存在远东慕尼黑”等的争论；对该政策形成的原因也从“传统派”向“修正派”发展，即从较为简单地论述张伯伦等人“对《凡尔赛条约》的罪恶之感”“对希特勒所追求的目标的错觉”以及“避战求和”，转向了依据解密档案研究更为复杂的英国的政治、军事、经济、意识形态、民意舆论、英帝国、国际组织等方面。而这些问题，也正是我在教学中遇到的问题。但是国内学术界的研究除了齐先生的几篇重要论文之外，仍然较少涉及这些问题，一些涉及这些问题的论述也重点强调“祸水东引”“避战求和”；另外，国际学术界关于英国对日本的绥靖政策的研究主要建立在梳理英国方面的原始资料的基础之上，相对缺乏日本和中国方面的资料，因而也存在着史料的缺陷。在齐先生的鼓励和指导下，我便以 20 世纪 30 年代英国在日本侵略中国的情况下对日本采取的绥靖政策作为我的博士论文选题。

问：《英国与中日战争（1931—1941 年）》可以说是您进入现代国际关系史领域中的标志性的成果。能否说说这部书是怎样写成的？

徐：我以英、日、美、中等国的原始资料为基础，借鉴已有的研究成果，从1931—1941 年这 10 年来围绕日本侵略中国所展开的英日关系中的 20 多个历史事件和历史现象入手，逐一进行个案微观考察，最终写成了约 35 万字的博士学位论文《英国与中日战争(1931—1941 年)》。在整个研究过程中，最花时间的是搜集资料。当时获得资料远没有今日便捷，我在上课之余，在北京图书馆、科学院图书馆、北大图书馆、社科院近代史所图书馆、上海图书馆等图书馆复制了大量资料，到华东师范大学图书馆复制了潘人杰先生从国外带回的英国内阁档案的缩微胶卷，到南京第二历史档案馆抄录了相关的中华民国时期的档案，到南开大学复印了余辛焞先生从日本带回的远东国际军事法庭审判的记录，这些资料涉及英、美、德、日、中等国家的文献，奠定了这篇论文的史料基础。1989 年 12 月25 日，我的论文通过答辩。我还记得答辩委员杨生茂先生因病未能参加我的答辩，但却寄来了他要提的问题，这些问题装在一个密封的信封里，当场拆阅提问，还要在答辩后看看我的回答如何。杨先生的认真与严格，令我既紧张又钦佩。1990 年 1 月，我获得了历史学博士学位。此后一年，我一边完成紧张的教学任务，一边修改补充我的博士论文。1991 年 7 月，在当时经费相当紧张的情况下，这本 40 多万字的专著得到了校长出版基金的资助，得以出版。在目前十分强调国际史，即强调利用多国档案和多元资料进行跨国或多国的政治、军事、外交、经济、文化等方面的综合研究的情况下，一些学者认为我的这部专著就已经在国内率先做出了示范。

问：如果概括地谈一下，您从齐先生那里学到了哪些东西？

徐：如果从上本科算起，我跟随齐先生学习和工作已经 37 年，直到今天，我仍然不断得到他的指点、支持和帮助。齐先生高度的马列主义理论水平和广博的知识、严谨求实的学风和一丝不苟的治学态度，使我终生受益。对他多年来给予我思想上和学术上的关心与教诲，我的感激之情无以言表。正是在齐先生的引领下，我才走上了学习、研究国际关系史的道路。还要特别说明的是，实际上，正是我在本科学习中选修的齐先生开设的现代国际关系史课程，领我进入了历史研究领域。当时这门课以专题形式讲述，使我第一次接触了大量外文史料和西方学者的学术观点，对如何用马克思主义的唯物史观来分析问题，对如何解读、分析史料，有了一些切实的感受。我也初步认识到，对历史的研究不仅要勾勒通史的发展，还要对许多重要问题进行个案的深入探讨，而后者正是前者的重要基础和支柱。同时我对史学的实证研究方法也有了一些了解，这为我以后研究世界历史打开了一扇门。

二、关于20世纪上半叶的国际关系

问：在您的第一本专著出版后，您又从20世纪上半叶中日关系的探讨中转向了英美关系的研究，为什么会有这种转向？

徐：在我撰写博士学位论文的过程中，有两个有所提及但没有展开的研究课题，一个是美国与中日战争的关系，另一个是美国与英国的关系，特别是两国之间的同盟关系，而后一个课题既涉及政治外交，又涉及军事外交和经济外交以及文化与意识形态等方面的问题，当时国内很少有学者研究第二次世界大战期间的军事外交问题，而这个问题既是国际关系史的一个重要且较新的领域，也是当时国际学术界研究的前沿问题。于是在我完成了博士论文的修改后，便决定研究第二个课题。1992年8月—1993年7月，通过学校推荐和美方的选拔，我得到美国亚洲高等教育基督教联合董事会的资助，到美国弗吉尼亚州林奇堡学院(Lynchburg College)做高级访问学者。这给了我收集资料并与美国同行交流的便利条件，我先后到马歇尔图书档案馆(位于弗吉尼亚军事学院内)、美国海军历史研究中心(位于华盛顿海军大院内)、美国国会图书馆、罗斯福图书馆等地查找资料，收获颇多。出国前和回国后发表了系列专题论文，如《评1941年英美参谋会谈》《评1938年初英格索尔的伦敦之行》《从“橙色”计划到“彩虹”计划》《关于1940年“驱逐舰换基地”协定的历史考察》等9篇长篇论文，获得学术界的好评。本来计划用以后两年的时间写成专著《走向同盟：1937—1942年的美英关系》，也已经完成了20万字左右，但随后就参加了吴于廑先生和齐先生共同主编的六卷本《世界史》的现代史部分的写作，接着又参加了齐先生和廖学盛先生主编的《20世纪的历史巨变》的写作以及六卷本的修订版、齐先生主编的四卷本《世界史》的现代部分和当代部分的写作，所以这本书的写作就拖了下来。

问：您刚才所谈到的研究主要涉及的是 20 世纪三四十年代的国际关系，后来您的研究成果中又扩展到 20 世纪 20 年代的国际关系，这是由于什么原因呢？

徐：实际上，自从我开始讲授世界近代史、现代史和现代国际关系史课程，我就开始关注并讲授 20 世纪 20 年代的国际关系了。后来我作为齐世荣先生的助手，参加了吴于廑、齐世荣主编的六卷本《世界史》的讨论，并在齐先生的要求下撰写了凡尔赛—华盛顿体系和 20 年代国际关系的一些内容，这也促使我思考第一次世界大战和第二次世界大战之间的关系，思考 20 年代的国际关系与 30 年代的国际关系之间的区别与联系。另一方面，在我研究 30 年代国际关系的时候，也已经涉及 20 年代的内容了。在我看来，两次世界大战之间的确存在着一定的因果关系，国际学术界关于第二次世界大战是第一次世界大战的继续的观点，是很有道理的。

问：能够参加这套《世界史》的编写对于您来说受益很大吧？

徐：那是肯定的。对我来说，参加讨论和编写这套教材的过程，也是一个不断解惑、不断认识世界史这门学科的过程。

前面已经讲到，我留校后教了很多课，既有给历史系、政法系上的断代史，如世界近代史、世界现代史、世界当代史等，也有给外语系上的世界通史、英法美德意日等大国的历史等。断代史和世界通史的教学，使我注意到一些重要的历史问题。例如：我对当时的世界通史划分断代的标准产生了困惑。由于中国的世界史学科基本上是在苏联史学的基础上建立起来的，而改革开放初期国内对西方著作的译介也还有限，因此中国的世界通史教学除了一些各校自编的教材之外，最重要、最基本的参考书是苏联 10 卷本的《世界通史》(实际上是 13 卷，我们习惯上仍然称为 10 卷本)，以及由周一良、吴于廑为总主编的新中国第一部 4 卷本的《世界通史》(即后来人们所说的“周吴本”)及与其相对应的 4 卷资料选辑。这些基本的教科书，主要以五种社会经济形态作为划分历史阶段的标准，以阶级斗争为纲，以人民群众为主角，把世界各国、各民族、各地区的历史排列起来，分时期、按国别地叙述了从人类起源到第一次世界大战结束的世界历史的发展，而且不包括中国的历史，成为名副其实的外国史。在这样的划分标准指导下，当时的世界近代史从 1640 年英国资产阶级革命开始，至 1918 年第一次世界大战的结束而结束；世界现代史从 1917 年俄国十月社会主义革命开始，至 1945 年第二次世界大战的结束而结束；1945 年以后为世界当代史。但是在实际进行世界近代史和世界现代史的教学中，就出现了一些重要问题，例如：将英国的一场内战作为世界历史从封建社会向资本主义社会转变的重要转折点是否合适？如何认识 15、16 世纪（即所谓的中世纪晚期和近代早期）欧洲的各种社会变化？将第一次世界大战和十月革命分为两个阶段的终点和起点是否说得通？十月革命与第一次世界大战是什么关系？战争与革命之间是什么关系？将两次世界大战截然分开的论述是否科学？两次世界大战是否有其内在的连续性？法西斯运动的产生以及西方民主国家对法西斯侵略扩张采取的绥靖政策是否与第一次世界大战及其结果有关？等等。

另一方面，我也注意到，我在教学中参考的一些西方学者的著作，如英国学者 H. G. 威尔斯的简明世界通史读本《世界史纲》、德国学者奥斯瓦尔德·斯宾格勒相当艰深的《西方的没落》、根据美国学者威廉·兰格主编的《世界史百科全书》翻译的《世界史编年手册》、英国历史学家杰弗里·巴勒克拉夫主编的《世界史便览：公元前 9000 年—公元 1975 年的世界》等重要的通史类参考书对世界历史的看法和分期显然与国内的主流看法不同。我还注意到中国学术界对世界历史也有了一些不同的看法，其中最重要的就是吴于廑先生的几篇相互关联的重要论文，以及他对“世界历史”这门学科的阐述，对我很有启发。吴先生曾写道：“我仿佛看到世界史是历史学科中一门有限定意义的分支学科，这门学科的探索目标在于世界由古及今经历了怎样的历史演变过程，怎样由原始的、闭塞的、各个分散的人群集体的历史，发展为彼此密切联系的形成一个全局的世界历史。”不过当时我作为一个初学者，只是觉得这个对“世界历史”学科的定义的提法与过于强调“世界历史上的社会形态演变”的提法有所不同，其似乎更强调世界各地区的相互联系，但我也只是隐隐约约地感到了它的重要性。

1987 年，受国家教委委托，吴、齐两位先生开始共同主编新的《世界史》，后来人们就将其称为“吴齐本”。在多次倾听两位总主编循循善诱的讲解和说明以及他们与其他前辈学者特别是分册主编刘家和、王敦书、朱寰、马克垚、王觉非、刘祚昌、彭树智、张象以及高等教育出版社的于渊、王方宪等先生的讨论中，我终于理解了这套书的重要性：在阐释人类历史发展为世界历史的过程中，既要重视世界历史的纵向发展，也要重视世界历史的横向联系，也就是说，既要揭示人类物质生产史上不同生产方式的发展演变而引起的不同社会形态的更迭，又要揭示人类历史从各地区之间的相对闭塞到逐渐开放、从彼此相对分散到逐步密切联系，最终发展为息息相关的整体的世界历史的客观过程；与此同时，世界历史的这种纵向发展与横向发展之间又是一种相互交叉的互动的关系，从而体现吴于廑先生所给出的关于“世界历史”这门学科的定义：“世界历史是历史学的一门重要分支学科，内容为对人类历史自原始、孤立、分散的人群发展为全世界成一密切联系整体的过程进行系统探讨和阐述。世界历史学科的主要任务是以世界全局的观点，综合考察各地区、各国、各民族的历史，运用相关学科如文化人类学、考古学的成果，研究和阐明人类历史的演变，揭示演变的规律和趋向。”据此编写的世界史，不同于“周吴本”，不仅将中国放入其中，而且在近代史编和现代史编中，以 1500 年作为世界近代史的起点，以 19 世纪末 20 世纪初作为世界现代史的开端，等等。这些在世界通史编写体例方面的重要变化和创新，不仅更符合世界历史的客观发展过程，也解开了我的困惑，初步回答了上述提出的各种疑问，并提供了更多的至今我都希望进一步深入研究的问题。

在参与“吴齐本”的写作过程中，我对马克思主义的唯物史观也有了进一步认识。当我重读经典作家关于人类社会发展的论述时，发现他们在论述人类历史的发展规律时，不仅注意到生产方式的变化引起社会形态的变化，也注意到世界形成一个整体即世界历史的形成过程，这使我对作为唯物史观组成部分的马克思主义世界历史观有了新的认识。

从社会发展形态的演变来看，马克思在 1859 年为《政治经济学批判》所写的序言中指出：“大体说来，亚细亚的、古希腊罗马的、封建的和现代资产阶级的生产方式可以看作经济的社会形态演进的几个时代。资产阶级的生产关系是社会生产过程的最后一个对抗形式，这里所说的对抗，不是指个人的对抗，而是指从个人的社会生活条件中生长出来的对抗；但是，在资产阶级社会的胞胎里发展的生产力，同时又创造着解决这种对抗的物质条件。”

从世界形成一个整体即世界历史的形成来看，甚至早于上述关于经济的社会形态演进的论述，马克思和恩格斯在1845—1846年撰写的《德意志意识形态》中就已经指出，资本主义“大工业创造交通工具和现代的世界市场”，从而“首次开创了世界历史，因为它使每个文明国家以及这些国家中的每一个人的需要的满足都依赖于整个世界，因为它消灭了各国以往自然形成的闭关自守的状态”；“各个相互影响的活动范围在这个发展进程中越是扩大，各民族的原始封闭状态由于日益完善的生产方式、交往以及因交往而自然形成的不同民族之间的分工而消灭得越是彻底，历史也就越是成为世界历史。……历史向世界历史的转变，不是‘自我意识’、世界精神或者某个形而上学幽灵的某种纯粹的抽象行动，而是完全物质的、可以通过经验证明的行动，每一个过着实际生活的，需要吃、喝、穿的个人都可以证明的行动”。

马克思、恩格斯关于社会发展形态演变和世界历史形成的论述，以及物质生产是社会形态变化和世界历史形成的共同的推动力量的论断，鲜明而深刻地批判并突破了西欧中心论，是世界史观的一次重大变革，形成了马克思主义的世界历史理论，即马克思主义的世界历史观。

带着这样的认识再来看世界历史的发展，我觉得对世界历史的发展脉络和对国际关系史的研究就更清晰也更深刻了。

三、进入冷战史研究

问：这表明您的国际关系史研究的领域在一步步地扩大，时间的跨度也在延长，后来您又参与了二战以后的冷战史的研究，这是通过什么机会呢？

徐：早在20世纪80年代，我曾经讲过当代世界史，其中就包括冷战的历史。90年代，我开设了战后国际关系史课程，冷战更是其中的重要组成部分。1998年，我作为世界史学科（当时是北京市重点建设的学科）的负责人，曾主办过国内第一次关于冷战起源的学术研讨会。2002年，我应邀参加徐天新先生主持的《国际冷战中的大国战略关系研究1949—1972》的研究工作，撰写美苏冷战的基本进程。我关于这个研究的成果，是2011年出版的徐天新、沈志华主编的《冷战前期的大国关系：美苏争霸与亚洲大国的外交取向（1945—1972）》的第一章内容。我之所以对冷战感兴趣，不仅是从学术的角度，也是从冷战与中国的关系和冷战对世界的影响的角度。因为冷战作为一个历史阶段已经过去了。作为史学家来说，恰恰有一个历史的镜头可以去回看它，然后去研究它，看看它是怎么发生的，它有什么样的特点，它和我们国家有什么样的关系，它对冷战中的世界和冷战后的世界有什么样的影响。我觉得这是非常有意思的，也是一个非常学术的问题。

问：我曾看到您在凤凰大讲堂讲冷战问题，第二次世界大战后，为什么会出现冷战呢？

徐：冷战实际上是 20 世纪 40 年代中后期到 90 年代初，以美、苏两个超级大国为首的两个集团之间，在政治、经济、军事、文化、意识形态，乃至于科学技术等一切方面的一种既非战争又非和平的全面对峙和竞争状态。就是说它既不是战争，又不是和平，所以叫它冷战。这场冷战持续了四十多年，构成了第二次世界大战后，也就是说 20 世纪后半期的国际关系的主旋律。自冷战爆发以来，其实人们就在探讨冷战为什么会爆发；为什么美国和苏联这两个在第二次世界大战当中同仇敌忾抗击法西斯的盟国，在战争之后短短几年之内就变成敌人了、变成对手了。所以研究冷战的起源，实际上是国际、国内学术界的一个非常重要的课题，无论是从学术角度还是从现实角度来说，都非常重要。

冷战的起源实际上是美国和苏联这两个超级大国的国家大战略之间的对立互动。二战之后，美国的国家大战略是一个全球扩张的大战略，这个大战略和美国的政治、经济、军事、意识形态等都是有关的。二战使美国一跃成为世界上最强大的政治、经济和军事强国。当时它拥有的财富占全球的 50％以上，它还控制着西欧，控制着美洲，控制着日本，它有制空权、制海权，而且一度掌握、垄断原子武器。因此，美国具有这样的巨大优势，加上它战后经济发展的需要，以及美国有一种要把美国的政治制度和价值观推广到全球的所谓天定使命感，所以这就形成了美国的全球扩张的大战略。

但是美国在推行这个战略的过程中遭遇到苏联的大战略。二战之后，苏联的大战略是什么呢？我认为它是维护国家安全的大战略。苏联在二战以后是唯一能够和美国相抗衡的政治和军事大国。苏联最关心国家安全，由于苏联（包括沙俄时期)在历史上有几次被外敌入侵的经历，都是经过西部，经过它的西部边界，比如拿破仑战争、一战、二战都是如此，所以斯大林把保持它的西部边界安全视为最重要的事。因此，苏联在战后最重视的是东欧地区，这其中最重要的是波兰。斯大林曾经在雅尔塔会议上，在讨论波兰问题的时候，对罗斯福和丘吉尔非常明确地说，波兰问题，对于苏联来说，对俄国人来说，不仅仅是一个荣誉问题，而且是一个安全问题。他说，波兰对于苏维埃国家来说是一个生死攸关的问题。所以在三巨头召开的一系列国际会议上，斯大林对波兰是寸步不让的，而且苏联决心用自己所拥有的军事力量，把东欧地区从原来危险的入侵走廊，变成一个维护国家安全的安全带，这一点其实是苏联的国家安全战略。但是，正因为如此，所以苏联当时也利用它的有限的军事力量，把它的权势推出了它的国土，实际上苏联也是在向外进行了一些扩张。这样的两个战略，在二战以后就迎头相撞。所以我觉得如果探讨冷战的起源，我认为主要还是国家大战略的冲突，并因此而引起了两个国家在对外政策上的一系列的敌对互动。

美国和苏联在很多的问题上都有这种敌对互动。比如说，苏联当时凭借它的军事力量，在东欧建立了一系列和苏联友好的国家，排除了西方的势力，引起了美国的不满。在德国问题上，德国是一个非常重要的地区，对于美、苏来说都很重要。但是当时在德国统一的问题上，两国的看法完全不同，美国希望经济上先统一，苏联希望政治上先统一，双方谈不拢，美国首先就合并西战区，这就形成了西方分裂德国的很重要的一步。后来我们知道，德国成了一个冷战的激烈战场。美、苏在中近东，在伊朗、在土耳其都有争夺，比如在伊朗的争夺其实主要是石油问题，但是形式是一个撤军问题。当时苏联拒绝在美英军队已经陆续撤出的时候按期撤兵，造成了伊朗对苏联的反感，伊朗就一状把苏联告到了联合国，结果联合国第一次大会讨论的第一个议题就是苏伊争端，使苏联外交非常被动。在土耳其也是，其实主要争夺的是黑海海峡的控制问题，但是苏联多次要求在海峡建立军事基地，当然土耳其就很不高兴，也遭到美国和英国的反对。所以可以看出，苏联在中近东的政策失误其实催生了冷战。总之，当第二次世界大战结束后，当美、苏这两个战时盟友的共同敌人——法西斯被消灭之后，美、苏两国的国家大战略针锋相对，社会制度、外交政策以及行为方式都不相同，于是在贯彻战时达成的一系列协定，即我们所说的雅尔塔体系的过程中，就必然产生美、苏之间的一系列的敌对互动，最终导致双方的冷战政策出台。当然，就冷战的发动者来说，是美国首先向苏联发动了冷战，苏联基本上是防御性的。

问：原来冷战是这么回事，它是和对立双方的战略利益密切联系的。这样看来，您对国际关系史的研究实际上已经扩展到整个20世纪，情况是这样吧？

徐：是这样的。在完成了"吴齐本"中分配给我的写作任务后("吴齐本"教材于1995年出版)，1997年，齐世荣先生和廖学盛先生开始主持国家社科基金"九五"规划重大课题"20世纪的历史巨变"的研究工作，分配我撰写1900—1990年的国际关系部分。这个任务是对我的一次挑战，因为在此之前，我从来没有写过如此需要宏观把握的问题。于是我停下了正在撰写的专著，转到这个课题领域。在我以往的教学与科研的基础上，我首先进行中观研究，把两次世界大战放在一起进行比较，分析它们在起源方面的共性和个性，找出它们之间的联系，写出近3万字的论文《战争与和平：两次世界大战的比较研究》作为中期的研究成果(见齐世荣、廖学盛主编：《20世纪的历史巨变》，人民出版社2000年版)，然后再从两次世界大战对20世纪国际格局演变的影响的角度，适当运用国际关系理论，论述这90年的国际关系变化，重点是两次世界大战与国际格局演变之间的关系，使研究得到深化。这些研究成果，成为齐、廖两位先生主编的专著《20世纪的历史巨变》(学习出版社2005年出版)的第十、第十一章。通过这个课题的研究，我对研究工作也有了更多的体会：对历史发展过程中的重大事件的基于第一手资料的个案微观研究是十分重要的，它有助于我们对中观历史和宏观历史的更准确的把握，没有这种实证研究的基础，就不可能有真正的宏观考察；但是如果只有微观研究，而缺少站在更广阔的视野上进行宏观考察，就看不清历史发展的整体脉络，也就会影响微观个案研究的深度。因此，只有把两者联系起来，一幅完整的历史画面才会比较清晰地展现在我们面前。这些研究工作，为我进一步研究20世纪的战争与和平问题、20世纪国际格局的演变与大国关系的互动研究等课题，提供了前期准备。2000年，"吴齐本"进行修订，修订版改为4卷，总主编齐世荣先生分配我撰写"第一次世界大战""凡尔赛—华盛顿体系""20年代的国际关系""战后初期国际关系和两极格局的形成""两大阵营的分化""世界多极化趋势与两极格局的瓦解”“冷战结束后的世界”等现代卷和当代卷的部分内容，这些章节加起来大约有22万字，使我得以将多年的教学与科研的点滴成果写进这套教材当中，并为后来我自己主编的教材《世界近现代史 1500—2007》奠定了基础。

四、关于一战的一百周年

问：2014年是一战爆发一百周年，我看到在《世界历史》第1期上您发表了一篇长文《第一次世界大战与欧美和平运动的发展》。原来我以为文章是谈一战的，实际上是谈一战前和一战后二战前的和平运动，对这个运动形成的背景和意义进行了评价。

徐：这个问题实际上与两次世界大战之间的关系、与第一次世界大战及其后果、与第二次世界大战的起源有直接关系，也是20世纪二三十年代国际关系的重要内容。同时在我们研究20世纪的战争与和平问题时，这也是一个绕不开的问题。我借鉴了国内外学术界已有的研究成果，提出了自己的一些看法。

我这篇文章分两部分，第一部分谈第一次世界大战前及大战中的和平运动；第二部分谈两次世界大战之间的和平运动。

第一次世界大战前的欧美和平运动，影响非常有限。在战前越来越狂热的帝国主义、民族利己主义、沙文主义和军国主义宣传面前，要求和平的呼声十分微弱，远不足以对现实政治产生重大影响，而当时的大多数政治家和军事家也信奉用战争手段解决争端。大战中诞生的苏维埃俄国的和平外交取向以及列宁提出的和平共处原则，揭开了国际关系史上崭新的一页。大战的极端残酷性使欧美出现了反战、厌战、恐战的社会思潮，并导致和平运动高涨。第一次世界大战后形成的更为广泛的厌战和恐战思潮以及不分是非反对一切战争的和平运动的发展，为绥靖政策的形成和顺利实施奠定了思想与社会基础，对两次世界大战之间的国际关系产生了深刻影响。概括地说，20年代的和平运动在一定程度上推动了限制与反对战争的国际法的发展。但是，30年代和平运动的绥靖化对绥靖政策的形成与实施具有不可忽视的影响，成为鼓励法西斯国家不断侵略扩张并最终发动第二次世界大战的重要因素。

问：我看了您这篇文章觉得很有收获，您对于一战前后的和平运动的梳理很细致，也很深刻，原来这种和平运动在不同历史时期其作用也是不同的。

徐：的确如此。战争与和平问题，是一个自人类产生以来就存在的问题，是一个古老又现实的问题。在人类社会经历的沧海桑田的历史变迁中，战争连绵不断，而和平作为战争的对立物，也一直是人类最基本的愿望和诉求，并成为人类最朴素、最美好的理想之一。近代以来，随着资本主义的发展，战争的规模越来越大，烈度越来越强，与此同时，也逐渐形成了一种和平主义的社会思潮和与之相伴随的社会运动，有关和平的研究也逐渐开展起来，并初步形成了一门独立的学科“和平学”。

第一次世界大战前及大战中的和平运动，为和平学研究提供了重要实例，并初步形成了和平学的一些基本理论观点。如：裁军是通往和平的道路，军备与战争密切相关，扩军就增加了战争的可能性，维护和平就必须裁军；通过强制仲裁，和平解决国际争端；必须对战争进行谴责，不仅要发展有关战争的国际法，而且要在战后建立新的国际组织，建立维护和平的新秩序；等等。这些理念，在第一次世界大战后都有所发展。而两次世界大战之间的和平运动，则以其失败的结果，对和平学研究做出了自己的“独特”贡献，并给予人们重要启示：第一，那种认为一切战争都是错误的，不应该以任何形式进行或参与战争的看法，是过于绝对的，因为它有时反而会事与愿违，鼓励战争；那种认为战争既不人道也不合理，防止战争应当永远都是国家政策的首选，但有时进行或参与战争也有其必要性的看法，是更为理智的。在当今时代，同样如此。第二，尽管人们不能完全避免战争，但不断巩固、发展与完善已经存在的各种和平机制，恪守和平共处、和平解决国际争端的理念与实践，将是对世界和平做出的切实贡献。在当今时代，更应如此。

问：我在 2014 年 1 月的《北京日报》上看到您的一篇文章《一战史研究的新问题新进展新观点》，这篇文章是谈一战本身的。其中谈到一战爆发的远因和近因，我觉得比较新鲜。为什么还要谈远因呢？

徐：2014 年是第一次世界大战爆发 100 周年。国际学术界非常重视第一次世界大战，他们把爆发于 1914 年的这次世界大战，当作欧洲历史甚至是世界历史的转折点。欧洲学术界打算从 2014 年开始，连续五年将第一次世界大战作为研究的主题之一，这一学术动态值得我们关注。就我国史学界来说，与第二次世界大战的研究成果相比，对第一次世界大战的研究相当薄弱。

我在文章中说：关于一战爆发的原因，须写一部从 1870 年甚至从 1789 年法国大革命以来的欧洲外交史，才能看清根源。关于一战爆发的原因，除了认同列宁在《帝国主义是资本主义的最高阶段》中所指出的帝国主义是侵略和战争的根源，是第一次世界大战的根源之外，还要研究这场大战爆发的远因和近因。实际上，当列宁在论述帝国主义的形成时，就已经将一战起源的视线关注到 19 世纪下半期了。如果从第一次世界大战与欧洲均势的崩溃的角度来看，即一战的远因，也就是基本原因来说，就要从更长的历史时段来考察。至少要从法国大革命后建立的维也纳体系所形成的欧洲协调机制的实行和不断演变来考察。实际上，基本原因如此复杂，且年代久远，因此必须写出一部从 1870 年甚至从 1789 年法国大革命以来的欧洲外交史，才能看清它的根源，有些问题需要追溯到路易十四时代，甚至查理曼时代。另一方面，第一次世界大战与交战各国的政治、经济、军事、军国主义、秘密的同盟体系、民族与民族主义、种族、宗教、民主、教育、群众心理、大众宣传等都有关联，因此要从历史方面进行全方位的考察。

问：那么对近因的研究又能给我们哪些启发呢？

徐：我认为，对一战爆发的近因的研究告诉我们，对一个突发事件的处理不当，会增加战争的风险，甚至会爆发战争。这里有一个历史发展的必然性和偶然性问题。

就第一次世界大战爆发的近因来说，主要是指对战争爆发的直接责任的问题的研究，其时间和研究对象一般是从 1914 年 6 月 28 日萨拉热窝事件发生到 8 月 4 日英国宣布英德处于战争状态的这 38 天的时间里发生的一系列外交交涉和事件，以探讨和揭示相关各国的战争动机。从这方面的研究中我们可以看到，在这短短一个多月的时间里，尽管列强之间进行了相当频繁、紧张而复杂的外交活动，但是各国的决策者都以重新瓜分欧洲和世界、争夺世界霸权为目的，都企图以支持盟国来加强自己的力量。因此，几乎没有人对避免战争做过系统的、坚持不懈的努力，也没有人真正打算用妥协的方式解决问题，各国媒体也充斥着所谓

“爱国主义”的战争叫嚣，这一切导致战争的机器迅速发动，局势很快发展成没有任何回旋余地，最终以英国借德国入侵中立国比利时为由对德国宣战为标志，把一个欧洲历史上屡见不鲜的暗杀皇族的事件演变成一场大战。

由于经年累月的大战一天天激烈残酷，完全超出了当时各国的政治家和军事家的设想和预料。大战爆发之初，各国的文官政府考虑的是如何及时应战，以避免削弱自己，坐大对手；军方则仍然设想通过一场拿破仑式的战争或普法战争等方式的战争，即靠一两次大的战役便见分晓。然而由于时代的不同，战争的进程完全走向大国决策者的愿望和主观意志的反面：他们抱着短期取胜的侥幸心理，却形成了长期阵地战的僵局；他们本以为是单纯的军事较量，却变成了倾注全部国力的长期消耗的总体战。在这种局势下，几乎所有参战国的领导人都发表战争演说，申辩自身的行为无辜，而把发动这场战争的责任推给对方，最后凭着孰胜孰败来决定发动战争的责任。因此，《凡尔赛条约》第 231 条规定：德国及其同盟国应当承担战争的责任。但是，1919 年以后，特别是《凡尔赛条约》签订之后，德国并不承认自己对战争负有责任，加上许多外交文件的陆续出版和名人回忆录的出现，更促进了对大战爆发的近因问题的探讨。这些研究的基本看法是：第一次世界大战的起因，并非仅仅如过去所说，主要归咎于德国和奥匈帝国的军国主义，实际上，俄国、法国和英国同样是发动这场战争的主要责任者，战争的罪责应当由两大帝国主义集团共同承担。正如一战期间上台执政的英国首相劳合·乔治后来所承认的，当年“所有的欧洲国家都滑过沸腾的大锅的边缘而掉进了战争之中”。但是这次大战的结果，却是动摇了欧洲文明的整个基础，为一个新世界的出现带来了曙光。

五、关于 20 世纪的国际格局

问：我看到 2013 年您在《历史教学》上发表了一篇长文《20 世纪国际格局的演变——一种宏观论述》，这就涉及对整个 20 世纪的国际格局演变的问题。对于这么大的问题，您是怎么看的呢？

徐：是的。在这篇文章中我主要阐明了国际格局是一个高度抽象的国际关系理论术语，然而，它的形成和演变又是一个实实在在的历史过程。鉴于国内学术界对国际格局的理论探讨较多，而对其历史演变的论述不足，我这篇文章借鉴国际格局的理论框架，选取 20 世纪这一历史时段，相对宏观地勾勒国际格局在这个刚刚逝去不久的世纪中的演变过程。

我在文章中阐述了这样一种思想：大国和大国集团的力量对比是国际格局的基本结构和基本内核，决定着国际关系的基本内容，如战争与和平、和平与发展等。然而，国际格局并不是一成不变的，大国和大国集团之间的力量对比变化，是国际格局演变的基础和推动力量；重大的具有全局性的国际事件，是推动国际格局从量变到质变的决定性因素。

问：那么影响 20 世纪国际格局演变的重大事件和重要因素是什么呢？

徐：国际格局的发展变化有一个突出特点，即表现为一个从量变到质变的过程；在这一过程中，重大的具有全局性的国际事件，是推动国际格局从量变到质变的决定性因素。20 世纪发生的两次世界大战和一次冷战，正是这样重大的具有全局性的国际事件，在国际格局的演变中起到了决定性的作用。这些事件无不集中反映了大国和大国集团之间的力量对比变化。这一历史时段的国际格局经历了从量变到质变的过程，其变化的基本形态是：经过第一次世界大战，欧洲的世界中心地位发生严重动摇；经过第二次世界大战，欧洲世界中心地位结束；第二次世界大战后发生的冷战，促成了两极格局的形成，但两极格局中孕育着多极化趋势；冷战结束后，世界多极化趋势以“一超多强”的态势继续发展。

国际格局的重要性就在于它实际影响并制约着一定历史时期内的国际秩序。国际秩序是指在一定的历史时期内，国际社会主要战略力量之间围绕某种目标和依据一定规则相互作用运行的机制，是指处理国与国之间关系的准则和行为规范。特定的国际秩序总是与特定的国际格局相对应，并受到国际格局的影响与制约。当国际格局变化时，国际秩序也会发生变化，并影响国家之间的关系变化。

问：我有一个问题不太明白：从第二次世界大战结束到 20 世纪 90 年代这半个世纪，除了局部战争以外，并没有发生重大事件，为什么把冷战看成影响 20 世纪国际格局的重大事件呢？

徐：我想这可以从三个方面来看。

其一，冷战是 20 世纪的重大历史现象，几乎主导了 20 世纪后半期的世界历史发展。无论是资本主义国家还是社会主义国家，抑或是从殖民地半殖民地发展而来的第三世界国家，它们之间的关系和它们自身的发展，都与冷战息息相关，包括我们中国的对外关系和自身的发展，同样如此。

其二，从 19 世纪至 20 世纪乃至 21 世纪的国际格局的发展轨迹来看，19 世纪确立的西欧的世界中心地位，直到二战后才终结；而从一战后开始崛起的欧洲两侧的美国和苏联，则是在二战后才真正崛起，并在冷战发生后逐渐形成了分别以美、苏为首的两极格局(以 1955 年 5 月西德加入北约，以及其后华约形成为两极格局形成的最后标志)。这在刚才已经谈到过。但是值得注意的是，美、苏形成的这个两极格局是不对称和不完全的。首先，美国和它的伙伴国实际上要比苏联集团强大，不过这种优势却从没有达到使美国觉得足以直接向苏联挑战的程度，于是便导致了双方的军事威慑和军备竞赛，特别是核竞赛的持续攀升进行。鉴于苏联的经济实力始终远逊于美国，因此在两国对立的整个历史时期中，冷战对苏联的伤害程度远远甚于对美国的伤害程度。其次，即使在冷战最高潮的年代里，两极格局也未能囊括所有的国家和地区。那些处于两个集团之外的国家和地区对两极格局形成了牵制。战后非殖民化运动的进行和不发达国家的政治经济发展，不仅在一定程度上缓和了美、苏之间最初的对抗，而且在两极格局的基础上不断生长出多极的力量。实际上，正是在冷战进程中，随着欧洲共同体的发展、中国自力更生的发展和日本成为经济大国，在 20 世纪 60 年代末 70 年代初就已经出现了“五大力量中心”，多极化的趋势已经开始显现。这种多极化的趋势，也并没有因冷战的终结而停止，而是继续发展，直到今天。

其三，冷战是 20 世纪历史发展的一个重要阶段。它是经过两次世界大战之后，在世界历史中出现的介于世界大战与世界和平之间的一个过渡阶段。它表明了人类控制战争特别是世界大战的能力大大增强了。我们已经看到，在冷战过程中曾有过几次非常严重的危机事件，如两次柏林危机和古巴导弹危机，特别是后者，几乎到达了核战争的边缘，但是美、苏双方都在最后一刻实行了妥协政策。因此，我们所说的冷战的自我控制机制，实际上是我们人类控制战争的能力，也是人类文明程度的进一步发展。实际上，正是在美、苏对峙的两极格局之下，正是在冷战发展的过程中，世界发生了更为深刻的变化。它孕育了两极解体的力量，孕育了在政治、经济、文化、意识形态、价值观念等方面的相互宽容态度，孕育了世界格局多极化的发展方向。

六、总结与反思

问：从您谈到的这些我们不难看出，您对现代国际关系的关注与研究的视角，已经从一个特定时期的特定的事件，如 1931—1941 年的英国与中日关系转向了对整个 20 世纪国际关系格局的宏观研究，这是您的国际关系史研究从个别到整体、从微观到宏观的拓展，您觉得这种拓展的重要性在哪里？

徐：我想这也是我自己的学术成长过程中的一个结果，也应该是一个从事史学研究的学者的一个成长的过程。一般来说，初入学术领域的人都是从一个具体的个案开始研究的，从对这个个案的研究中学习最基本的实证研究方法。从具体的研究选题、理论指导、收集资料、鉴别史料、论文的谋篇布局、逻辑结构、撰写写作提纲、写作过程、文字表达，包括外文翻译、标点符号运用等方方面面，来学习研究的基本方法。然后你会发现你的研究是不足的，需要从更宽广的视野，从纵横交错的历史发展过程中来审视你所研究的问题，也就是我们所说的要上、下、左、右地来看你所研究的问题，这样才能更清楚地看到它的本质。所以，从个别到整体、从微观到宏观的拓展，也是学术研究的一个规律。也就是说，学术研究应该是一个从点到线，再从点、线到面的发展过程。另一方面，通过我自己的学术成长，我也更加感到，我们关注并研究的每一个重要的微观课题，都是历史的有机组成部分，正是无数这样的微观课题，组成了波澜壮阔的历史，而这个历史的发展，又是一个不断进步的过程，也是人类自身的一个不断进步、不断文明的过程。

问：刚才您谈到您主编了一部《世界近现代史 1500—2007》，请您谈谈这部教材的编写情况，它有哪些特点？都有哪些人参加了编写？现在的使用情况怎样？

徐：我们奉献给读者的这部教材，是我们多年来从事世界近现代史的教学改革和课程建设的一个重要组成部分，也是北京市“十一五”规划高等教育精品教材建设规划的项目。它的编写人员，都是首都师范大学历史学院从事世界近现代史教学与研究的中青年教师。整部教材的整体框架也是由我们全体写作人员多次讨论决定的，我本人撰写了全书 1/5 以上的内容，并由我最后修改、统稿、定稿。

如果说到这部教材的特点，我想有几个方面。其一，这是国内第一本以 1500—2007 年为一整个长时段，系统研究和叙述人类自 16 世纪至 21 世纪初的成长历程的世界近现代史教材。其重要目的就是以世界全局的眼光，注重人类自身的活动，综合考察人类在这 500 多年的长时段中的世界各地区、各国、各民族的历史，揭示人类历史在这 5 个多世纪中的时空成长。其二，这本教材作为培养高层次人才的高校教材，以坚持马克思主义经典作家对人类社会形态演进的纵向发展的阐述及其对世界历史横向发展为一个息息相关的整体的阐述为理论指导，客观说明人类历史的纵向发展和横向发展互为条件、相辅相成，在世界近现代历史发展上，这种纵向发展与横向发展更为密不可分，而且正是由于这样的发展，才形成了今天的世界。这也正是我们希望让读者能够了解的。其三，该教材在体例结构上采取了新的断代史编写体例。首先以近代早期的世界全貌为背景，然后分别以资本主义、社会主义、亚非拉民族独立国家、国际关系，以及西方文化与社会生活五个重大主题为核心，对世界近现代历史的发展进行了整体而又详细的叙述，非常有助于学习者和教师对世界近现代史的把握、理解和认识。这一体例结构是我们多年来教学改革、课程建设和教学实践的综合成果，从时间和空间上涵盖了世界各地区近代以来的发展变化。这也是该教材的一个突出特点和创新之处。其四，这部教材不仅从上述所说的五个方面经渭分明、详略适当地叙述了人类的发展历程，而且得出了一些重要结论和历史启迪。如：资本主义存在严重问题但具有较强活力，社会主义国家必须正确认识并处理与当代资本主义的关系；苏联的实践证明了在经济落后国家进行现代化建设并不存在固定模式，必须根据国际社会发展和各国具体情况，依靠不断改革完善和制度创新，才能取得最后成功；殖民体系的崩溃是人类历史的巨大进步，发展中国家必须以可持续发展为目标，不断进行自我改革，为建立公正合理的国际新秩序不懈努力；和平与发展仍然是当今时代的主题，经济全球化和世界多极化是时代发展趋势，民族国家唯有在参与全球化的过程中不断推进国际政治经济民主化，才能更好地维护自己的主权并获得长足的发展；文化和社会生活作为软实力，在民族国家发展中的作用日益重要；如何发扬本民族优秀文化传统并吸收外来文化的有益成分，是建设有中国特色社会主义过程中的一个必须研究和解决的重要课题，等等。其五，该教材的另一个新意，是将中国近现代历史的发展有机地融入其中，关注中国在世界历史进程中的发展和变化，对中国与世界发生联系的重大史实、中国发生的具有世界影响力的重大事件给予论述并揭示其意义，阐明中国和世界的相互关系，勾勒出中国走向世界、世界走向中国的历史轨迹。总之，我们期望，这样编写的世界近现代史教材，可以从不同的方面展示人类的成长历程，并预示未来人类社会的发展方向。

这部教材出版后，使用的学生和学界的反映都不错，认为与其他教材相比，这部教材框架结构新颖、叙事脉络清晰、详略处理得当、重点要点突出、历史启迪明确，对拓展阅读书目相当有用，特别是这本教材的叙事时间到 2007 年，比其他世界史教材的时间都更接近学生的现实生活，更便于学生的学习、思考、理解和掌握，具有学术性、可读性和实用性。据统计，这部教材 2012 年 7 月出版后不到 10 个月，已有约 1500 本的销量，至今的销量还没有统计，估计应该已有几千本的销量了。2013 年，这部教材被评为北京市高等教育精品教材，也说明了学界对其的良好反映。

问：最后我想请您总结一下，从 20 世纪 80 年代中期开始投身现代国际关系史的研究到今天，还不到 30 年，您从帮助齐先生查找、翻译中日战争中的日文资料，到现在独立承担并完成诸多涉及 20 世纪国际关系的重大课题，并主编了世界近现代史的新教材，还上了那么多的课，包括至今还在讲的本科生课。时间对于每个人来说都是一样的，为什么您会取得这些成果呢？

徐：我想主要是四点吧。一是深感我能作为一个高校教师的不易。您也知道，我作为 1966 年高中毕业的学生，在经历了 10 年"文革"后，在恢复高考后成为 1977 级大学生，是十分不容易的。我深深感到，个人的命运是和国家的命运紧密联系在一起的。自上大学以来，我总想把失去的 10 多年的时间补回来（当然是补不回来的），所以时间抓得很紧。留校任教后，更觉得不能辜负领导和学生的信任。二是深知教师工作是一个良心活儿，要对得起学生，必须在教学和科研方面不断进步，把自己和学界研究的最新成果呈现给学生。三是要做一个好教师，必须心无旁骛。我想我做到了这一点。30 多年来，有人说我做了三件事：教学、科研和社会服务，后者主要是指从事中学教师的培训工作和教育部委托的修订初中、高中历史课程标准的工作以及中学历史教材的编写等。实际上，这所谓的三件事还是一件事，还是一个工作，那就是做一个好老师。我想只有心无旁骛，才能做好这个工作。四是家人的理解和支持，如果没有家人的理解和支持，我不可能取得这样的成果。我将会继续努力。

问：好！这次访谈，您既总结了 30 多年来在国际关系史领域的研究过程，也总结了许多宝贵的经验，很有启发。谢谢您的谈话！

李华瑞：1958年2月生，生于甘肃省山丹县，祖籍四川省绵竹市。1978年10月考入甘肃师范大学(今西北师范大学)历史系，1985年7月获硕士学位，留校任教。1987年9月到河北大学师从漆侠先生读博士研究生，1990年7月获历史学博士学位，任河北大学历史研究所讲师、副教授、教授、博士生导师。2000年10月任河北大学人文学院院长。2004年8月起任首都师范大学历史学院教授、博士生导师，2008年4月任首都师范大学唐宋史研究中心主任，主要从事辽宋夏金史及中国古代经济史研究。曾任中国宋史研究会秘书长、副会长。现兼任全国哲学社会科学基金项目中国历史评审组成员，中国社会科学院民族研究所西夏文化研究中心副主任。著有《宋代酒的生产和征榷》《中华酒文化》《宋夏关系史》《中国改革通史・两宋卷》《宋史论集》《王安石变法研究史》《唐宋变革论的由来与发展》《视野、社会与人物——宋史、西夏史研究论文稿》《宋代救荒史稿》，发表学术论文近200篇。

宋史研究的启示

——访李华瑞教授

问：李老师：您好！您是2004年来首都师范大学历史学院的，那时我已经退休，后来听过您的课，但没有机会和您多聊。今天想借此机会和您聊聊您来首都师范大学以前的情况和您来这以后学术研究方面的新进展。

李：好的。

一、走上宋史研究之路

问：大家都知道您是漆侠先生的高足，您今天成为宋史研究方面的大家，是与漆侠先生的精心培养分不开的。不过我们可以先谈谈您读博前的情况。

李：我在上大学之前，对历史谈不上有什么兴趣。因为中学时我们没有学过历史。我是1958年出生的，可以说生在新社会，长在红旗下。当我到了上学读书的年龄，需要长知识的时候，正赶上“文革”。在我读中小学时期，甘肃省未开设历史和地理课。我从小学时爱好打乒乓球，从初二到高二第一学期，我参加过县、市、省各级各类少年乒乓球比赛，那几年几乎没有认真读过一天书。1974年高中毕业后，我当过两年农场临时工，插队一年，1977年年初到煤矿做矿工，直到1978年10月考入甘肃师范大学历史系学习。

问：您中学没学过历史，怎么能参加高考呢？

李：我考大学时用的历史、地理课本，是我二姐从四川老家寄来的。我之所以选择历史专业，原因其实很简单，一是在5门高考成绩中我的历史分数最高，二是我从初中开始就喜欢读小说，到上大学前读了大约不下百部中外小说，因而曾做过一段文学梦。在填大学志愿时，我的中学语文老师说我历史积累厚重、知识宽广，更有利于搞文学，而大学中文系偏重于专业研究，听了老师的话，我就报考了历史系。

问：这样的情况到了历史系学习起来也是很困难的啊！

李：到了历史系后，由于没有基本的历史知识背景，一上来就学习由唯物史观架构的中国历史和世界历史，感觉很吃力，因而迷惘了一段时间，甚至在大学二年级第一学期时，想要转学当时新兴的人口学，并在大学二年级结束时写了我的第一篇学术论文《控制农业人口是当务之急》。这篇论文写好后，即被推荐参加了由兰州大学和兰州市委宣传部主办的“首届西北人口学术研讨会”。进入大学三年级学习后，为了将来的出路，我准备考研究生，于是开始从头复习学过的课程，将前后所学联系起来求得通识，似乎一下有茅塞顿开的感觉。从那时起，我对学习历史产生了兴趣。

问：在甘肃师范大学，您从本科到硕士又留校当助教，一共有十年吧？这期间令您印象最深的是什么？

李：从读本科、硕士，到留校，金宝祥、陈守忠两位先生对我的学习有较大影响。金宝祥先生是我初入学时的系主任，我们学的中国古代史教材是由他主编的，这部教材贯穿了他以人身依附关系逐步减轻作为认识中国古代史发展主线索的思想。金先生教导我们读书要读好书、读名著，这给我留下了极为深刻的印象，到现在我也这样教我的学生。大三时我选修他的“隋唐史专题”课。在他的影响下，我读了钱穆先生的《国史大纲》，首次知道在唯物史观之外，中国历史还可以有另外一种写法。但金先生是一位笃信马克思主义的历史学家，他说他曾 5 次通读过《资本论》，还读过两遍黑格尔的《小逻辑》。他坚信私有制是人类社会由低级的原始社会向高级共产社会发展中的过渡阶段，其最终一定会消失。受他的影响，我也很认真地读过一遍《资本论》第一卷。他主张研究历史应注意把握历史发展的大趋势，而不应纠缠于细琐的末节。

陈守忠先生是我读硕士研究生时的业师。他身上带有浓厚的西北乡土气息，热爱故土，精于考订西北历史地理和长城遗址。他擅长把文献征引与野外实际调查相结合，得出的结论往往经得起时间的检验。至今我还感佩陈先生对甘肃山川地貌、地名地址的熟悉。上大学时我偏爱世界史，但英语很一般，所以考博士时临时改报宋史。我的硕士学位论文的题目就是陈先生帮我确定的。

问：你的硕士论文写的什么？是不是宋史方面的，不然怎么会被漆先生看中呢？

李：是的。1987 年 2 月底，新学期刚开学，我到就职的西北师院历史系办公室签到，在《光明日报》上看到河北大学漆侠先生招收博士生的消息，莫名地，我就有一种强烈的报考意愿。3 月中旬，我怀着很忐忑的心情给漆侠师写了一封信，我说我读过先生的《秦汉农民战争史》《隋末农民起义》和《王安石变法》，很想跟先生学习深造。不久就收到漆侠师的来信。他在信中表示“极为欢迎”我报考他的博士生。他说，除了外语和专业考试外，重要的是把硕士论文寄给他。

当时正是国内史学界讨论王安石及其变法争论纷纭之时，漆侠师旗帜鲜明地肯定王安石变法，我对其观点服膺于心。那两年出题考试也多是关于如何评价王安石变法，答题时我认为当时学界相当多的人重评王安石变法，不论是取材，还是论点，似又回到了南宋初对王安石变法的否定上。对我的回答，漆侠师颇为赞赏，在面试时漆侠师鼓励我把这个看法写成文章发表。其后我虽没有写出专门的论文，但这是促成我以后撰写《王安石变法研究史》的起因。

问：这样您就成为漆侠先生的博士生了？

李：是的。1987 年我考入河北大学，开始师从漆侠先生攻读博士研究生，这是我学术生涯的一个重要转折。我曾在不同场合说过，漆先生于我有再造之恩。记得先生决定录取我后，谈及今后的论文写作，先生说先不要着急，你的硕士论文思路不错，但读书太少，涉及面也不够深广，到我这里可以好好读书，没有翻阅 200 种以上的文献，不能动笔写论文。于是我以《宋代榷酒制度研究》为题，开始撰写博士学位论文。在漆先生的指导下，我翻阅了近 600 种宋代文献，直接征引的书目达 200 多种。由于资料的丰富，使我对宋代酒的问题的认识有了较大的提高，而漆先生以经济关系把握经济史研究的思想和实践，对我也产生了深刻的影响。有几位先生以“颇有师风”来评论我的博士学位论文，对此我感到很荣幸。

问：从 1987 年读博开始，到 2001 年先生去世，您跟随先生也有 14 年了，先生给您留下最深刻的印象是什么？

李： 我觉得漆侠师具有很强的学术使命感，早在漆侠师开始招收研究生之日起，就把培养学生与建构宏大的学术体系联系在一起。漆侠师在 20 世纪 80 年代初完成近百万字的《宋代经济史》，在他人看来那已是皇皇巨著，可是漆侠师以为那只是宋代经济史的一个纲要，需要研究的问题还有很多。如果想要真正揭示宋代经济史的全貌，则至少要写 300 万字，因此漆侠师有意让学生在经济史领域做专题探索。1982—1992 年十年间，学生的论文选题涉及马政、商业信用、矿冶业、商业资本与高利贷资本、财政管理、漕运、自耕农经济、货币流通、地域经济、专卖制度、城市管理等，多年的积累和培养形成了独树一帜的河北大学宋史研究特色，在国内产生巨大影响，有香港学者把这种特色称作“保定学派”。

二、对宋代酒文化的研究

问： 您在 1995 年出版了两本专著，一本是《宋代酒的生产和征榷》，另一本是《中华酒文化》。两本书都与酒有关，这也是您在漆侠先生指导下的学术研究的开端。您的硕士论文和博士论文都是探讨这方面的问题吧？

李： 好的，我们就谈谈酒的问题。酒自从与人类社会生活发生联系以后，作为一种文化现象，便超越了纯粹的物态意义。特别是汉武帝在历史上初榷酒酤，酒又成为重要的财政税源，关乎着国计民生。自唐中叶以来到宋初，逐步形成了以专卖法为中心的税制和财政制度。其中酒类专卖，在宋代专卖制度中占有非常重要的地位。为了增加财政收入，宋朝自始至终实行专利榷酒政策，鼓励多酿多卖，就如南宋理学家吕祖谦所说，“唯恐人不饮酒”。所以，宋代的酿酒业在继承前代的基础上获得了空前的发展。在这里有三点值得称道：其一，宋代制麴酿酒工艺理论有较大发展，《北山酒经》是其代表作。它全面系统地总结了自南北朝以来制麴酿酒工艺方面的新贡献。其二，宋代黄酒生产的工序和技术已与现代基本相似，并进入鼎盛时期。其三，宋代已经有了白酒。白酒俗称烧酒，关于烧酒的起始，过去一直沿用李时珍《本草纲目》的说法，认为烧酒始自元代。从 20 世纪 30 年代起，一些搞化学史的科学工作者向传统说法提出了挑战，试图将白酒生产的源头向前追溯，大致形成了东汉说、唐代说、南宋说等几种观点，都因缺乏有力的证据，难以定论。漆先生就曾希望我在白酒起始问题上有所突破。经过研究，我个人认为，宋代已能制作蒸馏烧酒，理由有六点：第一，宋代始出现的“蒸酒”一词，见于多种文献。第二，宋代文献还有大量反映烧酒特征的其他资料，如酒能燃烧、酒度提高、水晶红白烧酒等。第三，以“露”字命名酒，较之前代有了遽增的趋势，如“膏露”“琼花露”等。一个“露”字十分传神地捕捉到“用器承取滴露”“炼酒取露”“其清如水，盖酒露也”等蒸馏工艺特征。第四，南宋中后期人黄榦的文集中有“蒸烧”和“烧器”的专门记载，这是南宋酒坊中已有蒸馏环节的最好说明。第五，两宋时期已经比较广泛地使用蒸馏技术和蒸馏器。有了蒸馏器，制造蒸馏酒就不是什么难事了，只要把酸败之酒或发酵后的酒醪蒸馏一下就行了。第六，20 世纪 70 年代在河北省青龙县发现的金代遗址中出土的金代烧酒锅，为我们提供了强有力的间接物证。其实，中国至迟在东汉就能制作蒸馏器，20 世纪就有实物出土，只是目前尚未发现相应的文献记载，所以，烧酒始于东汉说暂且存疑，也许今后有了新的发现，烧酒的起始时间还可从宋代往前推移。综合以上所说的证据，说宋代已能制造白酒，应该是能够成立的。

问：从您上面说的这些理由看，宋代已经能够烧制白酒应该是没有疑问了；那么宋代施行的榷酒制度是怎么回事呢？

李：宋代确实是我国历史上唯一自始至终实行榷酒制度的封建王朝。在继承唐代的基础上，宋代榷酒制度趋于细致、完备。从社会经济结构上看，酒类的生产和销售属于一种纯消费型的商品经济。酒类的生产和销售是因地制宜，可随产随销，所以，酒的产销主要集中在大中城市、县乡镇市和商品集散地。由于酒类的产销与盐茶不同，宋朝对酒类产销的垄断经营与盐茶也不相同。这表现为：第一，由封建官府直接控制生产和销售整个环节的官监形式在榷酒制度中占统治地位，这与盐茶征榷制度中这类比重所占最小的情况有所不同。第二，从宋初直到南宋绍兴后期，宋政府严厉禁止大商贾直接经营酒业，这与盐商、茶商在盐茶征榷制度中是其主要经营者的情形大相径庭。第三，买扑制度是一种类似于现今的承包租赁式的经济制度，它广泛存在于宋代的诸多经济行业中，但只在买扑坊场中得到广泛而深入的发展。这既是宋代商品经济高度发展的标志之一，也是宋朝在制度上自觉或不自觉地利用经济手段管理酒类的税收、生产和销售诸环节的一种进步的反映。就这三点而论，宋代榷酒制度在盐茶征榷制度之外，为我们打开了一扇透视宋代社会经济结构运行和发展的重要窗口。

问：这样看来，酒的生产和课税在宋朝的财政收入中是很重要的了？

李：确实，丰厚的酒课收入是宋代经济的重要支柱之一。北宋初年酒课收入只有180多万贯，在货币总收入中不到10%，天禧年间增长到近900万贯，占当时货币总收入的33.3%，其后仍然稳步增长。仁宗庆历年间高达1710万贯，占比达到38.9%，以后又逐年下降，至神宗熙宁十年(1077年)仍有1310多万贯，占比为25.9%。南宋酒课收入也达到一千多万贯，大约占南宋货币总收入的20%。酒课作为宋代封建专制主义统治的重要经济支柱，作用至为明显。

三、对王安石变法的研究

问：您跟随漆侠先生读博，必然要涉及王安石变法问题，因为漆先生和他的老师邓广铭先生都是有名的研究王安石变法问题的专家。我看您在这个问题上，一方面继承了老师基本的学术观点，另一方面又把视野放大到整个学术界对王安石变法的研究。2004年，您的大作《王安石变法研究史》出版了，这应该是您对这个问题长期关注的成果吧？

李：确实是这样。早在1987年我报考漆先生的博士生时，考题就是关于如何评价王安石变法，当时这个问题是宋史研究中的一个热点。后来由于教学的缘故，我也一直很关注在此问题上不同意见讨论的进展情况。我隐隐约约感觉到相当多的人重评王安石变法，不论是取材，还是论点，似又回到了南宋初对王安石变法的否定上。我把我的想法如实地写到卷子上，没想到，我的想法得到漆先生的肯定，在面试时先生鼓励我把这个看法写成文章发表。从那时起我就更加留意关于王安石变法的讨论。20世纪90年代以后，不规范的学术行为、炒冷饭式的重复研究，导致研究成果“泥沙俱下”的现象已相当严重。而我在搜集资料和读书学习的过程中，发现20世纪发表的有关王安石变法的文章多达千余篇，但有见解、有一定水准的论文不到三分之一，很多文章多是低水平的重复之作，或是泛泛而谈的应景之作。造成这种状况的原因，无疑与学术腐败和学术急功近利有关。此外，不重视学术史的清理也是原因之一。重视学术史的清理和回眸，既是对前人研究成果的尊重，也是学术创新的基础。所以，我写《王安石变法研究史》，既是想从学术发展史的角度梳理和总结不同时期对王安石变法评议、研究的方法和观点，同时也是想为改变当时的浮躁学风，进而规范学术研究尽自己的绵薄之力。

问：在王安石变法的问题上，您既受到了邓先生和漆先生的影响，又要写一部客观的王安石变法的研究史，这两者不矛盾吗？

李：在对王安石变法的评价问题上，我深受邓广铭先生和漆先生的影响，但是我在叙述时尽可能地保持一种客观、平和的态度。因为吾爱吾师，吾更爱真理。我不愿重蹈那种赞誉王安石，就把王安石说的一切有是而无非，否定王安石，又把王安石说的一切有非而无是的评价窠臼，力图把 900 年来的是非曲直原原本本地告诉读者，不刻意站在肯定或否定的某一方。

问：您这样的态度有助于读者全面了解王安石变法。

李：自南宋初重修《神宗实录》确定“是元祐而非熙丰”“唯是直书安石之罪”的编撰宗旨，从而彻底否定王安石变法以降至今，历史已走过近 900 年。伴随着历史的脚步，对王安石及其变法的褒贬议论，亦是一桩几经变动而又难以了结的历史公案。近 900 年间，有关评议和研究王安石及其变法的论著可谓是汗牛充栋。仅以 20 世纪为例，据不完全统计，研究、评议王安石的传记、变法史实的专书达 90 余种，发表论文约千余篇。依据中国社会历史变迁的特点和评价主流意见的变化，可以把近 900 年间评议、研究王安石及其变法分作三个时期：南宋至晚清；20 世纪前半叶；20 世纪后半叶。

问：这是一个持续不断的热点问题。

李：在南宋至晚清近 800 年中，对王安石及其变法的评议可分为史家和思想家两大类。史家的评议主要散见于各种官史和私史有关宋神宗朝史实的记述中。自南宋至晚清，历代思想家在总结北宋兴亡史时，大都较为集中地对王安石变法进行评论和批判。南宋至晚清最具代表性的批判意见有三点：(1)王安石变乱祖宗法度，祸国殃民，最终导致北宋亡国。这个观点定于南宋初期的《神宗实录》，后被元朝人修《宋史》所承袭，成为元明清时期的官方定论，不仅为史家所认同，而且被社会普遍接受。(2)荆公新学是王安石变法的指导思想和理论基础，自宋理宗取缔王安石配享孔庙后，荆公新学所遭受的抨击之严厉，要远甚于对新法措施的否定。这种否定既与程朱理学和荆公新学在南宋的消长有关，更是理学家们自南宋初期以后不懈批判贬抑的结果。南宋理学家对荆公新学的批判主要集中在两个方面：一是斥荆公新学为异端邪说，“于学不正”“杂糅佛道”或“学本出于形名度数”；二是把新学作为变乱祖宗法度而致北宋亡国的理论依据，并对其予以无情打击。由于理学在元明清被定为一尊的统治思想，“是当时思想的主流”，荆公新学作为异端邪说遂成不易之论。(3)把王安石的诸项新法称为聚敛之术“聚敛害民”，把王安石的理财思想视作兴利之道“剥民兴利”，是北宋熙宁、元祐时反变法派批评新法的主要观点，但自南宋至晚清，这仍是绝大多数史家和思想家评议王安石新法的基本观点之一。当然在“荆公受谤七百有余年”，而其间也有为其辩诬的，如清人蔡上翔所著《王荆公年谱考略》，但这种辩诬并不是这一时期评价王安石及其变法的主流。

问：看来这 800 年无论是史学家还是思想家都是贬斥王安石的，从什么时候开始转变的呢？

李：20 世纪前半叶，开始运用近世科学的观点和方法重新评价王安石及其变法，大致与出现相对独立的宋史研究一样，亦始于 20 世纪 20 年代。进入 30 年代后，在蒋介石国民党政府的提倡和支持下，王安石及其变法研究出现了一个高潮，大致一直持续到 40 年代后期而不衰。梁启超的《王荆公》是 20 世纪评议王安石及其新法影响最为持久的著作。从光绪三十四年(1908 年)初次印行后迄今约有 10 种版本行世。自南宋以降至元明清，对王安石及其变法的评议一直以否定性意见为主流，而梁启超的《王荆公》改变了这种局面，为王安石及其变法彻底翻案。梁启超称王安石“三代下求完人，惟公庶足以当之矣”。他把青苗法和市易法看作近代“文明国家”的银行，把免役法视作“与今世各文明国收所得税之法正同”“实国史上，世界史上最有名誉之社会革命”，还认为保甲法“与今世所谓警察者正相类”。一言以蔽之，梁启超用社会主义学说类比王安石新法措施，把王安石称为社会主义学说的先行者，胡适之先生亦持有相类的观点。其后研究者虽然已涉及王安石及其变法的方方面面，如变法的时代背景、动机、指导思想、代表的阶级、诸项新法的利弊、反变法派与变法派的斗争、变法的社会效果及意义、变法失败的原因及经验教训等，但梁启超的肯定性评价为大多数人所尊奉，成为20世纪前半叶的主流观点。

问：梁启超的观点影响很大啊！新中国成立后有什么新变化？

李：新中国成立后，马克思主义的唯物史观在史学研究领域占据主导地位，最早运用唯物史观研究王安石变法并产生较大影响的学者，当推邓广铭先生和他的门人漆侠先生。他们的研究贯穿了20世纪后50年，这在王安石变法研究史上是很少见的。

问：他们的书我们在上大学时都读过。

李：1950—1965年，以马克思主义为指导的史学工作者对王安石及其变法做了再评价，虽然对王安石及其变法亦做出了全面的肯定，但因其观点、立场不同，在肯定王安石及其变法的性质和时代上与20世纪前半叶的肯定又不尽相同。其特点是：(1)注重强调王安石变法的思想性和阶级性，即把王安石变法置于宋代特定的封建时代的历史环境中。指出王安石变法是地主阶级的一个改革运动，王安石的新法代表着地主阶级的利益，尤以持代表中小地主阶级利益观点的学者较多，王安石在政治哲学思想上具有朴素的唯物主义思想。(2)对王安石变法的效果基本持肯定态度，即王安石变法在富国强兵、加强宋朝封建专制统治的同时，还推动了宋代社会生产力的发展和历史的前进。(3)对司马光及其反对派的否定，认为以司马光为首的守旧派的政治运动阻碍了历史的前进，这是对自南宋初以来是司马光而非王安石的传统观点的彻底否定，也与梁启超以来的评价有所不同，梁启超对王安石变法的翻案并未否定司马光。(4)对王安石变法失败的原因一般归结为保守势力的强大、变法派内部的分裂以及宋神宗的动摇和过早的去世。

“文革”以后，1973—1976年10月在“四人帮”掀起的“评法批儒”闹剧中，王安石被作为法家的杰出代表，王安石变法被作为两宋儒法斗争的典型事例受到高度重视。这一时期，发表文章150多篇。文章作者大致可分为三类：一是“四人帮”的宣传班子，专门为“四人帮”篡党夺权制造舆论，借此攻击老一辈无产阶级革命家。他们炮制的文章虽然不多，但分量甚重，如罗思鼎的《从王安石变法看儒法论战的演变——读〈王荆公年谱考略〉》。二是工厂、学校和部队的理论小组和学习小组撰写的文章，这些文章都根据“四人帮”宣传班子的调子，加以发挥，上纲上线，在社会上只是制造声势，无学术意义可言。三是一些专家、学者经受不住强大的政治压力，违心地跟着撰写了一些著作和文章。1977—1979 年学界发表了二三十篇文章批判和矫正“四人帮”对王安石及其变法的扭曲，并力图澄清一些基本史实，还历史以本来面目。进入 20 世纪 80 年代以后，王安石变法一直是宋史研究中的重点问题之一。

问：80 年代以后，也出现了完全否定王安石变法的观点，并成为一个潮流。

李：1980 年，《中国社会科学》第 3 期发表了王曾瑜先生的《王安石变法简论》，对王安史变法的再评价随之也热烈展开，标志着 20 世纪王安石变法研究新阶段的开始。有三种总评意见，即肯定说、否定说和不完全肯定说。肯定说基本承接了 20 世纪五六十年代以来的肯定性意见。否定说又有两种不尽相同的意见，第一种是对五六十年代肯定观点的全盘否定，认为王安石不应算作中小地主的政治代表，王安石变法的客观效果是加重了对农民的剥削和压迫，阻碍了商品经济的正常发展，变法期间阶级矛盾依然尖锐，一句话，王安石“富国有术，强兵无方”，因此对王安石及其变法应予以基本否定。另一种否定意见是以全盘否定王安石，全面肯定司马光，亦即“尊马抑王”为其特色的。如果说新中国成立以来对王安石变法的研究和评价，是对 900 多年以前司马光、赵构们的一个基本否定，那么这次“尊马抑王”则是新中国成立以来对王安石变法研究的一个否定，而这个否定之否定，便使这一评价的论点重新回到司马光、赵构们的基本论点上，这可算是历史的一次重演。不完全肯定说，一方面充分肯定王安石变法是中国封建社会统治者的一次重要改革活动，具有明显的进步意义。变法期间生产有所发展，财政状况好转，基本上达到了富国的目的；另一方面亦指出新法在实施过程中给劳动人民在政治上和经济上增加了新的负担。对王安石变法与商品经济发展的关系，也是既承认它对商业活动的发展有不良影响，又肯定它对商品经济发展有积极影响的一面。

总体来看，决定南宋以降迄今为止，对王安石及其变法评议的价值取向主要有三点：一是南宋以后占统治地位达700多年之久的程朱理学的评价标准；二是20世纪影响中国历史进程最大的马克思主义唯物史观；三是在不同阶段、不同时期内与时俱进的社会气候变化，亦即现实政治发展路标的指向。

问：您的书对于总结这个问题应该说是很有价值的。

李：我于2004年完成国家社科基金项目《王安石变法研究史》，从学术史的角度分述南宋时期否定王安石变法的由来和发展、元明清时期对王安石变法的评议和20世纪中国王安石及其变法研究；对影响南宋以来最高统治者、理学家、浙东学派、史家、四库馆臣、士人、近现代学者及其各类官私史籍和研究论著认识、评议王安石及其变法的价值取向，从政治因素、学术思想和社会结构的变化等理论层面，做了详细的剖析和诠释，较好地解释了对王安石变法之所以长期以来众说纷纭的历史根源。

四、对宋夏关系史的研究

问：除了研究宋代的经济、政治以外，您的研究视角还扩展到两宋时期的民族关系，1998年您就出版了《宋夏关系史》，此书是不是这个领域开创性的著作？

李：两宋时期民族关系错综复杂，辽朝和西夏与北宋鼎足而立，金朝以淮河划界与南宋对峙，最后南宋又亡于蒙古的铁骑。此外，还有大理、吐蕃、西辽等。但当时对这个问题的研究还有待于深入，特别是从10—13世纪中国历史发展的整体全局来把握这一时期的民族关系，我开始研究宋夏关系时尚未见有份量的研究成果问世。陈寅恪先生在《唐代政治史述论稿》一书中，论唐代外族盛衰之连环性、外患与内政之关系，是治民族关系史极为重要的一种方法，对我研究宋代民族关系问题有很大启发。虽然唐宋历史发生了很大变化，但陈先生观察民族关系的方法仍具有指导意义。

我所讨论的宋与西夏的关系，只是宋代民族关系中的一小部分，而且在我之前已有相当多的研究成果。我个人认为，我的研究有三点较前人有所推进：一是我首次以专著的形式，对宋夏关系做了较为系统的论述；二是在使用资料上，以往治宋夏关系的学者多使用清人的著作，如《西夏书事》《西夏纪事本末》《西夏纪》，但清人的著作主要取材于宋人的记载，而这些宋人的记载在今天又大多能够查阅到，因而我对宋夏关系的叙述，尽量重新爬梳宋人的原始记述，一般不把清人著作作为原始材料来使用，只把它们作为带有研究性质的著作来参考。三是对宋夏关系的描述没有停留在双方经济、军事交往的人和事件上，而是深入到双方的政治、军事体制中，深入到双方所处的历史时代和大环境中，以北宋政治运行机制为切入点去探寻宋与西夏交往的发展轨迹。

问：这也是您在史料选择和研究方法上的创新。

李：宋夏关系是一个比较复杂的问题。总体来看，以宋神宗时期划线有两个特点，此前宋夏关系围绕西夏争取独立而展开，此后宋夏关系以北宋力图吞灭西夏为主线索，但双方最终均未达到目标。西夏自李继迁至元昊三代，经过艰苦卓绝的努力，兼并、统一河西、朔方，建立起幅员 2 万里的西夏王朝，且在康定、庆历年间的三大战役中大败宋军，但是，最终却未能达到与北宋、辽朝平起平坐的战略目标，仍接受国主称号的封册，与宋订立了和约。而北宋从宋神宗朝起历哲宗至徽宗三朝，耗费巨大的财力、物力、人力，发动数次旨在灭亡西夏的大规模战争，把边界线向西夏境内推进数百里，但最终也未能达到吞并或彻底制服西夏的战略目标。这是为什么？从西夏方面来讲，未达到目标大致有三个原因：其一，在综合国力上，西夏建国后仍然弱小，无法与宋朝做对等性的抗衡。其二，西夏的社会生产水平尚不能满足国内对农耕产品日益增长的社会需求，因而在经济上对农耕大国宋朝存在着一定程度的依赖，夏宋贸易对西夏的发展具有特殊的重要意义。这种经济上的某种依赖性，决定了西夏在政治上不能完全自立。其三，从军事武力来看，虽然在战场上西夏不仅对北宋，而且对辽金都取得过骄人的成绩，但它取得的胜利基本上限于局部边境战争，极少深入交战国腹地，对交战国不能构成大的威胁。

问：20 世纪 80 年代，我跟我系谢承仁先生为了研究李自成出生地问题曾经到过陕西横山县的李继迁寨，那应该属于当时西夏的范围吧？那一代沙漠很多，比较穷困，可以想见西夏的实力。但是宋朝为什么也灭不了西夏呢？

李：北宋神宗以后不能吞灭西夏，大致有四个方面的原因：第一，北宋的军事体制从宋太宗朝晚期起，体现出以战略防御为主的思想，步兵是其主力部队，深入进攻西夏非其所长。第二，宋夏边界向西北有瀚海沙漠戈壁 700 里，成为以步兵为主的宋军难以逾越的天然屏障。第三，宋的军事体制中存在着有悖于军事规律的严重弊端，宋太宗为了加强对军队的控制，在军事行动中实行"将从中御"的方法，并被他的子孙后代奉为祖宗家法。这种方法就是让领军将领按照皇帝事先准备好的作战方案指挥战斗，且不得违制。它极大限制了领兵将领临阵时主观能动性的发挥，宋军常以不变应万变，哪有不贻误战机的？第四，西夏与辽朝互为犄角，是北宋不能吞灭西夏的外在因素。

五、对"唐宋变革论"的研究

问：2010 年由您主编的《唐宋变革论的由来与发展》一书出版了，这本书对唐宋的变革问题是怎样讲的呢？

李：从 20 世纪初期日本学者内藤湖南提出"唐宋变革论"这一命题以来，近些年我国学者对此多有回应。唐宋变革论自提出至今虽已一百多年，但国内学者真正关注"唐宋变革论"，并引起唐宋史学界热烈回应，实际上是进入 21 世纪以来的事情。此前虽也有学者不断论及，但终究未引起大范围的讨论，影响有限。

唐宋变革说实质上是对中国历史的一种分期。对历史进行分期，不论是日本学者依照文艺复兴时代划分西洋史上古、中古、近代的正统分期法，还是中国学者依照斯大林五个社会形态理论进行分期，实质上都是按照近代西方的历史观来解读中国历史。日本学者的宋代近世说，是站在世界史的范围，认为中国的宋元时期与西亚、南亚、东亚及欧洲的近世化过程相同步，或者说是世界近代化链条中不可或缺的一环，而中国学者，特别是 20 世纪 50 年代以来的大陆学者的讨论，虽然也比照西欧封建社会向资本主义的过渡历史，但多强调中国的独特性，并显现出就中国论中国的闭关自守式的研究倾向。因而中国学者对唐宋变革的观点，在世界范围内未产生多少回应和反响，但日本学者的唐宋变革论却产生了极大反响。

问：这么说"唐宋变革论"既有中国学者的说法，也有国外学者的说法？

李：目前影响较大的唐宋变革论有三种，一是日本京都学派的唐宋之际变革论；二是中国唐宋史学者的中唐至北宋中期变革论；三是美国学者近二三十年来的两宋之际变革论。这三种说法不仅确定变化时间的迄止不同，更主要的是对社会历史变化内容的把握不尽相同。日本学者内藤湖南主张变革的主要内容为：政治上隋唐贵族制衰废，宋朝君主独裁制兴起；经济上唐宋之际，为实物经济之终结，货币经济之开始；文化上由贵族文化转向平民文化。其后宫崎市定发展此说，更多地添加了社会经济史方面的研究，概括起来说就是由农村时代向城市时代推进的社会构造的变化，和由宗教时代向学问时代演变的文化形态的变化。

中国学者认为唐中叶以来各种形式的封建国家土地所有制衰落，土地私有制在宋居于绝对的优势地位；在土地私有财产居于压倒的优势地位的同时，土地占有者诸阶层也发生了显著的变化，从而使土地占有关系出现了新的格局。阶级关系的变化则表现在两个方面，一是农民对地主的人身依附关系有所松弛，农民与地主的身份性差别有所减少；二是雇佣制逐步有所发展。以新的社会经济结构为政治和精神的基础，整个上层建筑包括政治、军事、教育、法律等制度，乃至哲学、宗教、文学、艺术、学术等意识形态以及风俗习惯都出现了相应的变革。

美国学者起初也受日本学者唐宋变革观的影响，到20世纪70年代，美国的宋史学者研究的重点转向士大夫和学术文化思想，受当时西方流行的社会学中精英与分层理论的影响，他们以唐宋时代士人的变化为切入点，重新思考唐宋变革，进而否定日本学者的唐宋变革观，在他们看来，传统的阐释忽略了从北宋到南宋的社会变迁，忽略了道学在社会中发生作用的历史性。从唐朝到北宋、南宋，最深刻的社会变迁就是国家的精英性格变了，从官僚性格变成地方精英的性格，特别重要的变迁在于：宋代土地所有权属于私人而不属于国家，政府变小，社会上地方士人精英兴起，南方多元化，南方为全国的中心，思想方面有道学，经济上商业经济发达，外贸繁荣，大城市和市场网络越来越发展，中央政府在各方面的领导性减弱。

问：我觉得美国学者这种观点比较新奇，但恐怕不容易为中国学者所接收。

李：很显然，日、中、美三国学者从各自的角度和理论，对唐宋变革的社会历史内容变化做出了不同的解释。就讨论对象而言，中日学者有相通的地方，在第二次世界大战以后，中日学者讨论唐宋变革都不同程度地受到马克思主义历史观的影响，尽管中日学者对封建社会是领主制还是地主制的内涵理解不尽相同，但都从封建社会中的地主与农民、国家与农民之间的基本社会关系、社会阶层身份、土地占有制等方面的变动展开讨论。而美国学者不承认历史发展有规律可循，所以他们的关注点与中日学者不尽相同。

如何进一步探讨这个问题，涉及面很大。我觉得目前虽然回应者很多，从进入21世纪以来已召开六七次有关唐宋变革的国际、国内学术研讨会，七八个国家社科基金课题已获批准，但总体上似还停留在唐史学者说唐史学者的唐宋变革、宋史学者说宋史学者的唐宋变革的阶段，真正打通唐宋史来讲唐宋变革的，现在还很少见。我个人以为，要想使唐宋变革的讨论向前推进，至少要做三方面的工作：(1)不论是唐史学者，还是宋史学者，都应打通唐宋断代史界限，真正把唐宋变革作为一个整体来研究，也就是说，研究者要具备熟悉唐宋两个断代史的知识结构和修养，这样做有很大的难度，但不这样做就很难取得大的成绩。(2)在理论上应有所突破和新的建树，前面说过唐宋变革论实质上是一种历史分期，换句话说就是用近代西方的历史观来解读中国的唐宋史，唐宋变革论的提出本身就是建立在历史理论发展基础之上的。所以在新的时代要推进唐宋变革研究，就应有相应的理论做基础，对推动唐宋变革的历史原因、唐宋变革的主要社会特征、唐宋变革的历史走向、唐宋变革对中国历史进程的社会影响等，做出符合历史实际的解释。(3)目前还没有一部全面描述唐宋变革的著作，也就是说唐宋变革到底在哪些方面有哪些表现，现在还是众说纷纭，或是从某一方面论说；其实这方面的研究成果已有很多，只是缺乏大手笔的系统总结和梳理。

问：我觉得您这三点讲得很有道理，既然国外学者在20世纪初就已经提出这个问题，我们中国学者今天有条件能够做出更好的回应，但正如您所说，在理论上有所突破和新的建树还是很困难的。您的书主要内容是什么？

李：2010年10月，我主编的《唐宋变革论的由来与发展》出版，首次对在20世纪国际汉学界产生重要影响的唐宋变革研究进行全面、系统的梳理和总结，分12个专题，主要就唐宋变革的由来、唐宋变革论对中国宋史研究的影响和唐宋变革视野下的宋代社会史、军政变革、政治制度、经济史、赋役制度、城市社会变革、法律变革、文学艺术、学术思想和文化史变迁等方面的研究，做了较为详尽的评述。

六、对宋代救荒史的研究

问：近些年，您的研究领域转到了宋代救荒史，您在2014年出版了上下两册的《宋代救荒史稿》，能否谈一谈这部巨著是怎样写成的？

李：《宋代救荒史稿》上下册是2014年出版的，全书有96万字，是我多年在救荒史方面研究的综合成果，是国家社科基金重点项目结项成果。这部书有两个主要特点：第一，系统全面，是目前宋代救荒问题研究最新、最系统的成果。第二，深入，在一些宋代救荒史的重要问题上有所突破，如对灾伤统计、劝分、抄札制度、禳弭救荒、仓储制度等方面的认识，较以往有较大的提高。

问：当初，您是如何考虑建立这样一个研究项目的呢？

李：自然灾害问题是世界各国面临的严重挑战，特别是21世纪相继发生特大海啸、飓风、大地震等灾害，进一步引起了各国政府对灾害问题的重视。各国学术界都在加强对自然灾害的研究，力图探索各种自然灾害发生、演变的规律以及减灾免灾的对策。

在历史上，中国由于幅员辽阔，自然条件复杂，海陆兼备，受季风影响强烈，山地面积广大，地质新构造运动活跃，因而成为世界上灾害种类多、分布广、强度大的国家之一。值得重视的是，中国历史上曾遭受过无数次各种自然灾害的袭击，但中华文明并没有由此而中断。这就说明，历代中央、地方政府以及民间都提出和实施了相应的防灾、救灾政策，并留下了丰富的文化遗产。开发这部分宝贵的历史资源，对其进行系统的整理研究，不仅具有重要的学术价值，而且从中总结中国历代自然灾害的规律和历代政府及民间因应对策得失、经验教训，为今天中国防灾减灾对策提供历史借鉴，具有重大现实意义。

宋代是中国历史发展的重要阶段，同时也是荒政大发展的时期，当时的思想、诸多对策和危机管理制度对后世产生了重大影响。所以，研究宋代面对自然灾害的危机管理及对策，是研究中国历史上的自然灾害史不可或缺的重要组成部分。

问：就宋代的救荒问题您就写出了近百万字的著作，为什么在这个问题上您能有如此的建树呢？

李： 记得跟漆先生读书时，先生常常教导我说，虽然人们对历史科学的种种问题存在明显的歧异，但是对于中外史学发展的进程中，真正够得上一部优秀的史学著作，真正能称得上优秀史学家的，则具有共同的看法和认识，亦即这部史学著作以极其丰富的资料来反映它所描述的那个时代的社会内容，而它所依据和使用的资料则是真实可靠、经得住检验的。因此，作为一个优秀的历史学家，既要搜集丰富的文献资料，又要对这些资料进行考辨、鉴别，而后加以运用，由此完成一部优秀的著作。对文献资料的考辨、鉴别，也就是考据。一个优秀的历史学家，把史料的搜集与考订集于一身，所以他同时也是一个优秀的考据家。史学与考据是不可分割的。我很钦佩先生的治学之道，常以先生的教导作为座右铭，努力学习、努力实践，把文献的整理和订正作为我治史的基础。我的这部著作就是这样写成的。

七、对宋史研究状况的思考

问： 新中国成立以来，特别是改革开放以来，漆侠先生对宋史的研究可以说是一面旗帜。您从 1987 年开始跟随漆先生学习，深深领悟了漆先生治学的真谛，到现在是不是可以说已经接过了这面旗帜？您曾经长期担任中国宋史研究会的秘书长、副会长，主编会刊《宋史研究通讯》，应该说对当前国内宋史研究的状况有个总体的看法，请您讲讲。

李： 近百年的宋史研究可划分为三个阶段，从 20 世纪初至新中国成立前为第一阶段，新中国成立后又可以 1980 年中国宋史研究会成立分为前后两个阶段。总的来看，1980 年以前的宋史研究相对于中国古代其他各断代史，是比较落后的。1980 年以后，随着中国宋史研究会的成立和发展，研究队伍不断扩大，宋史研究也进入了繁荣时期。20 世纪二三十年代，因种种原因宋史研究常被学者忽视。新中国成立后，唯物史观在史学研究中占据支配地位，但如何学习和运用，却又走了弯路。50—70 年代，阶级与阶级斗争学说是判断历史问题的基本准绳。因而 50—70 年代的宋史研究最为关注的是两宋时期的政治斗争，王小波、李顺，宋江、方腊，钟相、杨幺领导的三次大的农民起义；庆历新政、王安石变法；宋与辽、西夏、金、元之间的斗争，构成了这一时期宋史研究的三大主旋律。而宋代的许多方面都还存在着未开垦的处女地。1980 年中国宋史研究会成立后，在邓广铭、陈乐素等前辈学者倡导实证研究风气的影响下，二十多年来实证研究已占据主导地位，热衷辨析史事，究心典章制度，蔚然成风。20 世纪 80 年代以前，宋史研究的落后主要表现在对典章制度研究的无所作为，进入 20 世纪 80 年代以后，宋史研究的进步迅速，也表现在对典章制度所取得的巨大成绩上。

目前宋史研究堪忧的问题是人才问题。为什么这样说呢？我们知道，新中国成立以来为宋史研究做出巨大贡献的老一辈研究者，绝大多数已谢世。目前领军的研究者多是五六十年代培养的，他们的研究成果不论是数量还是质量，都较好地承袭了老一辈的优良传统，甚或还有所发展。现今宋史研究的中坚力量是一批毕业于 20 世纪 80 年代初，年龄在 40—50 多岁之间，他们大都是从“文革”动乱后积攒十年的人才中脱颖而出的佼佼者，有比较丰富的社会阅历，又逢 80 年代注重人文学科研究的淳朴环境，因而有志于献身学术研究。目前最堪忧的是，自 20 世纪 90 年代市场经济有了大发展以后，历史学受到自古以来所没有遭遇过的冷遇。在大多数高校历史专业已很难招到第一、二志愿的考生，即使是勉强服从调配而学习历史专业，也缺乏积极性，更难说献身史学研究。

近些年宋史研究取得了较大的成绩，不论是出版的学术论著的数量和质量，还是研究的队伍，在世界范围内都是无与伦比的，可以说现今已彻底改变了宋史研究的落后状态。但我们在研究方向、取径乃至课题的选择方面，许多是受海外学界的影响，国内学界对于这些内容有批评有修正，但在国际汉学界宋史研究交流的平台上，我们能够主导潮流、影响研究取向的方面还很有限。那么，如何改变这种状况呢？我觉得加强理论方法的创新和探索，是开辟今后宋史研究新天地的重要途径。

问：中国社会科学出版社 2012 年出版的《视野、社会与人物——宋史、西夏史研究论文稿》，是不是包括了您在这个领域几十年辛勤耕耘的重要成果？

李：这部书稿是我到首都师范大学的第二部个人论文集，主要收录 2006—

2012年发表的论文，共分四个部分：一是关于20世纪宋史、西夏史研究的学术史，重点梳理基本理论、文献、热点问题研究中涉及的方法和视角，如对学界讨论唐宋变革论、改革开放以来宋史研究热点、王安石变法等大问题过程中所反映的理论倾向及不同意见的汇总和梳理，当然，其中也包括对这些问题的一些思考。二是关于宋代社会史方面的研究的论文。三是关于西夏史研究方面的论文，对于西夏史我有一种难以割舍的情结，虽然我不识西夏文，也没有将主要精力投入西夏史研究，但我关注西夏史的研究现状及进展，加之西夏史学界的师友每每有学术活动时总拉我一把，于是也就不时地会写作一些西夏史方面的论文。顺便提及，2009年我在东吴大学历史系讲课，专门开设了“西夏的历史与文化”(36课时)，后来据我所知，这是目前在国际范围内首次面向本科生较系统地开设的西夏史课。四是宋代人物方面的论文。另外附录包括几篇书评、序言和回忆漆侠师的文章。

问：从2004年您来首都师范大学历史学院至今也有十年了，您觉得这里的学术环境对于您的学术研究有什么样的影响？

李：我想来首都师范大学工作在20世纪90年代中期，内子父母在北京工作，身边没有子女，一直希望我们能来北京，而宁可先生是我博士学位论文的答辩主席，加之宁先生与漆侠师是学术同调，所以调北京工作首先就想到宁可先生。实际上，宁先生不仅在我的工作调动上给予关键性的帮助，而且在学术上也给予我很多提携和奖掖。宁先生调我到首都师范大学工作，起初是让我承接中国古代经济史研究。宁先生创建的中国古代经济史学科自20世纪80年代中后期开始形成优势，主要梯队有杨生民、蒋福亚、阎守城等先生。与此同时，宁先生还与中国社会科学院历史研究所的林甘泉先生、中国社科院经济研究所中国经济史研究室的方行先生(后来主要是李根蟠先生)共同倡导推动，以在京的教学和科研单位为主，每年举行一次或数次的“中国经济史论坛”，在学界产生很大的影响。进入21世纪，随着宁先生年事渐高，加之几位主要梯队成员逐渐退休，补充新成员被提到议事日程上来。我就是在这样的背景下进入首都师范大学历史系。进入21世纪以后，国内中国古代经济史研究整体呈下滑趋势，20世纪80年代以来影响颇大的“中国经济史论坛”到2006年以后逐渐淡出人们的视野。我感到很焦虑，也很无奈，总觉得是我没有做好工作，有愧于宁先生的期望。好在 2006 年，《中华大典》总主编任继愈先生请宁先生担任《经济典》的主编，使“中国古代经济史研究室”又有了具体工作。宁先生让我担任《经济典》的常务副主编，具体负责组织和外联工作。宁先生在首都师范大学从教六十年，可谓桃李满天下，他的高足多是学界很有影响力的学者，而宁先生却选择我担任他的副手，这是先生对我的厚爱，大恩大德，没齿难忘。

除了宁先生外，两位系(学院)领导宋杰和郝春文在各方面都给我很多关照，使我能够心无旁骛地专致于自己的研究。首都师范大学历史学科的世界史和中国古代史在国内史学界颇有影响力，自然眼界也较高。这里学术环境自由、宽松、开放，学风朴实，老师之间、学科之间相互砥砺。图书资料收藏也比较好，如收藏四库系列的图书大致在国内也是首屈一指，这为我做专业研究提供了很大便利，因为四库全书所收书目以宋代最为丰富，对做宋史研究非常重要。特别是学校处在全国学术、文化中心的北京，其视野和交流远非其他地区可以比拟，这些都对我的学术研究起到了很好的促进作用。

问：谢谢李老师的谈话。您的谈话，谈了您的导师漆侠先生，也谈到您自己在宋史研究方面的奋进历程。您所谈到的关于宋史研究的几个重点问题，也是学术界和广大读者关注的问题。您的治学之路和对宋史研究的诸多见解，对史学界的后来者是有很大启示作用的。谢谢！

魏光奇：1950年生，河北省易县人。初中就读于北京外语学院(今北京外国语大学)附属外国语学校。1966年初三毕业时“文化大革命”开始，学业中止。1968年到山西省沁县插队。1972年到山西长治市的一家炼铁厂当工人。在下乡插队前后和工厂工作期间，始终坚持自学。1978年，考入山西大学历史系读研究生。1981年研究生毕业，分配到河北大学历史系任教。1995年，调入首都师范大学历史系任教。现为首都师范大学历史学院教授、博士生导师。主要从事中国近现代史的教学与研究工作。主要著作有：《大智心魂——哲人的旅程》《天人之际：中西文化观念比较》《中西文化观念比较》《官治与自治：20世纪上半期的中国县制》《有法与无法：清代的州县制度及其运作》《清代民国县制和财政论集》《今天与昨天：中国社会历史问题散论》《选择与重构：近代中国精英的历史文化观》《中国改革通史(近代卷)》(副主编、参撰)等。

自学成才， 研究清代州县制度

——访魏光奇教授

一、我的自学之路

问：魏老师，您好！很久没有和您交流了。您是在 1995 年来到首都师范大学历史系的，当时我正担任系里主管教学工作的副主任。我记得您一来就给本科生开了“中西文化观念比较”的选修课，很受本科生的欢迎。当时那门课是排在星期五晚上的，即使如此，教室里也总是座无虚席。我也常去听课。我很奇怪，您的课为什么会那么火爆？我想，这门课涉及知识领域十分宽泛，这是与您的知识结构分不开的。我知道您是 1966 年读完初中后，1978 年直接考的研究生。这中间的 12 年很多青年人都耽误了，而您却没有闲着，走了一条自学之路。我想借这个机会与您聊一聊，您是怎样走上自学之路的。人们谈论自学，一般都是从脱离学校的学习开始。您也是从“文革”后开始自学的吧？

魏：是的。1966 年“文革”发动时我 16 岁，在北京外国语学院附属外国语学校读初三。6 月初，学校停课，我的自学生涯也就从此开始了。当时，毛泽东和他的思想在人们心目中具有神圣的权威地位，我们这些十六七岁、十七八岁的青年试图从新的角度探讨“文革”的起源和性质，最初还不敢，也不愿逾越毛泽东的有关理论和谈话，而是力图从毛泽东的有关文字和谈话中为自己离经叛道的观点寻找理论根据。不过，这条路很难走通，还必须进行其他的理论探索。我的读书活动就是在这种情况下开始的。

问：那您和当时的青年是怎样进行其他的理论探索的呢？

魏：由于我们读书的目的明确，就是想要探讨“文革”的社会经济根源，所以当时对于马列关于生产力与生产关系、经济基础与上层建筑的理论特别感兴趣。记得自1967年5月起，我陆续读了《德意志意识形态》《费尔巴哈和德国古典哲学的终结》《哲学笔记》《1848—1850年的法兰西阶级斗争》《路易·波拿巴的雾月十八日》《德国的革命和反革命》等马、恩和列宁的著作，还有马迪厄的《法国革命史》等。当时我认识北京四中一位名叫赵京兴的同学，他喜欢哲学，推崇费尔巴哈的人本主义，推崇黑格尔的《精神现象学》。他写过一份“哲学手稿”，是关于西方近代哲学的，从培根到费尔巴哈，借给我读，我读不懂，但这激发了我对哲学的兴趣，开始读介绍美国实用主义哲学的书，读杨献珍、关锋的哲学著作，读“文革”前商务印书馆翻译出版的《西方现代资产阶级哲学论著选辑》，并做了详细笔记，对西方当代哲学开始有了一点了解。此外，我还特别注意当时报纸上关于“苏修”在社会经济领域“复辟资本主义”的报道，抄录了不少有关的材料，并趁下乡劳动之机进行社会调查，向老乡了解农村生产队工分和口粮的分配方式等。

问：当时您同其他人在理论探索方面有交流吗？

魏：有，而且很多。1968年，在部分北京中学生中形成了一个研读社科书籍的小气候，陆续出现了一些以读书和探讨政治社会问题为联系纽带的沙龙和群体，“二流社”就是其中影响较大的一个。“二流社”是一个松散群体，参加者主要是北京一零一中、三十五中、清华附中、八中、四中、师大女附中和北外附中的学生。“二流社”的活动方式和内容是聚会讨论各种问题，我记得在北海、紫竹院、陶然亭、中山公园都聚过，还去昌平的沟崖和十三陵水库搞过一次郊游。出城一去三天，自带大米挂面油盐，拾柴做饭。白天爬山游泳，晚上架起篝火，三两成群，说笑唱歌，探讨问题，非常愉快。“二流社”探讨的多是当时的政治问题，如“新二月逆流”、“工宣队”进驻清华、毛泽东与五大学生领袖谈话等，但有时也讨论理论问题。当时曾搞过一个分工，计划大家分别进行各个理论领域的研究，但不久大家都去插队了，这个计划没能落实。

问：当时正处于“文革”时期，书店没有什么书卖，图书馆一般也都关闭了，你们读书，书从哪里来呢？

魏：大致说来，当时北京中学生中互相传阅的书有这样几个来源：一是“文革”前出版而又躲过1966年夏秋“破四旧”浩劫的私人藏书，如那时我翻过的一本《中国近代思想史资料简编》就是一位同学家的藏书，一本考茨基著的《历史唯物主义》第5册和另一本介绍美国实用主义的译著是我自己“文革”前从旧书店买来的；二是从各类图书馆流失出来的当时被封借的书籍，如当时我们一派的一个“宣传队”有几个同学住在学校图书馆，通过他们就搞到了一些书；三是“文革”当中，从干部家庭流失到社会上的“灰皮书”“黄皮书”，即“文革”前“内部发行”的外国社科类译著，如德热拉斯(今译吉拉斯)的《新阶级》、托洛茨基的《被背叛了的革命》《斯大林评传》，还有《赫鲁晓夫主义》《震撼世界的十天》《震撼克里姆林宫的十三天》等。此外，当时大学生开始分配工作，他们临行前将许多书籍当废品卖掉，爱读书的中学生们便抓住这一机会，到海淀区邻近各高校的一些废品收购站以每千克0.26元的废纸价格去买书。我和一个朋友闻讯后，也各出10元钱，合买了一麻袋书籍和“文革”资料。我最初所读的两本中国近代史著作——郭沫若的《中国史稿》第4册和胡绳的《帝国主义与中国政治》，就是这麻袋旧书中的两本。还有一本插队后成为我们娱乐食粮的《外国民歌200首》，也是那次买的。当时书的来源也比较广，大家广泛搜集，互相交流，有些书珍稀难找，甚至出现了手抄本。

问：在插队以后，劳动强度那么大，你们还能够坚持读书吗?

魏：插队并没有影响我们读书，事实上，插队后我们的读书活动达到了一个新的高潮。我带着两大箱书来到晋东南沁县，此外还不断通过其他各种渠道找书看。如我的朋友丁东、杨志拴趁县里组织知青参加“审书”之机，从县中学偷出了好几本被封借的书，如周谷城的《中国通史》、修昔底德的《伯罗奔尼撒战争史》、科瓦略夫的《古代罗马史》、福斯特的《美洲政治史纲》、歌德的《少年维特之烦恼》、狄更斯的《大卫·科波菲尔》等。当时，志同道合的知青时兴村与村之间的串联，大家不时地聚在一起，“指点江山，激扬文字”，会餐联欢，登山击水，惬意得很。与此同时，我们与在内蒙古等地插队和在东北生产建设兵团的同校同学以及“二流社”时期的外校同学也保持着频繁的通信联系，互相交流学习心得，交流参加“三大革命实践”的情况和知青集体建设情况，所有这些，都推动着我们读书活动的深入。那一时期，白天出工，晚上趴在小油灯下读书，往往直到深夜。我当时写过一组诗歌，反映我们知青集体的生活，其中有一首《夜读》写道："茫茫夜，四周星，村东侧，点点灯。正襟危坐南窗下，夜读会神又聚精。赶走一天劳和累，忘却冬寒雪与风……"这是当时我们读书情景的真实写照，毫无渲染夸张。

问：能够在这种条件下坚持读书学习，还能保持乐观心态，你们的精神生活十分丰富啊！

魏：当时除了读书之外，思想活跃的中学生还注重搞社会调查。还在 1966 年，毛泽东青年时与萧三等徒步进行农村社会调查的事迹就已为红卫兵们所熟知、所景仰，而那时对青年毛泽东的模仿在中学生中蔚然成风，人大附中的"老红卫兵"徐浩渊据说曾化装成乞丐去搞农村调查。在这种风气下，当时不少思想活跃的中学生都搞过不同形式的社会调查。1967 年的 12 月，我和几个本校的同学就曾到当时还属河北省的武清县和宝坻县做过为时一周的农村调查。那两个县有一批 1964 年插队的天津知青(当时著名的知青典型侯隽就在宝坻县)，我们因听说运动后期还要插队，所以去找他们了解一些有关插队的情况，但实际上更多的是接触到了当时当地农村的各方面情况。例如，知青们向我们详细讲述了他们作为单身劳动力如何自己不能养活自己，而农民凭着家庭的自然分工，仅一个壮劳动力参加集体劳动就可以养活一家，我从中充分体察到在当时生产力水平下自然经济的生命力；又如，一个村的知青向我们谈到了农村划分阶级成分的复杂性，说一个地主家好打牌而人手不够，"三缺一"，长期雇佣一个二流子来凑数。新中国成立后划成分，这个二流子因寸土皆无且受雇于人，理所当然地被划为雇农。这些都增加了我们对农村的感性了解，冲击着过去政治教育灌输给我们的教条。1969 年年底冬闲回北京，我和同学杨志拴从沁县经武乡、榆社、左权、和顺，步行去大寨参观，沿途又就精简机构和社队工业问题搞了一次社会调查。

问："文革"后期，已经开始招收工农兵学员，有推荐上大学的机会。您为什么没有走这条路呢？

魏：事情是这样的：我们在农村插队期间，已经开始实行工农兵推荐上大学的制度。1971 年北京外国语学院派人来山西沁县招生，我因家庭出身问题没能去成；此后，就再也没有动过推荐上大学的心思。1972 年，我到山西长治市的一个炼铁厂当了工人。不过，不论是在农村还是在工厂，读书自学从未间断。“文革”后高考制度恢复，我于 1978 年考上了山西大学历史系中国近现代史专业的硕士研究生，这是我求学之路的一个转折。

问：推荐报考大学之路没有走通，但是您却考上了研究生，这是怎么回事呢？

魏：这次报考研究生，对于我来说也算是人生中一件得意之事。我是 1966 届的初中生，没上过高中，更没上过大学本科，是以同等学力报考。由于“文革”的耽误，当时大家在专业知识方面都比较差，与现在考研的学生们简直没得比。在这种情况下，我有自学的那么一点儿基础，考试中就显出了优势。整个考下来，我的各门成绩分数虽然不高，但却名列前茅：政治考了 79 分，是这一年山西大学文理各专业所有考生中的第一名；专业课初试总分、复试分数和面试成绩都是本专业考生中的第一名。其实我的“中国近代史”复试分数仅为 59 分，但第二名已是 43 分，仍然算是遥遥领先。外语一科的考试更是离奇。我初中在北京外国语学院附属外国语学校所学语种是西班牙语，因此报名时就报考西班牙语。当时山西大学历史系虽然有两位老师懂西班牙语，但他们是搞拉美史的，而不是搞语言学的，因此不能命题。这样，山西大学方面就让我自己翻译几篇东西寄给他们，由历史系老师阅卷给出成绩。这对我当然很有利。不过，由于这一年不少专业成绩好的考生其外语成绩都比较差，所以山西大学这一年的研究生录取，所有考生的外语成绩都没有计入总成绩。

问：请您谈一下进山西大学读研后，特别是毕业后在高校任教时期的读书与治学的情况吧！

魏：回顾 1966 年至今我的自学经历，从“文革”初到 1978 年入学读研究生之前，算是第一波，其思想根基是马列主义，学习内容是散漫无际的人文社科知识。而自 1978 年求学于山西大学到如今，又经历了第二波到第五波的知识补充和更新。

问：这很有意思。那后面的“四波”是什么呢？

魏：第二波是山西大学三年的中国近代史知识学习。当时郭吾真、江地、乔志强、任茂棠四位先生为我们轮流授课。说是授课，其实主要是指导我们读书，而且主要是读中国近代史方面的资料性文献。三年下来读了几十本这类书，中国近代史专业方面的人物、事件、制度、文献等，装了一脑子，毕业后站到讲台上讲这门课，思想观点“自备”，素材则能够信手拈来，学生们很欢迎，自己也很受用。

第三波是在20世纪80年代“文化热”引领下的思想和知识更新。20世纪80年代，国内掀起“文化热”，各个出版社翻译出版和介绍了大量西方哲学和社会人文科学著作，如四川人民出版社的“走向未来丛书”，上海译文出版社的“二十世纪西方哲学译丛”“当代学术思潮译丛”，生活·读书·新知三联书店的“现代西方学术文库”，上海人民出版社重印的“西方学术译丛”，商务印书馆续出的“汉译名著”，以及其他各种单本书。面对如此众多的好书，我陷入了饥渴与喜悦之中。这一时期，决心在高校里发展进取的青年教师，一般是在忙着读博和搞本专业领域的科研，而我大致是生活在“退隐”中，买书、读书成了主要的生活。通过这一波的读书，我在西方和中国哲学思想方面的知识有了明显的长进，思想理念也发生了根本性变化。

第四波是20世纪90年代初以后对佛教的学习和体悟。当时我读方立天先生的《佛教哲学》，对佛教的理论和思想产生了兴趣。方先生治学的理路大致是以哲学解佛教，属于“佛学”而非“学佛”，但在宗教学领域，知识与信仰往往是相通的。此后至今，我陆陆续续地读过几本佛教经论和其他一些有关的书籍。我对于佛教的学习，大概是介于学术与信仰、“佛学”与“学佛”之间，读的书很少，根本谈不上研究，也不敢说有真正的体悟。但无论如何，我的自学因此而拓展出了一个重要领域，收获还是很大的。

问：结合在学校的教学工作，您是否也继续自己的学习呢？

魏：是的，那就是我自学的第五波。这一段时间，我结合课程教学继续读了一些中外哲学、宗教学、政治学、社会学方面的著作。20世纪80年代我在河北大学历史系任教时，柯林武德《历史的观念》一书的中译本出版，我以这部著作为参考教材，应时开设了一门选修课，介绍西方历史观的发展线索及其哲学背景，课程的名称定为“历史哲学”。后来，我逐渐将课程中对于中国与西方历史观念差异的比较扩展到了宗教、伦理、政治、经济伦理等其他方面。1995 年调到首都师范大学历史系任教，当时您在系里做教学副主任，征求我开设选修课的打算。我当时考虑，要适应选修课(尤其是校公共选修课)的要求，“历史哲学”这门课的内容就必须调整，我因此对课程中关于历史观念的内容进行了删减，而对其他方面的内容进行了补充，并将课程名称改为“中西文化观念比较”。从 1996 年开始直到 2012 年，我每年在历史系和全校公选课课堂讲授这门课程。在这个过程中，我鞭策自己不断阅读各种有关书籍，以充实教学内容，自己也有很大收获。2000 年，我将这门课的讲义加以整理，出版了《天人之际：中西文化观念比较》一书。2009 年，“超星”网站制作“名师讲坛”的视频，我也参与了这个活动，讲了 103 小节。这门课传播到网上后社会反响不错，我手头也有一份关于其字幕的电子稿，我后来将它整理成一份口语化的讲义，正式出版，全书大约 30 万字，名《中西文化观念比较》。

问：结合科研工作，您大概也需要继续历史学专业领域的学习吧？

魏：您说得对。这是我自学“第五波”的一个重要方面。我在河北大学任教时，还没有“科研考核”这一说，自己也感觉不到有什么压力。1995 年调来首都师范大学历史系后，感觉这里的科研气氛浓厚，就开始有一种压力感，决定找一个学术领域做一点具体研究。经过考虑，我决定对中国历史上的县制县政问题做一些研究。早在农村插队期间，我就对当时的县政问题产生了兴趣；20 世纪 80 年代在河北大学任教时，我曾与几个学生商量，利用假期到他们的家乡做有关县乡行政制度的社会调查，但这件事未能做成。在决定对中国历史上的县制县政问题进行研究后，我于 1999 年和 2002 年先后申报了关于清末民国县制和清代县制的国家社科项目，得到立项批准，此后这十几年，就集中精力进行相关问题的研究。项目结题后，在商务印书馆出版了两部学术专著，一是《官治与自治：20 世纪上半期的中国县制》(2004 年出版)，二是《有法与无法：清代的州县制度及其运作》(2010 年出版)，这两部著作都得到了学术界的认可。在我看来，这种形式上的成就其实并非最重要的，自己在这一过程中最大的收获，乃是对明清(甚至宋代)以来的地方官府与社会有了非常感性而深刻的了解。毛泽东说中国“百代都行秦政制”，在“政制”方面了解历史，也可以说就是了解现实。在对清代、民国时期县制县政进行研究的过程中，我收集、研读了包括历史档案、地方志书、官方典制、私人文书在内的各种文献，仅一字一字地录入电脑者也不下几百万字，真正在有关专著中原文引用的恐怕连百分之一也不到。这类资料读得多了，就好像身临其境地进入了那个时代、那个社会，对它们就有了一种真切、生动的感觉。闭上眼睛，那个时代官、吏、绅、士、民、匪等各类人物人群的言语做派、音容面目和活动场景，就全浮现在眼前。这些人物人群，有的可爱，有的可笑，有的可悲，有的可怜可悯，有的可憎可恶；这些场景，有的令人感动，有的令人心痛，有的令人毛骨悚然。我认为，这是对历史的真了解，我不敢说自己在这方面已经做得很好，但自信已经入了门。由此我也认识到，搞历史研究，如果仅仅靠支离破碎地引证资料而缺乏一种整体的、活生生的"感觉"，所得结论恐怕是靠不住的。

问：您这种自学成才的经历与从院校中接受系统培养成才的学者确实有所不同，您觉得这种经历对您的治学有什么影响吗？

魏：我不能算是"成才"，只能算是"自学取乐"吧。相对于进入学校接受师教，自学或有其局限之处，但也有其优胜之处，这主要在于可以激励人们学习的主动性。自学如独自发掘宝藏，自己发现，自己开掘，在发现中开掘，在开掘中发现，欲罢不能而永无止境，于不知不觉之中便不断有收获。

许多人都说人们退休后会有失落感，我的感觉恰恰相反。我马上就要退休了，每念及此，总是很向往，很振奋，跃跃欲试。因为那时我将会有新的、兴趣盎然的学习生活。我已经大致有了一个新的学习计划和研究目标，这就是参加到近代精英探讨中国文化出路的事业中去。这一事业，人们已经开创了一百多年，它与时俱进，永远不能最终完成，但其过程却对人民、对民族、对世界都有极大意义。我感觉自己的志向、兴趣、知识结构和社会阅历，可以使我在参与这一事业的过程中发挥独特的优势，这也算是一种使命感吧。孔子说自己"发愤忘食，乐以忘忧，不知老之将至"；曹操《龟虽寿》诗则有"老骥伏枥，志在千里，烈士暮年，壮心不已"之句，我感觉自己现在的心态与他们是相通的。

问：我觉得您这种终生学习的心态、志向非常好，值得学习。其实，无论是自学成才的人还是经过院系培养、老师指教的人，都需要有这种精神。作为一个学者，没有这种主动学习、终生学习的精神，就是有再好的学习条件也不可能做到在学术上与时俱进。

魏：谢谢您的肯定！

二、我的清代州县问题研究

问：魏老师，之前我们的谈话专门就您"文革"后的自学之路进行了回顾。现在我们能否就您近年来的科研成果来谈一谈？我看到，近年来您的学术研究成果有《天人之际：中西文化观念比较》《清代后期中央集权财政体制的瓦解》《直隶地方自治中的县财政》《地方自治与直隶"四局"》《清代直隶的里社与乡地》等。特别是商务印书馆出版了您的两部国家社科研究成果《官治与自治：20世纪上半期的中国县制》《有法与无法：清代的州县制度及其运作》，引起了学术界的关注。您来首都师范大学后，开始是讲中西文化观念比较的课，很受学生欢迎，我觉得您似乎是在搞思想史，但在世纪之交您的研究视角转向了州县问题的研究，从20世纪上半期的中国州县研究又上溯到清代的州县研究。为什么会发生这样的转变呢？

魏：您的观察很细致，我的学术研究的视角确实发生了这样的变化。我自己也曾细心地体察回味了自己的人生经历，我觉得自己最近这些年从事近代和清代县制问题的研究，其因缘除了师长引导等显著因素外，还有一些隐微的因素。我出生在北京并且小时候也一直生活在北京，但是我的祖籍是河北的易县，我的祖父、父亲都是出生在易县城内城隍庙街的家宅。易县在清代是直隶州，即易州，是一个很有历史感的地方。县城西北十几公里，就是清代雍正、嘉庆、道光、光绪四个皇帝的陵寝；城东南几公里，有燕下都遗址；易水由西北向东南，在城外流过，荆轲刺秦王，就是在这易水之畔与燕太子诀别，一去不复还。而几十年前，更能将人带入历史境界之中的就是它的县城。清代的易州城东西长1.5公里，南北宽也就1公里，东西两个城门，城门外还有瓮城；东门瓮城之门开在东北角，西门瓮城之门开在西北角。

问：您对易州城了解得这么具体，好像您亲自见过一样。

魏：确实亲眼见过。20世纪70年代初，也就是我20岁时曾经有过一次“易县一日游”的经历，导游就是我父亲。那里整个城门、城墙都还保留完好，城内几十年、上百年的旧房子也还很多。我父亲生于1915年，距清朝灭亡也就4年。他的少年、青年时期，易县城内还保留着前清时期的布局，所以他对这些记忆很深。那次他带我游县城，在城里城外转了大半天。我们先出西城门到了“荆轲山”，看了小土山上的“荆轲塔”。然后回城，登上西城门，到南面城墙上看了一口能从城墙上汲水的蹊跷水井。走下城墙，就来到被易县人称为“衙门口”的清代县衙所在地。虽然旧建筑那时已经不存在了，但我父亲还能指画出大概什么地方是大堂，大堂之外的“六房”在什么位置。他还边走边讲笑话。说清代一个贪腐知县卸任，还想提醒百姓给他送“万民伞”。他问百姓们：“我在这里做官几年，你们有什么感觉？”大家都不做声，一个聪明的百姓说：“也没什么特殊的感觉，只是感觉天比以前高了一些。”他是讽刺这县官贪腐，刮掉了一层地皮。从“衙门口”向东来到了“集市角”，它是城内东西和南北两条大街的交叉处；从“集市角”向东，就来到了孔庙遗址，当时已经没有建筑了，只剩下几棵松柏。从孔庙遗址向东北，穿过东大街走进城隍庙街。我的曾祖父在那里置有一片房子，20世纪30年代家道中落，房子卖给了别人，可房子还保存完好。走到北城根下，就看到了城隍庙，当时已经十分破旧了。“城隍”是城的保护神，每个州县治所都要有城隍庙。最后，父亲还带我登上了东城门，绕着瓮城走了一圈，还给我解释了城门与瓮城门为何不在一条直线上，说这是为了有利于城门的防守。在这次游易县城以后不久，县城的城墙就开始被拆除了。如果这座古城能够再挺几年，今天河北的人们要想看古城，就不用去山西的平遥了。

问：这次易县古城一日游，是不是给您留下了很深的印象？

魏：这次易县一日游如果是在今天，那是一件非常平常的事，但是在那“文革”的年代，在易县城内外的“怀古”游和父亲的讲解，当时使我产生了一种说不出的、现实生活中没有的奇异的感觉，将我带到一个既遥远又亲近、既陌生又熟悉的境遇中。我觉得，这些年我所做的关于清代州县制度的研究，也许同几十年前的这次易县一日游有一点儿联系。

20世纪60年代末至70年代初，我曾经在晋东南地区的一个山村中插过队，本本分分地做了四年的农民。这种经历，使我对农民产生了很深的感情，对农村问题产生了很浓的兴趣。在这种非理性情感和兴趣的基础上，我在后来的专业学习中逐渐产生了一种非常理性的观点，就是以县乡一体的社会、行政系统为基础层面和基本单元，是中国社会结构不同于其他社会文明的一个重要特点，这种特点即使在今后可以预见的现代化进程中，也不会发生根本改变。因此，有社会责任心的学人应该从历史学、政治学、社会学等各种角度对中国的县制问题进行研究，以期在填补有关学术领域的空白的同时，也能为当代的地方行政体制改革和基层制度建设提供借鉴。

问：您这种想法很好，既进行了学术研究，又能够对今天地方的行政体制改革和基层制度建设提供借鉴。那么您什么时候开始把这种想法付诸实践呢？

魏：20 世纪 80 年代，我在河北大学历史系任教时，就曾经组织部分学生利用假期回各自原籍对县制问题进行社会调查。但由于各种原因，这次调查没能够取得成果。20 世纪 90 年代初，我开始了对中国近代县制问题的研究工作。当时，我读研究生时的导师山西大学的乔志强先生主持国家社科基金项目“近代华北农村社会变迁”，让我就清末民初华北地区的地方自治推行情况进行研究，并撰写成文，形成结题时书稿的有关章节。我这个人性格比较拘谨，做事认真，接受了老师交给的任务，就一点不敢怠慢，在图书馆里苦蹲了近一年的时间，动手收集抄录了数十万字的资料，完成了老师交给的写作任务，同时也开始对近代县制问题产生了浓厚的兴趣。在此后的几年里，我继续进行有关的研究工作，并且开始发表有关清末民初直隶地方自治问题以及清代乡里制度问题的论文。1999 年，我开始申报科研课题“20 世纪前期中国县乡行政制度研究”，通过立项后，经过两年多的努力，于 2001 年秋，以 50 万字的成果结题，通过了专家鉴定。2004 年 10 月，商务印书馆出版了《官治与自治：20 世纪上半期的中国县制》一书。

问：您的“20 世纪前期中国县乡行政制度研究”课题完成以后，人不歇脚，马不停蹄，没等课题成果出版立刻又申请了新的课题。您是搞近代史的，为什么去搞清代的州县制度研究呢？

魏：您说得不错。这个课题结束以后，我马上又申报了清代州县制度研究的新的国家课题。为什么要做这种转移呢？因为我的《官治与自治》这一书，它的主线是中国县制在20世纪上半期的近代化转型，而这种转型的出发点当然就是清代的州县制度。于是，我在前一课题结束后就决定对清代的州县制度进行探讨。2002年，我申报了国家社科基金的立项并获得了批准，于是就开始了新的研究工作。

问：转到中国古代史领域，和您以前的研究对象不同了，是不是会遇到一些问题呢？

魏：我的研究工作开始以后，遇到了一个问题，就是瞿同祖先生著的《清代地方政府》一书的中译本在2003年6月由法律出版社出版了，这对我的课题研究是一个很大的挑战。说老实话，以前我只是知道瞿先生有这样一本英文的著作，但没有读过。根据它的书名，我推测它的内容可能主要是研究清代的行省制度，即使涉及州县的问题，内容也不会很详尽。但是，在我读过瞿同祖的书后才知道，他的书也是一本研究清代州县制度的专著，其中对于清代州县衙署人员和职能的阐述，正是我申报课题时预想研究的主要问题，这样就使我陷入了一种困境，我应如何调整我的研究计划，才能在瞿著的基础上再取得一些突破，这成为摆在我面前的一个重要问题。这个问题并没有让我停下脚步，我决定还是首先进行有关材料的收集工作，即使对于瞿著中阐述很详尽的问题，也先以学习的态度进行探讨，等取得较多知识以后再选择研究和写作的重点。

在研究过程中我感觉到，瞿著虽然很少直接引用资料原文，但他关于清代州县衙署组织和职能的阐述却是在充分掌握有关史料的基础上做出的，他的阐述全面、准确，几乎让你无可挑剔。根据这种情况，我决定在瞿著的基础上，从几个方向进行努力，争取有所突破。

问：您的这种精神很值得佩服，您没有知难而退，反而要在别人的基础上有所突破，那您是从哪些方面努力的呢？

魏：第一，在论述的过程中引用必要的原始资料，引用材料可以使读者对于清代的州县制度有更直观和更感性的认识，同时也能更好地体现历史学著作的特点。第二，在阐述清代衙署的组织、职能时，尽量利用瞿著中没有利用的历史档案，主要是清代顺天府宝坻县、直隶获嘉县、四川巴县衙门的已刊、未刊档案，以使得研究进一步深化。第三，是对瞿著中涉及较少或基本没有涉及的问题进行研讨，例如清代督抚监司对州县的统辖职责、清代州县官的任职制度、清代州县官的思想理念和作风、清代州县官场风气以及清代州县财政问题等。第四，从现代政治学的角度出发，以“有法与无法”为分析框架，对清代州县制度的深层矛盾进行分析，以此来透视秦以来中央集权君主官僚制度的特征与缺陷。

问：您从这样几个方面努力，不仅走出了原来的困境，而且在已有成果的基础上确实有了新的提高。我还有一个问题要和您讨论，您的书名叫作“有法与无法”，刚才您又说您是以“有法与无法”为分析框架，来对清代的州县制度进行分析；那么这个“有法与无法”是什么意思？请您给解释一下。

魏：您这个问题提得很好，这的确是需要向读者说明的一个问题。可以说“有法与无法”是我这项研究所关注的一个视角。近代思想家严复曾经在《原强》一文中借用苏轼的话“中国以法胜，而匈奴以无法胜”来阐发自己的一个重要见解。苏轼的话是什么意思呢？这里他所说的“法”，是指“文物制度”，即“礼”“法”等由文明发展而形成的符号化的规范，它们与人处于相对地位，从外部来制约人们的行为。“有法”与“无法”各有其利弊。“有法”可以建立秩序，将一个人群整合为一个有序的政治、社会整体；但是另一方面，“法”如果过于细密、烦苛，也会导致人群内部的隔阂、壅蔽与矛盾冲突，使个人能动性发挥受阻，进而导致整体的衰弱、貌合神离。“无法”意味着人群内部没有固定的秩序，不能整合为一个整体，会随机出现各种矛盾与争斗；但另一方面，“无法”也使得人群内部没有结构性隔阂，个体的能力发挥较少受到限制。正是在这个意义上，苏轼说“中国以法胜，而匈奴以无法胜”，即中国的优势在于“有法”之利，匈奴的优势在于“无法”之利。

问：苏轼讲得还是很辩证的，那么严复是如何阐述苏轼的思想的呢？

魏：严复认为，“彼西洋者，无法与法并用而皆有以胜我”。为什么这么说呢？他认为，“(西洋)自其自由平等以观之，其捐忌讳，去烦苛，决壅蔽，人人得其意，申其言，上下之势不相悬隔，君不甚尊，民不甚贱，而联若一体者，是无法之胜也。自其官工兵商法则之明备而观之，则人知其职，不督而办，事至纤细，莫不备举，进退作息，皆有常节，无间远迩，朝令夕改而人不以为烦，则是以有法胜也”。严复的意思是说，现代西方既能得到“无法”之利，又能得到“有法”之利；相对而言，中国则既为“无法”之弊所损害，又为“有法”之弊所损害。具体而言，西方的社会体制推崇“自由平等”，各个社会成员、社会阶级之间不相“壅蔽”，“联若一体”，有“无法”的色彩；另一方面，其各项政治、军事、经济制度又十分健全、十分明确，运作规范，有“有法”的特征。相比较而言，中国一方面在社会制度方面处于“有法”状态，各个社会成员、社会阶层尊卑判然不同，相互之间“壅蔽”隔阂；另一方面在行政制度方面处于“无法”状态，各项具体的行政、军事、财经制度不健全、不明确，名实不符，运作随意。

问：通过您的说明，我对严复这个关于“有法”与“无法”的理论有了一定的理解，严复是属于最早的睁眼看世界的学者，您认为他的说法是否抓住了中国两千年来政治制度的特点呢？

魏：我认为严复的这种见解，准确地抓住了中国秦以来社会政治制度和行政制度的特点与缺陷。就社会政治制度而言，西欧中世纪实行的是封建世袭等级身份制度；而在中国，秦代废分封、行郡县，就已经废除了世卿世禄的贵族制度，就行政制度而言，以官员职业化、组织科层化、运作法治化为基本特征的现代行政制度，在西方国家至 17、18 世纪以后才逐步建立起来；而在中国，则是在两千年前的秦代就已经建立。这个制度在西方学者中引起了关注。伏尔泰等西方启蒙思想家赞赏中国制度的“理性”。但究其实，中国的“秦制”与现代的平等社会制度相比较，理性行政制度只是具有表面的相似性。“秦制”下的中国，虽然废除了西周那种世袭的等级身份制度，但社会和政治却充斥着宗法性的尊卑贵贱等人身依附，以及公权力的私人化，虽然建立了十分周密的行政制度，这里包括机构和规则等，但其实很无序，骨子里仍然是“人治”。严复的话，表明他看到了这一点。不过，要具体揭示中国传统政治社会制度和行政制度的这种表里不一的特征，还要通过具体的学术研究才能实现。不过在我个人看来，迄今为止，学术界在这方面的努力还是十分欠缺的。所以，我自己的清代州县制度及其运作的研究，就尝试从这里着眼来进行探讨，试图揭示“秦制”在社会政治制度方面的看似“无法”而实际“有法”、在行政制度方面看似“有法”而实际“无法”的特征。

问：那么结合清代的州县制度来看，这种“无法而有法，有法而无法”现象是怎样体现出来的呢？

魏：具体到清代的州县制度来看，这种“无法而有法，有法而无法”主要表现在几个方面：第一，州县官府是一个宗法性的自利集团，内部充满各种役使、勒索与荫庇关系。第二，州县官府与民对立，是社会的统治者，它一方面盘剥社会，侵蚀国家资源；另一方面实行强力行政，武力镇压社会的反抗。第三，州县治理机构残缺，缺乏健全的职能机构、有力的执法机制和有效深入乡村社会的行政机制，也缺乏为施政所必须的翔实统计和充足经费。第四，州县官府以私人和社会势力履行公权，书吏差役成为地方社会的黑恶势力。第五，督抚监司制度、文簿制度和问责处分制度异化，未能起到监督州县官员的作用，反而妨碍、干扰了他们的施政，增加了他们的无谓负担，并为胥吏营私舞弊提供了便利。第六，实行“模糊治理”，制度规定与实际运作相悖，行政中充斥着“无法之法”“非法之法”的“潜规则”。

问：您这里对清代州县制度的特点和缺陷的分析十分精辟，不知在您的课题中对这些问题的阐述和分析，与过去学者的研究相比，有哪些更深层次的建树呢？

魏：我觉得我的这本书在对清代州县制度的研究上如果能够做出一定建树的话，大体上包括这几个方面：第一，对有些前人没有进行揭示、阐述或阐述比较粗略的问题进行了较为深入的阐发。比如，清代以前州县治理结构的演变，清代督、府、司、道、府等各级上司对于州县的统辖权责，清代州县官任职制度的设计、运作和缺陷，清代州县官的思想理念与作风，清代州县官场的恶劣风气，清代州县佐贰杂职的设置、任用、督察和职责，清代州县的财政制度和实际运作等。第二，在前人相关研究的基础上，进一步发掘资料，拓展和深化了对州县治理结构的研究。第三，在前人相关研究的基础上，进一步发掘资料，拓展和深化了对清代州县政府各项职能的研究。第四，从现代政治学的角度出发，以“有法与无法”为分析框架，较深入地分析了清代州县制度的深层矛盾，以此来透视秦以来中央集权君主官僚制度的特征和缺陷。

当然，本书也存在着一些不足之处。比如，清代的州县制度就其整体而言是比较稳定的，但其各个部分和运作环节随着时间的推移也有变化沿革。而本书的研究基本上是着眼于稳定的一面，对其变化的一面研究很不充分。再如，前人的研究成果是非常丰富的，本书虽然力求尽量地吸收，但由于本人知识背景的欠缺，有些未能理解，也未能吸收，特别是有些外文的成果，由于语言的关系也没能充分吸收。此外，对于理论上的分析仍然感到相对薄弱。这些都是我今后的研究中要进一步补充、提高的。

问：通观您的这部书，特别是最后两章，以严复的论述为切口，探讨了清代州县制度的总体特征和前现代性质。第七章是论述社会政治制度的"有法"问题，第八章则探讨行政制度的"无法"问题。您这样探讨的方式意义在哪里？

魏：我觉得我这种探讨，它的意义超过这个问题本身。因为中国始建于秦的中央集权君主专制制度，其形态到清代已经趋于完备，因此，我们完全可以将清代的州县制度作为一个"文本"，通过对它的解读来深刻认识、把握"秦制"之下政府制度的本质特征。毫无疑问，这种认识和把握，乃是我们对于中国行政制度现代化转型问题进行思考、探讨和阐述的真正出发点。

问：您的意思是说，研究清代州县制度对于我们今天推进地方政府和行政制度的改革也是有借鉴意义的，对吗？

魏：是这样的。从清末到民国政府时期，有关州县制度问题进行了各种改革，这些改革都是针对清代州县制度的缺陷进行的，而且也取得了相当大的成效和进展，体现了中国县制从传统到现代的转型。但是，另一方面对清代州县制度缺陷的改革，也出现了新的问题。一个是地方自治的推行导致了绅权的膨胀和地方豪劣土棍的活跃；另一个是健全县行政组织的改革导致了机构恶性膨胀，加重了社会和财政的负担。

1949年以后，以士绅为地方社会骨干的传统社会结构彻底改变，在国家组织之外，几乎不复存在其他社会经济、政治和社会势力，中国社会因此出现"大国家、小社会"甚至"有国家、无社会"的结构特点。在这种历史背景下，县制改革也终止了向地方自治方向的发展，重新回到国家主导的"官治"轨道。20世纪80年代以后实行改革开放，人们批评"大国家、小社会"的政治社会结构不利于现代化，国家乃重新启动"村民自治"等项地方和基层制度改革。然而，清代和20世纪上半期中国县制中所存在、所出现的各种问题，如"官府本位"、士绅等地方势力恶性扩张和政府机构膨胀等，仍然会以某些新的形式存在和出现。今天，摆脱官本位而建设民主、法制的地方政府，解决机构膨胀而建设合理、高效的行政机制，仍然是我们在推进地方政治和行政体制改革时所面对的两大主题。所以，对于我国清代和近代县制问题的研究，无疑可以为我们今天的改革和建设提供有益的历史借鉴。

问：非常感谢您对清代州县制度研究所做的谈话。实际上这些年来，您从研究 20 世纪上半期的中国县制开始，又上溯到对清代县制问题的研究。时间的跨度非常长，地域的跨度也非常广。您利用了大量的第一手资料，又利用了前人在这个问题上的研究成果，以“有法与无法”这个思路来对中国的县制问题进行了深入的剖析、研究，不仅阐述了历史的现象，清晰地展示了一幅中国近几百年地方政治和行政管理的画卷，而且提出了一系列令人思考的问题。您的这些研究，对于今天我们进行农村基层政权的建设与改革，提出了值得思考的问题和可资借鉴的经验，可以说是较好地体现了历史学的社会功能。再次谢谢您，期盼您的新成果问世！

张海鹏：1939年5月出生于湖北省汉川县。1964年毕业于武汉大学历史系，同年进入中国科学院近代史研究所，1988—2004年历任中国社会科学院近代史研究所副所长、所长。现任中国社会科学院学部委员、台湾史研究中心主任、山东大学特聘一级教授、博士生导师。兼任国务院学位委员会委员、中国史学会会长、中国孙中山研究会会长等，曾任第十届全国人大代表等职。著有《追求集：近代中国历史进程的探索》《东厂论史录——中国近代史研究的评论与思考》《张海鹏集》《张海鹏自选集》《中国近代史基本问题研究》等论著多部，编有《中国近代史稿地图集》《武昌起义档案资料选编》《中葡关系史资料集》《中国近代史论著目录（1979—2000）》等工具书与资料集多种，主编十卷本《中国近代通史（1840—1949年）》、两卷本《台湾史稿》，发表有关中国近代史研究理论与方法及专题研究的学术论文百余篇。

在中国近代史的时空环境中思考

——访张海鹏研究员

问：张先生：您好！以前在学校里听过您做的学术报告，但是没有机会与您交流。这次，借参加中国社会科学院马克思主义史学理论首届学术研讨会的机会，想与您谈一下您个人的人生与治学经历方面的问题，这也是《历史教学问题》主编对我的委托。

张：2012 年 12 月，我在广州中山大学开会，与《历史教学问题》主编王斯德先生会晤。他说要约我做一个访谈，我考虑已经做过多次访谈，所以再三推辞，但不得应允，只好答应回京之后接受访谈。现在我们可以谈一谈，如果您想了解更多的内容，可以参考已经发表的其他文章。

问：好的。这次会议是社科院的马克思主义史学理论首届学术论坛，我们知道长期以来您的学术研究正是在坚持唯物史观的指导下进行的，您的学术经历和对治史的见解对于广大中青年史学工作者是很有启示的。所以，我想就您的整个学术经历纵向地回顾一下，同时也请您总结一下您治史过程中的一些体会。

我们知道，您的整个学术历程都是在近代史所这个基地里进行的，它是我们国家近代史研究的学术殿堂，那么就请您从进入近代史所开始谈吧！

一、进入近代史所

问：您进入近代史所是在“文化大革命”之前，那正是著名马克思主义史学家范文澜先生主持近代史所的时候，您能够进入这个最高的近代史研究学术殿堂，确实是很难得的机会。这个机会是如何降临的呢？

张：我先说一下这样一个背景：大约是在 1963 年 10 月，在北京召开了中国科学院哲学社会科学部委员会第四次扩大会议，这次会议有全国党内外哲学社会科学工作者、党委宣传部负责同志约 500 人参加，刘少奇主持会议，并且有讲话，中共中央宣传部副部长周扬在大会上做主题报告，题为《哲学社会科学工作者的战斗任务》。这是学术界一次反对修正主义的学习和动员大会。报告除了论述马克思主义理论、批判修正主义理论外，还讲到哲学社会科学人才培养问题、哲学社会科学的未来发展前景。当时近代史所所长是范文澜，刘大年是常务副所长，黎澍是副所长。黎澍参加了会议，表示要在近代史研究所建立、培养新的理论战线上的反修队伍。那时黎澍在所里管人才，他提出近代史所应该建立一支反修的理论队伍，应该从 1964 年的大学毕业生中挑选。黎澍的提议是经过学部和所里讨论通过的。1964 年年初近代史研究所用中宣部的介绍信，派出了五支人马，到各地大学里去挑人。

我是 1959 年考入武汉大学历史系的。那时武汉大学是五年制，1964 年我正好毕业。武汉大学本身是历史很悠久的大学，武汉大学历史系教师力量也是非常之强。最著名的教授，中国史有李剑农、谭戒甫、唐长孺，中国近代史是姚薇元、汪诒荪，世界史是吴于廑、张继平。吴于廑先生在 20 世纪 80 年代初期当过武大副校长。

我那时没有想过来近代史所，也没想过从事近代史研究。我在大学四年级写的学年论文是《试论秦汉之际的游侠》。大学五年级时做毕业论文，唐长孺先生给我出的题目是《北齐政权的评价》。领到了题目后，我又想考历史研究所侯外庐先生的中国思想史专业的研究生。侯先生的“中国思想通史”不好读，我利用晚上花了几个月的时间把《中国思想通史》看了一遍。考试的准备都做了，准考证也拿到了，可以应付入学考试了。但是临考试前个把月，历史系党总支告诉我不要考思想史研究生了。他们说北京有个外交学院，外交部部长陈毅同志兼外交学院院长。它招生不是自由报考，而是将通知发到各个学校的党组织，由党组织掌握、推荐。武汉大学历史系党总支推荐我去考，我就放下了思想史，因为那个外交研究生班，我也是很愿意去的。考完试，放假后我就回家干活了。到 8 月 16 日学校统一宣布分配方案，我被分配到中国科学院近代史研究所，当时感到莫名其妙，完全莫名其妙，不知道怎么回事！接着我们就到北京了，连到系里问一下的机会都没有。

问：那究竟是怎么回事呢？

张：我到所里报到以后才知道，原来外交学院录取了我，而近代史所也选中了我。由于近代史所挑人在先，而且是中宣部的介绍信，武大历史系就把我推荐给了近代史所。但是我不知道，系里也没有告诉我。这样，外交学院录取我了，近代史所也挑中了。经过多次与外交学院交涉，最后外交学院放弃了，所里就把我挑过来了。我到近代史所来，完全不是按照我自己的愿望进来的，我是在服从分配的原则下被动地来到近代史所的。

我在武大毕业前，写了一篇关于苏美建交的文章，寄给了《历史研究》编辑部。进所后，一次黎澍同志接见新进所里的年轻人，他大声对我说："你的文章我看过了。"大家都投来很惊异的眼光。当时刚大学毕业，还没有人敢给《历史研究》投稿。虽然没有发表，但我感到很满意，一篇大学生的习作，会送到黎澍先生手里，是完全没有想到的。

问：这样看来，您在武汉大学历史系读书时就是一名优秀的学生，这样才能得到系里的推荐，又被近代史所格外珍爱，所以才能够从外交学院那里把您要过来。您在 1964 年进入了近代史所，但是在那个时代进所后就能够进行学术研究吗？

张：事实上进入了科学院的近代史所，并没有立即进入学术研究。首先参加的是农村社会主义教育运动，就是"四清"。根据中央统一部署，近代史所与拉美所一起，去甘肃河西走廊的张掖参加"四清"。我们学了一个月的文件，然后就到甘肃参加"四清"。

我们在张掖县乌江公社贾家寨大队待了八个月。我们的工作，是按照"桃园经验"访贫问苦，发动群众揭发生产队干部的"四不清"问题。这是我第一次见到西部的农村，条件非常艰苦，一路上只见到稀稀拉拉的几棵秃顶树。我们那时住在农民的炕上，大人小孩没有衣服穿，农民特别穷，工作队当时在那里给农民发棉衣、棉裤、棉被。经过调查，我们发现当地情况不像"桃园经验"所说的那么严重，生产队干部"四不清"现象也说不上严重。1965 年 5 月，我们结束"四清"工作，离开村子，当地的干部群众都来欢送我们。

当时国家规定，大学毕业后应在农村劳动锻炼一年。我们在张掖八个月，还不到一年，学部领导觉得太苦，要给我们换一个地方，完成劳动锻炼。于是就转到山东黄县(今龙口市)，住进于口大队下孟家生产队一户孟姓农民家里。这里生活条件很好，蔬菜很多，各种海产都能吃到。我们在山上同农民劳动了七个月。在这个过程中，我对中国的农村有了更多的认识。

问：“四清”之后接着就是“文革”了。您当时刚刚毕业来所，条件好、年纪轻、热情高，没有任何包袱，您一定是积极投入“文化大革命”的人吧？

张：是的。当初我们对党中央毛主席有无限崇敬的心情。到了近代史所以后，我在当时被认为是比较活跃、比较被看重的人。特别是黎澍同志那次的接见，在新进所的人中间形成了这么一种认识。我在大学期间就要求入党，写过多次申请书，一直担任班干部。但一些党员认为我骄傲，所以我在大学时没能入党。进所后，所里对我很重视。不久，团支部改选，我是团支部委员。

我们单位是根据《人民日报》的社论起来“造反”的。1966 年的 6 月 1 日，《人民日报》发表了社论《横扫一切牛鬼蛇神》和聂元梓等七个人的大字报，“文化大革命”开始了。6 月 3 日《人民日报》发表《夺回资产阶级霸占的史学阵地》社论，配发了史绍宾的文章，点了《历史研究》和近代史所的名，指出这些资产阶级“权威”老爷们，是史学界的“东霸天”“西霸天”。学部 1966 年 6 月 4 日要在首都剧场开会，我们所挑选了我发言。我在批判了杨述的《青春漫语》后，在结语里结合 6·3 社论对刘大年提出了质询，表示要响应社论号召，彻底打倒盘踞史学界的资产阶级的“东霸天”“西霸天”，夺取资产阶级霸占的史学阵地。

6 月 15 日，近代史所党支部召开全所大会布置所内开展“文化大革命”。这次会通过民主选举，产生了主席团，并推举我为大会主席。这是全所第一次公开批判刘大年、黎澍，也是近代史所的“夺权大会”。所里选举产生了一个“文化革命”领导小组，我是副组长，管常务；确定刘大年、黎澍是所谓“走资派”“三反分子”，召开批判刘大年与黎澍的会。多次是由我主持的。

8 月以后，近代史所组织了红卫兵，参加了学部红卫兵联队，称作红卫兵联队近代史所支队，我是支队长。运动逐渐转向学部和社会。1967 年春，按照戚本禹的要求，历史所和近代史所联合，收集整理刘少奇所谓“反革命修正主义”言论资料。1968 年 2 月，我所在的群众组织垮台，因为它的后台戚本禹垮了。以后我就被所内“反对派”群众组织控制起来。后来，学部总队开批判会，我是被批判对象之一。

1969 年开展“清查五一六反革命阴谋集团运动”。从此，我被作为“五一六反革命阴谋集团”的骨干，作为清查运动中的重点审查对象，经历了长达五六年的艰难岁月，经历了严酷的政治审查和心理考验。1970 年 5 月，我在工宣队押解下被送到河南息县东岳公社塘坡学部五七干校。在河南近三年，辛苦备尝，心理和政治压力几乎难以承受。1972 年 7 月，随学部五七干校一起回到北京。但回到所里后，我依然处在被监督下从事劳动。直到 1974 年 12 月，才解除对我的审查。1975 年 9 月我去了近代史组。当时他们正在学习和讨论毛泽东的“评水浒”，提出结合太平天国，结合李秀成，论述李秀成的投降主义。组里把写文章的任务交给我了，我写的文章在《历史研究》1976 年第 1 期发表了。1977 年院里的“清理帮派体系”运动我也受了牵连，所里把刘大年、郭永才和我作为所里“四人帮的帮派体系”，但到年底就烟消云散了。

“文革”的影响，对我来讲差不多有十几年的时间，有时心情非常郁闷，但不管我在“文革”期间多么困难，始终都没有动摇我对共产党的信念。1978 年，社科院进行了改革，各所组建了研究室，组建了科研处。1978 年开始，我进入了真正的学者生活，努力“补救”失去的时间，一心一意展开自己的学术研究。在这样的条件下，度过了我学术研究的十年黄金时间。

问：从 1964 年入所到 1978 年开始学术生活，耽误了 14 年。不过您还能回到学术岗位上来也是一种幸运。我以前在访谈每位学者的时候，总是要先谈一下他的师承关系，或者谈一下哪位前辈学者对他的影响最大。我看您多次发表有关刘大年先生学术思想的文章，还为《刘大年传》写了跋。刘大年先生肯定是对您影响最大的学者了吧？

张：认真说来，我没有嫡传师承，在大学历史系，接受的是一般的通史教育；想读研究生，也没有读成。进入近代史研究所，十三四年未能从事研究工作。我是读过范文澜、刘大年、胡绳的书，并曾亲炙他们的教诲，不过未曾“登堂入室”，也许算一个私淑弟子吧。这三位长者我都写过文章来回忆他们。1999年12月28日，革命家和历史学家刘大年先生走完了他作为战士和学者的光辉一生，与世长辞。我从青年时期起就在大年先生领导下工作，虽然后来我也担任了副所长、所长，但我自认为始终是在刘大年先生的领导和影响下工作的，前后长达35年，这期间有很多事情值得我回忆。

记得1999年中国社会科学院要为本院著名学者出版学者文集，大年先生即在首选。先生非常重视，认真准备文集的编选工作。11月的一天，我去医院看他，他希望由我来完成文集编选，并示意把我写的先生的传记文章作为附录收在书末。我写成《战士型的学者、学者型的战士——记刘大年的学术生涯》一文，后来收入《中国社会科学院学术大师治学录》中。先生过世一年，《近代史研究》编辑部为了纪念他，约请学者撰写怀念文章。我写了一篇《编辑〈刘大年文选〉的回忆与思考》，发表在该刊。这些文章，表明了我对大年先生的了解和感情。确实，大年先生是对我影响最大的学者。

要说起我与刘大年先生的关系，还是要从“文革”开始讲起。

因为直到“文革”开始前，大年先生是否知道近代史所有我这个人，也许还是不确定的。前面说到，1966年6月4日，学部在首都剧场召开批判《青春漫语》大会，我在发言结尾处，结合6·3社论，质问：“近代史所为何成为资产阶级霸占的史学阵地？刘大年同志应该负什么责任？”这时一些参会人员起立起哄，甚至冲上主席台，要求刘大年下台，对刘大年先生颇多不敬之词，使得坐在主席台上的大年先生极为难堪。6月15日，近代史所召开全所大会，部署开展“文化大革命”。党支部已经失去了掌控局面的能力，与会者通过了五人组成大会主席团，我是五人之一，担任会议主席。这次会议，后来被认为是近代史所的“夺权”会议。我成了“文化大革命领导小组”副组长。小组编写了刘大年、黎澍所谓“反革命修正主义分子的罪行”材料，当时所里的批判会大多是我组织并主持的。

此后我的命运也发生了巨大变化。从1969年10月—1974年12月，我被作为“五一六反革命集团”的骨干分子，经受了差不多六年的审查，六年中我基本上失去了人身自由。这是我此生最痛苦的时期、最无奈的时期、最无助的时期。但在这个时期里，唯一安慰我的，是我感受到的刘大年先生对我的爱护。这是一种并未直接言明的爱护，却又是一种可以体会的爱护。有一位同志偷偷告诉我，他到大年同志家里听大年同志讲起 1966 年 6 月 15 日的“夺权”。刘大年同志自责自己是官僚主义，说近代史所有那么好的青年，他怎么没有发现。他在那位同志面前指名夸奖了我。这使我感到非常地温暖和安慰。有几次听到刘大年发言，他说：“我们是职业革命家，我们过去革命道路上也犯过许多错误，我们应该把我们犯错误的经验教训告诉今天的年轻人。”

1971 年 4 月的一天，干校宿舍里碰巧只有我和刘大年先生两人在。大年先生忽然对我说：“我脖子后长了一个瘤，可能是癌，我明天就要回北京治病。”我不知道如何回答，只是“啊”了一声。我内心震动的是，就这一句话，几乎是我自 1964 年进所以来，大年先生对我一个人说过的唯一的一句话。1974 年年底，我被解除了审查，基本上变成了一个自由人，尽管心情仍然沉重，因为我随时会感受到来自专案组人员的异样的眼神。1975 年夏，所里政治史组的同志多次找我谈话，要我到政治史组工作，我很犹豫。他们向我透漏，要我去政治史组，是大年的意思。我一听到这里，便毫不犹豫地表示我愿意去政治史组。

后来，刘大年先生吸纳我参加《中国近代史稿》编写组，刘大年先生对所有初稿都进行了彻底改写，我协助他整理文稿、核对史实，偶尔也写几条带考证性的注释，还编写了书末所附的大事记、中外人名对照表，选用了历史图片，与人民出版社的联系工作也由我负责。《中国近代史稿》第一册在 1978 年出版后，第二、三册在 1984 年出版。

当我进入《中国近代史稿》编写组以后，我就有机会与大年先生发生频繁的接触，也有机会到他家里去谈话。我心里一直藏着一个愿望，总想对他谈谈我在“文革”初期的作为，算是对他的道歉。我记得，1976 年、1977 年，每次见到他，我都想对他说点什么，每次鼓足了勇气，每次都没有开口。每次离开后，我又很懊悔、自责，为什么就张不开口呢？但是我对他的道歉终于没有说出口，直到他辞世。非常有趣的是，从 1975 年一直到 1999 年，我同大年先生的所有谈话，大年先生从来不同我说一句有关“文革”的话，从来不问我一声为什么“文革”初期我那样对待他，从来不涉及 6・4 大会，从来不对我提及 6・15“夺权”大会的事。我觉得他是有意回避这个话题，不愿意触及那段不愉快的岁月。我有时候感觉，他不如直接说我两句，哪怕说我那时幼稚、不懂事、鲁莽，等等，我可能心里都会好受些。

1979年，中国近代史学界在南京召开太平天国历史国际学术讨论会。大年先生是大会的主席，我做了一点会务工作，在会议期间担任简报组副组长。1979年，刘大年先生接受东京大学校长的邀请，要去东京大学讲学。他在准备辛亥革命历史讲稿的时候，要我替他整理过个别资料。他还把1956年近代史所调查同盟会员的资料交给我，要我重新展开调查。我约了老朋友王学庄一起来做。这件事情我们做了两三年，向国内外发出、收到几千封信函，却终未能成功，是一个遗憾。

1984年，我写了一篇文章《中国近代史的“两个过程”及有关问题》，送请大年先生阅改。大年先生在文稿上改了几个字，也订正了我的标题。那时政治史研究室各位都赞同这篇文章的基本观点。所里特别安排我在全所大会上做了一次学术报告。这篇文章在黎澍先生主编的《历史研究》上发表了。

1988年我担任副所长后，还是在原来的办公室与别人同屋工作。大年先生主动把自己的办公室让给我，要我搬过来。我觉得很惭愧，他执意这样办，我只好遵嘱办理。我担任研究所所长后，他经常提醒我，不管如何忙，都要挤时间写文章，不写文章，在学术上就没有发言权，就没有资格在学术上发挥领导作用。我在处理大量行政工作和参与社会活动的时候，总是记着他的这句话。这些年来，我的学术成果不是很丰厚，但是我还是尽力了。

1990年，近代史所政治史研究室党支部一致通过了我的入党申请。大年先生是介绍人之一。他在我的申请书上写下了对我很高的评价，常常使我感到几分愧疚。1990年《求是》杂志第3期发表了我写的《如何看待中国近代史发展的基本线索？——学习毛泽东有关论述笔记》。这篇文章曾请大年先生审阅。他在人大常委开会间歇回到所里对我说，文章可以发表，指出文末最好强调一下近代中国反帝反封建问题。这个意见，在大年先生去世多年以后，我还强调了一次，这就是2006年3月1日我在《中国青年报》发表的《反帝反封建是近代中国的历史主题》那篇文章。为纪念近代史所建所40周年，1990年所里决定召开以“近代中国与世界”为题的国际学术讨论会，会务筹备工作由我负责进行。大年先生多次给我指点，使那次会议开得非常成功。

1995年，是大年先生80华诞。7月，近代史研究所与中国史学会合作，召开祝贺刘大年同志80华诞的学术座谈会，学术界的许多前辈学者前来祝贺，发表祝贺感想，我在会议上较为系统地介绍了刘大年的学术经历。中国社会科学院副院长汝信、中国史学会会长戴逸和知名学者120人出席了这次会议，但作为寿翁的大年先生却避席他去，表现了他的美德。

1998年12月，社会科学文献出版社出版了我的一本论文集《追求集：近代中国历史进程的探索》。胡绳先生题写了书名、刘大年先生为之作序。大年先生是不轻易给别人的书写序的。我开口请求，他立即应允，“追求集”的书名就是他提出的。所谓“追求”就是“追求真理”“追求历史真实”的意思。如何追求，就是运用马克思主义的唯物论的思想方法论去追求。这个意思，在他撰写的序言中说得很清楚。

1999年11月，大年先生因发烧住进协和医院。我到医院看他，他正色说：“你来做什么，还不回去抓工作!”后来听说他不愿意配合医生，不愿做进一步检查，我到医院劝服他，他听从了，配合医生了。他是彻底的唯物论者，对死亡毫不畏惧。我们要求尽力抢救，但是医生仍然没能够挽回他的生命。1999年12月31日，近代史研究所主办的“1949年的中国”国际学术讨论会在北京开幕，我在致开幕词前，首先宣布中国社会科学院近代史研究所名誉所长刘大年先生三天前辞世，全体与会者起立默哀。会后，我陪同日本著名学者山口一郎教授与与会的日本学者多人，到大年先生府上吊唁，并致上唁函，体现出他曾与日本学术界有着深厚的联系。

1999年6月，俄罗斯科学院授予大年先生外籍院士称号，大年先生曾致函表示感谢。但是他没有等到颁发聘书的那一天。2002年2月16日，专程来京的两名俄罗斯科学院主席团成员在俄罗斯驻华大使馆举行简单而隆重的仪式，我代表大年先生从俄罗斯科学院主席团成员手中接受了证书。这算是我替他做的最后一件事。

二、在中国近代史领域的深入探索

问：您说您从1964年进入近代史所以后，到1978年才真正开始从事学术研究的工作。您在前边谈到了您进入了近代政治史研究室，也谈到了协助刘大年先生做编写《中国近代史稿》的工作。不过在这一时期您自己也独立地进行或主持了一些近代史研究的工作。比如《武昌起义档案资料选编》这个基础性的工作就是您负责的吧？

张：我在1979年从武汉方面知道，湖北省博物馆藏有关于辛亥革命时期革命实录馆的资料。武昌首义以后湖北军政府成立了稽勋局，要求亲身经历了武昌首义的人写回忆录，革命实录馆保存了1912年、1913年，最晚到1914年的回忆录，有几百万字。1980年夏天，我在武汉待了两个月，把湖北博物馆馆藏的革命实录馆的东西全看了。第二年我和杨天石又去了个把月。我们要编的武昌起义档案资料开始是集体编的，1981年、1982年我自己把它全部重编了。做完后，湖北人民出版社出版时，以湖北省政协、近代史所、湖北省博物馆、武汉市档案馆的名义出版。不过这部辛亥革命史资料实际上主要是我做的。

问：我看您的学术成果中还有《中国近代史稿地图集》，这是在什么情况下做的呢？

张：我进到近代史组以后，协助大年先生做《中国近代史稿》，其中有一个任务就是编绘《中国近代史稿地图集》。1978—1983年这几年我主要是在做这件事情。有几年经常去地图出版社，和他们合作，与编绘人员交流等。在做地图集以前，首先是做了一个关于中国近代疆界变迁的文件，因为地图集的出版，需要得到外交部的同意。文件的要领是和地图出版社一起商量的，文件的内容只由我来做，我花了差不多一年的时间，把中国近代疆界的形成过程缕析了一遍，形成了一个在《中国近代史稿地图集》中如何处理疆界问题的报告。外交部条法司等部门审查了几个月，外交部盖了大印，基本同意我们提出的处理意见。这本地图集有关近代边界的处理，到现在为止，还是在历史著作中处理1919年以前的近代中国边界问题的一个典范。

问：您前面谈到您从 1988 年起就担任近代史所的副所长，从 1994 年起又担任了两届的所长，一直到 2004 年才卸任。不过这些繁忙的行政工作似乎并没有影响您在中国近代史方面的学术探讨。看您的《追求集：近代中国历史进程的探索》《东厂论史录》《张海鹏集》等书中都汇集了您在这方面辛勤耕耘的成果。我看这里面写得较早的是关于中国近代史基本线索的文章，也就是 1984 年在《历史研究》上发表的关于中国近代史的“两个过程”的文章。这是一篇影响较大的文章。

张：我 1984 年发表的关于“两个过程”的文章，那是回应近代史研究当中的诸多争论的，包括李时岳、胡滨等人，也包括《历史研究》编辑部本身。当时《历史研究》有一个内部刊物，是关于中国近代史研究现状的概括，我对其有一些不同意见。近代史所的一些老同志希望我写一篇回应文章。我写那篇文章，就是针对当时学术界的一些争论状况，提出我的一些解释意见。写出来以后，请大年先生看了，所里在 1983 年年底召开了全所大会，让我做了报告。所谓“两个过程”论，是对毛泽东在《中国革命和中国共产党》一文中所说“帝国主义和中国封建主义相结合，把中国变为半殖民地和殖民地的过程，也就是中国人民反抗帝国主义及其走狗的过程”这个著名论断的概括。针对有的学者认为“两个过程”论没有概述中国近代史的“全部内容”，是对毛泽东本人原意的“误解”，要求“摆脱”“两个过程”论的“束缚”。针对这样的观点，我强调，“两个过程”论只是概括了中国近代史的主要线索，并不能用它来代替或者包括中国近代史丰富多彩的内容。“两个过程”论，反映了中国近代历史发展的基本规律，不仅指导了中国新民主主义革命，也是为后来革命实践所证明的正确认识，是对中国社会历史过程的基本概括。

我的一些见解，是在回应当时学术界的看法，其中有一些看法是对我们以前的说法的修正。以前，我们对“工业救国”“教育救国”等，都是采取批判态度。这篇文章我没有采用这种说法。我的说法是，“那些终生真诚地从事于实业建设、科学活动、教育事业的先贤们，都曾经为振兴祖国尽到了中华儿女的一份责任”。我认为，这样说服力就比较强了。

问：您于 1998 年《近代史研究》上发表了一篇文章，题目叫《关于中国近代史的分期及其“沉沦”与“上升”诸问题》，也收在《追求集》里了。这篇文章涉及中国近代史的上限、下限问题，说明了中国近代史的基本内容、基本线索，与中国近代史学科体系的形成也有直接的联系。您可以谈谈这篇文章产生的背景吗？

张：我在 1984 年讲“两个过程”的文章完全没有提到革命高潮问题，当时所里就有朋友评论过。我当时不是不知道这个问题，但一则由于文章篇幅有限，二则报纸上已经有关于三次革命高潮的不同的看法，我那个时候关于这个问题还没有一个好的想法，所以我就把它回避了。后来又过了 10 多年，我开始重新考虑近代史的基本线索。这里还有个原因：《近代史研究》发行 100 期的时候，编辑部希望胡绳同志能有一个题词。我就给胡绳同志写了一封信，请他为《近代史研究》题词。胡绳同志很快就把这个题词寄来了。胡绳同志在题词当中，实际上就是一句话：建议今后应该把中国近代史和中国现代史分开来说，应该把 1840—1949 年 110 年的历史看成是中国近代史，而把 1949 年以后的历史看成是中国现代史，不要像以往那样再说到中国近代史时再笼统地说成中国近现代史。这可以说是他生前关于中国近代史的重要主张之一。关于这个问题，我过去就查过一些材料，比如范老的意见，刘大年的意见、荣孟源的意见、李新的意见，实际上他们都主张近代史应该到 1949 年。

长期以来，既然刘大年、荣孟源、李新他们过去都在近代史所工作，都讲过应该到 1949 年，那为什么近代史所“中国近代史”的编写还是到 1919 年呢？我过去也想过，20 世纪 80 年代初也想过，得出一个想法就是：理论上他们认为中国近代史应该到 1949 年，但是实际编写的时候他们暂时先编到 1919 年，原因就是 1919—1949 年只有 30 年，到 1959 年不过 40 年，五四运动及其往后的历史人物，那时基本上都在。这是第一点。第二点，五四运动及五四运动以后的历史资料很少，档案资料完全没有公布，各地报纸上发表的一些回忆录实际上也不是很多。所以说那时候来写 1919 年以后的历史有困难。因此所里在实际操作“中国近代史”的编写时，还是按照 1919 年写的。

到了 80 年代以后，大家就陆续在议论近代史的下限问题。胡绳同志的题词发表的时候，我就感觉到有必要就这个问题讲一点看法，这也是因为我对李时岳教授在过去 1980 年、1981 年提到的“沉沦”与“上升”有一点新的想法了。我感觉到有必要就这个问题正式发表一点意见。我首先是在《天津晚报》发表了一篇千字文，讲了基本观点，然后在北师大做了一次学术演讲，之后形成文字，这就是《关于中国近代史的分期及其“沉沦”与“上升”诸问题》那篇论文，在《近代史研究》1998 年第 2 期发表了。

问：您在文章中谈到的“沉沦”与“上升”是什么意思呢？

张：这是我对近代中国发展走向问题提出的看法。以往的历史学家认为中国近代史自 1840 年鸦片战争清政府失败时候起，中国社会逐渐陷入了半殖民地半封建社会的深渊，是近代中国社会的“沉沦”。改革开放初期，有学者认为近代中国不仅有“沉沦”，而且还有“上升”，认为“沉沦”与“上升”是同时并存的。我认为这两种解说都有片面性，前一种看法虽然看到了帝国主义和清政府腐败给中国社会带来严重的后果，却无法解释为什么近代中国以后有积极的、向上的发展；后一种看法虽然看到了近代中国的“沉沦”中有“上升”，但说在“沉沦”的过程中始终包含着向上的因素，“沉沦”与“上升”同时并存，也不能说服人。这两种看法都不符合历史发展的真实。我认为，近代中国社会“沉沦”有一个“谷底”，这个“底”在 20 世纪的头 20 年，在这 20 年，近代中国虽然“沉入深渊”，却出现了向上的转机，进步的力量开始酝酿和壮大，中国社会内部发展明显呈现上升趋势。跃出这个“谷底”后，中国社会积极向上的一面已经成为社会发展的主要趋势了。近代中国社会的发展轨迹像一个元宝形，开始是下降，降到谷底，然后上升，升出一片光明。

问：这个观点还是很有说服力的。您的这篇文章把中国近代史的下限定在了 1949 年。您认为这一百多年的历史中，可以分为七次革命高潮。除了这篇文章外，您还按照这个观点，编写了新的中国近代史的著作。

张：我从中国近代史的全局来考虑，认为有必要重新来考虑中国近代史的革命高潮问题。我在吸纳胡绳的研究成果的基础上提出中国近代史的革命高潮从全局看，应包括七次：第一次，太平天国运动；第二次，戊戌维新和义和团运动；第三次，辛亥革命；第四次，新文化运动和五四运动；第五次，1927 年大革命；第六次，1937—1945 年抗日战争；第七次，解放战争胜利和中华人民共和国的成立。这七次革命高潮，基本上决定了近代中国的政治走向，包括了近代中国民族民主革命的基本内容，也是中国近代史发展的基本线索。

按照这个观点，我把这 110 年的中国近代史分为六个时期：(1)1840－1864 年，是中国初步沦为半殖民地半封建社会的时期，也是中国社会的积极力量对中国社会面临的急遽变化做出初步反应的时期。(2)1864—1901 年，是中国半殖民地半封建社会的成型期，也是中国社会中的积极力量对所处环境做出强烈反应的时期。(3)1901—1915 年，是中国半殖民地半封建社会向下沉沦到谷底的时期。(4)1916—1937 年，中国社会内部发展开始呈现上升趋势，资产阶级及其政治代表的力量、无产阶级及其政治代表的力量迅速成长，并终于取代旧势力开始成为主导社会发展的力量。(5)1937—1945 年，抗日战争时期，是中国近代史的根本转折。(6)1945—1949 年，是中国两大政治势力为决定中国发展方向而决战的时期。

为了完善中国近代史的学科体系，在探讨近代中国历史发展规律的同时，我在 1998 年主编了一本《中国近代史(1840—1949)》，这是一次初步尝试；到 2005 年，我又与龚云合著了《中国近代史研究》和《中国近代史论著目录》(1979—2000)，这可以说是具体的铺垫。重头戏是 2000—2006 年我主持编纂的十卷本《中国近代通史》，这是一次重要的实践。

问：我在图书馆看到了您主编的十卷本《中国近代通史》，这是中国近代史研究的一项大型工程，表明了我国学者对近代史研究达到了更高水平，它对于中国近代史的教学与研究都有重要的意义。主持这项工程一定花费了很多心血，请您谈谈这项工程是怎样进行的？

张：这个项目是 1998 年我在院里的一次内部会议上提出来的。1999 年在院里的工作会议上，当时的院长李铁映在工作报告中提及《中国近代通史》的编写。这就说明院里已经把它列进工作日程里了，所里大家也都支持，我感觉到上下都认识到需要这样做了。于是在 1999 年的下半年，我就正式把这个问题在所里提出来了。在 2000 年年初也听到有不同的声音，其中有一条：我们有必要写通史吗？我们现在有条件写通史吗？

在我 1988 年当副所长期间，提倡大家写专著。从那以后，我们的集体项目相对减少了，个人项目增多了。到 1999—2000 年，我感到所里这一批中年人，每个人都有几本书了，在资料的准备、在研究基础的准备方面，大体已经够了，所以我觉得从各个方面来说，已经具备写《中国近代通史》的条件。就这样，我觉得我们的条件基本具备了，我们应该来动手写了。

问：《中国近代通史》是个集体项目，怎样保证大家都用统一的思想来进行编写呢？

张：我写了大概一万字，现在第一卷的第二章大体就是由其发展过来的。这里我提出了编纂《中国近代通史》的基本思路：一是明确中国近代史的分期。要打破以 1919 年为分界的老框框，要写出 1840—1949 年完整的中国近代史。二是准确把握中国近代史的基本线索。中国近代史是以反帝反封建为基本线索的，以追求国家独立、人民解放为基本任务的。三是拓宽研究领域。全面反映近代中国历史内容，需要政治的、经济的、文化教育的、社会生活(包括人口状况)的、民族关系的、边疆政情和社情等各方面研究的配合，缺一不可。四是关于“革命高潮”问题的处理。在分卷原则里，实际上参考了七次革命高潮的看法，但是在分卷分章的标题里并不出现七次革命高潮的字样。这样处理，意在避免无谓的概念之争。我希望由此统一大家的思想，大家如果不赞成，我们就需要讨论，需要交换意见。大家同意我做主编，这本书的基本指导思想应该按照我的思想观点来写，每一个作者都可以不同意我的观点，但是在这一本书里头，要按照基本一致的观点来写。所以这部书里头有些卷我改得很多，跟这个想法也有关系。当时我找了七八个人，在当时看来都是中年，是他们学术上的盛年，都有相当的研究基础，有相当的综合和概括能力。大家看了我写的东西，没有提出原则性的不同意见，这样我们就可以做下去了。到 2006 年、2007 年，《中国近代通史》十卷全部出齐，总共 550 多万字，算是顺利完成了。

问：您对于这项成果感到满意吗？

张：基本上是满意的。这样大篇幅的中国近代史，从 1840 年到 1949 年 110 年连在一起的，应该说到目前为止在我们中国的学术界还是第一部。比起以前我们已经出版的上百种版本的书，应该是进步了，它概括了我们这 20 多年甚至是 50 多年中国近代史研究所取得的成就。但是我也还是觉得有遗憾，时间太紧，修改得还不够。我每卷都看了，每卷都提了意见，有的意见多一些，有的意见少一些。有的卷我直接动手改了，有的卷提的意见多，动手改的少。有一些还是没有完全按照我的想法来做，当然这在整个十卷当中分量也不是太多。有的地方我不是很满意，如果时间充裕一些，如果每个人交稿时间提前一些，给我的时间多一些，有一些我就会自己动手来改了。但是，十卷本《中国近代通史》的编纂，它标志着20世纪中国近代史研究学术成果的一次阶段性总结，这项工作的完成，可以告慰近代史所的各位先辈了。

三、治史心得

问：张先生，您从改革开放以后才开始真正意义上的学术活动，从一个普通的研究人员成为副所长、所长，又长期担任中国史学会的领导工作。您所走过的学术道路应该是很有代表性的，我觉得您是继承了中国老一辈马克思主义史学家的传统，代表着中国史学发展的主流趋势。您对自己走过的史学道路也进行过多次的总结、反思，每一次您与来访者的谈话都体现了这一点。我想能否借这次访谈，把您走过的治学道路再向我们的读者说明一下呢？

张：确实每一次接受访谈，都要谈自己的治学体会，不过这个问题很大，恐怕很难说得清楚。

问：我读过您的著作、文章，首先感觉到的一点是您作为一位史学工作者，但您的视线并不仅仅是关注历史，您也关注现实，经常立足于近代史来阐明一些现实问题。看您的《东厂论史录——中国近代史研究的评论与思考》一书，其中的下编总题目就是《历史与现实：在中国近代史的时空环境中思考》，这是老一辈马克思主义史家的传统，也可以说是您治史的一个特点吧？

张：我觉得，历史对于现实，仅止于借鉴，提出更多的要求是不合适的。历史为现实服务，不是说为现实政治做简单的服务。所谓服务，应该是从借鉴历史经验的意义上说的，这也是老一辈马克思主义中国近代史学家关注现实的传统。

我正是按照这个传统，从中国近代历史的角度关注现实问题，如中日关系问题、港澳问题、台湾问题。

例如中日关系问题，这既是中国近代史研究中不能回避的学术问题，也是现实社会中非常敏感的政治问题。中日关系的历史与现实问题，是我经常关注的重要内容。近二十年来，由于日本右翼势力不断地蓄意制造事端，如日本领导人屡次参拜靖国神社、一些右翼政治家和学者肆意否认南京大屠杀事件、文部科学省批准修改历史教科书，等等，这些使中日之间的政治与外交关系不时地发生波折。对于此类事件，我发表了文章《不负责任的日本政治家永野茂门》和《警惕日本的动向》，予以严词谴责。我还与步平共同主编了《日本教科书问题评析》一书，以翔实的历史材料，论述了日本侵华的事实及其滔天罪行，揭露了所谓“教科书问题”的实质，就是日本右翼势力对历史事实的有意歪曲与否认，以及日本文部科学省对此的姑息与默认。

作为从事历史研究的工作者，对于中日关系的思考应该是冷静而理性的。例如，1995 年 8 月，我在中日友好协会主办的中日关系讨论会上做了主题发言《近代中日关系的历史回顾》；1997 年 12 月，在东京第四届近百年中日关系史国际研讨会上做主题报告《反省近百年中日关系的历史教训》；2001 年 12 月，在东京国际文化会馆举办的“全球化与 21 世纪的中国”国际学术讨论会上演讲《全球化与中日关系——历史的回顾与现实的关照》；2003 年在日本岛根县立大学发表的演讲而后正式刊登在《抗日战争史研究》上的《试论当代中日关系中的历史认识问题》。在这些发言或演讲中，我明确地表达了一个历史学者的社会职责。我谈道，历史学者，尤其是中日两国的历史学者，应该站在维护历史真实的前列。这是因为，历史研究本身就是探索历史真实和在此基础上解说历史规律的学问。一切违反历史真实的谎言，在科学的、理性的研究中，最终都会被揭露出来。

对于港澳回归，我也从一个历史学者的角度阐明了有关的历史和对未来的展望。1997 年香港回归时，《求是》杂志约我写文章，我发表了《百年沧桑话香港》一文，回顾了英国侵占香港与香港回归的历程，展望了香港回归后的发展前景。同时，我还发起了由近代史所与香港大学合作在香港召开有关香港历史问题的国际学术讨论会，开启了香港历史研究的新局面。

到 1999 年澳门回归时，我又应《求是》之约，发表了《回归之际话澳门》一文，回顾了澳门政治发展的历史，深入思考了澳门历史中的诸多问题；同时指出，我们在港澳取得的“一国两制”经验，必将为解决台湾问题提供借鉴。另外，我还主持并组织所内学者编辑了大型史料书《中葡关系史资料集》（上下卷），首次编入了大量葡萄牙文史料，为进一步开展澳门史研究奠定了良好的基础。

问：您对于台湾历史的研究花费了大量的心血，您还担任着台湾史研究中心的主任。这个中心是院里的还是所里的研究机构？

张：这个中心是院属中心，它的建立有这样一个过程。1989年，台湾解禁不久，我有机会多次在北京接待来自台湾学术界的客人。那时候，有台湾客人来，我们都很积极地去会见他们。1992年5月我的台湾之行，是我的台湾经历中，也是我的人生经历中一个重要事件，我结识了很多的台湾学者。此后，我又多次去台湾访问交流，也经常在大陆会见台湾来的学者。这样，我就和台湾的学者特别是其中近代史的研究者建立了很广泛的联系。2001年，中国社会科学院提出开展台湾历史研究。经过近一年的酝酿和商讨，最后决定在近代史研究所建立台湾史研究室。我当时任近代史研究所所长。考虑到1949年以后，国内出版的第一本台湾历史书，是近代史研究所前辈学者撰写的，考虑到所谓台湾历史，最关键的清初以后的历史，其中鸦片战争以后的历史，就是中国近代史的内容，我个人感到责无旁贷。于是，2002年4月，近代史研究所成立台湾史研究室，由我暂时兼任主任。八年来，台湾史研究室从无到有，研究人员不算我有7人，6人有博士学位，在近代史所内，力量已不可小觑了。日据时期警察制度研究、日据时期台湾总督府经济政策研究、日据时期台湾米糖经济史研究、日台经济关系研究、二二八事件研究、台湾中学历史教科书研究、台海冲突与交流研究等方面的著作，也已出版，为中国大陆的台湾历史研究，贡献了心力。

中国大陆的台湾史研究，总体来讲，发展是不够好的。除了厦门大学台湾研究所开展台湾史研究比较有基础外，其他各单位很少有专人从事台湾史研究。大陆各单位注意研究台湾现状的人很多，但研究台湾历史的人很少。在我看来，没有台湾历史研究作为支撑的台湾现状研究，未必能走得很远。因此，在有了台湾史研究室这一实体后，我决心大力推动台湾史研究中心的成立。

2002年9月底，中国社会科学院台湾史研究中心成立。台湾史研究中心成立了理事会，朱佳木副院长兼理事长，南京大学茅家琦、厦门大学陈孔立，还有我，三人任副理事长，我本人兼任研究中心主任。成立台湾史研究中心，目的在协调、推动大陆的台湾史研究。主要方法是召开学术讨论会，通过学术讨论会，把研究力量团聚起来。2004 年、2005 年、2006 年、2008 年、2009 年、2010 年，我们分别在北京、长沙、厦门、开封、大连、重庆召开了台湾历史的学术讨论会，今年 8 月，我们还计划在兰州召开康熙统一台湾 330 周年学术讨论会。这些讨论会，对于加强海峡两岸台湾史学者的联系，起到了一定作用。

问：您写了不少有关台湾问题的文章，已经汇成了一个集子出版了。

张：我编了一本《书生议政——中国近代史学者看台湾的历史与现实》，2010 年先在台北出版，2011 年北京九州出版社也出版了。我还与陶文钊合编了一本《台湾简史》，2010 年出版。2012 年 12 月我又出版了 108 万字的《台湾史稿》，也是与陶文钊合编的，基本的写作力量都是来自近代史所台湾史研究室。

问：我阅读您过去的文章或谈话，发现您多次谈到对历史的宏观研究要与对历史的微观研究相结合。对多数史学工作者来讲，是应该从事微观研究的，但是不能忽视对历史的宏观研究，不能削弱对重大理论问题的研究。从史学研究的课题上来看是这样，您还谈到从人才培养的模式上看也应该兼顾这两方面。

张：我觉得一个研究机构只能是多数人关注微观问题，少数人思考宏观问题。所谓微观问题，就是实证研究，历史学如果不是建立在实证研究的基础之上，所得出的成果会引人质疑的。实证研究，是要从大量的史料当中论证出你的结论。实证研究是近代史所的一个特点，建所以来，一直就是这样。

但是，近代史所从来没有忽视宏观研究。近代史所的领导人，如范文澜、刘大年、黎澍诸位先生，都是很关注宏观问题的，他们在涉及中国近代史研究中的许多重大问题的论述，引起过学术界广泛的关注。如范文澜 1958 年在《历史研究》上发表《反对放空炮》，反对大话、空话，针对的是当时“史学革命”中的错误方向；刘大年发表的《论历史学理论研究》《论历史研究的对象》，就是历史学研究领域重要的宏观研究论著。我本人也倾注了很多心力来关注中国近代史领域里的宏观问题。2008 年出版的《张海鹏集》，那里面汇聚的都是我对于近代史领域里的宏观问题的思考。

作为一个国家开办的研究所，不可能把所有的人都调去研究宏观问题，也没有这个必要。但是，现在又有另外一个现象，不仅是我们研究所，整个历史学界，都有一种现象，就是对理论的冷漠、冷淡、淡漠，说重一些是轻视。自 20

世纪50年代以来，学术界的争论，数历史学界的争论做得最好，当时中国古代史领域有所谓“五朵金花”，近代史研究领域里争论也很多：关于近代史分期问题、资本主义萌芽研究、社会形态、社会发展规律、半殖民地半封建社会研究、洋务运动等，都引起过长期争论。延续50年代近代史分期问题的研究，到了80年代又出现了中国近代史基本线索的讨论，这个讨论轰轰烈烈，我也曾参与其中。我认为这是非常好的现象，这是近代史学界百家争鸣的好现象。到90年代初，争论还有。但是，到了90年代中期，关于中国近代史领域里的宏观问题的争论，就很少见了。我在1998年发表了一篇关于中国近代史的分期的文章，提出了关于“沉沦”与“上升”方面的一些观点，这些观点实际上是在80年代观点的基础上，重新思考、论证，但是，这时已经很少有人来和我辩驳了，讨论开展不起来了。我们的学术界对宏观问题显得有一些淡然。我想，不仅在近代史领域里是这样，在历史学的其他领域里也是这样。

问：史学理论界也存在这样的问题。现在开史学理论讨论会，已经很难找到大家共同关注的话题，争论就更少了。在您看来，为什么会产生这样的现象呢?

张：史学理论讨论会，1990年在厦门大学开的那一次我参加了。史学理论方面重大问题的争论，也慢慢减少了。在我看来，对理论的冷淡，源自于对马克思主义理论的冷淡。除了国际大环境外，我觉得之所以会如此，在一定程度上与后现代史观的影响有关。后现代史观，就是反对从宏观角度来探讨历史，主张用精细的研究来解构宏大叙事。后现代理论是在西方形成的，它有一个好处，它强调一个一个具体而微的小问题，它不管什么大的背景，不管历史发展规律，就是只关注一件事情，把这件事情讲清楚，它的好处是把与此事有关的史料全搜集在一起来分析，而超出这件事情之外，更大的历史背景，它不关心。我们不是不能研究细小的问题，但是，在探讨的时候，要把细小的问题同大的历史背景结合起来，要不然，就很难说明为什么在这样大的历史背景下产生这样的问题。社会生活是极其复杂的，社会现象是极其纷繁的。研究历史上的社会生活，就是要从复杂和纷繁中理出头绪，看看历史为什么发展到这个方向，而不是另外的方向。这就是基于史料累积上的宏大叙事。解构这种宏大叙事，把历史学者的眼光局限于或者引导到日常生活的细故研究，就会掩蔽人们对历史发展方向的认识和警觉。

我还觉得，史学理论研究一定要与具体的历史过程研究相结合，如果缺乏这种结合，史学理论就会给人空泛之感，感兴趣的学者就会减少。

宏观问题、战略问题，对年轻人来说，有一定难度，但是，在年轻的时候，也应该有这方面的兴趣。研究宏观问题，需要看很多书，特别是要看很多马列主义的原著，其他的一些著名社会科学家的著作，也要看。有了这方面的积累，到了一定时候，你就能够在这方面开辟自己的领域，你写出来的东西，就会很有底蕴，不会让人感到都是空话。即使是宏观的东西，你有大量的知识做基础，能够找出足以支撑你的结论的中外历史史实，那就可以取信于人了。年轻学者不适宜做宏观研究，但是，应该有这方面的准备。增加社会阅历，多读理论书籍，就是这方面的准备。

社会需要能够进行宏观研究的战略思想家。过去，恩格斯说过，德国的学者特别喜欢建立各种各样的体系。现在是美国人，他们不仅掌握了经济霸权，还掌握了学术话语霸权。他们经常提出新的概念、新的模式，这是美国人的一个特点。我觉得，我们中国学者应该赶上去，我们应该有自己的话语权，要提出中国人自己的概念、模式，不能盲目地跟着外国学者走，要建立自己的学科理论体系，要建立自己的学术自信。

问：从您的文集来看，您也不是仅仅做宏观性的研究，您还研讨过一些具体问题。

张：我个人原来是有意在专题研究上多下些功夫，但是，我实在没有时间，不过还是搞了几个题目。像辛亥革命时期湖北军政府的谋略处，许多研究武昌起义的论著都在讲，胡绳同志的《从鸦片战争到五四运动》专门有一节是讲谋略处的。我考证了谋略处的问题，否定了谋略处的存在。我是运用乾嘉考据的方法来研讨的。这篇《湖北军政府“谋略处”考异》，发表在《历史研究》1987 年第 4 期。1988 年发表在《近代史研究》上的研究湘军安庆战略的论文，也是有个人心得的。

1991 年 11 月，我接到台湾政治大学的邀请，去参加一个关于黄兴与近代中国的学术研讨会。我写了一篇黄兴对武昌首义的态度问题的文章，对黄兴是采取批评的态度，当然是在爱护的前提之下的批评态度。

为了参加在美国哥伦比亚大学举办的一个纪念抗战胜利五十周年的会议，我写了一篇关于皖南事变的文章。我也写过其他一些文章，我的这些专题研究文章都是从细小的部分入手，之后上升到比较宏观的境界上去。2010 年 8 月，我去阿姆斯特丹参加国际历史科学大会，提供了一篇文章，是关于洋务运动的。我的这篇文章里提出，洋务运动不应该和明治维新相比较，而应该和明治维新之前的幕府后期的改革相比较。

对于专题研究，我应该多写一些，我也有兴趣多写一些。但是，专题研究要勤跑图书馆、档案馆，我一向有志于此，但是由于行政工作缠身，很难有时间让我待在档案馆里。这是我的损失，也是我的遗憾，我是无可奈何的。

问：我看到您自己写的文章或别人写的介绍您的治史思想的文章，都强调您在史学研究中坚持唯物史观的指导，这是您一直坚持的治史原则吧？

张：这的确是我始终坚持的治史原则。我从不隐瞒自己的观点，在大陆的刊物上我是这样讲的，在台湾的刊物上我也是这样讲的。我在与台湾学者的接触中，了解部分学者对唯物史观很反感。1997 年年末，台北《历史月刊》编辑部给我打电话，告诉我 1998 年是该刊创办十周年，请我写一篇文章。我决定直接向该刊的读者宣讲唯物史观。1998 年《历史月刊》二月号发表了我写的长文《关于中国近代历史发展规律的认识和对若干史实的解说》。我在这篇文章中系统解说了唯物史观的基本原理，结合这个原理对近代中国的若干历史事实，包括帝国主义侵华问题、洋务运动问题、辛亥革命问题、孙中山学说(特别是三民主义)问题、资产阶级历史作用问题、三大政策即“联俄、联共、扶助农工”问题等分别做出了解说。文章发表后，“台湾中央研究院”张玉法院士、该院近代史所前所长陈三井研究员告诉我，台湾地区研究中国近代史的主流学者大概都看过了这篇文章。著名的民国史专家蒋永敬教授在他的文章里还征引了我文章中的观点。

问：那么您是如何消除台湾学者对于唯物史观的错误认识的呢？

张：一些台湾学者认为唯物史观是教条，我说世界上任何一个史家，要想研究和说明历史上的某个重大问题，总会秉持某种史观，这是不待证明的。我们之所以主张唯物史观，不是因为它是教条，是八股，而是因为它能告诉我们一种方法、一条捷径，使我们能更有效地处理纷繁复杂的历史问题，使我们能更好地洞察历史发展的方向。

我在文中强调，唯物史观是人们对历史认识的一种最一般的观念，它并非神秘而不可理喻。唯物史观认为，有史以来的人类历史是客观存在的，不是主观形态的；历史现象虽然千姿百态、纷繁复杂，却不是虚无缥缈的，人们虽然不能像自然科学那样在实验室里重复制造历史过程，但在掌握了尽可能多的历史资料以后，是可以对过往的历史过程加以描述、加以认识，并获得对往史的较为近真的影像的；历史现象虽乱如丝麻，确是可以理出头绪的，并且显示出了一种由低级到高级的发展过程。马克思、恩格斯提出的五种社会发展形态，则是对这一过程的最一般的描绘。当然，这并不能代替各国家各地区历史发展的丰富内容和具体走向，各国家各地区的社会历史发展具体途径，要由各国家各地区具体的历史环境决定，还要靠那里的历史学家去研究和总结。

近代中国的历史进程告诉我，中国只有坚持社会主义的方向，中国才能复兴；中国只有坚持中国共产党主张的马克思主义与中国实践相结合，中国才能前进。所以，在学术事业中，在历史研究的实践中，我坚持只有遵循唯物史观的指导，我们的学术研究事业才能更为客观、更加科学、更符合历史事实。要认清人类历史发展的方向，要揭示人类历史前进的规律，只有马克思主义、唯物史观最具有指南针和解剖刀的意义。形形色色的唯心史观，在这个问题上都显得软弱无力。

但是，我并不主张在学术研究实践中到处引用马克思主义的只言片语。我主张学习唯物史观的基本理论，努力领悟唯物史观的方法论意义，在研究实践中，在百家争鸣中，用这种方法论做解剖刀，去辨识历史事实，开拓学术视野，建立自己的学术观点。我撰写的学术论文，都是努力学习这种方法论，努力实践这种方法论的指导。当然，这不是说已经做得很好了，只是说一直在努力中；这种努力是无止境的，生命有日，在学术活动中都要这样去做。

问：您对大陆学者中一些有悖唯物史观的论点也是十分关注的，这在网上引起了一些网友的热议。

张：你是指我在《中国青年报》上发表的那篇论辩文章吧！那是2006年3月1日，应有关单位约请，我在《中国青年报》冰点栏目发表了《反帝反封建是近代中国的历史主题》一文，与南方某教授颠覆中国近代史基本观点的文章做学术论辩。

我在文章中除了就第二次鸦片战争和义和团运动的史实驳斥了对方的观点，还结合唯物史观的基本原理，结合具体史实，强调了用唯物史观指导历史研究的意义。当天香港有线电视台记者采访我，认为我的文章很平实，出乎他们的意料。我调查了头三天网民的反应，支持的占到60%，反对的占不到40%。支持的人中，也有人对我文中提出的唯物史观不理解，甚至反感。

2006年8月，在中国社会科学院党的工作会议上我做了“我是怎样在中国近代史研究中坚持唯物史观的”的发言，算是对我院党组织做的一次汇报。此后我发表的文章常常受到读者和网民关注。2006年12月14日，我在院报发表《中国近代史研究的基本评价和方法论问题》，网上有人对我强调唯物史观提出了强烈批评。我欢迎读者的批评，我会在今后的文章中考虑他们的意见，但是我认为坚持唯物史观是正确的，对此我将乐此不疲，不会松懈。

问：其实早在1996年，您就发表过评所谓“告别革命”的文章，在学术界很有影响力。

张：是的。针对李泽厚、刘再复在香港出版的《告别革命》一书的观点，我在《当代中国史研究》上发表了《“告别革命”说错在哪里》的评论文章，批驳了这本书中歪曲、诬蔑中国近代革命史、世界革命史的错误言论。我说明所谓“告别革命”，实际上是要告别马克思主义，告别社会主义，告别近代中国人民的全部革命传统，把近代中国的革命历史都否定了，把本世纪的革命理论都“解构”了，所谓“反帝反封建”自然不成立了，中华人民共和国的成立自然就失去合理性了。如此，则所谓有中国特色的社会主义、社会主义的市场经济，岂不是都消解殆尽了吗？这篇文章也被多处转载，受到了广泛关注。

问：在历史研究中坚持唯物史观指导的问题是一个需要不断强调的话题，即使在今天仍然有继续强调的必要。这次首届马克思主义史学理论论坛就是要达到这一目的。您认为这次论坛开得怎样？对于今后史学研究工作如何更好地坚持唯物史观的指导，您有什么想法？

张：我完全同意您的说法，坚持唯物史观指导，是历史学研究中一个需要不断强调的话题。中国社会科学院举办首届马克思主义史学理论论坛就是这个意思。这次论坛，汇聚了全国上百位研究史学理论的学者，从不同的角度，研究史学理论问题，研究马克思主义，研究唯物史观对史学研究的指导，是很有意义的。我建议首届马克思主义史学理论论坛一定要坚持下去，不要只有首届，不见下文。史学理论是一个常说常新的话题，要一届、两届、三届连续开下去。我建议，为了提倡历史学者读马克思主义的书，不妨在今后举办的论坛中，开辟专门会场，研讨马克思主义经典作家有关历史学的著作，分析这些历史学著作的写作背景，分析从这些历史学著作中如何抽象出历史学理论，如何上升为唯物主义的历史观，以及如何利用这些理论指导，观察和分析世界历史和中国历史。我相信这样做，对于提高我国历史学者的史学水平，一定是有好处的。这是我的期待！

问：2015 年将在山东济南召开第 22 届国际历史科学大会，您作为中国史学会会长，请介绍一点有关情况。

张：国际历史科学大会是国际历史学会主持的，每五年一次。以前多在欧洲举办，在美洲、澳洲也办过，亚洲还没有机会办。中国史学会作为国际历史学会的国家会员，一直希望在中国办一次这样的大会。1995 年在加拿大蒙特利尔国际大会上，中国史学会的争办失败了。2005 年开始，我作为中国史学会常务副会长，积极加强了与国际历史学会的沟通。2007 年 9 月，我们争取到在北京举办国际历史学会代表大会的机会，为争办国际历史科学大会奠定了一定基础。2010 年 9 月，我作为中国史学会会长，率领中国史学会代表团出席了在阿姆斯特丹举办的国际历史学会代表大会，在大会上通过了中国史学会提出的在中国济南举办第 22 届国际历史科学大会的申请。这将是国际历史科学大会第一次在亚洲举办。去年 9 月，在布达佩斯国际代表大会上，我们研究了 2015 年国际历史科学大会的议程，大会的第一主题是中国在世界历史上的地位，将由中国学者主持，我们还争取了多场专题讨论由中国学者来主持。这将是中国史学会与国际历史学会一次更高层次的合作，是中国历史学者与世界各国历史学者一次全面的接触，对中国历史学的发展会起到促进作用。目前，中国史学会正在按照日程安排筹备大会的进程，希望各位读者关注这件事情，给中国史学会以支持。

问：谢谢您接受我的访谈。您不仅谈了个人的治学之路，而且也对中国史学的健康发展提出了自己的宝贵意见。这里我也代表《历史教学问题》的读者向您表示感谢！

张：谢谢您！为访谈劳神费力，辛苦您了！请代我问候《历史教学问题》的编者和读者！您是首都师范大学历史学院教授，我也曾在贵校担任讲座教授，从与贵校学者的交流中汲取营养，很是荣幸。

朱成甲：1933 年生，江苏省灌云县人。1961 年 7 月毕业于北京师范大学中国语言文学系，曾任《历史研究》《中国社会科学》编辑。现为中国社会科学院《中国社会科学》杂志社编审、北京大学历史系兼职教授、中国李大钊研究会顾问。主要成果有：1983 年于《历史研究》发表论文《李大钊对袁世凯的认识过程》；1984 年 3 月，汇编出版《中共党史研究论文选》（上中下三册）；1989 年 7 月，由河北人民出版社出版专著《李大钊早期思想与近代中国》，1999 年 10 月人民出版社再版，2006 年该书获中国社会科学院首届离退休人员优秀科研成果一等奖；2009 年 10 月，《李大钊传》（上）由中国社会科学出版社出版，2013 年该书获中国社会科学院第 5 届离退休人员优秀科研成果二等奖。其他主要论文有：《孙中山思想理论与二十世纪中国历史进程》《论毛泽东在党成熟过程中的历史作用》《陈独秀国民运动思想与五四新文化运动》等。1991 年，被国务院授予有贡献的知识分子称号，享受政府特殊津贴。

"殚精竭虑，理性至上"，深入研究李大钊 40 年

——访朱成甲教授

（2017 年 12 月 24 日，中国李大钊研究会在京理事在北京大学开会，学习党的十九大精神，研究纪念李大钊同志诞辰 130 周年事宜。这次会上，我见到了朱成甲先生。会后，我提到希望对他的李大钊研究问题进行访谈，之后我们又进行了多次沟通交流。）

问：朱先生您好！1989 年纪念李大钊同志诞辰 100 周年的学术讨论会上我第一次见到您，同时也获赠您刚刚出版的《李大钊早期思想与近代中国》一书。后来我花了几天时间，通读了您的这本书，当时觉得无论从书的内容上看，还是从研究方法上看，都有很多新意，感到很受启发。十年以后，即 1999 年的 10 月，又得到您再版的《李大钊早期思想和近代中国》。2009 年，在北京大学召开的纪念李大钊同志诞辰 120 周年的学术研讨会上，我又获赠了您刚刚出版的《李大钊传》(上)。那时这部书刚刚出版，书上仿佛还可以闻到油墨的香味。当时，我就对您研究李大钊的精神非常佩服，很想与您深入地聊一聊您是如何研究李大钊的。例如，您为什么要坚持研究李大钊？您研究李大钊的方法是什么？您的研究理路对于史学工作者研究历史人物，特别是当代历史人物有什么启示？等等。这次，为了纪念李大钊诞辰 130 周年，有机会再次见到您，您看我们是否就以您为什么要研究李大钊为中心，谈一谈您对李大钊的研究。

朱：好的！这个题目很好。2018 年，是改革开放 40 周年；2019 年，又是五四运动一百周年，也是李大钊同志诞辰 130 周年。在这个历史的节点上，让我们回顾一下几十年来的李大钊研究，回顾一下他对于在中国传播马克思主义，他对于中国革命道路的探索，他对中国共产党成立的贡献以及他的伟大人格和革命精

神等问题，都是十分有意义的。

一、“殚精竭虑，理性至上”的李大钊研究“三部曲”

问：学术界有学者称您研究李大钊有“三部曲”，我们就从这“三部曲”开始谈吧！也就是说先回顾一下您研究李大钊的历程。

朱：好的。北京行政学院的侯且岸教授于2015年在《中共党史研究》第1期上发表了一篇评论我的李大钊研究的文章，文章的题目是《殚精竭虑 理性至上——评朱成甲的李大钊研究三部曲》。我想，“三部曲”的提法可能就是从这里开始的。

“三部曲”的说法基本概括了我的李大钊研究历程。那就是：1983年我发表了我的李大钊研究的第一个成果《李大钊对袁世凯的认识过程》，发表在《历史研究》1983年第6期，这是第一部曲。1989年7月，河北人民出版社出版了我的新著《李大钊早期思想与近代中国》，全书42万字。当时印数很少，很快售罄，满足不了学术界的需求，河北人民出版社在1999年再版了这本书。这就是第二部曲。2009年10月，中国社会科学出版社出版了我的《李大钊传》(上)，这是根据中国李大钊研究会的要求撰写的，全书62万字。目前，《李大钊传》(下)还在撰写过程中。这也就是我的李大钊研究的第三部曲吧。

问：“三部曲”是对您的李大钊研究的基本概括，但是您对李大钊的学习与研究过程肯定比这个更丰富。您最初为什么选择李大钊作为您的研究对象呢？

朱：李大钊是我国近代史上具有重要历史地位的人物，我对李大钊研究重要意义的认识也是伴随着我的研究的逐步深入而不断加深的。这一点我在后面还要进一步谈。先谈一下我开始研究李大钊的初衷。

我初读李大钊的著作是在1960年，那时候我正在读大学；而开始研究李大钊是在1978年，那时我正在《历史研究》杂志社工作。20世纪70年代后期，随着思想理论界的拨乱反正，我国史学界开始进入一个新的发展阶段。首先，需要突破的问题集中在对历史人物的评价上。1980年2月，彭明教授在《如何评价历史人物》的文章中提出了10个问题进行论述。他指出，“首先要订正一些最基本的历史事实”“占有材料，弄清历史事实，是进行历史研究的最基本条件，否则，立论就不可能正确”。他又指出，“每一个历史人物，不管他是多么伟大的人物，都有一个发展过程”，不能“简单化”，应该“是其本来之是，非其本来之非”，“溢美，便失去了真实”。他主张：“要分析历史人物成长的时代和社会条件”“要具体地分析人物思想发展的各个阶段”“不要回避和篡改历史事实”。彭先生的这些论述，都是有的放矢、切中时弊的，应该说是有很沉重的历史内涵的，对于在史学领域内恢复和发扬实事求是的传统是具有先导性的积极作用的。其后，中央党史研究室李新教授又连续发表《文与史》《史论》《文笔、论笔、史笔》三篇文章，都刊登在《历史研究》上，对于长期流行的种种非科学、反科学的历史理论和方法做进一步的理论反驳，从而使得马克思主义的科学理性得到进一步的弘扬。我的李大钊研究，就是在这样一种时代气氛下开始起步的。

1978 年，在准备纪念五四运动 60 周年学术讨论会的过程中，我试写了一篇《李大钊早期民主思想》的文章。按照当时流行的逻辑与思维定式，我就很直接地得出了“李大钊在辛亥革命时期最早反袁，因为他是激进的民主主义者”之类的结论。不过，这时候我终究已经受到 20 世纪 70 年代后期兴起的马克思主义新理性的启迪，于是拿我得出的结论与李大钊自己的文字仔细加以对照，越对照越发现有些格格不入的地方。按照当时的情况，我写的这篇文章当时也不是不能发表，有好心的朋友曾经劝我发表，并愿意给我推荐。但我还是要坚持立言从慎的原则，决定文章不发表。但是，说李大钊最早反袁容易，说李大钊一度拥袁难。这不仅是属于学理的问题，更是社会常识。可是，由于新理性的驱使，我当时却宁愿选择“难”。可是这一头钻研下去竟花费了 4 年多时间。

由于当时我读到的仅仅是《李大钊选集》，我认为如果就以这些文章来对李大钊在辛亥革命后未曾反袁反而一度拥袁的情况下结论，就未免有些轻率。所以，我觉得还必须把这一时期李大钊的文字都尽可能看到才能做到万无一失。正好这时，我得到吴家林好友的帮助，看到以袁谦同志为主任的北京市委党校党史教研室同志长期搜集、准备出版的《李大钊文集》的书稿。这样，就使我对自己所发现的问题能够有把握地做出论断。

但是，这时候我还是不愿意发表这篇文章。因为这时候我仅仅是弄清了“是什么”和“怎么样”的问题，却没有弄清楚“为什么”。这样，我的文章即使写出来也是底气不足，缺少深度。所以，我进一步下决心要扩大研究领域，就是要研究相关的时代背景和社会背景。其一，要研究袁世凯和清末新政；其二，要研究以孙中山为首的革命党；其三，要研究以梁启超为首的改良派。研究了这三大系统，又花费了 3 年多的时间。直到 1983 年，我才决意发表我研究李大钊的第一篇论文，这就是在《历史研究》1983 年第 6 期上发表的文章《李大钊对袁世凯的认识过程》。

这篇文章发表以后，受到了李新、刘桂生、张静如等先生的肯定，也激励我继续努力准备写出相应的专著。1983 年的这篇论文，事实上已经标志着我的专著写作基本准备就绪。但是，我还是不愿意开写，将出版社要求交稿的时间又推迟了两年多，以便我能够继续深入研究下去。直到 1987 年 7 月才交稿，1989 年 7 月终于出书。这就是河北人民出版社出版的《李大钊早期思想与近代中国》。

问：您在写《李大钊对袁世凯的认识过程》这篇文章的时候，已经经过了很长时间的思考，并且积累了充分的材料，为什么过了几年您的书稿才完成呢？

朱：前边我已经说了，我准备写这本书是在 1979 年纪念五四运动 60 周年和李大钊诞辰 90 周年的时候。到 1987 年书稿完成时，已经过去了 8 年的时间。这些年来，我在编辑工作之外的大部分时间，都花费在这里。为什么我一再推迟交稿的时间，是我没有想到写作中会遇到那么大的困难。随着研究的深入，问题的难度和复杂性越来越呈现出来了。

问：您所说的难度和复杂性表现在哪呢？

朱：主要是将李大钊和近代中国联系起来研究，这比单纯研究李大钊本人难度大多了，因为它的研究范围预想不到地扩大了。但是，研究对象的实际情况和科学研究的内在逻辑又要求我不得不这样做。这样，我花费了比研究李大钊本身的材料多得多的时间去研究与之相对应的背景，去研究与之相关的大量事件和人物，同时也自然涉及与这些事件、人物的联系问题与评价问题。正由于有了这个要求，致使我虽然费了较多的时间，但仍感到时间不够。如果有可能的话，我觉得还有必要再费一些时间去进行研究，因为我总觉得对一些问题研究得还是太少、太肤浅。

另一方面，李大钊早期思想不仅和近代中国的重大事件和众多的历史人物密切相联系，而且它所着重反映的内容也多是属于重大的理论问题与学术问题，这就从另一个方面增大了研究的困难。比如，有一些极为容易触犯忌讳又长期没有获得科学解释的问题，像如何看待一定条件下的改良与革命的问题、绝对斗争与相对调和的问题，如何看待民主与专政、自由与专制、民治与个人集权(独裁)问题，如何看待辛亥革命、二次革命、清末新政等问题，都是在过去无法进行实事求是的研究与科学说明的问题。现在，虽然有条件进行研究，但一些重大理论问题却不能不需要更长的时间来探讨。所以，我当时所做的一些努力，仅仅是一个大胆的尝试，是一个很不成熟的探索，需要有学术界更多的人来参与。

问：这样看来，您的这本新著的问世的确不容易，因为它所研究的对象不仅仅是李大钊一个人，而是涉及对中国近代社会诸多的实际问题和理论问题的探讨。难怪您的新书出版后会得到那么大的关注，也难怪大家会好评如潮。1989年10月，中国李大钊研究会在北京大学举行纪念李大钊诞辰100周年学术研讨会，我们参会的同志有幸得到您的这本新著，当时感到非常高兴。为什么10年之后，人民出版社又出版了您的这本书呢？

朱：是的，参加这次讨论会的学者我大都送给了他们我的这本书。但是，没有参加会的学者就没有这样幸运，他们想看到这本书，但就是买不到。比如，1989年秋，我把我的这本书送给了当时《人物》杂志的主编(后为人民出版社副总编)马连儒。一年后，马先生告诉我：“你送给我的那本书，不久就被陈茂仪、姚洛、谢云三位老同志拿去传着看，前天刚还回来。他们说，书店里到处都买不到这本书。”马先生的话真给了我很大震动。因为他所说的三位老同志，过去在思想、文化、理论界都是很有影响力的人。陈、姚二位，都曾经是《红旗》杂志的领导成员，是著名的理论工作者。谢云老同志是作家，曾任国家对外文委的副主任。他们当时都已经是70岁上下的人了，到处买我这本书买不到，只好用借来传着看的办法来看到本书，这真是让我万分感动，并倍生敬意。再如，1991年年底，国家教委副主任柳斌同志从广州出差回来，见面后告诉我，他在广州的宾馆里看到当地报纸有评介我这本书的文章，当地来访的教育界的领导也很有兴趣地谈论这本书，但是都很遗憾不知如何才能买到。不仅社会上有一部分读者对本书有着迫切的需要，海外读者也有一定的需求。当时，这本书为了再版曾经进行过两次征订，国际书店的国外征订数达到 230 本，其中日本东方书店订 98 本，香港三联书店订 80 本。这都说明海内外对这本书都是有需求的。

问：除了读者需要了解您的这本书的内容以外，这本书在匡正人们长期以来对李大钊的误解与曲解方面也有很大价值。但是由于没有看到这本书，所以很多错误还在延续。

朱：确实是这样。比如被收入萧三主编的《革命烈士诗抄》的李大钊 1913 年冬去日本之前写的一首赠给友人的诗《南天动乱，适将去国，忆天问军中》。书中对该诗的解释，称"天问"是"郭厚庵"，说当时他是参加孙中山"二次革命"的"讨袁军"。这本"诗抄"当时影响很大，印行约 70 万册。以后，多种选本都沿用萧三的解释，总的印数至少也在 100 万册。有的解释还在进一步发挥，如说李大钊还鼓励友人在战争中为国立功等。但是，我的这本书已经考证清楚，这里的"天问"根本不是"郭厚庵"，而是白坚武；"天问"所从的军，也根本不是讨袁军，而是镇压"二次革命"的"袁军"。像这样根本性的谬误，以后并没有纠正过来。像 1990 年 9 月出版的李克寒编的《革命烈士诗词精选》仍然沿用这种错误的解释。这也从一个方面反映出我这本著作还没有能得到广泛传播。

问：我看到在您的这本书第八章拥袁的背景、原因中，有一节写对袁世凯镇压革命党的行动，表示坚决支持，写到了李大钊的这首诗。这首诗是写给南下参加袁世凯军队的白坚武的。他们在北洋法政学校时，是很要好的同学。

朱：是的，在这里我对李大钊写这首诗的情况、白坚武当时的情况都有很具体的分析。正因为社会上对这本书有这种需求，河北人民出版社在 1999 年 10 月再版了《李大钊早期思想与近代中国》这本书。当时，正是纪念李大钊诞辰 110 周年之际，出版社的同志为了赶在 10 月出版，做了大量辛勤的工作，保证了社会各方面对本书的需要。

问：您完成了《李大钊早期思想与近代中国》这本书，可以说是对李大钊研究做出的巨大贡献，许多评论者都认为这本书代表了当代中国李大钊研究的最高水平。我觉得这样的评价也是很符合实际的。但是，您为什么又走出了第三步，撰写《李大钊传》呢？

朱：自改革开放以来，特别是1989年以来，党中央高度重视、关怀和支持对李大钊的学习、宣传和研究。1994年，中国李大钊研究会根据1989年党中央纪念李大钊百年诞辰大会的精神，对李大钊研究做了进一步的规划部署，决定实施重新编辑注释出版《李大钊全集》与撰写出版《李大钊传》两项工程，并呈党中央获准。对于前一项工程，我也曾承担了部分任务，全书于1999年完成，胡锦涛总书记亲临该书出版座谈会，并发表了重要讲话。对于后一项撰写《李大钊传》的任务，中国李大钊研究会委托我独立承担。

原来设想的《李大钊传》是准备撰写一部50万字的全传。但在写作的过程中发现，根据李大钊这个人物的特点与其实际的社会历史、思想文化内涵，需要写一部百万字的全传，分成上下两册，才能够比较全面深刻地说明这位伟大的人物。所以，其难度也就远远超出了原来的预料。经过一番艰苦的努力，到2009年9月才完成了上部的撰写，大约62万字。

当时，我因身体等原因没能完成全传的撰写，深深感到愧疚，觉得对不起李大钊和李大钊研究会。当时李大钊研究会的会长王学珍同志对我毫无不满之意，反而安慰我说：“已经努力了，写成半部也好，胡适的中国哲学史就是写了半部嘛！”

问：您的书稿是在2009年7月中旬完成的，但是在10月28日李大钊诞辰120周年的学术研讨会上就与大家见面了，仅仅三个月的时间。这么短的时间，该书就出版了，出版社真是不容易啊！

朱：确实如此！中国社会科学出版社为此书的出版付出了特殊的努力，总编辑赵剑英同志对此书的出版给予了特殊的支持和关照，仅仅三个月的时间，该书就与读者见面了。

问：现在大家都很关注您的《李大钊传》(下)的写作情况，现在进展得怎么样了?

朱：是的，同志们都很期待与关心。《李大钊传》(上)出版时，我已76岁。我想：按我写作的习惯，如果要写下册，大约仍需10年。所以，对于自己的身体感到缺少把握。于是，决定改变计划，拟写两个专题性著作：一是《李大钊与五四新文化运动》，二是《李大钊与中国“大革命”》。第一项完成后，看情况再决定是否进行第二项。我的这个计划，也曾告诉过友人。例如，2014 年，张静如先生在为我的《李大钊传》(上)写的评论文章中就说：“这部著作只写了上卷，按上卷的规模还应有中卷、下卷。可是我问老朱后边怎么办，他说不想按传写了，准备写两个专题性著作。不管怎么写，希望早日看到后边的成果。不过，年纪不小了，悠着点。”由于其他任务等原因，现在是正争取第一项任务之完成。好友言犹在耳，思之痛心。

二、改革开放的时代与史坛的优良传统是我的李大钊研究不断前进的动力

问：您的李大钊研究如果从 1978 年算起，至今正好是 40 年，它是与我国改革开放的历史进程同步进行的。您的研究取得了令人瞩目的成果，大家公认您的研究成果代表了我国学术界对李大钊研究的最高水平。现在回顾一下这个历程，您觉得感受最深的是什么？

朱：回顾这几十年来的李大钊研究，让我最不能忘怀的就是学术界的前辈们、朋友们对我的研究的热情关怀和支持。这可以说是推动我把李大钊研究持续不断进行下去的动力。

记得我的《李大钊对袁世凯的认识过程》一文在 1983 年年底发表以后，仅仅一个月的时间，我就收到了李良志教授的来信，当时我还不认识他。他在信中告诉我，李新同志在他主持的“写作班子”一年一度的春节聚餐会上，大为赞扬我在《历史研究》上发表的那篇文章，认为材料扎实，实事求是，提倡大家也应该这样来搞研究。李新同志在这样一个英才云集的场合对我这后辈的文章做如此的赞誉，使我感到既荣幸又惭愧。后来，李良志先生又来信说，对我的文章又读了一遍，深感李新同志的评价是很正确的。他强调，李新对李大钊也是有研究的，他从不轻易表扬任何人。

积极关注和支持我这篇文章的还有刘桂生教授。刘先生从 20 世纪 50 年代初起就研究李大钊，并且多有创获。80 年代以来，他曾以李大钊的思想研究为题，多次在法、德等国著名大学讲学。他早年曾受业于陈寅恪先生，其治学既有宏观

的学术眼光与理论气度，又擅长精微的考辨求索，其学识为世所重。1984 年 10 月，在乐亭召开的纪念李大钊诞辰 95 周年的学术讨论会上，我第一次见到了刘桂生教授。他告诉我，我的那篇文章在《光明日报》发表《历史研究》的目录时，他就立即感到这篇文章的重要性。当时，他和李新同志在广州，他立即很高兴地去告诉了李新同志，共同认为这个选题好，应该研究这个问题。当他得知我要参加这次讨论会时，才决定他也要来参会。像刘先生这样一位崇尚学术的学者，对我的一孔之见竟然如此厚爱，使我非常感动。

1984 年 2 月，我收到当时并不相识的张静如先生的来信。他在信中说，大作很有新意，读后颇受启发。近日将改写拙著，定会增色。他还告诉我，山东曲阜师大吕明灼同志来信，说及我的那篇文章，极力称赞。张先生对于我的文章的态度，我是十分关注的。因为他是李大钊研究最早的开拓者，是出版李大钊研究专著的第一人；另外，我的探讨与张先生的过去之论是不同的，张先生对我的"异端"之论究竟持什么态度，我当然不能不介意。通过研究张先生的来信以及他以后在一系列会议上充分肯定我的新探索，使我充分感到张先生其人其言是至诚的、朗阔的。他在后来的会议上，又对自己在开拓期本是属于某些难免的不确之处，总是极为虚怀若谷地表示自省之意。张先生的这种风范，确实让我感到难能可贵。

问：您这里所说的几位先生对您的文章的关注与支持大都是在 1984 年前后，后来在您的著作《李大钊早期思想与近代中国》出版前后，又得到哪些学者的关注、支持了呢？

朱：这里我首先要谈一谈著名史学家李新和刘桂生二位先生，他们不仅在我的文章发表后给予我热情的鼓励，更在我的专著即将出版时的 1987 年 11 月为本书写了序。他们在序中指出："坚持从客观事实出发，是该书的一个显著特点。以李大钊的早期思想来说，他曾经接受过改良主义、调和主义等思想影响，曾经一度对袁世凯认识不清，表示拥袁的态度；曾经对当时的革命党人持有种种批评。在成为革命民主主义者和马克思主义者的征途中，他曾经经历过一个曲折的发展过程。这是客观的历史事实，是李大钊自己的文字中所明确表示了的。该书严肃冷静地对待这些事实，在严格地弄清这些事实的前提下，进一步进行系统的分析和研究，经过这样的一番细致工夫，李大钊早期思想的形成和发展的具体过程就被系统地、真实地清理出来了。”他们在序中还说：“不把李大钊当作孤立的个人，而是把他和一定的时代、一定的社会环境、一定的文化气氛、一定的社会政治力量联系起来加以研究考察，是本书的又一个特点。”可以说，李新、刘桂生二位先生的序言对本书的特点做了最好的概括。

1989年8月，研究五四运动的著名史学家彭明教授看到了我这本书，他首先就做出明确反应。他说：“成甲，你写这本书很不容易。这些年来，我国的学风不好，可是你竟能不受干扰，扎扎实实地搞研究，用了近10年时间写出这样一部有学术价值的著作，确实难能可贵！这种精神和学风，很值得提倡!”以后，彭明教授在几次全国性的学术会议上，在中国人民大学校内对学生谈治学的时候，几次谈到这本书，并且给予高度评价和热情推荐。

近代史研究方面的著名学者丁守和先生对于本书在学术上的一点贡献不惜余力地给予护惜和传扬。他在《近代史研究》上发表了文章进行评论，同时还对本书做了全面的学术鉴定。他认为：第一，本书第一次系统、全面、客观地清理和叙述了李大钊早期思想发展的具体过程，从多方面澄清和纠正了长期以来在李大钊研究中存在的严重的曲解和误解，使人们在这方面的了解和认识达到科学的实事求是的阶段。第二，本书以前所未有的深度和广度对李大钊早期思想的发展过程进行了理论剖析。第三，本书在人物研究的方法上做出了积极可贵的探索。

丁守和先生认为，著者在中国近代思想史和重要思想家的研究方面取得了相当突出的成就。这部著作，是迄今为止在李大钊研究中学术水平最高和最有分量的著作。

丁守和先生在给我的书以高度的评价以后，接着谈到他自己。他说，自己在此“之所以写了这么多，还因为本书所纠正的误解，也包括了我过去所写的某些论著。我主编的《李大钊选集》，前面有篇序言性质的《李大钊生平事略》，是由我修改定稿的，其中对李大钊早期思想的阐述，就有明显的误解。所以阅读朱著就尤其感到亲切，令人信服”。

除了报刊的评论以外，其他专家学者、读者口头或书信的鼓励形式则更多。1990年8月，在北京召开鸦片战争150周年的学术讨论会上，广东社会科学院院长张磊教授对我说：“老朱，你那本书，我看了以后，又让院里其他一些同志拿去传着看。”他还说：“我这样做，只有两本书，另一本是金冲及同志的《周恩来传》。”张磊教授是国内外著名的孙中山研究和辛亥革命史研究专家，是同辈人中的佼佼者，无论从他的工作任务还是从他的研究范围，我本来都不敢希冀他能有时间来一读我这本拙著，但结果他却如此垂重。至于金冲及教授及其《周恩来传》，我更始终仰视而感到无法并比。张磊教授的识见与做法，我想，也只有从我国史坛的优良传统与真正学者的学术品格中才能得到解释。

问：在您的书出版后不久，可以看到学术界有不少学者在比较有影响力的报刊上发表文章，评论您的这本著作。

朱：是的，在本书出版后一年多的时间里发表的文章有：杜蒸民的《贵在求真与创新》(《中共党史研究》1990年第2期)；黄侯兴的《李大钊研究的新贡献》[《人民日报》(海外版)1990年5月25日]；徐思彦的《李大钊研究的重要进展》(《中国社会科学》1990年第4期)；舒芜的《让时代来解释人物——一本知人论世之书》(《读书》1990年第9期)；丁守和、李林的《李大钊研究中的几个问题——兼评朱成甲著〈李大钊早期思想与近代中国〉》(《近代史研究》1990年第6期)；杨义的《从一部书看治学品格》(《群言》1991年第2期)。

我的这本书还得到后藤延子的关注与评价。后藤先生是日本的中国近代史研究教授，对李大钊研究也是卓有心得。她认为：本著是李大钊研究中“出类拔萃的著作”“是中国解放后李大钊研究中水平最高的专著”“值得花很多时间精读”。“本著通过实证分析，否定过去一直通行的说法，使人仿佛在读优秀的推理小说的谜底一样，得到新知的满足，从中体会到绝妙的理趣。”全书“富于鲜明的文学情调，可以说，既是研究著作，又是文学评传的杰作”。“这一点，是日本学者所难以企及的。”

问：我看到刘桂生先生在《清华大学学报》1999年第3期上发表了一篇题为《朱成甲〈李大钊早期思想与近代中国〉跋》的文章，对于您的这部著作对中国李大钊研究所做的贡献给予了充分肯定。

朱：是的。刘先生的文章不长，他说：

我国有关李大钊研究曾长期存在着一些重大史实性错误。如把早年辛亥革命时期的李大钊说成是一个政治上完全成熟的“激进”革命民主主义者，把他当时的政治思想觉悟说得比孙中山和黄兴还高，是他，而不是孙、黄“最早”认清袁世凯盗权窃国的“反动本质”，“首先”发表反袁文章。这种与历史事实完全不符的论断，长期被认为是正确的，甚至是天经地义的。这种状况，经 30 余年而无人提出异议。由此可见，它的产生和存在有着复杂的历史原因。误解与曲解，究其思想根源，是和我国现代史研究中长期流行的某些先验性的历史观与方法论紧密相联的，是和我国长期以来所形成的历史论述的框架和理论逻辑相适应的。如果不在历史观和方法论上纠正原来的某些缺点与弱点，如果不使历史论述的角度在逻辑上做出新的实事求是的调整，要想彻底纠正李大钊研究中的种种违背史实之论断，是很难办到的。正是在这一方面，朱著本身蕴涵着的史学功力、文化眼光得以充分展示，并以学术贡献之形式呈现于读者面前。

朱成甲所著书严格地从历史实际出发，将李大钊早期思想研究与相应的中国近代史研究紧密结合起来，寻求其间的内在联系，从而使李大钊思想发展与中国近代社会变迁及思潮演进之间的联系，得到合乎历史逻辑的学理性的阐述。对于作者的研究结论，国内外一些学者赞誉，有些学者曾经计议反驳，后来也终于表示信服与认同。朱著这方面的成就，使李大钊的早期思想第一次获得全面客观的阐述，这样，李大钊研究便随之而进入一个实事求是的新阶段。特别是中国近代社会思潮的变迁，在李大钊思想上有着深刻的反映。如“民彝”问题、“青春”问题、“调和”问题等。在这一方面，朱著又使我国李大钊研究向前推进，即对上述这些理论问题逐个进行了颇为深入的解析和探讨，这样就使李大钊研究的理论深度又跨进一大步。

三、我的李大钊研究归根到底是由于“仰范前哲”

问：从我们上面的谈话可以看出，您对李大钊的研究是从改革开放一开始就启动了，到今天已经进行了 40 年。对于一个历史人物的研究能够坚持这样长的时间，这是很罕见的。您在研究的过程中必然会对自己这项研究的意义认识得越来越深刻，它是推动您把研究持续下去的动力。可以谈一谈您在这方面的体会吗？

朱：好！我很同意您的看法。我几十年来坚持对于李大钊的研究，归根到底是由于对李大钊的崇敬与信仰。正如唐代大史家刘知幾所说：“若不仰范前哲，何以贻厥后来？”

首先，李大钊的崇高人格与奋斗精神，几十年来始终是推动我深化研究的动力。

李大钊从“束发受书”之时起，即深感“国势之危迫”，立志“深研政理”，寻求“挽救民族、振奋国群之良策”。因此，他曾接受以追求和平改良为途径、实现君主立宪政治的改良主义；曾经坚决拥护并捍卫由暴力革命而来的民主宪政制度，即民主主义。在这两大政治潮流中，他都曾起过不同凡响的作用。但是，李大钊仍不停止自己的探索，不断与时俱进，终于在 1917 年俄国十月革命后和在“五四”新文化运动中，又率先选择了马克思主义、社会主义。他是中国历史上第一位举起马克思主义旗帜、发起共产主义运动的人，是 20 世纪中国在孙中山之后又一位“登高一呼”、率先开辟中国历史新纪元的人。

李大钊为了中华民族的重新崛起与伟大复兴，为了实现建设新中国与新世界的崇高理想，不惜长期艰苦奋斗，甚至献出最宝贵的生命。他的理想、思想理论、业绩、崇高人格与奋斗精神，永远值得每一个中国人学习、发扬与继承。这里我要引一段著名学者张申府先生关于李大钊人格与人生的典型意义的话。他说：“他应该说是现代中国的一个完人。不论他的思想，他的行动，他的为人，他的待友处家，都是无可訾议的。他的思想的先进，他的行动的积极，他的为人的纯洁，他的对人的温厚，他的道德的高尚，他的革命情绪的热烈，所有这些兼而有之，真可说是一时无两。”我们知道，张申府先生是著名的研究数理逻辑的哲学家，是个很客观理性的人。他对于李大钊“是现代中国一个完人”的评价，绝不是随便说的。事实上，凡是与李大钊有过相处或真正对他有所了解的人，都差不多具有与张申府先生同样的共识。

我还记得一件事：2006 年，我在江西婺源发现李大钊亲笔书写给友人的对联，遗憾的是对联的上联不见了，所以赠送的时间、对象都无从查考。这副对联的下联是："量才常以玉为衡。"上面所说张申府先生对李大钊的评价，就是符合这一联语的基本精神的。据考证，这副对联的全联应该是："改过每将人作鉴，量才常以玉为衡。"我们从这副对联的内容来看，如果不是送给林伯渠、张申府这两位友人，那也应该是送给与他们当时大体相当的友人。

中国传统文化最重视人格，并且又以洁白无瑕的玉来作为完美人格的比喻和象征。《礼记》就说过："君子于玉比德焉。"李大钊赞美友人在量人的时候，习以为常地"以玉为衡"，这自然也是李大钊自己习以为常的人生指针。因此，我研究李大钊，首先是出于对他的完美人格、崇高精神的深刻感受，愿以"以玉为衡"的精神，来对他进行探讨、研究与评价。

问：我看到在您的《李大钊传》(上)一书的《后记》中，您特别论述了李大钊是中国共产党"出世之前"向西方寻找真理的优秀人物。您为什么要特别强调这一点？

朱：确实是这样的。我们回顾20世纪40年代，毛泽东同志曾在《改造我们的学习》一文中说："灾难深重的中华民族，一百年来，其优秀人物奋斗牺牲，前仆后继，摸索救国救民的真理，是可歌可泣的。"在我对李大钊的研究过程中，毛泽东的这句话总是经常回响在我的脑海里，我有时甚至会情不自禁地流下感动的热泪。我深切地感受到，在毛泽东所说的这些优秀人物中，李大钊实在是最为典型的可歌可泣的一位。毛泽东在《论人民民主专政》一文中，还提到过四个"代表了中国共产党出世以前向西方寻找真理的一派人物"，这就是洪秀全、康有为、严复和孙中山。毛泽东正确地说明了中国优秀人物向西方寻找救国真理，直至寻找到马克思主义的历史过程，但是，对于究竟谁是在俄国十月革命以后率先地找到并运用马克思主义"真理"的优秀人物？在中国共产党人当中，有没有在中国共产党"出世以前"，也和严复、孙中山同样是向西方寻找真理的先进人物？在中国共产党人当中究竟什么样的人才有条件使他能够率先地去接受与运用马克思主义真理？这些问题，毛泽东在当时没有做进一步的说明，而客观的历史过程中，事实上是不可能没有这些问题的正确答案的。在党的十一届三中全会以后，在党的正确的思想路线的指引下，随着我国学术事业的发展，经过我国学者的努力，这些问题终于都有了比较正确的合乎历史实际的回答。可以说，李大钊这位优秀人物，在中国近代史中，特别是在中国共产党的历史中，是具有特殊的地位与作用的。只有他的人生历程，才具有回答上述问题的最完整的条件。在中国共产党人中，也和孙中山、严复一样苦心地向西方寻求救国真理并且真正做出杰出贡献的，就是李大钊。中国的历史过程本身告诉人们，只有那种首先向西方的思想文化寻求救国的政理和真理的优秀人物，才有条件、才有可能进而率先地寻找到马克思主义这个真理，并将其运用于革命实践，而建党本身就是首先的伟大实践。通过阅读李大钊传记所反映的李大钊从“束发受书”之时起，即“矢志于民族解放的事业”并开始去寻找救国真理的艰辛经历，就能进一步体会到毛泽东上述论断的深刻与正确，就能进一步认识到李大钊确实是中华民族的优秀儿女中寻求救国真理的可歌可泣的一个最光辉的典型。

问：您曾经专门撰文谈到李大钊爱国主义思想的根本特点，是立志通过“深研政理”来救中国。您是否能进一步说明一下这个问题？

朱：好的。让我们来思考一下：在中国近代史上众多探寻救国真理的优秀人物中，为什么李大钊能够起这种率先作用？我觉得这其中的原因、条件和所揭示的历史与人生意义，都是很值得深入研究的。因为它既反映出中国历史发展的客观需要与时代的必然性，同时也反映出李大钊这位杰出人物具有回应历史呼唤的特殊条件，具有立志追求真理而又能找到真理的人生机缘、动力与内在逻辑。

我认为，李大钊爱国主义思想的根本特点，是立志通过“深研政理”来救中国。留日回国后，仍“深研政理”，继续回答“再造中国”的重大理论问题，直至找到马克思主义。“深研政理”于他走上为中国革命开辟历史新纪元之路最重要、最关键，也是他爱国主义思想的根本特点。

李大钊的以“深研政理”为特点的爱国主义，是中国现代爱国主义发展的新阶段。李大钊认识到，中国原先的爱国主义已不足以应对时代的需要。他正是由于敏锐地感受到中国原先的那一些爱国救国的思想理论的严重不足，才立志要“深研政理”，以求对救国问题在一些根本性的理论方面有新的更好的解决方法。

李大钊立志“深研政理”的实质，是科学理性的爱国主义。在中国近代众多有志于报国的优秀人物中，像李大钊这样立志以“深研政理”作为救国根本之图的选择，实在少见。相反，倒是追求强兵救国、强商救国、实业救国、教育救国、国会救国、立宪救国、革命救国、国粹救国以至于医学救国、文学救国、体育救国、拳术救国等，如灿烂群星。李大钊“深研政理”的救国选择，可以说是中国现代思想史上首倡科学理性爱国的先声。

究竟什么是现代国家的立国精神？从历史与现实看，为什么要追求与实现这种立国精神？中国原先的立国精神是什么？为什么必须改进？如何改进？等等。所有这些问题，显然都必须经过“深研政理”、依靠科学理性才能解决。

李大钊从立志“深研政理”到找到马克思主义，经历了一个艰苦的过程。对于这个过程，毛泽东曾说：“灾难深重的中华民族，一百年来，其优秀人物奋斗牺牲，前仆后继，探索救国救民的真理，是可歌可泣的。但是直到第一次世界大战和俄国十月革命之后，才找到马克思列宁主义这个最好的真理。”毛泽东所说的找到马克思主义真理的可歌可泣的过程，李大钊应是最典型的。

问：您认为李大钊通过“深研政理”找到马克思主义的过程中，有哪些主要的理论成果呢？

朱：我觉得李大钊可歌可泣地“深研”与探索的重大思想理论成果，至少有以下四方面。

1. 首创“以人为本”的“民彝”政本论。他将“民彝”，即以人为本的近代人本主义，作为立国的基础与为政之本。

2. 首创人天合一、能动转化的青春国魂论。1916 年 5 月，李大钊完成《青春》一文的写作。这是一篇“改进立国之精神”的大政理，是重铸国魂、民魂的哲学著作。他创造出一种青春的宇宙观、国家观、民族观、历史观与人生观，有力地批判中国人当时流行的悲观、颓废情绪，从哲学理性上树立起昂扬、乐观、再造青春、中华必胜的信心。《青春》是中华民族告别衰朽、再造青春的精神宣言。

3. 首倡人生理想契合宇宙本体的真理论。李大钊认为，历史上任何教主或圣哲，都必须接受真理的检验而不能高于其上。他不仅将真理作为爱国的标准，而且作为人生的标准。这种理性爱国的真理人生观，是他率先迎受马克思主义以救国的主观条件。

4. 迎受时代新潮流与中国共产党的创建。研究现代政理，必须首先研究人类历史的共同方向与时代潮流，这是李大钊的信条。远在十月革命前，从1917年2月起，他就开始研究欧战并特别重视俄国由二月革命兴起的革命潮流，并称之为“俄国大革命”。十月革命后，他更大声疾呼，连续发表文章明确提出要“迎受”这一世界新潮流。他特别告诫人们，这种潮流，“是只能迎，不可拒的”。李大钊正是在率先迎受这种新潮流中，为中国革命开辟了新纪元。

李大钊指明了历史发展的新方向，即社会主义方向，深刻揭示了十月革命新潮流的实质与意义，即赤旗的胜利、世界劳工阶级的胜利、20世纪新潮流的胜利，是马克思主义的“功业”。李大钊率先揭示出，真正要解决中国的救亡与复兴问题，中国必须学十月革命。李大钊对十月革命新潮流一系列最深刻的阐释与最热忱的欢呼，对中国共产主义先进分子的产生与中国共产党的创建，都至为重要。

问：这就是说，李大钊“探研政理”的结果与中国共产党的建立是有密切关系的。

朱：确实如此。李大钊与中国共产党创建的关系，老革命家林伯渠“登高一呼群山应，从此神州不陆沉”的诗句，应是最为深刻而正确的。因为中国共产党创建的根本特点，是它先有一个思想创建的阶段，然后才进入组织创建阶段。组织创建，是从1920年陈独秀回到上海以后才开始的，但思想创建，则是从李大钊宣传十月革命新潮流开始的。

中国共产党的创建，首先需要产生一批具有初步共产主义觉悟的先进分子。这种先进分子的最突出表现，就是接受最新最活的马克思主义，也就是接受俄国十月革命新潮流的一整套思想理念。毛泽东曾说，五四时期“已经有了大批的赞成俄国革命的具有初步共产主义思想的知识分子”。这就是共产党成立的最主要的思想创建的基础。自然，李大钊不仅承担起上述使中国的先进分子“赞成”俄国十月革命的任务，而且，他还使这些先进分子初步地了解了马克思主义的思想理论。1919年5月，李大钊完成划时代的文章《我的马克思主义观》，为培养中国共产党思想创建阶段的先进分子提供了最重要的党课教材。

问：今年，改革开放已经40年了。这40年来，中国共产党不断地探索中国的发展道路问题。40年来，您不断在研究李大钊，您是当代学者中对这位革命先驱者研究最深入的一位。您认为，这位先驱者当年的艰辛探索对我们认识中国发展道路最重要的启示是什么？

朱：不错，改革开放40年了，我们党开创了前所未有的中华民族最美好的新时代，同时也是作为中国共产主义运动的先驱李大钊的事业与理想在中华大地上实现最为大放异彩的时代。这里，我想对李大钊与中国发展道路之间的关系问题，谈一点自己的体会。

第一，中国共产主义运动的先驱，是李大钊历史地位的根本特征。

回忆我们党在这一新时代刚刚开始的时候，也就是在1981年党总结了历史的经验教训以后，就做出了比以往任何时候都更加尊崇李大钊的重大决策。其首要举措，就是在1983年10月29日，以党中央的名义，为李大钊立纪念碑。这是非常英明正确和深谋远虑的，也是在党的历史上从来没有过的。它昭告世人：中国共产党人不管遭遇何种困难和挫折，都将永远坚持高举自己理想、信念的旗帜，也就是李大钊所率先选择高举的马克思主义旗帜、社会主义旗帜。1983年4月，邓小平同志为李大钊纪念碑题词，这正是我们学习和理解党的这一重大决策、学习和理解李大钊这一伟大人物所必须永远牢记和深深领会的根本要义和指导原则。邓小平同志的题词是："共产主义运动的先驱、伟大的马克思主义者李大钊烈士永垂不朽!"这就抓住了李大钊崇高历史地位的根本。因为在李大钊的历史贡献和崇高地位中，只有共产主义运动的"先驱"，才是李大钊所独有的，是永远独一无二的，是党的历史上其他任何人所永远无法比拟的。

第二，李大钊对于中国发展道路的特殊贡献与根本性追求。

所谓中国发展道路，归根到底，就是要解决建什么样的"国"、立什么样的"群"、两者是何关系的问题。中国人几千年素来只知有朝廷，并不知这个道理。只有到20世纪初，先进的中国人才开始懂得这个道理，并立志奋斗来解决。李大钊从"束发受书"开始，就矢志"深研政理"、追求"真理"，以解决这个问题。他率先选择马克思主义、社会主义的发展道路，就是他为中国寻找发展道路的最伟大的思想成果，是对于我国人民和中华民族文明所做出的最杰出的历史贡献。其特点主要是三点。

一是力排传统的"牧民"的政治观，最早提出以人为本的最高政治原则。

中国发展道路，首先是人的政治地位问题。李大钊以人为本的政治原则，形成于 1916 年春的反袁斗争中，集中、系统地表述于《民彝与政治》一文中。他不仅是中国马克思主义的先驱，而且曾是中国近代人文主义的先驱。他的这一思想历程，也正是马克思主义创始人曾经有过的思想历程，也正是他能够最早选择马克思主义的重要条件之一。

李大钊针对当时中国政界、学界权威们如梁启超等，仍高谈实质是“愚民”“牧民”的一套政论，愤然说：“方今求治之道虽广，论治之言虽庞，而提纲挈领，首当审谛兹理，以为设施。违此则去治日遥，泯棼之端，且惧迭起环生之无已矣。”李大钊要人们“首当审谛兹理”，就是“以人为本”、“以民彝为本”的最高政理。李大钊的这个论断，对于中国的政治、中国的立国与建国的根本方向与价值体系，无疑是极端重要的。因为有些人求治之道，恰恰容易舍本逐末，虽然貌似有理，但却离开以至违背人的根本利益与需要，离开人的生存与发展的根本出发点与落脚点，去追求某种形式主义的抽象理念与所谓的国体政体。他们不是把人作为目的，而把人作为自己的某种工具和手段。这正是中国发展道路面临的最严重问题。

李大钊这种“以人为本”的思想，是他率先认清十月革命意义的重要根据。他对于十月革命意义的最重要的结论，就是“庶民的胜利”，就是人民群众创造历史的潮流与伟大功绩。他从而去接受马克思主义与社会主义。他认为，只有这种主义，才能解决中国“以人为本”的立国、立群的问题。由此说明，我们党从一开始就明确把握并始终坚持这一最根本的思想理论原则。习近平总书记关于反对官僚主义、形式主义、享乐主义与奢靡之风的重要指示，关于在全党进行群众路线教育实践活动的重要指示，归根到底也都是为了坚持与发展我们党关于中国发展道路的这一根本原则。

二是变落后的中华为先进的中华，必须始终坚持青春创造的根本原则。

中国发展道路，就是要变落后衰败的中华为文明先进的中华，就是要创造一种前所未有的中华新文明。李大钊 1916 年的《青春》一文，就是对于这一思想理论的最早的集中、系统的表述。李大钊的民彝思想，是他能够最早走向马克思主义的重要政治思想；李大钊的青春思想，则是他能够最早走向马克思主义的重要哲学思想。

李大钊在《青春》一文中，对中国发展道路中的诸多重大思想理论问题，从哲学的角度进行多方面探讨与阐述，主要是让人们必须正确认识和处理发展过程中中西文化、人与自然宇宙、过去与未来、有限与无限、相对与绝对、人生目的意义、革新创造与停滞保守等理论与实践问题，并且首先“从我做起”、从自我“更新”“再造”开始，也就是“以青春之我”，创建“青春之国家，青春之民族，青春之人类，青春之地球，青春之宇宙”。而所谓“青春”，也就是人与自然高度契合，永远发展、永远开新创造的原动力。

三是在精神与物质之间，必须始终坚持辩证唯物主义的根本原则。

中国发展道路，必须始终正确处理物质与精神、经济基础与上层建筑特别是意识形态之间的复杂关系。在此问题上，李大钊恰恰最早阐述了辩证唯物主义的根本原则。其最早的代表作就是 1919 年 12 月所发表的《物质变动与道德变动》，这是李大钊在与胡适论争后，用马克思主义回答中国发展道路实际问题的最重要的一篇杰作。

李大钊针对当时有些人顽固地以维护旧道德、反对文化新潮流，特别是反对马克思主义的逆流，明确指出：随着“物质的变动”，“社会需要”人的“生活状态”的变动，传统的旧道德必然要相应变动。我们应该相应地建立“今日所需的道德”，也就是“人的道德、美化的道德、实用的道德、大同的道德、互助的道德、创造的道德”。李大钊这种新道德，就是符合中国发展道路的新道德，他所反对的，就是阻碍中国文明进步的非人的道德、丑恶的道德、虚伪的道德、形式主义的道德、损人利己的道德、保守复旧的道德。由于道德是始终随着社会的发展变动而发展变动的，由于传统旧道德从总体上是不适应市场经济与现代化发展的，所以，在党的十八大、十九大上，习近平总书记突出地强调要坚持依法治国、依法执政，坚持依法治国和以德治国相结合。这才是中国发展道路的又一项最根本原则。

以上几点，仅仅是李大钊关于探讨中国道路问题的几个方面。通过历史进程的发展，我们可以看到，李大钊对于中国发展道路的思想和杰出贡献，必将会永放历史光辉。

问：朱先生，谢谢您的谈话！您的谈话，不仅回顾了您个人研究李大钊的过程，而且指出了我们继续深入学习李大钊、研究李大钊的重要意义。无论对李大钊的研究者还是对广大读者都有深刻启发，在很多问题上都提高了我们的认识。祝您保重身体，在李大钊研究的道路上继续做出更大的贡献！

阎守诚：山西省五台县人，1942 年 6 月出生于广西桂林。阎宗临之子。1964 年毕业于山西大学历史系。1970 年被分配到山西岢岚中学，1974 年调山西省委调研室工作，1979 年调山西省社科所历史研究室。1980 年到北京师范学院历史系编隋唐经济史资料。1984 年任山西省社科院历史所副所长。1991 年正式调入北京师范学院(首都师范大学前身)，任历史系教授、博士生导师，曾任历史系副主任。主要研究方向为隋唐五代史、中国古代经济史。主要著作有《唐玄宗》(合著)、《中国人口史》《危机与应对——自然灾害与唐代社会》等。20 世纪 90 年代起进行父亲阎宗临遗著的整理工作。先后出版《阎宗临史学文集》《传教士与法国早期汉学》《阎宗临作品・中西交通史》《阎宗临作品・欧洲文化史论》《阎宗临作品・世界古代及中世纪史》《阎宗临传》。

阎宗临：1904 年 6 月，生于山西五台县。1924 年中学毕业来到北京。1925 年赴法国勤工俭学。1929 年入瑞士弗里堡大学哲学文学院。1933 年，获瑞士国家文学硕士学位。同年回到北平，任中法大学教授。1935 年，回到瑞士弗里堡大学攻读博士学位。次年，获瑞士国家文学博士学位。1937 年回国，先后在山西大学、广西大学、桂林师范学院、中山大学任教授。1950 年，回到太原，任山西大学历史系主任、副教务长、研究部主任等职。编著了《近代欧洲文化之研究》《欧洲文化史论要》《十七、十八世纪中国与欧洲的关系》等。1978 年 10 月逝世于山西太原。

阎宗临对欧洲历史文化的探索

——访阎守诚教授

问：阎老师，您好！我刚刚读完您的新作《阎宗临传》，我觉得这本书写得很好。您以对父亲真挚的尊崇与深情、以生动朴实的语言，写出了阎先生具有传奇色彩的人生经历，写出了他对祖国的深沉热爱，对学术事业的奋斗追求，以及为人处世的真诚质朴。在阎先生身上体现了 20 世纪中国知识分子高尚的精神境界与道德情操，值得我们今天的年轻学人很好地学习与思考。传主是自己的父亲，自然有一种旁人无法具有的亲情在内。但是，您作为一个史学工作者，本着对历史负责、对读者负责的精神，根据资料来说话，没有任何的矫饰造作、凭空虚夸，写出了一部跨越新旧两个社会的知识分子命运多舛的真实人生。我觉得这本书和您较早整理出版的《阎宗临史学文集》《传教士与法国早期汉学》以及《阎宗临作品》(3 卷，包括：《中西交通史》《欧洲文化史论》《世界古代及中世纪史》)，把阎宗临先生的为人、为师及其学问完整地再现给当今社会，使这位大师级的学者重新被发现，得到了他应该享有的学术地位。这是改革开放以来，中国史坛令人欣喜的一件事。应该首先对您的这些成果表示祝贺！

读了《阎宗临传》以后，还有一些问题想和您一起探讨。

阎：谢谢您对我整理父亲遗著和为父亲写传记的评价，我很愿意回答您的问题，我们一起讨论。

一、一个山村的农家子弟怎样成为“洋博士”

问：1924 年，一个刚刚高中毕业的 20 岁的农村“穷学生”来到北京，在国内连大学都上不起，经过 12 年的奋斗，居然获得瑞士国家博士学位，成为瑞士弗里堡大学的教授。这样的经历太神奇了。他是如何走完这段路程的？请您再给我们梳理一下。

阎：说来话长。简单说，父亲的中学学业，由于经济困难，就是靠给学校做杂工，半工半读完成的。他艰苦求学的精神深得老师们的好评。毕业时，教化学的乔老师问他有什么打算，父亲说想当教师。乔老师建议他到北京考大学，给了他 10 元钱，并且鼓励他说："只要你肯吃苦，天无绝人之路。"父亲到北京后，在《国风日报》当校对，住在报社。这时，他遇到了从上海来的华林。华林常给报社写稿，是勤工俭学的学生，在法国多年，也住在报社。华林和父亲相处一段时间后，很喜欢父亲的勤奋好学、诚实谦虚，就问他将来想做什么。父亲说："想考师范大学，做教师。"华林说："既然想读书，为什么不去法国勤工俭学呢？"父亲说："我也想去，但我不懂法文，不知道怎么办出国手续，出去找不到工作怎么办？"华林说："做事总要有点冒险，只要你能找到 200 元钱，其余的事我都能帮你办。"对父亲这样的"穷学生"，到哪找到这笔"巨款"呢？几经周折，还是《国风日报》社社长、辛亥革命元老景梅九帮助解决了经费问题。在华林的细心安排下，父亲于 1926 年 1 月到法国。先在巴黎等地做了一年多劳力工，后来到里昂人造丝厂实验室做清洁工、助理实验员。1928 年秋天，有一次，父亲到邮局存钱，遇到工厂总工程师莱旦先生，莱旦问他："存钱是想在法国安家吗？"父亲说："不是，是想去上学读书。"莱旦说："很好！很好！我一定帮助你。"过了几天，莱旦告诉父亲，已经给他联系好瑞士的弗里堡大学，那里的住宿可以优惠，父亲的存款大概够上学用。就这样父亲进入弗里堡大学文学哲学院学习，1933 年以优异成绩获硕士学位，并且在做中国文化课教授的同时，于 1936 年获博士学位。

父亲在走出山村、艰苦求学的过程中，曾经得到过不少人的帮助。父亲是幸运的，往往有很好的机遇。机遇是可遇而不可求的。《周易》说："天行健，君子自强不息。"据我理解，这是在说：老天爷是帮助强者的，强者不是有权、有钱的人，而是自强不息的人。所以，父亲创造的人生奇迹，是许多老师、朋友帮助的结果，也是他不断努力、艰苦奋斗的结果，两者缺一不可。

问：从您的书中我看到刚刚到瑞士以后，阎先生就有一个与法国著名文学大师、诺贝尔文学奖获得者罗曼·罗兰接触的机会。获得这样的机会是难以想象的。他是怎样获得的呢？

阎：当时，敬隐渔把鲁迅的《阿Q正传》翻成法文，寄给罗曼·罗兰，希望罗兰能帮助在巴黎发表。罗兰读了鲁迅的作品后，产生了通过鲁迅来了解中国的愿望。于是他请弗里堡大学的米南克教授推荐行家帮助他了解中国哲学。米南克是父亲的哲学老师，父亲就得到了这个机会。恰巧父亲在北京时，参加了高长虹组织的文学社团"狂飙社"，长虹多次带父亲去鲁迅那里，父亲到欧洲也受鲁迅思想的影响，出国后还和鲁迅有联系。这些在《鲁迅日记》里都有记载。1929年11月，罗兰初次和父亲见面时，详细询问了父亲的履历，当得知父亲认识鲁迅，他非常高兴，想不到自己有这样好的运气，找到一个来自鲁迅身边的青年为自己讲鲁迅的作品。罗兰当即告知父亲被录用了。罗兰要父亲做的第一次工作是讲解《阿Q正传》的题目，就这个题目罗兰提了四个问题，如鲁迅为什么给小说的主人起名"阿Q"。父亲回答后，罗兰再问：中国人起名的原则是什么？欧洲人起名多来自《圣经》，中国人起名是不是多来自佛经？由此，罗兰告诉父亲，从起名就可以看出宗教在中国和欧洲两种社会有不同的影响。罗兰总是从父亲的回答中引申出他自己对中国文化的理解，从而给父亲以教益。所以巴塞尔大学教授梅兰博士说，对阎宗临而言，"罗兰成了一种类型的学生家长和导师"。因为罗兰以按时间付报酬的形式资助父亲完成学业。父亲和罗兰的来往一直延续到他1937年回国。他们来往期间，罗兰还指导父亲翻译了他写的《米开朗琪罗传》，并为这个译本写了序言。可惜，父亲回国时，将自己的书籍和这份珍贵的译稿寄往上海，毁于战火了，造成了父亲的终身遗憾。

如您所说，父亲能长期接触罗兰这样的大师并接受教诲是难以想象的，父亲在青年时代能拜会鲁迅和罗兰这两位东西方的文化巨人，亲聆教诲，并在他们之间起了一点沟通的作用，这种奇遇是非常幸运的。罗兰待人的亲切平和，思维的活跃敏锐、缜密深邃，以及对中国文化的关注，都给父亲以深刻的影响。父亲也给罗兰留下了很好的印象，罗兰在其日记中写道："阎宗临这样的年轻人让我和我的姐姐都很感动，我爱这样的年轻人。"

问：阎先生1933年在瑞士获得国家文学硕士学位，1936年获得国家文学博士学位，阎先生在瑞士是从事文学研究还是史学研究呢？

阎：父亲注册的文学哲学院，没有历史专业。按学校规定，要取得硕士学位必须通过严格的考试，考试分高级与初级两种，获得学位要有两个高级考试通过证书，或一个高级证书、两个初级证书。每个证书分笔试和口试两部分，成绩分特优、优、良、合格四个等级。父亲选择的是两个高级合格证书：一个是法国文学；另一个是古代及中世纪史。父亲取得这两个证书的六次考试(其中包括提交两篇论文)的成绩全部是特优。在瑞士学习是文、史、哲不分的。至于回国后，以教授世界史为专业，父亲说，是一种职业上的选择。

问：阎先生博士论文的题目是《杜赫德的著作及其研究》，这位杜赫德是什么人？对他的研究有什么价值？

阎：杜赫德是法国国王路易十四的忏悔神父泰利埃的秘书，编辑过《耶稣会士书简集》，他撰写的4卷本的《中华帝国志》被西方学者誉为“18世纪最全面论述中国的史料”“法国乃至欧洲汉学奠基之作”，有很大的影响力。父亲这篇10万字的博士论文分六章，从内容看大体可分为三个部分：一是介绍17世纪末18世纪初耶稣会士与中国的关系；二是分析杜赫德的著作；三是论述以杜赫德的著作为主的耶稣会士的作品对法国18世纪的影响。论文不仅肯定了传教士带来的科学知识、西方文明对中国传统文化的影响，同时更着重论述了传教士向欧洲介绍中国情况和中国传统文化后，对法国18世纪启蒙思想的影响，以及因此而成为法国大革命产生的因素之一。这篇论文不仅受到论文评议教授的好评，而且1937年在瑞士出版后，常为欧洲汉学家引用。但直到2003年我编的《传教士与法国早期汉学》收入了这篇论文，其中译本才正式面世。如今，关于传教士的研究已经是学术界的热门话题，父亲60多年前的旧作，由于他的原创性、开拓性，依然受到学者们的重视。

问：在弗里堡大学学习时，阎先生拿下了拉丁文这一拦路虎，并且加入了天主教，他还多次去梵蒂冈查阅资料，这些和他写博士论文有什么关系呢？

阎：弗里堡大学是一所天主教大学，拉丁文是必修课，它不仅是天主教内部的通用语言，而且也是欧洲中世纪文献的通用文字。但拉丁文是一种“死文字”，深奥难学。父亲经过三年的刻苦学习，熟练地掌握了这种语言。拉丁文的考试是严格的，包括笔试，把一段法文或德文翻译成拉丁文，口试是翻译和解释一段主考官指定的拉丁文作品。对父亲而言，法文并不是他的母语，考试的难度就更大了。然而，父亲的考试成绩很好，文学院院长为父亲出具的成绩证明，认为父亲的拉丁文“造诣高深，获得优秀资格”。拉丁文教授对父亲的成绩感到惊讶，问他：“你从哪里来的这股毅力?”父亲说：“我为了了解西方文化的灵魂。”1931 年冬，父亲加入了天主教。他之所以信教，是因为一个人长期在国外艰苦奋斗，内心有寂寞、孤独、悲观的感觉，这和宗教的情感非常契合。父亲加入天主教，使他对教会的理论、文献、教义、教规都很熟悉。传教士在沟通中西文化交流中起过重要的作用，自然会引起父亲的关注。他在硕士考试古代中世纪笔试中提交的论文是《13 世纪到 14 世纪中国与欧洲的关系》。那个时期是中国的元代，也是罗马教廷与中国最早接触的时代，为了论文的写作，他到梵蒂冈档案馆查阅材料。直到 1937 年回国前，父亲曾七次到罗马。在这样的情况下，父亲的博士论文选题就不难理解了。

问：1937 年 7 月，您的父母在弗里堡的教堂举行了婚礼。这个婚礼得到了当时的教皇庇护十一世的祝福，这是一件很有意思的事情。他们的婚礼为什么会得到教皇的祝福呢?

阎：事情是这样的，父亲常去梵蒂冈档案馆，和管档案的老神父很熟悉。有一次，他到一个小教堂看资料，这个小教堂每年开放几次，每次只开一天。老神父把父亲送进去以后，因为有事就走了，临走时，顺手把门锁了，直到快傍晚时，老神父才想起教堂里有人，赶忙去把门打开。父亲被关在里面整整一天，正在着急，不知道该怎么出去，这是在梵蒂冈的一次历险。第二天，老神父把这件事告诉了庇护十一世，因为出任教皇前，他长期任梵蒂冈图书馆的馆长，和老神父很熟悉。庇护十一世是位很有学问的神学者和古抄本专家，也很重视海外的传教工作。当他听说有位中国留学生多次来查阅传教士档案进行研究，几乎被关在教堂里，就留下了深刻而良好的印象，让老神父带父亲去见他。教皇详细地询问了父亲的研究内容，并给予亲切的鼓励。父亲在结婚之前，告知了老神父，老神父告诉了教皇，于是就有了教皇的祝福电报，在当时的报刊上有所报道。这件事在中国的天主教史上也应该是一段小小的佳话吧!

二、国难中的奔波与治学

问：1937 年 7 月，您的父母亲在瑞士举行了婚礼，婚后他们原本可以在那里开始平静、安逸的美好生活，这是今天很多年轻人求之不得的机会，但是他们新婚蜜月未满，就辞去了待遇优厚的工作，谢绝了校长和师友的一再挽留，毅然选择了回到多灾多难的祖国，参加抗战，他们是怎么想的呢？回国以后，等待着他们的又是什么呢？

阎：这个问题我也问过父亲："当时你们为什么一定要回来？"父亲的回答是一句简单的反问："国家有难，你能不回来吗？"我无言以对，这句质朴的反问，饱含着何等厚重的来自传统文化积淀的家国情怀。父亲这一代知识分子，深感近百年来民族与国家所受的屈辱，他们最大的诉求就是民族兴旺、国家富强。在他们心中，民族与国家的兴衰存亡远远重于个人的荣辱安危。因此，抗战爆发，不仅是我的父母亲，许多海外游子和学人，都抱着同样的信念，纷纷回国，参加抗战。

回国后的生活是艰难困苦、动荡不安的。我父母亲 1937 年 9 月回到山西太原，年底又转到武汉，第二年 9 月到桂林。抗战八年是在广西度过的，除了 1944 年在桂东逃难一年，一直住在桂林。在这期间，父母亲先后有了我们兄弟姐妹五个孩子，母亲原在无锡国专任讲师，由于家庭经济困难，只好辞去教职，自己带孩子，操持家务，全家七口人，仅靠父亲的工资为生，生活过得很拮据，有时还要靠朋友们接济。但父亲对生活的困难还是很达观的。有次和一位朋友谈到米价高涨、孩子多产、生活困苦时，父亲说："怕什么？人家囤积米，我们囤积人，看将来是人吃米还是米吃人。"父亲的回答一时在朋友间传为佳话。

问：您在书中说，在桂林期间是阎先生学术成果最多的时期，能简单谈谈他有些什么成果呢？

阎：当时父亲刚从国外回来，年富力强，桂林环境相对安定，他也想好好做点研究工作，写了约 60 万字的论著。主要是三方面：一是对欧洲各国和地区文化特点的研究，包括英国、德国、法国、俄国、意大利、西班牙、巴尔干地区等，这些研究既是对第二次世界大战出现的问题的分析，也是父亲多年来对这些国家和地区的文化和民族性的思考。其中部分文章集结成《近代欧洲文化之研究》一书出版。二是对欧洲文化形成和发展的论述，集中反映在专著《欧洲文化史论要》中。三是关于清初中西交通的研究，主要是利用在欧洲各地收集的有关档案材料，写了不少传教士与清初清廷关系的文章。父亲在《抗战与文化》等文章中，从文化史观出发，坚定地认为：抗战必胜！

父亲这些论著1949年后，没有再版过，但进入新时代再版，震撼了史学界，受到广泛的好评和高度的赞扬。像父亲这一代的爱国知识分子，把文化视为一个民族的灵魂。他们认为：国土沦丧，可以收复；文化沦丧，民族就会灭亡。所以，在国家与民族遭受危亡的时刻，在极其艰难困苦的条件下，他们仍然坚持着教书育人、科学研究的工作，这就是为什么西南联大能培养出那么多优秀人才、四川李庄中央研究院能做出那么多优秀成果的原因。父亲在桂林期间是他研究成果最多的时期就不足为怪了。可惜我们对抗战时期的文化总结研究得还不够。

问：抗战时期桂林是著名的文化城，聚集了很多文化人，给他们的交往创造了条件。您在书中提到阎先生这时期与一些文人的交往，甚至成为终身的挚友，您可以举点例子吗？

阎：是的，父亲在桂林时，有许多旧友新朋。过去就认识的，如梁漱溟、夏敬农、徐悲鸿、焦菊隐等，新认识的有欧阳予倩、万仲文、巨赞法师、梁岵庐等。

我想先说一下和梁漱溟的交往。父亲初到北京时，曾以第一名的成绩考取梁漱溟主办的在山东曹州的重华书院，梁漱溟答应免去他的学费和食宿费。父亲去了以后，上了一个多月的课，对梁漱溟讲的儒学等内容不感兴趣，提出退学回北京，梁漱溟深为理解，欣然同意。他的学问博大精深，为人善良宽厚，成为父亲终身敬重的老师。在桂林时，我们家住在无锡国专提供的宿舍，1942年冬梁漱溟来到桂林，借住在国专，和我家是邻居，他单身一人，父母亲很自然地负责照顾他的生活，一日三餐都和我们在一起。当时他在写《中国文化要义》，父亲在写《欧洲文化史论要》，师徒二人常在一起讨论问题，1944年桂林大疏散时才分开。父亲再见梁漱溟是新中国成立以后了。父亲每到北京，总会去看梁漱溟。在“文革”中，二人联系中断。1970 年，父亲处境稍微好一点，就写信问候老师，恢复了联系。

再说巨赞法师。法师是位很有学问的高僧，懂得梵文、英文、德文、俄文等多种文字，还能写诗填词。他在桂林月牙山的寺院做主持，离我们住的地方不远，父亲常去那里躲警报。法师知道我们家孩子多，生活困难，常将别人送他的食物转赠给我们。母亲开玩笑说：“法师吃四方的，我们吃法师的。”新中国成立后，法师任中国佛教协会副会长、北京广济寺主持，和父亲的联系依然很密切。父亲逝世后，他还赋诗悼念。法师对我们兄弟姐妹也很好，在我心目中，他不仅是位得道的高僧，也是位亲切的长辈。

问：《阎宗临传》中有一章回顾 1944 年在广西蒙山、昭平等地逃难的经历，描述十分生动。特别是 1997 年您还有一次寻访逃难踪迹的活动。对于当时的情景，您有什么感受？

阎：我的深切感受主要有两点：一是父母把我们抚育长大真不容易。逃难时，我们五个孩子加起来还不到 20 岁。父亲背着刚两岁多一点的我，母亲抱着出生不久的妹妹，三个五六岁的哥哥、姐姐自己走着，家里的日用杂物丢失殆尽，只有一点简单的行李。从桂林到荔浦，再到蒙山、昭平，沿途虽有学生关照，但也难免饥寒交迫。重走逃难的路线，使我真切地感受到父母带我们四处奔波的艰难困苦。我想：父母赋予我们生命，在经历苦难中，呵护着我们成长，这些都是应该倍加珍惜而永志不忘的。二是中国的知识分子真优秀。无锡国专的师生在逃难中，只要环境相对安定，就坚持上课。在蒙山县城时，饶宗颐带了四个学生深入金秀瑶区进行考察，他平易近人、联系实际进行科学研究的精神给随行的学生极大的启迪和鼓舞。在考察中，饶宗颐还写了不少诗，后来汇集成《瑶山诗草》。在蒙山文尔村，有两个月相对安定的时间，国专继续上课，教师认真授课，学生刻苦学习，完全不受艰难环境的影响。父亲在村里还写完了《罗马史》。在艰苦的岁月和动荡的环境中，依然坚守和发扬着中国的文化，这就是优秀知识分子的风范。

三、山西大学时期的阎先生

问：阎先生是1946年离开桂林，应聘到中山大学任历史系教授兼任系主任的。如您在书中所说，新中国成立前的广州时局动荡，物价飞涨，生活十分困难，在那样的条件下，阎先生还写出了《欧洲史稿》和《希腊罗马史稿》等讲稿。您说这两部手稿十分珍贵，它反映了阎先生对欧洲史的宏观的、体系性的认识。您能简要地谈谈它们的特点吗？

阎：我在写《阎宗临传》时，为了全面反映父亲的一生，也为了增强传记的学术性、知识性，用相当的篇幅，根据我的理解，介绍了父亲各个时期的研究成果。父亲对欧洲史的认识，主要是认为欧洲是亚洲的半岛，它之所以取得洲的资格不是天然的，而是人为的。欧洲的民族问题很复杂，虽然有过两次统一，一次是罗马帝国的统一，一次是罗马教皇的统一，但并不是民族合作或地理环境造成的，而是人为的，因而可以说欧洲没有统一过，只是“组织”过。父亲还认为，从历史和文化着眼，我们看到两个欧洲，一个是海洋的欧洲，一个是大陆的欧洲，两个欧洲的连接线在法国。我们论欧洲文化者，常指前者，而忘记了后者。父亲非常重视地中海在欧洲历史文化发展中的作用，因为地中海代表一种向心力，有甬道作用、刺激作用和发酵作用。西方历史，最初无所谓欧洲，它以地中海为中心，受埃及与中亚的激荡与启导，逐渐演进，构成希腊与罗马的文明。欧洲历史的特点不是自然的发展，而是欧洲人意志的努力。因此父亲讲欧洲史并不是按五种社会形态的发展来讲的，而是讲欧洲人怎样“创造”了欧洲，这就是其特点。由于时间关系，我只能简单讲这些，如果有读者因此感兴趣去读我写的传记或读父亲的原著，并且发表评论，我将很感谢！

问：中山大学是很有名的学校，校园环境好，名教授很多，为什么新中国成立后阎先生要回山西呢？是不是对故乡更有感情呢？

阎：新中国成立前，钱穆曾邀请父亲去台湾，父亲谢绝了。新中国成立后，陆侃如邀请父亲去山东大学，焦菊隐邀请父亲到北京师范大学，张友渔、赵宗复邀请父亲回山西大学。父亲决定回山西，有对故乡感情的因素。在两广十二年，生活不习惯，语言也不通，很自然地想回故乡。但更重要的是和阎锡山的关系。

在两广，人们总认为父亲和阎锡山“沾亲”，每逢问到这个问题，父亲会说：与阎锡山“同姓不同宗，同县不同村”。父亲虽然和阎锡山不“沾亲”，却带点“故”。父亲读的中学是阎锡山任校长的川至中学，算是他的学生。1949 年，阎锡山在广州出任行政院长兼国防部长，他手下的两位亲信秘书是父亲的中学同学，他们带父亲去见过阎锡山两次。一次是为在中山大学的四位山西籍的学生要了点资助，因为他们都很贫穷；另一次是为制止国民党军队到中山大学砍树，因为中大的树品种繁多，都是林学院教学所用。但新中国刚成立，中大的军管会就扣发了父亲的聘书，要他交代和阎锡山的关系。好在当事人都在，很快搞清楚了。中大发了聘书，并一再挽留父亲，父亲想：自己和阎锡山的关系走到哪里都很难说清楚，只有回山西能说清楚。因此，决定回山西。现在看来，这个决定是明智的，新中国成立后历次政治运动，父亲均没有因为阎锡山的问题挨整。

问：看来情况还是很复杂的。来到山西大学，阎先生除了在历史系教课外，还担任着繁重的教学行政工作，但他依然坚持学术研究。您在《阎宗临传》里写了“史学之难”一章，读起来令人十分感动，请您介绍一下这方面的情况。

阎：新中国成立后，父亲的研究方向依然是中西交通史，他主要是关注中亚与西亚地区，他认为这些地区在古代世界曾发挥过重要的作用，是中国和世界衔接的重要地方，值得好好研究。为此，他写了《古代波斯及其与中国的关系》《匈奴西迁与西罗马帝国的灭亡》等文章。父亲还做了一些与中西交通史有关的古籍笺注，他重新修订了樊守义的《身见录》校注，新做了《北使记》《西使记》《佛国记》的笺注，这些古籍的作者都是山西人，从而把自己的学术专长和对故乡的热爱结合起来，为山西地方史的研究开辟了新的领域。父亲也对一些旧作进行了改写，例如，应商务印书馆的约请，1962 年出版了《巴斯加尔传略》，出版后不久就受到批判。在“文化大革命”时期，无法搞研究，父亲想，亚非拉是正在兴起的第三世界，可以用自己的外文特长翻译一些非洲的资料，帮助青年学者研究非洲。于是他拖着病体，翻译了 4 本关于非洲的法文书，翻译工作直至病重不能执笔才停止。总的来看，父亲的论著以《阎宗临作品》(3 卷)统计，以 1949 年为界，之前占 70%，之后占 30%。1949 年后的论著中又有 65%是未刊稿，发表的仅有 10 多万字。父亲从没有向外投稿的习惯，一般是约稿，他的文章都发表在山西的刊物上，有些还是内部刊物。所以父亲变得“籍籍无名”也就可以理解了。尽管1949年后，在“左”的思潮影响下，治学之路是艰难的，父亲却从没有停止前行的脚步，也没有改变一个真正学者以学术为生命、不断追求真理的情怀。

问：您父亲最后的28年是在山西大学度过的，他和那一代知识分子一样，经历了一系列的政治运动，一直到“文化大革命”的浩劫。您作为他的亲人，最能了解他的心情，他是怎样承受这一切的呢？

阎：您提的这个问题回答起来有一定的难度，因为父亲很少向我们讲他过去的经历和自己的思想变化。我觉得，由于父亲出生于普通农民家庭，又有过艰苦求学的经历，他在欧洲生活的时间很长，了解西方社会，也经历了中国的旧、新社会，看到新中国改变了过去贫穷的面貌，在国际上有重要的地位，因此，他的基本政治态度是真诚地拥护共产党、热爱社会主义制度的。

问：您的书中涉及很多阎先生对子女培养的情节，是很感人的。人的生命总是有限的，是不是阎先生的理想和追求，在他的下一代中传承下来了呢？

阎：我们兄弟姐妹，除弟弟还在工作岗位上，其余都已退休，步入老年。我们中没有富豪，没有高官，也没有院士，有的是五个教授，一个高级工程师。一个家庭能走出这样多的教授，实属不易，这里饱含着父母的艰辛和奉献。在父母亲的言传身教潜移默化地影响下，我们都能够做事认真严谨，淡泊名利，为人善良真诚，仁爱宽厚，学有专攻，业有所成，对社会做出了积极的贡献。这是可以告慰父母亲在天之灵的。我们没有父母亲那样优秀，但他们的理想和追求我们一直在努力传承。

问：读了您的《阎宗临传》，联想到您为阎先生的学术成果做了那么多的整理工作，觉得这是对社会、对中国的学术事业做了件很好的事情。阎先生那一代人，背井离乡、远渡重洋，认真地了解和学习西方的历史和文化，抗战开始又毅然回到多灾多难的祖国，他们何曾没有自己的“中国梦”。只是到了今天，他们的梦想才有了实现的可能。您的工作，让阎先生回到了20世纪中国史坛上他应有的位置，这也是对学术事业的一个贡献。谢谢您接受我的访谈！

阎：谢谢您的访谈。

叶小兵：1953年7月生，北京人。1978年7月毕业于北京师范学院(即今首都师范大学)历史系，留校任教至今，从事历史教育方面的教学与研究工作。1988年7月获教育学硕士学位，1998年6月被评为教授。1998—2002年曾担任首都师范大学历史系主任。社会兼职有：中国教育学会历史教学专业委员会副理事长，北京市历史教学研究会理事长，北京市地方教材审查委员会历史科审定委员，北京教育学院客座教授，北京师大附中、15中、顺义区教科所等单位的顾问。曾参与多种版本中学历史教材及历史教学法、历史学科教育学、中学历史教师教学基本功著作的编写；撰写有关历史教学的文章近百篇。

历史教学要发挥史学的社会功能

——访叶小兵教授

问：叶老师：我们很久没有在一起交流了。20 世纪 90 年代的时候，在我们首都师范大学历史系，史学理论和历史教学法被安排在一个教研室，称为史学理论与方法教研室。那时候交流的机会比较多。不过实际上这是两个学科，相互之间有联系，但又有各自的理论与实践的领域。分开以后，两个学科都有很大的发展。史学理论和史学史学科逐渐联系在一起；历史教学法也不再仅仅是教学法了，它已经上升为历史教育学了。这样我们之间的联系就少了。近来，我读到您在《历史教学》杂志上发表的一系列听课随笔，感觉很有意思。这些随笔都是从教学第一线观察到的历史教学的现象，虽然是来自个别课堂，但所反映的问题却带有普遍意义。您由这些观察到的现象说开去，从实际上升到理论，很具有导向性。我读后很受启发，由此也想到一些问题，想借此机会与您探讨一下。

叶：您是我的师辈，后来我们又在一起共事，使我学到很多东西。您是专门研究史学理论的，我是搞历史教学研究的，这两门学科虽然研究的领域不同，但有着密切的关联。例如，历史学的理论与方法，对历史教育学有着直接的影响；史著编纂体例的研究，对中学历史教科书的编写亦有重要的借鉴意义。从大的方面说，历史学不仅具有学术研究的意义，而且有着非常重要的社会功能，其中一个重要的功能就是教育、教化的功能，这也是历史学延绵不断的一个原因吧。历史学的这种教育功能，体现在广泛的社会教育、社会宣传当中，尤其通过学校的历史教学，使青少年一代能够了解人类社会发展的历程，鉴往知来，传承文明，提升人文素养。从这样的角度讲，包括史学理论在内的历史学各个领域的研究成果，都是历史教育学这一领域生存与发展的养分，而历史教育学则是研究如何将这些养分与对青少年一代的历史教育结合起来。尽管现在的历史教育学有了很大的独自发展，但始终离不开历史学研究所提供的支撑。

一、历史教育学是理论性与实践性结合的学问

问：我想就从历史教学法上升到历史教育学开始吧！我在20世纪五六十年代在历史系读书的时候学的是历史教学法，是黄一欧先生给我们讲课。主要是教我们怎样备课、怎样上课。黄先生讲课非常精彩。我想按他那样去给学生讲课，没有学生会不爱听。记得在20世纪八九十年代时，这门课也叫历史教学法。是在什么情况下，成为历史教育学的呢？

叶：黄一欧先生是我的业师，他和于友西先生对我的培养都倾注了心血，可以说是手把手地教我带我。

我们这门学科，从名称到内容的变化有一个历史发展的轨迹。20世纪之初，随着新学堂的设立和新史学的传入，当时师范学堂的历史科就有一门课叫“教授历史之次序方法”，主要是讲中学教授历史的过程和方法。后来，这门课程被定名为“历史教授法”。大约在五四运动以后，“历史教授法”的名称被“历史教学法”所取代。虽然是一字之差，但意义重大，使得这门课程的定位发生了很大的变化，这就是将以往的只注重“教”转变为注重“教”与“学”的结合，更贴近于学生的历史学习，以及教师对学生的学习指导。到了三四十年代，由于认识到教学法是要与教材紧密结合的，因而这门课程又更名为“历史教材教法研究”，成为当时师范院校历史科的一门科目，讲授的内容除了包括原有的历史教学过程和教学方法等，还增加了课程标准研究、教材的选用与分析、教具的运用等。新中国成立后，由于苏联的高等师范院校历史系是用“历史教学法”命名这门课程的，所以我国的多数高师、中师院校也就用“历史教学法”这一名称了，您刚才说您上大学的时候学的就是这一课程。不过，后来也有一些高师院校用“历史教材教法”的名称。

以后随着这一领域研究的深入和拓展，尤其是受教育学科的影响，到80年代初，由于当时的教育学下设有一个二级学科叫“教学论”，所以就又设立了分科

教学论，一些院校的历史系就将这门课程更名为“历史教学论”。这门课程也就更向教育理论靠近，用一些教育教学的原理来阐释历史教学的问题。再后来，“历史教学论”就由一门课程向着一门学科的方向发展，逐渐有了自己的理论框架和更大的研究范围，“历史教育学”这一学科设立的条件也就渐趋成熟了。我记得我们学校的老院长仓孝和先生在 1983 年就提出要把学科教学论发展为学科教育学，这是极有远见的。大概在 90 年代初，这门学科演变为“历史教育学”，试图由原先的一门附属学科转变为一门相对独立、有自身体系的学科。

问：从历史教学法到历史教育学，这里肯定不仅仅是学科名称的变化，从实际内容上看，变化主要体现在哪里呢？

叶：若从严格的意义上讲，历史教学法还称不上是一门学科，只是高等师范院校历史系的一门课程，主要是解决怎么教历史的问题。从内容上说，历史教学法这门课程有两个比较大的缺陷，一是课程内容在经验层面上的论述比较多，而缺乏理论的建构。即使有一些理论叙述，也是照搬历史学理论和教育学理论的一般原理，未能真正深入到对历史教育自身的规律、原理、路径等方面的探讨，没有形成自身的理论体系；二是课程的内容较为狭窄，主要是论述中学历史课程的教学任务、教学过程、教学原则、教学方法等，而历史教育的本质是什么？历史课程应如何编制？历史教学内容应怎样选择与编排？学生学习历史的心理发展过程又是怎样的？等等，这些问题没有能够深入进行研究。历史教育学则要站在一个比较高的角度，对历史教育和教学进行全方位的研究，包括历史教育的理论、历史课程的理论、历史教材的理论、历史教育心理学的理论、历史教学模式的理论、历史教学评价及考试的理论与方法、历史教师发展的理论与途径，以及历史教育史的研究、历史教育比较研究、各类历史教学资源的运用研究等。总之，历史教育学较之历史教学法，在研究的理论层面和研究的范围、方法等方面都有一定的突破。举个例子说吧，过去的历史教学法是告诉历史师范生应该教什么和怎样教，但很少涉及学生是怎样学和怎样想的。如历史教师往往注重的是让学生知道历史上发生了什么，并记住其影响、意义是什么，但学生学完了这些又到底是怎么想的？他们心目中的历史又是怎样的？教师则不大关心了。这就涉及历史教学的目标问题(教学的主体是教师还是学生？学生学历史要解决什么问题?)、学生对历史的认知问题(学生在学习历史时的心理活动是怎样的？他们心中的历史是如何生成的？怎样使他们真正理解历史？)，以及学生学习历史的方法(学生学习历史除了要阅读、听讲、记诵，还需要进行观察、想象、思考、辨析、推论之类的活动)，等等，而这些正是历史教育学要研究的问题。总之，历史教育学比历史教学法在研究范围的广度和深度上拓展了许多。

问：2004 年高等教育出版社出版的《历史教育学》，您是第一作者，这部教材与您在以前参与编写的同类教材相比，有哪些创新之处呢？

叶：以前编写的历史教学法教材，是从历史教学论的角度出发，主要论述中学历史教学的任务是什么，历史教学的过程有哪些环节，要遵循什么样的教学原则，历史教学的组织形式有哪些，历史教学方法的种类及特点，以及历史考试的方式和命题的要求等，基本上还是阐述如何教历史的问题。刚才谈到了历史教育学的研究范围要更规范和更深入，我和另外两位教授编写的这本《历史教育学》，正是为了适应新形势下的历史课程改革，运用新的教育教学理念，对中学历史教育的一系列重要问题进行的较为全面而深入的探讨。中学历史教学论只是这本教材中的一个篇章，全书还有中学历史教育目标论、中学历史课程论、中学历史教材论、中学历史学习论、中学历史课程评价论、中学历史教师论、中学历史教育研究论等篇章，大致涵盖了有关中学历史教育教学的基本领域，所以说要比以前编写的同类教材在内容上更丰富了，也更深入了。例如，在中学历史学习论这一章中，运用学习理论的一般原理，结合历史学习的特点，概要论述了学生学习历史的心理、学习的效率、学习的策略、学习的方法，以及对学生的学法指导等问题。再如，以前教学法的教材中很少涉及教学模式的问题，我们的这本书中专门有一节是论述历史教学模式的，涉及教学模式的构成要素、当代教学模式的发展趋势、中学历史教学模式的各种类型。这本教材被列为高等教育出版社历史专业本科系列教材之一，被一些高师院校历史专业所采用。

问：看来历史教育学比过去的中学历史教学法确实有很大不同，它不是单纯教学方法的问题。它把教育学的理论方法与历史学科的实际联系在一起，使历史教育学成为一门有理论基础、有丰富内容、有方法上的指导意义的一门学科。对这门学科的性质，您是最有发言权的，能不能简单地说一说？

叶：如果概况地讲，历史教学法是定位在历史课程的教学这一层面上，而历史教育学则是着眼于历史学科的教育、教养和教学的层面上，这就是两者在性质上的不同。另外一个在学科性质上的主要区别，就是历史教学法尚属于经验型的，而历史教育学则力图转化为科学型，提升其科学研究的意义，使理论与实际有更紧密的联系。历史教育学作为一个学科，是要在历史教学实际经验的基础上进行科学的构建，这样才能揭示历史教学的规律，形成自身的理论。例如，过去我们对中学历史教科书的研究，多是侧重在教科书的编写体例、内容选择、史事叙述等问题上，而且教材编写者也多是凭学问、经验来编教科书。但这样就会出现一些问题，如历史教科书中每一课的课文有多少内容、多少概念才适于教师的教和学生的学？这个问题仅凭经验是不行的，需要有量化的分析。因为如果一篇课文中的概念过少，那么课文所含的信息量就低，学习的意义和效率就会受到影响；但如果概念过多，学生的阅读速度就会放慢，对概念所蕴含的史事在理解上就会有困难，甚至导致教师对概念进行过多的讲解，或者讲不过来就干脆让学生划书背书。这个例子就说明，我们不仅要从历史专业学科的角度考虑问题，而且要从教与学的实证研究上进行科学论证。还以历史教科书为例，过去的历史教科书的主体内容是课文，从理论上说这是把教科书定位在教的内容上，而现在的观念认为教科书更应该是学生学习的凭借和工具，学生要能够通过对教科书的学习展开思考、提升能力、学会学习等。因此，现在的历史教科书除了课文，还设有一些学习的栏目，如课前导入、材料研读、人物扫描、问题思考、知识拓展、课后练习、单元梳理等，这些栏目可以统称为课文的辅助系统。但需要研究的是，每一课应设有多少栏目才适当，这些栏目设置的学习意义是什么，它们如何与课文内容相配合，教学实际中师生怎样采用这些栏目展开活动，等等，这些都是要有实证的研究的。

问：我觉得历史教育学与历史学之间是有很多共同之处的，比如说它们都要求有一个正确的历史观，要坚持严格的科学性，要尊重历史事实、用材料说话等。历史教育虽然不同于搞学术研究，但也要坚持实事求是的科学精神。我看您的听课随笔《现实的联系》一文中所谈到的问题，就是很值得注意的问题。这似乎体现出一些历史教师还不真正理解历史教育的性质。

叶：我同意您的看法。历史研究讲究实事求是，也要有一定的史观作为指导，在对历史进行阐释时，是要力求论从史出、史论结合、寓论于史的。对学生的历史教育也要秉持这种历史科学的精神。我在这篇文章中谈到一些中学历史教师在教学时，注意到了联系现实问题，如联系当前国际局势、现实社会、实际生活、学生思想问题等，但有的教师经常是刻意地将历史学习内容与现实生活直接挂钩，生硬联系，或者是简单说教，甚至是高喊口号。如教师讲完了英雄的事迹，就对学生说："他为了国家献出自己的生命，你们想想应该怎么向他学习？"我在一些地区听课都遇到过这种情况，出乎我的意料，不同地区、不同学校的学生在回答老师这样的问题时，竟然是一模一样的，他们的回答是："现在努力学习，将来报效祖国。"教师的用心可能很好，但想法和教法都过于简单化了，学生就以大话、空话来应付老师。这里的问题就出在是不是寓论于史上。

从历史教学的角度讲，要使学生逐步形成正确的历史意识，确实需要教师在教学中将历史与现实进行联系，引导学生从历史中看现实、从现实中看历史。教师应当认识到，这种联系的目的，是为了使学生能够更全面地理解历史、认识现实。即使是为了情感态度与价值观的培养，也是要从历史的角度进行发掘，通过对历史的经验教训的探讨，用历史的视野来观察社会与人。从这个意义上说，历史教学中的情感态度与价值观的教育，是基于历史感的生成的。然而，认识历史，运用历史的思维，汲取历史的智慧，并不是让学生机械地、简单地记住某些现成的结论，更不是让学生鹦鹉学舌般地说出几句响亮的大道理，而是要使学生学会用全面、辩证、客观、发展的历史眼光来看待人类社会的各种复杂现象，能够实事求是地分析事物。因此，历史教育联系实际，一定要寓论于史，而不要直接说教。历史学科的教学内容展现了历史的发展与演进、变化与延续，其中的知识本身已包含了一定的价值取向，所具有的思想教育因素不是外来附加的。教师应认识到，支撑道理的是史事，而不是道理本身。在处理教材和实施教学时，重要的是考虑如何体现出历史知识所具有的认识功能，通过历史的叙述来阐明有关的道理，揭示有关的联系，让学生从历史的事物中有所感悟和认识。

二、历史教学具有高度的艺术性

问：我看到您在《历史教学》上发表了一系列教学随笔文章，如《重点的选定》《细节的重要》《老师的提问》《学生的提问》《史事的过渡》《图片的演示》《课件的效果》《讨论的组织》《讲授的必要》《师生的角色》《知识的延伸》《学法的指导》《单元的设计》《辩论的展开》《目标的表述》《结构的把握》《适用的教法》《现实的联系》《单元的总括》等。读了这些文章可以让人感受到教学是一项多么富有艺术性的工程，同样的课程标准、同样的教材，但在不同教师的讲授下，效果截然不同。而没有效果的教学或教学效果相反的教学，就达不到历史教育的目的了。那么，您是怎样想到写这些随笔的呢？

叶：我之所以写这一系列的听课随笔，也是从教学的实践中感悟到的。过去我也写了不少历史教学的论文，力图从学术研究的角度探讨有关历史教学的问题。这样的文章在搞历史教学研究的学术圈里可能有些反响，但对中学历史教师的直接影响却不大。中学老师对于理论性强、引经据典的长篇大论往往不大感兴趣，会认为对自己的教学实践没有多少实际的指导作用，即使认真读了，但由于用不上，也会很快忘记。这就是教育教学研究者的问题了，你的研究可能有学术上的价值，但缺少实践上的指导意义，未能被教学的实践者所接受。这是值得教育教学研究者反思的一个问题，即如何使自己的研究不仅有理论上的创新，而且有一定的应用价值和实践意义，能对一线的教师有所启示，对教学的实际有针对性的指导作用。尤其是我们这门学科属于应用型的学科，如果脱离了实际，坐而论道，即使理论的叙述再精辟，也是缺少持久的生命力的。所以，对这门学科来说，只求空谈、不务实学是一大忌。另外，我的工作之一是每年都要指导师范生的中学教育实习，也经常到中学里去听课，或参加全国及各地区举行的中学历史课堂教学比赛，担任评委。每次听课后，都要进行点评，分析课堂教学中的得失，提出一些改进的建议。师范生和教师们在听了这些分析、点评后，都会觉得很有收获。这也使我想到，理论的建构要从实际出发，再对实际有切实的引领。理论要想不是“灰色”的，必须根植于和反哺于“生活之树”。由此我就尝试以教学叙事的方式，构思了听课随笔这一组文章，每一篇都是以课堂教学的一个片段作为案例，加以分析，说明一些道理。这组文章发表后，很受中学历史教师的欢迎，更使我认识到历史教育学的研究者要深植历史教学实际这一方沃土。

问：您所谈到的一些问题和想法我也有同感。因为近十年来，我在学校教务处的领导下，担任了文科教学督导工作，听了不同学科的大量的课，包括文、史、哲、经、教育等不同学科。课程性质、内容虽不同，但教学的规律是一样的。您所谈到的问题，在大学教学中也存在。在您看来，教学工作是不是有些共同的规律呢？

叶：大学和中学的教学有很多不同，如教学目标、教学内容、教学方式等，尤其大学生的学习与中学时要求不一样，研究性学习、自主学习要更多一些。但从教的角度说，无论是大学和中学，还是各门学科的教学，也是有一些共同的规律的。比方说您经常听各类学科的课，您的心中一定有一个什么是好课的标准，如教师讲述的内容是否具体、生动、深入浅出、详略得当；教学方法是单一的还是多样的，是否运用得恰当；教师讲述的内容是否有逻辑性、有清晰的层次、有突出的重点；教师是否在教学中注重对学生学习方法的指导和引领；教师的语言是否流畅、通俗易懂、吸引人打动人；教师的情感是否充沛、有亲和力；教师的教态是否自然、大方；等等。这些都涉及教学工作的共同点。好的教师一定是非常熟悉所教内容的，一定是非常认真备课的，一定是讲课的内容丰富而具体的，一定是能够深入浅出、举一反三地进行教学的，一定是善于组织学生进行学习，是能与学生互动的，这些就是优秀教师所共有的素养。我曾经在很多场合说过："好课看上去是讲出来的，但实际上是备出来的。要想上好一节课，重要的是课前进行充分的准备。"我想无论是教哪一级的学生，教师都应该认真、细致、深入地备课，这是当好教师万古不变的真理。我曾研究过我们历史学院一些老先生的上课讲稿，可以说都是非常的详尽，甚至课上的每句话都写了出来，可见是多么的认真，下了多少的功夫啊。您前面提到您听过黄一欧先生的课，他讲得十分精彩。据我了解，黄先生在上课之前，要花很多时间备课，甚至在讲稿上划出记号，如什么地方要展开，什么地方要加重语气等。我大学毕业刚留校时，曾和宁可先生住在同一个宿舍（当时他家里地方太小，就申请了教师单身宿舍的一个床位）。我发现宁先生在每次上课的前一天，闭门谢客，不做其他的事情，就是备课，反复地熟悉讲稿，思考怎么讲。这些学富五车的老先生讲课之所以受到学生们的好评，我想其中的重要原因就是他们视教学工作为生命，兢兢业业、呕心沥血地备好课、上好课。所以，从教师的职业精神来说，也是有共同之处的。

问：您的听课随笔《讲授的必要》我读了有些感触。在课堂上要不要强调教师讲授的必要，很值得探讨。记得我们在学校听课的时候，有一位教师提出要进行教学改革。她在上第一节课时就把这一学期所要讲的内容分配给学生，学生分成小组，每周一组人来讲，这样老师就根本不讲了。这样做的结果，学生反应非常强烈，纷纷向督导老师提出意见。后来情况反映到院、校领导，这位教师曾一度被停止上课，后来她也不这样做了。这虽然是个极端的例子，但是反映出一些教师对于要不要强调教师的讲授，确实存在认识误区。据我看来，那些被评为“优秀主讲教师”的老师，都是非常重视教师的讲课的，而且效果是非常好的。

叶：没错。我甚至认为一个优秀的历史教师首先要是一个优秀的历史讲述者，是一个会讲历史故事的人，是一个能阐明历史事理的人。别的不说，学生的学习也是一种信息接受、筛选与消化的过程，教师上课的作用恰恰是要提供给学生值得接受的信息。前面说的教师认真备课，就是教师在课前对信息进行细致的整合处理，为的是上课时更好地向学生传递信息。如果上课不讲或讲不好，还要教师干什么？学生还上课干什么？教学的改革，是要改变传统的教师“一言堂”“满堂灌”的做法，提倡学生对课堂教学活动的参与，注重加强师生之间的互动，但不是要教师不讲课了。假如一个教师上课什么都不讲，那就意味着他在教学中没有提供给学生任何信息，这恰恰是教师的失职。

问：您的《图片的演示》《课件的效果》两篇文章反映的情况也十分重要。现在不论大学还是中学，各个学科老师都很重视教学手段的现代化，现在的课堂教学与几十年前只靠一支粉笔或一张挂图的情况相比，已经大不相同了。这方面的成绩是主要的，但的确也存在您在文章中所谈的问题。我也举个比较极端的例子。有一次我们去听一节大学课，老师上课后一句话没说，就放映电影。我们摸不着头脑就问，学生说上次课就放电影，没放完，这次课继续放。到下课时，电影仍没放完。老师只说大家来签到，然后就下课了。这种情况几乎每学期都能遇上。

中学里可能没有吧？

叶：这种情况我在中学还没有见到过。中学是有严格的教学计划的，而且在实施时有一套教学管理的规定。如果要学生观看一部电影，一般是利用课后的时间，作为课外活动。如果在课堂上放映，也必须事先加以剪辑，并且不能只是简单地播放，而是要利用其将教学引向深入，如提出一些问题，引导学生注意观察什么，从中获取什么样的有效信息，能概况出什么样的史实等；播放之后要组织学生讨论。影视资料作为教学资源的种类之一，是可以运用到课堂教学中的，但和其他类型的教学资源一样，都要经过精心的选择和加工处理，使之有助于教与学。

问：从您所写的一系列随笔来看，教学工作真是一项非常细致、非常复杂的工作。老师讲课既要抓住重点，又要注意细节；既要认真设计并上好每一堂课，还要做单元的设计、单元的总结；教师不仅要注意自己的讲课，制作课件，又要组织学生的讨论、辩论；教师不仅要注意自己的教学方法，还要指导学生的学习方法。因此，要成为一名好的历史教师，真的很难。您觉得这中间哪些方面最重要呢？

叶：我想这里可以用“一杯水”来说明。我们常说“教师要给学生一杯水，自己要有一桶水”。要成为一名优秀的中学历史教师，最重要的有三点：一是要夯实自己的史学功底，不断提高自己的史学素养，这就是要有“一桶水”；二是要有先进的教学理念，育人为本，关注学生的全面发展，这就好像是你有了“一桶水”，是统统泼给学生，还是根据学生的需要将自己的“一桶水”进行凝练，提炼出其中的精华，给学生最有养分的“一杯水”，这是和教师的观念直接相关的；三是要有扎实的教学基本功，讲求教学的方法，善于与学生沟通，这就好像是如何将经过提炼的“一杯水”交给学生，是简单地灌输，还是细心地浸润，让学生积极地去体验品味，使这有养分的“一杯水”被学生所吸收、内化，这是要讲究教学艺术的。

问：这样看来，我们可不可以说历史教学也是一门艺术呢？

叶：是这样的。历史教学可以说是科学与艺术的结合。说其是科学，是因为历史教学是历史科学的教育体现，有其自身的理论、规律、原则以及逻辑系统等，在教学的实施中必须遵循；说其是艺术，是因为教学的情况又是千变万化的，需要教师运用自己的教学机智灵活地处理各种教学问题，并不断地创新，形成具有自己个性的教学风格和特色。

三、对当下我国历史教育的思考

问：从您毕业以后，就留校从事历史教育工作。这几十年来，您除了从事这个学科的教学工作之外，还兼任过中国教育学会历史教学专业委员会的副理事长，以及北京市历史教学研究会理事长，这样也对全市以至全国历史教学的整体情况有所了解。从您个人的角度来看，当前我们的历史教育存在什么问题呢？

叶：近十来年，我国的中学历史教育有了很大的发展变化，历史课程的目标更为明确，教师的教育理念不断更新，教学的方式和方法层出不穷，各种教学资源得到开发和利用，教学手段越来越先进，教学评价也更为客观实用。但仍然存在着很多的问题，需要进一步加以解决。我个人认为主要有以下几个方面：(1)历史课程的定位问题。一方面是历史课在很多中学里被视为小学科，尤其是在初中，由于中考不考历史，所以不受重视；另一方面有些学者又过于拔高中学历史课程的功能和作用，赋予历史课过多的使命，使得中学历史总难摆脱成人化的倾向。(2)各学段历史教育衔接与贯通的问题。现在是初中、高中和大学都开设历史课(大学非历史专业的学生也要上“中国近现代史纲要”这门课)，但这三个学段的历史课在设计上还缺乏统筹安排，有脱节的地方，也有重复的地方，需要进行整体的规划，以形成贯通的、有层次的历史教育体系。(3)历史教科书的问题。目前的历史教科书已有了很大的改观，但对史事的叙述还是有些简单枯燥，可读性不高。要有大的突破，还需要下力气研究。(4)历史教学模式的问题。当前一些教育行政部门的领导总爱推行某种教学模式，而不顾不同地区、学校、课程、教师和学生的具体情况，使得教学模式教条化和单一化。(5)历史考试的问题。历史考试尤其高考对教学的“指挥棒”作用仍是非常大的，应试教育在实际中还是根深蒂固的，考试的改革仍任重道远。(6)历史教师队伍的建设问题。目前我国的中学历史教师队伍是以中青年教师为主，其整体的素质还需要提高；在很多省份，初中历史教师中非历史专业出身的还占相当大的比例。对历史教师的职后教育是一项长期的工作。(7)历史教育研究的问题。尽管这十几年来历史教育的研究有很多成果，但真正意义上的实验研究和实证研究还不多，即使有一些实验研究，但实验的样本也比较小，实验的时间也不长，其成果的科学意义不足。以上这些问题的解决，不是靠朝夕之功，而是要持久地、深入地一步步迈进。

问：我看您讲授的课程中有一门是“比较历史教育学”，这门课是不是要涉及一些发达国家的历史教学情况？我看您发表的文章中有些涉及英国的历史教学，他们的历史教学有哪些值得我们借鉴的地方吗？

叶：我讲的这门课程叫“历史教育比较研究”，是历史师范专业的一门选修课，主要介绍一些发达国家及我国港台地区的中学历史教育情况，通过比较大陆与国外及我国港台历史教育的异同，从而探讨历史教育发展的规律与特点，借鉴和吸收国外的经验和做法，为我国中学历史教学的深入改革提供信息和思路。从历史上看，中国教育的现代化是建立在借鉴发达国家现代教育理论和教育系统的基础上的，包括各级学校的划分、课程的设置、课程标准的编制、教学的理论，甚至是学期的划分、班级授课制、考试命题等，多是引进国外的做法。在历史教学方面，一些发达国家也有很多地方值得我们学习。这门课程就是想为学生打开一扇窗，开拓学生的视野，使他们了解国外历史教学的情况，进而思考我国中学历史教育改革的发展走向。

在我的研究经历中，进行历史教育的比较研究是一个方面，大概写了十来篇文章，主要是介绍、分析英美等国中学历史教育的研究及教学改革的发展。其中，重点是对英国的历史教育研究情况进行介绍，因为英国的同行在这方面的研究是处于国际前沿的，他们的研究成果对很多欧洲国家、美国、加拿大、澳大利亚、日本等国都有广泛的影响。例如，对学生历史思维的研究、对史料教学的研究、对学生进行历史探究的研究、对历史考试试题类型的研究等，英国学者都有突出的研究成果，非常值得我们去了解和借鉴。举个例子，以往我们的历史考试主要是考查学生对历史知识的识记，题型主要是填空、名词解释和问答题。而英国在 20 世纪 80 年代以后，主要是考查学生的历史思维能力，考试试题也多是要求考生对史料进行辨析、比较、概括及推论。我曾写过有关英国的史料教学和历史考试史料解析题型的文章。到 90 年代中期，我国的历史高考也引入了史料解析这种题型。

问：我算了一下，您从大学毕业到现在从事历史教学这个专业已经35年了，应该说对这个专业也是很有感情的。我想在这个时候回顾一下这个历程，您觉得从事这个专业的工作有何得失？有什么感受？

叶：如您所说，三十多年来我一直是从事历史教育的研究。现在回过头来看，我觉得自己是比较幸运的。因为我大学毕业时，我们国家进入改革开放的历史新时期，各项事业都开始了前所未有的“新长征”，我有幸在这个时候进入到历史教育这一领域。当时这一领域就像是一片未开垦的处女地，有很多方面都需要开拓和深耕，是可以大有所为的。而且，在我成长的路上，有很多的老师在引导我、指教我、鞭策我、提携我，使我能在专业上不断进步。说自己幸运，还有一个方面，就是这些年来我有机会参与了各项与历史教育有关的工作，如参加中学历史教学大纲和课程标准的编写与修订工作、主编中学历史教科书、在中学教历史课、主持历史教学的课题研究工作、参加历史高考命题工作、组织历史高考试卷的评阅及试卷分析工作、参加历史教师的培训工作、参加全国和北京市的历史教学学术团体的领导工作等。可以说与历史教育教学有关的各项工作、各个环节，我都有亲身的经历，收获颇丰。若说所失，当然是有很多的，主要是自己的学养不足，学识浅陋，刻苦用功不够，即使在自己研究的很多方面都不甚深入，浅尝辄止，是为遗憾。

我记得我刚留校后，对从事这个专业曾心有不甘，觉得历史教学法是“偏军”，不受重视，难有出息。有一次在宿舍里和宁可先生聊天，我对他说：“有人说搞历史教学法，是好汉子不愿干，赖汉子干不了。”宁先生听了后，沉思了一会儿，很严肃地对我说：“不能这样说。应该说搞历史教学法，是赖汉子干不了，好汉子要干好也不容易。”这句话当时对我触动很大。是啊，天下之事，五行八作，各有专攻，无所谓高下，但要做好，都不是容易的事，都需要“好汉子”。宁先生的这句话可以说影响了我此后的一生，在我的教学和研究之路上，我无时无刻不在想着这句话，鞭策着自己不做“赖汉子”，争做“好汉子”。

问：这次访谈不仅让我了解了您个人在历史教学这个专业内所做的工作，也让我了解了更多的历史教育工作的情况。历史教育与历史研究、历史编纂之间关系是很密切的。历史研究和历史编纂的很多成果要靠历史教育传授给下一代人，这样才能发挥出史学的社会功能；历史教育也给史学工作本身提出很多新的要求，促进史学的发展。几十年来，您在历史教育园地中辛勤耕耘，取得了很大的成绩，值得祝贺！同时，感谢您这次谈话！

叶：我也非常谢谢您！

附　　录

《变革时代的学问人生》《为了史学的繁荣》两书的序言

刘新成

邹老师辛勤工作十余年的这份成果今天终于和读者见面了，我首先应该表示祝贺！

早在上个世纪末，邹老师与江湄、邓京力两位年轻教师一起进行新时期中国史学思潮课题的研究，他们不仅从书籍、报刊上搜集有关的资料，进行关于新时期中国史学发展思潮的梳理，并以专题的形式进行研究和分析，同时他们还走访了很多活跃于当时中国史坛的学者，包括卓有成就的老一辈学者和中年的学者，也包括一些刚刚崭露头角的一代新秀。他们在同史学各个领域的学者的交流中思考当今中国史学发展的脉络与趋势，扑捉具有前瞻性的史学新潮，预测新世纪史学发展的未来。他们这些工作的成果就是他们所合著的《新时期中国史学思潮》一书，这本书于 2001 年出版，并获得了北京市第七届哲学社会科学优秀成果二等奖，它对于了解改革开放 20 年来中国史学发展的新趋势是有积极意义的。

邹老师在进行学者访谈的过程中发现，直接与当代史学工作者对话，是一个研究当代史学学术发展史的很好的方式。通过学者访谈，不仅可以了解史学发展的一般趋势，而且可以结合个案更好地看到这种趋势如何在学者个人身上体现出来，这就需要探讨每位学者个人成长的学术背景，包括师承关系、治学取向、研究路径、学术成就以及对于学术研究的深切感受。通过这些访谈，不仅可以看出当代中国史学家们的学术研究的成果，更可以看到他们在新的历史条件下的学术追求与精神境界。于是，邹老师在课题结束以后，把这项工作继续下去。他所做的工作，有的是反映受访学者对于当前史学发展中的备受关切的问题所进行的建设性的思考，多数是对于受访者个人一生所走过的学术道路的回顾与总结。特别是对于那些德高望重的老一辈学者的访谈，不仅反映了他们治学的历程，更反映了他们在整个社会变革中对于人生道路的思考。因此，他把他的访谈录的上册定名为《变革时代的学问人生》，相信这些内容对于年轻一代的学人或者是准备进入史学园地的大学生也是深有启迪的。

同时，我们也可以看到，邹老师所访谈的学者有些正是今天在史学各个领域中年富力强的领军人物，他们进入史坛正逢其时，在老一辈学者的引领下，在改革开放的新形势所提供的各种条件的保证下，他们适时地抓住机遇脱颖而出，成为推进新世纪中国史学发展的骨干力量，为当代中国史学的发展和繁荣做出了贡献，从他们身上我们可以看到未来中国史学的希望。他们的奋斗历程也可以成为激励新一代史学工作者奋勇跟进的精神力量。因此，邹老师把他的访谈录的下册定名为《为了史学的繁荣》。

从史学的整体角度讲，这部访谈仅反映了邹老师所能够接触到的史学家的情况，对于整个史学领域来说也许只是冰山的一角。由于个人能力的局限，他不可能对史学领域中那些学术大家或史坛新秀的情况进行全面的反映，但是这不能降低这部著作的学术价值。

这部访谈，真实地记录了新中国成立以来，那些在新中国的雨露阳光下为中国的史学发展进行艰苦努力的一代学人所做的开创性的劳动成果，也记录了改革开放 30 年来在新的条件下，史学工作者为繁荣和发展中国史学所做的新的开创性贡献。60 年来，两代学人携手努力，共同开创和发展了新中国史学，记录下这些学人的艰苦奋斗历程，是史学工作者的一项使命。邹老师正是不失时机地把这两代学人为新中国史学的发展与繁荣所做的贡献用访谈的形式记录了下来。有些访谈资料是非常珍贵的，因为当年访问的一些学者今天已经成为耄耋老人，有的甚至已经作古，长期以来除了史学圈内的人士之外，他们并不为社会一般公众所了解。因此，这部访谈也可以说为普通的史学工作者树碑立传，我们不能不说这项工作对于读者了解 60 年来在中国史坛上奋力拼搏的学人们的人生追求和学术贡献是很有意义的。

用口述史的方法反映 60 年来中国史学的学术发展，也是一种新的方法，也是国际上流行的方法。西方很多国家都十分重视口述史学，特别是在社会史和下层民众的研究中取得很多成果。口述史学的形式与传统的以文献为主的史学研究方式的一个重要的区别就在于它使历史更富有人文关怀的特点和生动形象的内容。当然，这部学者访谈与一般的口述史也有很大的区别。被访的人物不是普通的民众，而是具有很深学术造诣的学者，访谈者要花费很大的精力来了解他们的学术成就，甚至要参考他们已发表的学术论著来充实对话的内容。但是，由于借鉴了口述史学的形式，就使这部访谈具有了叙事性和人文性的特点，这样就可以使读者与他们可能感到很陌生的历史学家的距离大大缩短。历史学家一贯的职责是研究历史、研究他人，而今天历史学家自己也成了被研究的对象。的确，历史学家要了解人、研究人，同时我们也期望广大读者了解以历史研究为终身追求的那些史学工作者。我想，这种专业人士与广大读者的互动，对于提高我们全民族的科学文化水平应该是有积极作用的。

（作于 2009 年 12 月）

变革时代的史学与史家

——《对话当代历史学家》新书座谈会纪要

江 湄

邹兆辰教授在1998年开始承担"新时期中国史学思潮"的研究课题，他带领当时刚参加工作的江湄、邓京力组成了史学理论与史学史的教学研究团队，在研究的同时，开始进行学者访谈工作，一方面获得第一手资料，另一方面从学者个人那里切身感受和了解当代史学的进程和趋向。当时，我们看到张世林主编的《学林春秋》，但他收录的学者主要是30年代以前出生的人，而活跃于当今史学界的学者很多都出生于30年代以后。于是，我们决定分代际、分学科对有一定代表性的学者进行访谈，首先是出生于二三十年代的学者，他们如今已经是德高望重的前辈，传承了中国现代史学传统，又主导着新时期史学变革和发展的方向；然后是出生于四五十年代的学者，他们赶上时代的风云际会，如今正是史学界的骨干力量和领军人物。这几代人与共和国一起经历了人生的坎坷艰难，甚至大起大落，又在改革开放的时代积极进取，勇于开创，力促史学变革性的发展。他们在艰苦、变动的时代环境下坚忍不拔地从事学术事业，终于脱颖而出；又在新的历史条件下不失时机，思变求新，建功立业。我们在对这些学者的访谈中亲切地感受着中国史学在新时期那股蓬勃的活生生的创造力，也亲切地感受着学术血脉的传承不辍。2001年，《新时期中国史学思潮》由当代中国出版社出版，并于2002年获得了北京市第七届哲学社会科学优秀成果二等奖，这时，邹兆辰教授也已到了退休的年龄。在退休之后，邹兆辰教授继续独力进行当代史学家的访谈工作，并将成果结集为《变革时代的学问人生》《为了史学的繁荣》这两本"对话当代历史学家"访谈录，由首都师范大学出版社于2011年出版。

2012年11月12日，首都师范大学历史学院为邹兆辰教授的这两本访谈录举办了座谈会，名为“变革时代的史学与史家”，与会者有接受访谈的著名学者，也有从事史学理论和史学史研究的专家。正如邹兆辰教授在座谈会上所说，他做这个工作，是为了记录那些经历了共和国时代风风雨雨的学者们艰难而执着的学术人生，要为他们树碑立传，这一工作的指导思想是记载新中国新时期的史学成就和业绩，是“寻找新中国的史学家”。在这样的指导思想下，邹老师的访谈工作下功夫，有亮点，具学术品质，有资料价值，受到了很多知名学者的支持和关注。座谈会由首都师范大学历史学院院长郝春文教授致辞，北京师范大学瞿林东教授做了主题发言。与会学者有首都师范大学齐世荣教授、梁景和教授，中国人民大学胡绳武教授，中国社会科学院田居俭研究员、于沛研究员、杨艳秋研究员、曹守亮研究员，天津师范大学庞卓恒教授，复旦大学张广智教授，北京师范大学历史学院院长、史学理论与史学史中心主任杨共乐教授、陈其泰教授、张越教授，河北大学张剑平教授，《史学月刊》主编、河南大学李振宏教授，《历史研究》副主编、《中国社会科学报》主编、中国社科院李红岩研究员，《文摘报》主编马宝珠女士，人民出版社编审张安奇女士，《首都师范大学学报》编审王勤榕女士。座谈会由首都师范大学历史学院江湄教授和邓京力教授主持。

李红岩研究员称这次座谈会是“史学界难得的高规格会议”。陈其泰教授也说，这次座谈会能有这样的阵容，在近几年的史学界是不多见的，这本身就是对邹兆辰教授的工作的肯定和高度评价，证明了大家对这两本书的重视。与会的大多数学者都事先准备了发言，内容充实而有深度。他们就这两本访谈录，对邹兆辰教授的工作做了高度而中肯的评价，也提出了进一步的建设意见，他们谈到了学者访谈工作的学术价值和重要意义，谈到了当代史学史研究的重要性和方法路径，还提出了当代中国史学发展的一些重要问题。他们都十分关心首都师范大学历史学院以及史学理论和史学史学科的发展，表达了他们的期待，也给出了若干建议。

一、为当代史学家“立言”

瞿林东教授在主题发言中将邹老师的工作和中国史学传统联系了起来。他说，中国史学有一个优良传统，就是重视为史家立传，司马迁为孔子立传；班固为司马迁立传；《晋书》卷八十二有史学家的合传。通过史家传记我们可以了解他们的史书都是在什么情况下写的、怎样写的。新时期以来中国史学界有一个令人高兴的现象，就是出现了很多很不错的史学家传记，如《晋阳学刊》出了《中国社会科学家评传》、张舜徽先生写史学家传记、陈清泉和肖黎等人主编《中国史学家评传》、戴逸先生主编一套20世纪中国著名学者传记丛书，等等。这是对中国史学优良传统的继承。邹兆辰这两本书的特点，第一就是为史学家“立言”，立“学术之言”。前面说的那些为史家立传，一般出自他人之手，本人没有参与，而邹兆辰是“对话”当代历史学家，是史学家与作者面对面进行讨论，被写的史家直接参与了“立传”和“立言”，这在学术史上很有价值。第二个特点是具有“当代的”鲜活的特色。史学家都是在现实的历史运动中生活的人，是有鲜明的历史特点的，也都是有自己独特追求的，访谈反映了每个史家在学术上的特点和专长。比如，在访谈中，何兹全先生给自己的学术做了总结：一是能抓大问题，他说他研究的题目都是有关国计民生的大问题和反映时代面貌的大问题。二是继承了中国史学传统，重材料、重考证，要把问题本身考订清楚；同时又受到近代西方史学思想的影响，更受到马克思主义历史理论的训练。所以又重视从宏观看问题、从发展看问题、全面看问题，形成了宏观与微观并重、理论与材料并重的学术风格。我欣赏有创造性、突破性和开拓新领域的学术成就。对比一下何先生的学术特点，我们看看现实的史学研究，却很时髦很“碎化”，这是多么不同啊！再比如对田居俭先生的访谈，题目叫作《良史工文，十年磨剑》，这讲出了田先生特别讲求文采的特点。田先生的《李煜传》为什么多次修订出版，因为它艺术性地表现了历史人物。这个访谈录和一般的为史学家“立言”还不一样，这是史家自己讲，与完全由别人写是效果不同的。所以说它是以新的形式反映了当代史学的面貌，以人物为中心，以立言为主旨，把中国史学的当代进程反映出来了。

杨共乐教授高度评价邹老师的史家访谈是“让历史学家自己说话”，他认为这种对话的体裁很好，记录了史学家的实践活动，史学家讲自己走过的道路，这对历史研究和教育工作者的帮助很大。他特别指出，这两本书打破了只有 70 岁以上才能被访谈的界限，更广泛地反映了当代史学的状况，能对史学的未来发展产生影响。

今年已 89 岁高龄的近代史专家胡绳武教授强调指出，邹兆辰的工作确实不同于一般的访谈，而堪称一种“创造性的研究”。他说，他接受过很多次访谈，但访谈者对他本人并没有研究，而邹兆辰是对访谈的学者做了研究的，他没有研究就提不出有深度有价值的问题。邹兆辰访谈的学者是不同领域的，这就要求他涉及的学术领域得很广，这很不容易。

李振宏教授也说道，邹老师在访谈方法上进行了精心设计，提出的问题很有个性，只有真正了解研究对象，才能挖掘出这些问题，好的问题也促使访谈对象对自身工作有进一步思考，在访谈中擦出了火花。邹老师花费了多年时间，记录了四十多位史学家的学术道路，他很注意挖掘一些学术背后的东西，使我们不仅可以看到他们获得的成就，更能看到这些成果产生的过程、情景，看到学术背后的生活、思想经历。一般的学术史著作只能就最后呈现出来的学术成果进行研究，而很少写到学术背后的东西，这样就难以对学者的学术成就有真正深刻的理解。

田居俭教授称赞这两本访谈录的特点在于“亲和力”特别强，阅读的过程就仿佛是自己也在与学者对话，了解到一位学者整个的治学经历。一部书有亲和力，才会有吸引力。由于访谈的都是学有专长的学者，所以使人受益很大，的确是读每一篇都有收获。马宝珠编审也专门称道这两部书的“亲切感”。她说：“我在《光明日报·史学版》工作了十几年，又在《文摘报》工作了十几年。看到邹老师的这两本书，我感到非常惊喜。书中访谈的学者绝大部分我都很熟悉，读这两本书使我好像又回到了在《光明日报·史学版》工作的时候。这两本书形式创新，对四十多位学者的访谈，用口语来表述，真正写出了变革时代的学问人生，有血有肉有呼吸，栩栩如生，很有感染力。这两本书对于人们了解当代中国史学的发展是有特殊意义的，是其他形式的著作不能取代的。访谈录内容很生动，许多学术专著文字枯燥让人望而却步，而这种对话形式却很鲜活、立体，增进了读者对史学家工作的了解和尊敬，这很有助于扩大历史研究的影响力。”李红岩教授也认为这两本书是史学“社会化”的有效形式。他说，史学“社会化”的途径就是要把史学研究的成果用相对通俗的形式表现出来，平实而内蕴深刻，并能体现学者和学术的个性。比如书里讲到漆侠先生对于当今有些人不讲马列表示很气愤，这就很有个性，能引发我们的思考。人们对于史学家往往有点神秘感，也有些敬意，但是一般人很难了解历史学家到底在干什么，读专著读不懂，也很难把握其中的观点，但读访谈就容易了解多了。另外，对青年学者来说，学者访谈录也是指引入门的一条途径，通过了解一个人物可以了解他所处的时代和他的学术传承。

关于怎样更好地为史家“立言”，很多学者提出了进一步建议。李红岩教授的建议很有意思也很重要。他说，邹老师在访谈的过程中一定会遇到如下情况：被访学者说出了很多个性很鲜明的话，透露了一些有趣而重要的细节，但在审稿时，却把这些内容给删除了。他建议，可以保留两个版本，把史学家私下里那“怒目金刚”的一面留存下来，以待后用。张广智教授提议，访谈的范围似乎以京津地区为主，以后也应该多关注南方史家。另外访谈是以叙事性、生动性见长的，可以增加更多的细节，既有趣又可以以小见大。访谈形式也可以多样一些，比如访谈夫妻学者、兄弟学者或一个学者群体。要是首都师大历史学院的史学理论和史学史学科对复旦的同一学科进行访谈，该多么有意思。对一个学者也可以有多次访谈，学者本人有了新的建树，就可以再次访谈，《历史教学问题》发表的二访刘新成教授的文章就很好。

二、当代中国史学史的新写法

于沛教授从当代学术史撰述之重要性的角度来评价“对话当代历史学家”访谈录的意义。他说，学术史的整理是制约社会科学发展的一个瓶颈，学术史的突破非常重要。胡锦涛主席在十八大上讲，我们当今所面临的内忧外患前所未有，要面对问题、解决问题，就要有思想理论上的进展，哲学、社会科学的作用不可替代，而中国的社会科学要发展，首先必须把自身历史弄清楚，这有着重要的意义。目前，中国社科院副院长王伟光主编了一套当代中国学术史丛书，已经出版了 30 本，还要继续做。邹老师的这两本书，是特殊形式的学术史的著作，由于它的资料性和生动性，比那种正规形态的学术史著作更有意义，随着时间的延续，它的价值会更大。

庞卓恒教授是史学理论的著名专家，他对这两本访谈录的旨趣有着更有深度的认识，他指出，邹老师的工作是想通过与同行的对话来掌握当代史学发展的脉搏，他是在研究当代史家和史学，找了不同代际、不同领域的有一定代表性的史家进行访谈，探索史学发展的动态和走势，不同于一般的访谈。这是研究当代史学史的一个很好的角度、很好的方向。他建议，可以有一个更大的规划，做百名学者的访谈，把当代史学变革和发展的脉络更全面地展现出来。

北京师范大学的陈其泰教授就这两本访谈录论述了撰写当代史学史的重要意义。他说："当代中国史学即新中国成立后所取得的成就，西方人不太了解，而我们自己有些人对此刻意贬低。新中国成立 63 年，并不算长，但比三十多年的民国时期要长吧，可是现在人们很重视民国时期的史学，关于这个方面有很多研究成果，心里都不大瞧得起新中国成立后的史学，对这么些年学术发展的意义没有多少认识，自己专业的人把自己的学科看得很低。所以，我很赞同刘新成校长在序言中所说的，这两本书记录了新中国成立以来的几代学者的成就，记录了改革开放 30 年来，在新的时代条件下史学工作者为繁荣和发展中国史学所做的开创性贡献。这两本书创造了书写当代史学史的一个独特形式，以鲜活、直观的形式把这些成绩记录下来，很生动，可以看到有的学者真是意气风发。这两本书不仅为当代史学发展留下了重要的证明，也以它的独特的著述形式为当代史学史的写作铺了路。"田居俭教授总结说，这个工作是一种口述史与学术史的结合，在方法上有创新，如果能再继续做三五年，从理论上进行总结提高，形成系列，就能写成一部相当于集体传记形式的当代史学史。

中国社会科学院历史研究所杨艳秋教授对这两本书读得很细，她结合书中具体内容，较充分地论述了两本访谈录堪为当代史学史的学术价值。她说，2006 年社科院组织过对荣誉学部委员的访谈，她负责历史学这一块儿，后来也出了书，基于对访谈工作的体会，她感到做一篇有学术深度和价值的访谈是很难的，邹老师十年辛苦不寻常。做这个工作其实是把文字史料与口述史料结合起来，每一篇访谈都是受访者学术历程和学术成就的总结。这些访谈确实拉近了读者与史学家的距离，从一个侧面反映了新时期中国史学发展的历史。邹老师能在这些史家的经历和学术中，点出一个又一个的闪光点，其实是站在一个很高的位置上考察当代史学的发展和趋向的，这个工作反映了他对于新时期中国史学思潮的思考，是在有研究的基础上进行的，所以具有一定的前瞻性。比如，他在对林甘泉先生的访谈中谈到如何保持中国马克思主义史学地位的问题；与马克垚教授谈到建立中国的世界史学体系的问题；在对张静如教授的访谈中谈到了史学研究如何改革的问题；在对步近智先生的访谈中谈到了 80 年代以来西方史学对中国史学的影响问题；在对庞卓恒教授的访谈中特别强调了要重视史学理论的研究；等等。这些都能引发人们的思考。

梁景和教授在近现代社会文化史研究领域十分活跃，他尤其强调"对话当代历史学家"访谈录的方法给他自己的工作带来的启发。他说，根据他的印象，邹老师的访谈做得很早，早在 1998 年或 1999 年时他就接受过邹老师的访谈，当时留下了深刻印象。后来当他进行中国近现代社会文化史研究的时候，也带着研究生进行访谈，这样的工作方式很有成效，让人很兴奋。邹老师的工作对他自己进行的社会文化史研究有推动作用，有方法上的启发。他还谈到 2001 年出版的《新时期中国史学思潮》，这本书的相关内容就收入了访谈中，读起来令人很感兴趣。他写社会文化史的文章时就介绍了"对话当代历史学家"访谈录，还引用其中的有关内容来谈社会文化史的研究方法。"对话当代历史学家"收录了对四十余人的访谈，有一定代表性，能涵盖当代史学的一个侧面，其作为当代史学的口述史料，它的价值会随着时间而不断增加，会越来越受到重视，因为它提供了有关当代史学的第一手材料。

作为新中国史学的研究者，张剑平教授非常重视这两本书，他在《史学理论与史学史学刊》2011 年卷发表书评《走进历史学家群体，探索当代中国史学的发展道路》。在座谈会上，他重点谈了访谈方法对于当代史学史研究的重要性。他说，对于当代史家的研究是当代史学思潮研究的重要基础，邹老师从做《新时期中国史学思潮》开始，访谈的学者有五六十位，现在这两本书是一个重要的成果。

对当代史学的研究离不开对学者的访谈，访谈有助于挖掘更多的资料和信息，同时有助于保存有价值的资料。对这一点，张剑平教授有切身体会，他在 80 年代末 90 年代初进行延安史学的研究，曾经给与范文澜一起撰写《中国通史简编》的佟冬先生写过信，当时佟冬先生已经 86 岁了，他的回信说明了很多问题，提供了珍贵的研究资料。他给在座的史学家们提出建议，希望他们也能多写学术回忆录，留下更多的关于当代史学的资料。

中国社科院当代中国研究所曹守亮教授说，由于他在当代中国研究所工作，所以他对邹老师的访谈工作一直比较关注，也能体会到访谈工作的艰苦。他认为，访谈方式对他们进行的当代中国史研究来说具有方法论意义，很想能够建立一个团队，用访谈的方式记录、总结新中国建设者们的人生和思考，访谈的方法在当代研究领域显然很有优势。他指出，邹老师的访谈工作有其特色和难度，“对话历史学家”是有意识地沟通与交流，需要有相当的水平才能与史学家对话，又要有一定见解，才能提出有价值的问题，体现时代性，具有前瞻性。他尤其佩服邹老师能放下架子，沉下心来，坚持去做这一工作，而这种精神是值得青年人学习的。

三、学术的传承与创新

齐世荣教授就《对话当代历史学家》谈到了一个很重要的问题：当代中国史学的传承与创新。他肯定对当代史学家的访谈是一件很有意义的事，而且要赶快去做，书中有漆侠先生的访谈，现在看起来就很珍贵，因为不久漆侠先生就过世了。出生于三十年代的学者现在年龄都已经超过 80 岁了，要抢救“资料”。也要访谈中年学者，但大体要限制在八〇届以前，这是因为历史学的工作特别需要一个积累过程，才谈得上有真正的成就。以后做学者访谈，一定要注意研究学者的师承，要讲清楚，要重点强调。为什么要重视这个问题呢？现在人们总是强调要“创新”，动不动就是一个“创新”，而忽略了“传承”，很漠视过去的积累，好像一切都是重新开始的。在“文革”中，全盘否定过去的成绩达到了极点，对马克思主义史学也要否定，连范文澜也要挨批斗写检查。把过去的马克思主义史学成绩都否定了，现在的马克思主义史学怎么发展？列宁在《关于无产阶级文化的决议草案》中指出："马克思主义这一革命无产阶级的思想体系赢得了世界历史性的意义，是因为他并没有抛弃资产阶级时代最宝贵的成就，相反，却吸收和改造了两千多年来人类思想和文化发展中一切有价值的东西。"其实哪能有那么多的"创新"，"创新"哪有那么容易！首先要问问师承。对何兹全的访谈就很好，何先生谈到了陶希圣对他的影响，陶希圣在政治上很反动，但在学术上对陶希圣不能全部否定，他办的《食货》杂志相当重要，登了不少好文章，何先生确实受到他的影响，现在敢于把这一层师承关系说明白了。现在一些学者治学既摸不清学术传承的脉络，甚至也不关心，这是个很大的缺陷，会影响学术的健康发展。比如在中国近代史研究中，我们需要知道从蒋廷黻到邵循正再到丁铭楠和余绳武，这是一个传承的关系。当然，邵循正和丁铭楠、余绳武在新中国成立后都学习了马克思主义，政治立场完全与蒋廷黻不同了。真正的创新是很难的，有些事情其实早就有了，并不是现在才出现。比如说副教授可以带博士的做法，某校现在这么做了，有的报纸说是"创新"，其实国外早就有这样的做法。所以，以后进行访谈时，让被访谈的学者说说他自己满意的成果，但一定要先说自己的师承，是在什么样的基础上进行创造的。改革开放以来，有些中青年学者确实取得了相当的成绩，我们需要把这些成绩记录下来，请中青年学者说说他们是怎样进行研究的，在材料和观点方面都下了哪些功夫，有些什么新的见解。这样的访谈工作很有用，是将来写史学史的材料，但不是说所有被访谈的人都能上史学史。

陈其泰教授指出，这两本书对一些前辈学者的访谈反映了当代学术的传承与发展，并为其提供了很好的材料。比如，在对齐世荣先生的访谈中，齐先生谈到自己的成长与受过的良师教益是分不开的，在"我的老师和太老师"一节里，他提到当年在燕京、清华读书时受教的一批优秀学者；还提到雷海宗先生开西洋文化史的课，让学生们读原著然后进行报告，齐先生还记得当年他读的是什么书，又如何受益。齐先生的博学、睿智与他在清华时打下的基础很有关系。何兆武先生在访谈中，说到他在西南联大的生活，谈得很生动，他说当年生活虽然很艰苦，但觉得在那里个人有前途、国家也有前途。读到这里，令人很感动、敬佩。一些前辈学者在访谈中留下了很有智慧的教导，这是宝贵的思想遗产。比如，何兹全先生说：“到目前为止，马克思主义的唯物论、辩证法仍然是观察社会历史最科学、最有力的理论，西方有些新东西有它进步的地方，但要经过辩证法的过滤、提高，这正是中国年轻一代的史学家应该从事的工作。”何先生所说的“过滤”，就是要用“唯物史观”来检验。如黄仁宇是一位很值得研究的学者，他的书在中国很畅销，我们如何评价他的历史理论、他的“大历史”，我想，离开了“唯物史观”就谈不上对之进行检验、分析和评价。

于沛教授对于在访谈工作中突出学术传承的意义，提出了具体建议。他说，有的学者已经去世，没有来得及进行直接访谈，但是和他一起工作过的人还在，我们可以通过访问他周围的人及时把有关材料记录下来，这也是一种“抢救”。比如我们世界史所的老所长朱庭光，他出身于革命家庭，当过新四军战士，对中国世界史学科的发展有一定贡献，本应该通过访谈记录下他的学术人生。他临终之前我去探望他，他那时还在考虑世界史学科的发展，他的声音已经很微弱，对我说道：“中国的世界史研究要注意培养年轻人，一定要当成大事来抓；世界史学科的发展需要把眼光放广，路要越走越宽，不要自束手脚。”再如，黄绍湘先生是我国美国史研究的奠基人之一，她的经历也很特殊。她对美国史的研究很有自己的特点。95岁时，她还要写作，给美国的亲戚打电话，让他们帮助查找资料。如果能把他们的学术人生及时记录下来，将随着时间的延续，越来越显出意义。

李红岩教授提道，他日前曾参加民国史的一次学术会议，在会上大家相约要重读经典，就是老前辈的著作，不论中西。比如读了哈佛大学老一辈的中国史专家列文森的书，又从里面看出了不少新价值。中国近现代史学也积累了丰富的“经典”，需要我们一再温习。而《对话当代历史学家》这样的工作能引领我们走近历史学家，并进一步帮助我们阅读史学“经典”。他说，在座的很多学者，如瞿林东先生、陈其泰先生、马宝珠女士，都做过对学者的访谈工作，他们更能体会这一工作的价值。最近，王思治先生、卢钟锋先生相继去世了，这使人感觉到在学者生前进行访谈的迫切性，最好能做一个当代史学家系列访谈。八十年代以来，有一批在五十年代就活跃于史坛的学者，经过“文化大革命”又回到了史学界，并且领导开创了史学研究的新局面，在学术上又做出新的贡献，比如说何兹全先生就是这样。我们在今天弘扬他们的学术成就，传承他们的学术血脉，是一件非常重要的事。改革开放三十年来人文社会科学各门学术都繁荣发展起来，但堪称最有中国风格和气派的，仍然当推史学界。当代史学家，其中有些人就在这两本访谈录中，他们取得的重要成果可以代表国家的形象。李红岩教授特别强调他在阅读这两本访谈录时，深刻地感受到前辈学者有一种共同的人格风范，他们饱经风霜，但都敬畏学术，感恩师长。这样的精神传统尤其值得我们学习、传承。

北京师范大学历史学院张越教授认为，这两本访谈录有一个突出的特点，就是特别关注学者的师承关系、关注学术的继承性发展，这些内容是学术史的重要资料。由此，他想到了当代中国史学家的代际和谱系问题。戴逸先生曾经说，20世纪是一个史家辈出的时代，关于这一点可以从各个角度来论述。从时代的先后来看，新时期活跃的史学家有比较明显的三代人：第一代是20年代出生，四五十年代进入学术界，这一批学者相比较而言传统学术的根基比较深厚，又受到欧风美雨的熏陶，在当今学界有“典范”的意义。第二代是三四十年代出生，五六十年代进入学术界，他们经过“文革”的曲折经历，大都有坚定的马克思主义信仰，在改革开放之后正当盛年，在新的时代条件下开拓局面，成为学术带头人。第三代出生于新中国成立之后，他们在传统学问方面根底比较差，但是勇于进取，积极吸取新知，在今天是学术界的中坚力量。如果能按照当今学者的代际和谱系继续进行访谈工作，有助于梳理出学术传承发展的脉络，那将是很重要的资料。

马宝珠编审曾在《光明日报·史学版》工作多年，结识了许多当代史学家，她认为这两本书中对那些“老辈”学者的采访更具价值。她感叹书中访谈的何兹全、戚国淦、田昌五、漆侠等先生都相继谢世，现在读到他们的口述资料感到特别亲切。她指出，老一辈学者终生进行学术事业，从没有停止思考。两本访谈录记录了他们在晚年时期的思考和观点，这是很有意义的事情。像何兹全先生，接受访谈时已经96岁高龄，但还在对中国的历史文化进行整体性的宏观而有深度的思考；漆侠先生到晚年特别重视理论问题；齐世荣先生在晚年时仍对世界强国的历史巨变进行研究；戚国淦先生善于用诗词形式表达他对世界历史的见解；宁可先生到了晚年兴趣愈加广泛，常说学无止境；刘家和先生以八十多岁的高龄还在承担学术研究课题，哲思日进。这些史学家的精神风貌，让人感到欣慰，让人感到中国史学具有强大、旺盛的生命力。

人民出版社的张安奇编审是以一个特殊的身份受邀参加座谈会的，她是已故的中国思想史专家步近智先生的夫人。步近智先生是侯外庐先生的学生，对老师的学术思想非常服膺。侯外庐先生在“文革”中遭到迫害，步近智先生坚决维护老师，不肯做对老师不利的发言，结果也遭到迫害，以后身体一直不好。80 年代，张安奇女士从上海来到北京与步近智先生组成家庭，并共同研究、撰写中国思想史，出版了三部著作。张安奇女士在发言中感谢邹老师赶在步近智生前访问了他，记录下他的学术思想历程，也记录了他的品质和为人。步近智先生作为侯外庐学派的传人，对他的学术访谈具有特别的学术传承之意义。

四、首都师大史学理论与史学史学科要继续发展

参加座谈会的学者都很关心首都师范大学历史学院及其史学理论与史学史学科的发展，他们表达了希望，也提出不少好的建议。李振宏教授说，首都师大历史学院的史学理论和史学史学科是宁可先生和齐世荣先生开创的，他们在这方面都卓有成就，应该把他们的事业传承下去，应该有更好的发展。八九十年代邹老师在进行这方面的工作，还提出一个新方向，就是当代中国史学思潮研究，这是一个大有可为的方向。他建议，从学者访谈到当代史学思潮研究再到当代史学史的撰述，这方面的工作内容非常丰富，意义也十分重大，可以凝聚力量，进行规划，继续做下去。瞿林东教授在主题发言一开始就指出，这个座谈会其实是首都师大史学理论与史学史学科多年积累取得的一个成就，它反映了这个学科在这个领域全国范围内做出的努力。张广智教授很生动地说，他这次来北京，先到北京师范大学开会，在那里感受到一种“强锐”之气；现在来到首都师范大学，听了郝春文院长的介绍，见到本学科的年轻教授，又感觉到一种“新锐”之风。复旦大学西方史学史的教学与研究，传承了耿淡如先生的事业，首都师范大学的史学理论与史学史学科上承宁可先生和齐世荣先生，这是很好的传统，希望两校的同一学科以后能多多进行交流。庞卓恒教授说，座谈会叫作“变革时代的史学与史家”，这个题目很好，首都师大的同行们应该把这个题目贯彻到底，我们可以把这个“变革时代”扩展到从 1949—2049 年这一百年，这一百年史学的变革和发展是一

个大题目、大工程。首都师大历史系是 50 年代建立的，今天能发展到这个程度，确实很不容易，这是几代人在学术上传承的结果，也是创新的结果，他和所有与会的学者一样，衷心祝愿首都师范大学的历史学科能再上一个新台阶。

（原载《首都师范大学学报》2013 年第 1 期）

继承与创新

——在“变革时代的史学与史家座谈会”上的发言

齐世荣

邹兆辰同志访问了几十位历史学者，随后把访问记录结集出版，这是一项很有意义的工作，有助于历史研究和教学的推进，值得继续进行下去。希望在今后访问时能抓住两个重点：一是访问对象的师承关系，二是访问对象的新成就，这两点其实就是继承与创新的问题。做学问，必须创新。如果陈陈相因，原地踏步，那就无法前进。但创新的前提和基础是继承，因此先从继承谈起。

为什么说创新的前提和基础是继承呢？理由有二。

第一，人类的知识是一个不断积累的过程，好比一座高耸入云的大楼，必先打好地基，然后一层一层地盖上去。地基必须牢固，楼层无法跳跃。今天方便、灵活、功能众多的平板电脑，是从 1945 年诞生的第一台重达 30 余吨、占地 150 平方米的电子计算机逐步发展而来的。类似的例子举不胜举。1957 年高本汉在向诺贝尔奖获得者所致的贺词中说：“我们永远不要忘记，在自然科学、人文科学和艺术领域里创造了某种新的和重要成果的每一个知识工作者，都不可避免地站在前人的肩膀上。知识不停地从一个人传到另一个人，这是发展中一个不可断缺也不可能断缺的链条，在这个链条中一个环节都不可省略或去掉。在 50 年内你们的名字可能完全被忘掉，或者可能在书本里为人记载，藏在名字后边的人不会有人记得。但是你们提出和证明的新思想作为给下一代人的遗产将永存。你们通过为人类共同的知识宝库做出的贡献而永生。”①法国年鉴学派历史学家勒高夫

① 马悦然：《我的老师高本汉》，吉林出版集团有限公司，2009 年版，第 309 页。

说："让我们保持谦虚的态度。12 世纪初，大教堂学校的保护人和督学贝尔纳·德·夏特尔说道：'我们就像侏儒站在巨人的肩上而比他们看得更多更远。'这同样适于我们。研究科学，是一条长长的链子。我们得承认自己的智力债务并懂得：如果我们应当力求总是看得更远，那么仅仅因为我们是一个伟大的过去的继承人，我们方能做到。"①

马克思主义是人类思想史上，特别是社会科学史上具有伟大意义的创新，但它也不是从天上掉下来的。人们知道，马克思主义有三个来源：德国古典哲学、英国古典经济学和法国空想主义。不仅如此，马克思主义还吸收了自然科学方面三大发现(细胞学说、能量转化定律和生物进化论)的成果。正由于知识是一个不断积累、不断发展的过程，治学者必须了解前人的研究成果。了解，可收事半功倍之效；不了解，则事倍功半，甚至徒劳一番。因此，不论搞哪一门学问，都要具有这门学问的目录知识。清人王鸣盛说："目录之学，学中第一紧要事，必从此问途，方能得其门而入。"有成就的学者，都在目录学上下过一番功夫。史学家吕思勉说："苏常一带读书人家，本有一教子弟读书之法，系于其初能读书时，使其阅《四库全书总目提要》一过，使其知天下(当时之所谓天下)共有学问若干种？每种的源流派别如何？重要的书，共有几部？实不啻于读书之前，使其泛览一部学术史，于治学颇有裨益。此项功夫，我在十六七岁时亦做过……我的学问，所以不至于十分固陋，于此亦颇有关系。"②史学家陈垣治学，也是从目录入手的。他年轻的时候，就熟读了《四库全书总目提要》和张之洞的《书目答问》。他在大学教书时，还开设了"史学名著评论"一门课程，目的是为了增长学生的史学目录知识。今天世界学术界已形成了一种规范，即在每一本专著之后附有《参考书目》。之所以必列这一项，是为了：(1)说明本书写作的依据；(2)告诉读者进一步研究时可看哪些书籍。此外，各科还有专门的目录书。例如，美国历史学会组织编写的《历史要籍指南》(*A Guide to Historical Literature*)，就是一部极有用的专业目录书。此书于 1931 年出第一版；1961 年出第二版；1995 年由牛津大学

---

① 勒高夫：《关于史学的若干问题》，《史学理论研究》，1994 年第 4 期。

② 吕思勉：《蒿庐问学记：吕思勉生平与学术》，生活·读书·新知三联书店，1996 年版，第 229—230 页。

出版了第三版，共收 27000 词条，时间由史前讲到当代。还有一些专就某一研究领域编纂的目录书，例如 20 世纪 80 年代出版的《欧洲外交史指南：研究与研究材料》(*Guides to European Diplomatic History：Research and Research Materials*)，共 6 本：英、法、德、意、苏以及国际组织各一本，是研究 1918—1945 年欧洲外交史必备之书。我国一些史学专著，不附《参考书目》一项，实为憾事。

第二，如果没有继承，怎么能够知道什么问题已经研究过而且解决了；还有哪些问题没有研究过，或者虽然做过研究而尚未解决，其中又有哪些问题最为重要，应下大力研究。如果这些问题都不清楚，又如何能说自己的研究是创新呢？浅学而又急于出名的人往往自诩为创新者，这是因为他读书太少，不了解前人的业绩，便把自己炒的一盘冷饭当作新的独门招牌菜端了出来。继承，当然不应当全盘照搬，而是扬弃，是推陈出新。列宁说：“马克思主义这一革命无产阶级的思想体系赢得了世界历史性的意义，是因为它并没有抛弃资产阶级时代最宝贵的成就，相反却吸收和改造了两千多年来人类思想和文化发展中一切有价值的东西。”①吸收和改造这两个步骤，一个都不能少。马克思对待黑格尔的唯心辩证法，就是批判继承的一个典范。马克思写道：“辩证法在黑格尔手中神秘化了，但它决没有妨碍他第一个全面地有意识地叙述了辩证法的一般运动形式。在他那里，辩证法是倒立着的。为了发现神秘外壳中的合理内核，必须把它倒过来。”②经过马克思倒过来的唯心辩证法，成为唯物辩证法。当德国资产阶级哲学家毕希纳、朗格、杜林、费希纳等人把黑格尔当作一条“死狗”时，马克思义愤地说：“我公开承认我是这位大思想家的学生。”③总之，没有继承的“创新”，其结果必然是虚妄而不可靠的；全盘照搬的继承，其结果必然是平庸而无足取的。今天，有一种浮躁而又浮夸的学风，把一些没有费多大力气就拿出来的东西，称作（自诩或他人谬赞）“创新之作”“填补了空白”，等等，这是很危险的。我们要慎用“创新”一词。

下面谈创新。创新是绝对必要的。只有经过不断地创新，人类文化才能向前

---

① 《列宁选集》第 4 卷，人民出版社，1995 年版，第 299 页。

② 《马克思恩格斯选集》第 2 卷，人民出版社，1995 年版，第 112 页。

③ 同上，第 112 页。

发展。那么，什么是创新呢？知识的门类很多，情况各有不同。下文仅就历史学的创新，略择几种类型举例说明。(1) 运用新理论的研究。马克思主义于20世纪传入中国。1919年李大钊发表《我的马克思主义观》一文；1920年《共产党宣言》的第一个中文全译本出版。马克思主义虽然创始于19世纪，但对20世纪初的中国则是一种崭新的理论。1930年郭沫若出版了《中国古代社会研究》一书，这是中国第一部应用马克思主义解释中国历史的著作，具有开创性的意义。(2) 运用新方法的研究。例如王国维的“二重证据法”。甲骨文出土后，有些大学者抱怀疑态度，王国维则高度重视，充分利用，写出了《殷卜辞中所见先公先王考》和《续考》，证实了《史记·殷本纪》所载殷王朝世系基本可信，商王朝确实存在。这种以地下实物资料与历史文献资料综合使用、互相印证的“二重证据法”是方法上的创新，在考史上取得很大成功，以后不断有人效法。又如，法国年鉴学派提倡整体史学，主张采用多学科交叉的研究方法。布罗代尔据此理论与方法，写出了《菲利普二世时代的地中海和地中海世界》一书。他把注意力从事件和个别伟人转向制约历史的基本结构；他还研究了环地中海的所有区域，跨越了以民族国家为中心的观念，这些都富有新意。(3) 采用新史料的研究。所谓新史料，有两种情况。一种是原藏于某处，不为人知，后经发现，如敦煌文书、居延汉简。1930—1931年在居延发现了一万余枚汉简。劳榦对这批汉简做释文和考证，并据此写了一系列论文，开拓了汉简与汉代历史研究的新局面。另一种是材料摆在那里，但不被认为有史料价值，后来由于有了新视野、新问题，遂被引用，成为新史料。如小说、欧洲中世纪教区的登记册。小说向不被认为有史料价值。陈寅恪认为小说虽非个性的真实，但有通性的真实。① 他写了一篇《读莺莺传》，说明唐元稹的《莺莺传》反映了唐代士大夫的道德标准和社会风尚，评价“此传亦是贞元朝之良史料，不仅为唐代小说之杰作是也”②。又如，微观史学兴起后，宗教裁判所、法院和教区的记录成为受到重视的新史料，埃马纽埃尔·勒华拉杜里的《蒙塔尤》、卡洛·金斯伯格的《奶酪与蛆虫：一个十六世纪磨坊主的世界观》便是大

① 石泉、李涵：《听寅恪师唐史笔记一则》，载《纪念陈寅恪先生百年学术论文集》，北京大学出版社，1989年版，第33页。

② 陈寅恪：《元白诗笺证稿》，古典文学出版社，1958年版，第112—116页。

量利用这种新材料写出的别开生面的著作。(4) 对他人未注意问题的研究。陈寅恪的一些文章即属于这种性质。例如，他写了一篇《天师道与滨海地域之关系》一文。他说：东晋孙恩之乱与滨海地域之关系，旧史纪之已详，且为世人所习知也。若通计先后三百余年间之史事，自后汉顺帝之时，迄于北魏太武刘宋文帝之也，凡天师道与政治社会有关系者，“全用滨海地域一贯之观念以为解释者，则尚未之见。”①(5) 对旧问题另做新解的研究。例如，清代的八旗制度究竟是怎样的一种制度，《清史稿》以为是一种兵制，《清史稿》把八旗制写入《兵制》。孟森最先对这个问题进行研究，指出：“八旗者，太祖所定之国体也。……此太祖之口定宪法，其国体假借名之，可曰联邦制，实则联旗制耳。”②继孟森之后，王锺翰等人做了进一步的研究，认为“八旗制度作为清人入关前满族共同体政治、军事、生产三者合一的社会组织形式，属于社会的经济范畴，但同时又具有部分国家职能，从而与国家有着直接的同一性。八旗制度是前封建社会的分封制，而非封建社会的联旗制或联邦制。”③(6) 集大成的研究。这类著作在继承前人研究成果的基础上达到了一个新的更高的水平，例如谭其骧主编的《中国历史地图集》。清人杨守敬编制过《历代疆域图》，但杨图有很大的局限性，其内容主要只是编绘被封建史学家视为“正统”的王朝的领域。《图集》则把我国各民族的各个活动地区都纳入中国历史地图的范围，完整地显示了中国疆域发展和形成的历史，远远超过了杨图和此前出版的各种历史地图的水平，标志着我国的历史地理学迈入了一个新阶段。(7) 开山之作。例如梁启超的《中国历史研究法》、陈垣的宗教史研究。梁启超《中国历史研究法》初版于 1923 年发行。梁氏自称：“吾治史所持之器，大略在是。”这部书论述了历史的意义及其范围、旧史的改造、历史的因果和动力、史料的搜集与鉴别几个方面，形成了 20 世纪我国最早的史学理论体系，在一段时间内产生了很大的影响。陈垣精研宗教史。他所著的《元也里可温教考》《火祆教入中国考》《摩尼教入中国考》《开封一赐乐业教考》等文，是中国史学界对这些宗

① 陈寅恪：《金明馆丛稿初编》，上海古籍出版社，1980 年版，第 1—40 页。

② 孟森：《八旗制度考实》，载《孟森学术论著：清史讲义》，浙江人民出版社，1998 年版，第 22 页。

③ 王锺翰：《篇篇精练，字字珠玑——孟森的〈明清史论著集刊〉及〈续编〉》，载《20 世纪中国史学名著提要》，北京师范大学出版社，2007 年版，第 262 页。

教的第一次系统的论述。陈寅恪对此给予很高的评价，说："严格言之，中国乙部之中，几无完善之宗教史。然其有之，实自近岁新会陈援庵先生之著述始。"①

(8) 历史著作编写的新体裁。我国传统史学的编写体裁有三种：纪传体、编年体和纪事本末体，行之多年，未有改变。夏曾佑编写的《最新中学中国历史教科书》于光绪三十年(1904 年) 发行出版。这本教科书分编、章、节几个部分编写，这种新体裁成为以后编写史书的主要体裁。白寿彝主编的多卷本《中国通史》又创了一种新体裁。全书各卷都包含序说、综述、典志、传记四个部分。这种体裁兼采旧史体裁和后来的编、章、节体裁之长，不仅包含了中国历史各方面的内容，而且还为继续研究某一段历史提供了帮助，告诉人们这一段历史的基本史料和前人的研究成果。历史学的创新，还有一些类型，兹不备述。总之，创新是比前人的研究更进一步，这一步有大有小，但无论如何必须是前进一步，而不是原地踏步。创新是一个艰苦的过程，恩格斯说："即使只是在一个单独的历史事例上发展唯物主义的观点，也是一项要求多年冷静钻研的科学工作，因为很明显，在这里只谈空话是无济于事的，只有靠大量的、批判地审查过的、充分掌握了的历史资料，才能解决这样的任务。"②马克思的《资本论》写了一辈子，生前只出了第一卷。马克思为了研究俄国问题，50 岁以后又开始学习俄文。1869 年 11 月 29 日他在致路·库格曼的信中说："我还要学习俄文，因为彼得堡给我寄来了一本关于俄国工人阶级(当然也包括农民在内) 状况的书。"③恩格斯到了 73 岁高龄又开始学习罗马尼亚文和保加利亚文，"因为只有这样我才能跟上社会主义向东方和东南方的进展"④。严肃的学者对于著作都是精益求精、严格要求的。顾炎武在其所著《日知录》的序中说："愚自少读书，有所得则记之。其有不合，时复改进。或古人先我而有者，则遂削之。积三十余年，乃成编。"他对著作的标准还有一个传诵于后世的十分生动、形象的比喻："尝谓今人纂辑之书，正如今人之铸钱。古人采铜于山，今人则买旧钱，名之曰废铜，以充铸而已。……承问《日知录》又

---

① 陈寅恪：《陈垣明季滇黔佛教考·序》，载《金明馆丛稿二编》，上海古籍出版社，1980 年版，第 240 页。

② 《马克思恩格斯选集》第 2 卷，人民出版社，1995 年版，第 39 页。

③ 《马克思恩格斯书信集》，人民出版社，1962 年版，第 245 页。

④ 同上，第 507 页。

成几卷，盖期之以废铜，而某自别来一载，早夜诵读，反复寻究，仅得十余条，然庶几采山之铜也。”[①]“急就章”是写不出好东西的。创新，要经得起时间的考验。马克思主义是人类思想上极大的创新，它虽然产生于 19 世纪，但其基本原理至今站得住，堪称历久弥新。有些新理论、新学说、新观点，虽然耸动一时，但经不住时间的考验，昙花一现而已。“物暴长者必夭折，功卒成者必亟坏”[②]，这个道理也完全适合于科学研究。总之，为学譬如积薪，后来者居上，但开创者的功劳是不应当被埋没的，这个道理也适用于经济建设和文化建设。

（原载《史学史研究》2013 年第 2 期）

① 《顾亭林诗文集》，中华书局，1983 年版，第 93 页。

② 汉光武帝对二千石长吏有微过者必予罢斥，“交易纷扰，百姓不宁”。朱浮上疏谏道：“夫物暴长者必夭折，功卒成者必亟坏，如摧长久之业，而造速成之功，非陛下之福也。”（《后汉书》卷三十三“朱浮列传”）

后 记

这本访谈文集是2011年出版的两本访谈文集《变革时代的学问人生——对话当代历史学家》《为了史学的繁荣——对话当代历史学家》的续集。2012年年底，首都师范大学历史学院举办了一次题为“变革时代的史学和史家”的学术座谈会，邀请史学界前辈学者、受访学者和史学理论界相关学者对这两本访谈文集进行评论。到会学者对学者访谈工作的意义和这两本文集的学术价值给予高度的评价，认为文集对于书写当代史学学术史有积极的意义。由于受访者都是改革开放以后活跃在史学舞台上的知名史学家，访谈不仅记录了他们的治学之路，而且阐扬了他们的学术贡献，给当代史学史的研究留下了宝贵的资料。与会学者认为，学者访谈的形式有助于学术界和广大读者了解这些史学家为发展新时期史学所做的贡献，拉近读者和史家的距离，因此希望学者访谈这项工作继续进行下去。包括齐世荣先生在内的前辈学者还指出了继续进行访谈工作的途径和应注意的问题。本书在附录中收入了时任首都师范大学校长、历史学家刘新成为两部访谈文集所写的序言，2012年12月首都师范大学历史学院举办的“变革时代的史学和史家”学术座谈会的纪要以及齐世荣先生针对此次座谈会所写的专题文章。这三篇文章可供读者了解上述两书的价值和出版后的社会反响。

鉴于我在2010年以后已经进入古稀之年，参加有关的学术活动日益减少，很多过去接触不到的史学家更难去接触和了解，因此很难像世纪之交那几年那样去广泛地接触学者，也很难再按照过去的模式去进行学者访谈。另一方面，我对于新时期史学发展趋势的研究也更多地转向了史学评论，既包括对史学家个体的研究和史学家群体的研究，也包括对其某项成果的研究。针对当代史学中的一些亮点问题，我相继发表了一系列评论文章，这使我对新时期史学趋势的研究提高了一个层次。我的这些研究成果，将在即将出版的《新世纪史学评论文集》一书中得到体现。

党的十八大以来，以习近平同志为总书记的党中央对历史和史学研究高度重视，并发表了一系列重要论述。习近平同志强调历史是最好的老师、历史是最好的教科书、历史是人类最好的老师、历史学是一切社会科学的基础，等等。这些论述体现了新时代中国特色社会主义的基本思想，对新时代中国特色历史学的建立、发展有重要的指引作用。我学习了习近平同志有关历史和历史学的一系列重要论述后深受启发。我感到学习、领会和宣传习近平同志的这些重要论述，是新时代史学工作者的责任。我在学习这些论述的基础上，撰写了《习近平论史的启示》一文，被收录于中国社会科学出版社 2019 年出版的《理论与史学(第 4 辑)》。随后我进一步想到对于这些重要思想还有必要进一步加以认识、理解和宣传，于是我再次想到用学者访谈的形式来做这件事。我的这个想法得到了许多学者的支持，对他们的访谈就是围绕这个主题进行的。在 2011 年两本访谈文集出版后，我也陆续进行了一些访谈。其中有些谈访对象是史学理论和史学史工作者，他们从历史学的整体或学科的角度来谈历史学的社会功能；有些访谈对象是从事世界史研究和中国史研究的学者，他们结合自己本专业的领域来诠释“历史是人类最好的老师”这一道理。我把这本访谈文集定名为“历史是人类最好的老师”，文集反映了各个领域的史学工作者对这个问题的理解。

从整体上看，这本新访谈文集基本上达到了我的写作初衷。在这本访谈文集中，对一些学者的访谈基本延续前两本的模式，涉及学者个人的师承情况、学术经历、学术创获等；有的访谈，特别是对几位再次访谈的学者，则更多地围绕“历史是人类最好的老师”这一主题来谈，这就使读者对于该主题能够有更深入的理解。

新冠肺炎疫情期间，通过校对本书稿，我再次回顾这些学者所谈的内容，更加深了自己对于“历史是人类最好的老师”这个主题的认识。这些访谈，包括对于学者个人经历的一些生动描述，包括学者对其学术创获的深刻阐释，还包括从学理上对于本书主题的深入展开。重读文章，每一篇文章都有厚重之感，学者们所谈的都是他们几十年的亲身实践和切身体会，因此这些谈话本身就具有重要的学术价值，对于读者，特别是即将学习史学专业的大学生、即将从事史学工作的青年教师，肯定是有所启发的。

史学工作是一项艰苦而细致的劳动，史学工作者所从事的每一项工作，都包含着他们繁重的精神活动。为了实现史学赋予他们的使命，他们年复一年地辛勤付出，以苦为乐，以达到学术的发展为荣，这本访谈文集也正是为了展示我们对史学工作者的尊重和信任。

历史是不断发展的，史学工作者的思想也在发展、前进。我的受访者多是年事已高的长者。当年访问刘家和先生的时候，他是 88 岁，正好大我一轮。如今他已是 92 岁高龄的老人了，但是每一次见到他，他都会有许多新的思想、新的话题，使我不能不对这位睿智的老者深深地敬佩。林甘泉、瞿林东、陈其泰、张广智等学者都不是第一次接受我的访谈了，但每一次的访谈都是从不同的角度来阐述他们对史学问题的新的深刻理解，每谈一次都有新的收获。

光阴荏苒，当年林甘泉、吴怀祺先生访谈时的音容笑貌似乎还在眼前，他们所讲的很多话仿佛仍在耳边，现如今他们已经离开了我们，他们的谈话已成为“史家之绝唱”，然而我们通过与他们的谈话，仍然可以感受到他们的反思、呼唤和对我们的启迪。

在这本新的“对话当代历史学家”访谈文集即将付梓之际，再次对所有被访问的学者表示深深的谢意，是他们成就了我的愿望，把对“历史是人类最好的老师”问题的阐释以更丰富的内容、更亲切的形式奉献给亲爱的读者们。

感谢首都师范大学离退休干部处一直以来对离退休教师从事学术研究的支持，有了他们的支持，我们这些老同志的研究成果才得以问世。我这已经是第三次享受学校离退休干部处的出版资助，在此表达诚挚的感谢。最后，我要感谢首都师范大学出版社的编校老师们为此书付出的艰辛劳动。

邹兆辰

2020 年 10 月 16 日